华南基础教育名师书系

一所人人被看见的学校

"润泽教育"实践100问

冯结莲 著

华南理工大学出版社

·广州·

图书在版编目（CIP）数据

一所人人被看见的学校："润泽教育"实践100问/冯结莲著. -- 广州：华南理工大学出版社，2024.11. -- ISBN 978-7-5623-7826-6

Ⅰ. G62-44

中国国家版本馆CIP数据核字第2024BC4204号

Yisuo Renren Bei Kanjian De Xuexiao——"Runze Jiaoyu" Shijian 100 Wen
一所人人被看见的学校——"润泽教育"实践100问
冯结莲　著

出 版 人：房俊东
出版发行：华南理工大学出版社
　　　　　（广州五山华南理工大学17号楼，邮编510640）
　　　　　http：//hg.cb.scut.edu.cn　E-mail：scutc13@scut.edu.cn
　　　　　营销部电话：020-87113487　87111048（传真）
策划编辑：庄　严
责任编辑：欧建岸
责任校对：盛美珍
印　刷　者：广州一龙印刷有限公司
开　　本：787mm×1092mm　1/16　印张：25.625　字数：485千
版　　次：2024年11月第1版　印次：2024年11月第1次印刷
定　　价：75.00元

版权所有　盗版必究　　印装差错　负责调换

题 记

　　作为一名校长、老师，当有一天我们卸任或退休时，最令我们无憾的不仅仅是那些上了名校成就非凡的学生群体，更是想起每一个与我们有缘的孩子，我们都不曾辜负过他们的潜能和可能，都曾竭尽所能地教化育人，为他们提供全方位的关爱、支持与帮助。

——冯结莲

谨以此书献给与我一同在新城一小奋斗过的兄弟姐妹们。

在这些年里，我竭尽所能，让校园里的每一个人都被看见、得关注、受珍视。让各位伙伴的付出被认同，让伙伴们找到存在价值感、归属感和成就感！

新时代教育家的实践追求（序）

冯结莲校长是一位充满激情、热情的教育者。总是让人感觉她心心念念的就是学生、学校。当看到她撰写的近50万字的专著《一所人人被看见的学校——"润泽教育"实践100问》，这在意料之中又出乎意料之外。全书以全面、详实的论述和生动、鲜活的案例为现代学校管理者提供了宝贵的经验和启示，实为教育者案头不可多得的参考书。这是冯校长最扎实奋进之文笔，实至名归。被约写序，自觉愧不敢当，但又实在无法拒绝她的盛情邀约。尝试粗鄙地分享读书心得，以期引发更多教育同仁的思考和共鸣。

第一，"润泽教育"是本书的核心概念，也是作者多年来教育实践的理论总结。本书以百问百答的形式，展示冯校长几十年教育管理经验，尤其是在佛山市高明区西江新城第一小学开展"润泽教育"品牌建设的实践智慧。它强调以人为本，关注每个个体的需求和成长，致力于营造一个充满人文关怀的教育环境，启智润心、因材施教。这种理念体现在学校管理的各个方面：冯校长提出"人人被看见"的主张，要看见学生，强调要关注每个学生的学习状态、心理需求和个性特点，并通过"学生发言地图""习惯养成周"等活动，让学生感受到被尊重和被关注，从而激发他们的学习兴趣和自信心；看见教师，教师是学校发展的核心力量，学校管理者要关注教师的专业发展和职业幸福感。她通过"新老师培养""青蓝工程"等机制，帮助青年教师快速成长，并通过多种方式激励教师不断提升自身素质；看见家长，强调家校合作的重要性，并通过"班主任如何用5条信息解锁开学第一个月的家校沟通工作？"等问题，指导教师与家长进行有效沟通，形成家校教育合力，共同促进学生健康成长。

第二，作者主要从"如何打造一间新建高水平学校"的角度，构建了一个全面而系统的学校管理实践框架，涵盖了办学理念、红色引领、教师发展、课程改革、活动赋能、家校共育等多个方面,并辅以案例、论文和心得,使理论与实践相结合,为读者提供了清晰的管理思路和可操作的方法,为我们提供了新学校开办的经验和可借鉴的案例。案例描述求真务实,善作善成,包括问题背景、解决方法、实施过程、取得效果等,使读者能够清晰地了解案例的全貌,并进行深入思考。案例中的方法和技术具有很强的可操作性,读者可以根据自身实际情况进行借鉴和应用,将其转化为自己的管理实践。创新办学四年即硕果累累,让人佩服,可学之处很多,皆可操作,皆可落地。

第三,书中体现了新时代教育家的实践追求。

一是以心润心,关注个体。第一个令人感动之处就是这本书的题目《一所人人被看见的学校——"润泽教育"实践100问》,强调的是"人人被看见"。书中的内容,无论是课堂《老师,您有学生发言地图吗?》《关注的力量:做目中有人的老师,课堂教学"六关注"你都知道吗?》,还是学校活动《入泮仪式,如何让每位润泽宝贝被老师看见?》《迎新晚会,让每个新城一小人被看见》,还是对教师专业发展《初来乍到,校长为何要给新学年报到的教师一封信?》,都有具体的问题和实例,无不围绕关键词"人人被看见"。冯校长做了最扎实的"落地"文章,思想前瞻,循规律、懂人性、接地气。

冯校长为什么强调"人人被看见"?我们都痛心地发现,因为种种原因,中小学生的心理问题成为当前教育面临的最重要问题之一。一本流行的教育著作《自驱型成长》概括为:学生成长中掌控感缺失让他们没有自控力。他们无论在家里还是在学校,无论是学习还是生活都没有选择权,没有掌控感。他们在哪都没有被关注,没有被看见,所以他们活得不自信,觉得没意思,甚至无助。许多学生沦为"考试机器""排名符号",失却了美好的成长。

我们欣喜地看到,在冯校长的"润泽教育"引领下的"人人被看见"的新城一小,"每位老师都重要,每位孩子都成长",教师努力进取,学生热爱学习,师生健康,教学相长,这是非常难得的;而且能够坚持实践,是让人佩服的。我个人觉得这个理念是具有很强的时代意义的。

二是润泽如泉，温润如玉。第二个让人感动之处是这本书的行文非常有特色，作者态度诚恳，六个篇章101个问题一气呵成，洋洋洒洒四五十万字。从中可窥见作者日常对教育的洞察与理解，还能感受到文字背后深厚的人文底蕴和教育智慧。作者担任校长期间，深谙国家政策，落实党的教育方针，坚持立德树人，无论双减、托管、办学质量，都同样出色。"读书就是站在巨人的肩膀看世界。"全书无论提问还是回答，都是站在教育工作者的角度，态度是坦诚的。作者怀有一颗公心，她把自己近十年的管理智慧，毫无保留，和盘托出，要让看到本书的教育人少走弯路，让大家在未来教育的道路上越走越顺，越走越宽广。这是何等宽阔的胸怀！

书中几乎涵盖了所有基础教育阶段的难题和问题。它可以供刚入职的新教师、班主任、学校行政领导、校长阅读，对他们如何履职，做新时代教育家型教师，如何带团队、如何做管理等有很好的指导作用和借鉴意义；尤其是里面的案例、论文、心得为老师们提供了很多实用、智慧、有效的方法和做法，是一本指导性和实用性都很强的教育工作者案头书。现代人比较忙，能静下来阅读长篇大论著作的时间实在不多。冯校长这本书的每个章节，每个问题都很独立，方便随时阅读。筑牢教育信仰之基、补足教育精神之钙、把稳教育思想之舵，为教育者安心、舒心、静心、暖心从教提供智慧之泉。

三是润泽如雨，细致入微。冯校长深耕基础教育30多年。据我了解，多年来她一直专注于教育实践研究。尤其是对于年轻教师，她给予很多的关怀与支持，让许多年轻老师缩短了新手与骨干的成长期，促进教师专业快速成长。本书对新班主任工作、对学生行为习惯的培养等的指导很细致，如《接到一个新班级，班主任该怎样做？》《五条信息，五次沟通：班主任如何解锁开学首月的家校联动？》《开学第一周，我们为什么定为"习惯养成周"？》；对新教师的培养简直就是手把手地教，如《新老师培养为什么从备课和批改作业开始？》《青蓝工程：如何激发中年教师的内在动力，实现教育生涯的再次绽放》等，不同年龄、不同赛道的老师都得到关注和指导。这次她又邀请了年轻的骨干教师加入到编书行列当中，继续用她的仁爱之心扶持一批年轻的教师成长。组织这么多的老师来发挥他们的专业特长，写好他们的专业工作手记，确实不易，可见冯校长的魄力和毅力，实属不易。

《一所人人被看见的学校——"润泽教育"实践100问》是一本充满智慧和温度的著作，它不仅为学校管理提供了宝贵的经验和启示，更引发了我们对现代教育本质和未来学校管理的深入思考。相信这本书能够帮助更多的教育工作者，共同推动教育事业的发展，让人人都能在"润泽"的阳光下美好生活。在她倾情撰写的《西江新城第一小学赋》中有"师者育人，学高厚德，春风化雨，泽布四方……"或许这本书就是冯校长的教育追求、教育人生的真实写照！

廖　文

2024年8月1日

廖文，博士，硕士生导师，华南师范大学教师教育学部未来学习空间研究中心主任，教育部学校发展规划中心"未来学校"计划专家委员会成员。

终一生，专一事（序）

冯结莲校长的新作《一所人人被看见的学校——"润泽教育"实践100问》问世，是基础教育界的一件大喜事。她以多年校长之亲历为我们奉上如此精到的基础教育管理的经验，对推进教育高质量发展确是一本不可多得的好书！读后很有感想，在此与各位分享点滴。

第一，终一生，专一事。读此书让我发见了一个颇具教育专注力和现代教育胜任力的校长，带着一群专业的教师在基础教育的田野里辛勤耕耘。如同袁隆平教授指导他的高徒，也如于漪老师引领她的学生，专注于他们的领域，几十年如一日地深耕细作……

冯结莲校长33年如一日，专注如一地深入基础教育，培育学生之行为习惯、良好思想品德，其治理下的学校皆学风好、教风好、校风好。学生育就好习惯，方有崭新好未来。在润泽教育滋养下，师生健康幸福成长。

第二，执着认真，下真功夫。课堂教学改革、教师专业提升、后备干部培养、学风教风养成……冯结莲校长和她的团队执着而认真。《中层成长的艺术，如何做最优秀的引领者？》《教师情商修炼，非暴力沟通的力量？》《平衡艺术，教师如何优化一天的工作和生活节奏？》《润泽教育的'十大礼节'具体有哪些？给润泽宝贝的终身成长带来了什么？》，等等，这些都需要校长懂教育，做真教育，胜任当下新型学校管理内涵，使润泽教育滋养下的新城一小，人人被看见，人人被重视，人人得到发展和培养，人人在"六能工程"加持下健康成长成才。这是多么好的教育样态！

第三，特色创新、高质量创办新校。在书中，我们看到冯结莲校长带着一班"开荒牛"，通过扎实地干、巧干、创造性地干，四年间硬是把一所籍籍无名的新学校办成佛山市优质名校。这正得益于一校之长的站位高、格局大，"捧着一颗心来，不带半根草去"，一心扑在办好学校上，守正创新，蹚出新路，发展了学校，成就了师生。

相信读过这本书的人都会对此书有厚重、充实之感。但还有一个大创新：冯结莲校长在这本专著中首推以学校官微推文为佐证办学路径及凝聚内涵的撰写模式，大有教育人们学一种新的田野研究风范，使理论阐述与生动践行交融，时代呼唤与师生共鸣相映，为我们理解和感悟这所学校新发展特色提供了丰富的素材，也使"润泽教育"实践更加具象化，更深入人心。我想，这正是冯结莲校长教育思想的集大成之作，更是她教育实践的宝贵记录。

祝润泽教育赋能下的佛山新城一小，再出发，育栋梁，泽四方。

冯增俊

冯增俊，中山大学教育现代化研究中心原主任、教育学院教授、博士生导师、学科带头人，中国教育学会教育学分会副理事长，广东教育学会副会长。

关注生命个体，看见有温度的润泽教育（序）

今天收到冯结莲校长寄过来的一本沉甸甸的样书，心里满是惊喜和赞叹。恰逢 2024 巴黎奥运会开幕，看完冯校长的教育著作《一所人人被看见的学校——"润泽教育"实践 100 问》，我不由得想起了开幕式上塞纳河冉冉升起的十座法国杰出女性雕像。冯结莲校长是一位十分优秀的女校长，她是具有多大的胆魄才能写出这么一部洋洋洒洒五十万字的教育专著来！她用自己真挚的教育情怀撰写了《西江新城第一小学赋》，还登上了"学习强国"，真让人赞叹！这是多么难能可贵的事情啊！

不敢懈怠，迫不及待用了近一周的时间认真看完全书，感悟至深。

一、印象深刻的三处地方

第一，本书内容全面、详实、具体。其实学校管理的书我看了不少，比如说关于合作学习的，关于课堂教学研究的，关于课题、问题研究的，它们大多数专注一个方面或某一个领域的阐述或者指导。像《一所人人被看见的学校——"润泽教育"实践 100 问》这么全面的关于学校管理的书，还是比较鲜见的。

本书以百问百答的形式，介绍了广东省佛山市高明区西江新城第一小学"润泽教育"四年小学实践的经验和做法。内容分为六章：第一章"办学理念，泽被全体"，回答"润泽教育"办学理念的来历及学校文化内涵。第二章"党建引领，立德树人"，分享了学校如何以党建带团建、带队建，培养接班人的经验。第三章"治校方略，每位老师都重要"，分别从五个方面：一是"校长高远，引领发展"；二是"行政同心，与校共生"；三是"班任优秀，快乐成长"；四是"智慧教师，幸福拔节"；五是"润泽人文，关怀有度"，从学校教师成长的不同阶段介绍学校给于关怀和指导教师专业成长的措施及办法。第四章"课改实践，学为中心"，以课程、课堂为抓手，以"合作学习"为课堂主要组织形式，体现"学"为中心，结合"双减"政策，详细阐述了"润泽教育"课堂及课改实践经验和做法。第五章"活动赋能，每位孩子都成长"，介绍润泽教育"十大礼节"，让全体润泽宝贝在活动中成长。第六章"多方共育，同频共进"，介绍学校如何做好家校社共育的经验和策略。

第二，作者主要从如何打造一间高质量发展的新学校的新视角去展开本书。重点从学校的办学理念的凝炼，学校课程、校园文化建设以及新教师的培养，学生良好品行的培养，办学质量提升等专业视觉，逐一呈现润泽教育的成功做法和经验，也为我们提供了新学校开办的经验和可借鉴的案例。四年办学成效显著，老百姓是用"脚"来投票的（开办四年，招生人数逐年以数倍递增），表示对新城一小办学质量非常满意。

第三，本书清新隽永的表达方式。这本书行文非常有特色，目录问答案例清晰明了，经作者深思熟虑，六个篇章101个问题一气呵成，洋洋洒洒四五十万字的著作，大气磅礴。它像苏联教育家苏霍姆林斯基著的《给教师的100条建议》，但又小超越了《给教师的100条建议》；《一所人人被看见的学校——"润泽教育"实践100问》，百问百答还有论文、案例和心得，理论联系实际，这是一个小超越、小创新。冯校长这本专著，既有高屋建瓴的理论指导，更有可操作落地、非常有成效的案例实践，能非常有效地帮助有需要的校长、行政人员和老师们解决工作和生活中的一些难题，是现代教育人非常实用、好用的案头书。

二、被作者一个现代教育家的教育情怀深深打动

一是关注生命个体，办有人文关怀、有温度的润泽教育。这本书的题目《一所人人被看见的学校——"润泽教育"实践100问》，关键词是"人人被看见"。

（1）看见学校里的每一人。《迎新晚会，让每个新城一小人被看见》，学校每年的迎新晚会，全校教职员工都上台展示才艺，负责清洁的阿姨、家委主任也能上台进行武术表演，舞台下雷鸣般的掌声……老师的荣休大会，都令人动容、难忘。

（2）每位老师都重要。习近平总书记说："一个人遇到好老师是人生的幸运,一个学校拥有好老师是学校的光荣,一个民族源源不断涌现出一批又一批好老师则是民族的希望。"新城一小十分关注每一位教师的专业成长。冯校长用"五诚"文化凝聚来自五湖四海的教师的人心,从入职关怀《初来乍到,校长为何要给新学年报到的教师一封信?》到《为什么每位新老师都要做个人"五年发展规划"》,再到中期关怀,《青蓝工程:如何激发中年教师的内驱动力,实现教育热情的再次绽放?》,无不体现冯校长对教师专业成长、成才的重视、扶持和坚持,才有了后面的老师各类比赛的辉煌战绩。

(3) 每位孩子都成长。从《入泮仪式,如何让每位润泽宝贝被老师看见?》,到《开学第一周,我们为什么定为"习惯养成周"?》《润泽教育的"十大礼节"具体有哪些?给润泽宝贝的终身成长带来了什么?》,让孩子们在活动中成长,均体现了润泽教育对孩子的习惯养成、品行教育非常重视,这也是践行润泽臻雅学子培养目标"品行三好"和"学养三好"的有力保障。

二是重视学校高质量发展,重视润泽教育特色品牌建设。

(1) 润泽课程体系四板块:"润德""泽智""明志""致善"四个关键词,与该校校训"润德泽智,明志致善",巧妙融合。这样的课程体系很负责任地落实了党的教育方针,培养德、智、体、美、劳全面发展的建设者和接班人,为润泽宝贝健康与幸福的人生奠基。

(2) 学校开办第三年就联合市内外学校举办了"高明区小学教学改革区域交流暨西江新城第一小学'润泽教育'课程文化展示日活动",第四年就联合省内外学校举办了"落实'双减',合作赋能,提质增效——记2022粤黔沪三地'合作学习工作坊'线上教研暨新城一小第二届课程文化展示周活动"。学校每年举办一次大型的课堂教学展示活动,积极搭建平台,为教师的专业成长和学校教育教学高质量发展竭尽全力。

(3) 润泽教育培育下的学生,"勤思敏行,博达弘毅,温良谦恭";润泽教育滋养下的老师,"学高德厚,春风化雨,泽布四方"。他们皆可成为学校润泽品牌的形象代言人。

(4) 润泽教育特色品牌大放异彩。办学第四年学校成为高明区"特色学校"。润泽教育三大特色:扎染、朗诵与演讲、羽毛球,早已家喻户晓。学校也成了广东省第三批中华优秀文化（扎染）传承学校。

三是"功成不必在我，功成必定有我"的精神和胸怀。据了解，为了办好新城一小，冯校长和她的行政团队，连续两年寒暑假几乎无休；办学四年学校官微新闻发稿近800篇，每一篇都是冯结莲校长亲自审核把关……开办之初学校只有23位老师，老师需要参加专业比赛，学校就成立学科"专业发展智囊团"，校长任团长和老师们一起听课、磨课，陪伴了许多年轻老师成长，让他们取得了一个又一个的专业好成绩。冯校长率先垂范坚持每学期至少上一节教、学、研示范课，四年听课近400节。新校开办四年即培养出3位市区级"学科教学大赛一等奖"教师（其中一位是市级教学能手）和6位区"三名人才"教师（其中1位是名校长，还有一位班格金牌教师），学校成为名师"孵化器"；学校开办至今教育教学质量一直稳居全区前列……如今的新城一小，已经是高明区老百姓家门口的优质学校，誉满高明、佛山。这是冯校长和她的团队久久为功的成就。

如今，她依然关注新城一小，为新城一小师生的进步鼓与呼！

《一所人人被看见的学校——"润泽教育"实践100问》，它可能是一场及时雨，它可能是一阵清新的风，它是冯结莲校长和她的团队历时六年呕心沥血的结晶。愿你们也能看见……希望正如这本书诠释的"润泽教育"理念一样，泽被更多的教育工作者……

在"一所人人被看见的学校"里，在润泽教育下的新城一小，学生、教师、职工、家长们的付出，人人都能被看见、被关注、被珍视，他们在那里丰盈成长，自由绽放，呈现出基础教育教学相长最真实美好的样态……本书思考全面，案例细腻，读来令人深受启发，值得细品。

最后衷心感谢冯结莲校长和她的团队，为高明教育、为基础教育做了功德无量的事情。

李 明

佛山市教育学会会长，佛山市教研室原主任

2024年8月7日

四年——致最好的我们

4年，1600多个晨曦与夜幕。

那一年，秋风轻拂，落叶铺金，我们在秋日的序曲中相遇。

那一年，高明迎来30余年来第一所全新的小学——西江新城第一小学。

那一年，这所学校最年轻的那位老师23岁。

那一年，这所学校只有23位老师，不到500个学生。

那一年，这所学校籍籍无名。

这四年：

我们从初遇的陌生到相知的深情，从并肩作战的同事到温暖同行的家人，共同编织了一段段难忘的记忆。时光流传，历久弥坚的是那份"开荒情"！

那年，他们是懵懂的女孩、初出茅庐的"菜鸟"、重返职场的"二宝妈妈"、重新启航的"业界翘楚"……

四年后的他们，为人父、为人母，头上长出了银发，脸庞沾染了皱纹。

是啊，他们陪伴这所学校从籍籍无名，到声名鹊起，个中的付出与艰辛，从那越来越少的发量、日渐消瘦的脸庞可以窥见一二。

这是冯校长，这所学校的大"家长"。

这四年，兢兢业业，带领老师们前行。我们看到的她永远是挺直身板、自信满满、从容淡定的模样。

她是学生心中亲切的冯校长，是家长心中值得信赖的好校长，是老师们心里可以遮风挡雨的老大姐。

她给我们的印象，似乎从来都是激情澎湃、雷厉风行的。对于教育，她似乎装载了无限的热情、高远的目标、先进的教育眼光。她以创新的教育理念和实践开辟了高明教育的新篇章，成为令人仰望的标杆。

她甘愿做高明教育的"后浪"，不断地催促着我们前行。她用旺盛的生命力，鞭策我们成长、成才。

如今，她要与这所她倾注了四年心血的学校告别。

面对孩子们的拥抱、老师们的寄语，我们看到平日里仿佛木棉树一般挺拔坚强的她泪水几度夺眶而出。

有太多的不舍，太多不舍。

也许是孩子们上学时在校门的一句"校长好"；

也许是每日清晨回荡耳边的"新城一小赋"；

也许是校园里某个角落安放的一本书；

也许是办公室里常年晚关的那盏灯；

……

小王子说：这朵玫瑰之所以与世界上的任何一朵不同，是因为你在这朵玫瑰上所花的时间和心血。新城一小也许就是冯校长在世界栽种的那朵独一无二的玫瑰。

然而，冯校长呀——

我们答应您，这朵玫瑰我们一定替您好好栽培。来年花开遍地，定还您一片芬芳的玫瑰花海。

请相信，一起压过马路的搭档，未来继续相互扶持、戮力同心，不忘您的教导和嘱咐，把这所学校打造成高明教育星空里最耀眼的那一颗。

我们不言离别，因为心中有信，未来的某一天，我们定会在更高处重逢，共赏那片由您亲手栽种的玫瑰花海。

感谢这四年，您对我们的信任、宽容和理解。

感恩遇见，感恩这四年风烟漫过的时光，您教会我们的所有。

我们不必伤感，因为您曾带给我们：

宠辱不惊，闲看庭前花开花落的从容；

回首向来萧瑟处，归去，也无风雨也无晴的洒脱；

松风吹解带，山月照弹琴的达观；

未来"江湖再见"，我们还是您忠实的搭档、真诚的朋友，不变的教育同盟！

愿您前方荣光万丈，身后，温暖一方。

常回家看看！

（撰稿：谢美仪 2022年6月27日写在冯结莲校长离校之际）

初　心

作为一名深耕基础教育30多年的语文老师，我深受心学大师王阳明"我心光明"的豪情所激励，并一直努力践行。我热爱讲课，也得到了学生们的喜爱。然而，命运让我成为了校长，并在这一职位上度过了近10年的宝贵时光。

我相信所有的经历都是财富。2018年4月，我接到新挑战，担任新开办的西江新城第一小学校长（其中4—8月间同时兼任荷城三小校长）。四年来，在上级领导的大力支持下，在我和我的行政团队以及所有伙伴们的共同努力下，我们怀着"功成不必在我，功成必定有我"的信念，决心将西江新城第一小学打造成一所高品质、现代化的标杆名校。我们竭尽全力，不断努力，砥砺奋进，久久为功。四年，把西江新城第一小学办成了高明区老百姓家门口满意度和美誉度很高、佛山地区也较有名气的优质小学。

2023年，我的论文《润德以立，致善行远——基于高明区西江新城第一小学"润泽教育"理念的实践与探索》荣获广东教育学会教育教学论文一等奖。资深教育前辈建议我说："你在任西江新城第一小学校长期间，经常审核学校的微新闻到凌晨时分，学校官微发出的每一篇微新闻都是你们的血和汗凝结的结晶，是教育精品理论。希望你能把新城一小四年办学的成功经验记录下来写成书，成为其他学校的老师和行政人员、特别是创立新校的校长可以借鉴和学习的宝贵资料。"

一语惊醒梦中人！我深受启发，决定将新城一小四年的办学经验整理成书。虽然已经离开新城一小两年多，但我对这所学校的感情依旧深厚。这里融入了我无数的心血和情感，它就像我"孕育"的二宝！

2018年5月，和严燕梅主任踩着一脚泥泞在润德楼一楼的工地看一年级教室、再次确认润华堂及各功能场室内部的装饰材料；2018年中元节，下班后我们和局领导一起看饭堂外墙装修；2018年9月1日，第一次幼小衔接，润华堂凌晨6点10分才测试完成的LED大屏幕和极度疲惫在凳子上倒头熟睡的工人师傅；2018年9月2日，开学典礼和高明学校首个"入泮仪式"，第一次家长会晚上11:30泽智楼依然灯火通明……每一个瞬间都历历在目。

念念不忘，必有回响。

我决定完成这项工作，并得到了：王卫国、王少平、冯增俊、李明、廖文、何钰、陈国光等前辈及恩师们的宝贵意见及建议，以及邓燕飞、胡蓉、吴熏三位好友的支持与鼓励。使得《一所人人被看见的学校——"润泽教育"实践百问》得以问世。

市面上校长独著颇多，可校长和个别行政、骨干教师合著的有关教育教学经验及管理的书就鲜见。一间学校有一个好校长固然重要，因为校长是舵手，是火车头，但把一间学校办好，绝非校长一人之功，他（她）需要强大团队的力量来牵引、做强有力的支撑。校长必须有高屋建瓴、与时俱进、结合校情的办学理念、管理理念，有较强的统筹、管理、沟通、协调的能力，然后带领整支团队心往一处想，劲往一处使，朝着同一个方向，守正创新，久久为功，这所学校才会进步，才能办好！

"润泽教育"的管理理念是：每位孩子都成长，每位老师都重要！因此在《一所人人被看见的学校——"润泽教育"实践100问》这本书中，我主要聚焦于"办学理念，泽被全体""治校方略，每位老师都重要""五育融合，学为中心"等章节，而其他部分则由个别行政和骨干教师撰写，我相信他们在各自专业领域比我更有发言权。

影响我职业生涯的人主要有刘旭光和黄国东、李希贵三位校长。刘旭光校长让我知道，作为校领导做事要雷厉风行，说到做到，严谨务实，因为执行力是行政最重要的能力。黄国东校长让我明白，校长的第一能力是课程领导力；校领导做事要有规划，前提是必须规范，要有缜密的思考，深思熟虑，谋定而动；有周密的工作方案，方案落地之后更要学会复盘，这样我们的工作才能做得扎实实效，少走弯路！李希贵校长让我懂得教师第一，学生也第一；学校管理制度的不断优化能促进学校高质量发展……他们还让我明白眼界的重要性，鼓励我们多学习、多阅读，走出去，开阔视野。有视界，才有境界。同时感谢赵小岸副局长、李燕芳老师多年来对我的关心与帮助。

本书得到了高明区教育局党组书记杨建民，教育局原副局长叶有雄同志，高明区教师发展中心肖万春主任，管向民、钟明副主任，温庆生主任督学等多位领导和专家的支持。华南理工大学出版社庄严、欧建岸老师也为本书提供了宝贵的建议。在这里请接受我最诚挚的谢意！

万分感谢我的行政团队：邓少能、严志荣、梁锦开、严燕梅、潘李露、黄敏霞、吴允霞、朱秀丽、邓锦雄；感谢我的宣传团队：谢美仪、何旭雁、黄俊杰、董博翰、区嘉碧、林泽亮、李婉仪、谭敏华、陈龙凡等；感谢新城一小黄韵、谢宝珍、罗彩霞、廖金文、朱志雯、刘曦瞳、王瑾瑶等老师，对我的鼎力支持！感恩我的父母、爱人、家人对我恒久的爱与支持！衷心感谢我在任期间，黄宝坚、仇科欣、胡琦华、黎卓升、陈仕光、钟帼祯、叶有雄等领导对我和新城一小的厚爱与支持；感谢陈家维校长对"润泽教育"的认同与传承。衷心感谢在我成长路上，所有看见我、关注我、帮助我、扶持我、提携我的同仁、同行、领导、前辈、专家和朋友们。历经艰辛，《一所人人被看见的学校——"润泽教育"实践100问》终于问世，我突然有一种水到渠成、如释重负的感觉。

读书、写书，无非是见天地，爱众生，悟自己。我们不敢以自己是基础教育文化传承托命人来自诩，但是我们仍然希望我们的书，我们的经验教训，能为一线教育工作者提供有用帮助；能让读者借鉴和受到启发，帮助大家成为更高效、快乐且有尊严的教育人。由于水平有限，书中若有不足之处，恳请大家批评指正。

习近平总书记指出："一个人遇到好老师是人生的幸运，一个学校拥有好老师是学校的光荣，一个民族源源不断涌现出一批又一批好老师则是民族的希望。"同样，一间学校拥有一个好校长，一个地方拥有一个好的教育长官，乃是学校及一方黎民百姓的希望和福祉。不忘初心，方得始终。愿我们都能成为那束光，照亮自己，也照亮他人。

可能有读者会问：《一所人人被看见的学校——"润泽教育"实践100问》怎么有101个问题呢？取义是希望新城一小的未来，我们的未来，都百尺竿头更进一步！

已识乾坤大，犹怜草木青。愿大家永葆悲悯心和好奇心；愿大家永远年轻，永远热泪盈眶……

冯结莲

2024年8月11日于高明

西江新城第一小学赋

滔滔西江，源远流长。泱泱高明，之东摇篮。
孕育兴智慧，新城样貌。大地接壤，群芳争艳。
创校高倚峰，戍岛侍书。润世代德，厚泽智德。

明志勤勉，启智润心。五育并举，敏行博达。
传承雅正，英华不息。鸿鹄应君，怀子成志。
四方弘毅，修身敬学。

创新兴东，江河浩荡。大胸怀，大道德。
小德抱树，启祖国。求知恭敬，广国航人。

岁次庚子仲春冯结莲撰
谢德水书

目 录

第一章 办学理念 泽被全体

1. "南方+·校长来了":该校首任校长,为什么提出以"润泽教育"为核心的教育理念? ……………………………………………………………… 1
    - 案例1 润泽教育,滋养一生——西江新城第一小学新校落成校长致辞 …… 3
    - 案例2 西江新城一小校长冯结莲:把育人金字塔的底座做大做实 ……… 4
2. 校训"润德泽智,明志致善"的内涵? ……………………………………… 7
    - 案例3 我们为什么把"润德泽智,明志致善"定为新城一小的校训? …… 7
3. "润泽教育课程体系"的特色及特点是什么? ……………………………… 8
    - 案例4 三美、两暖、两新、一香、一震撼——王玉建校长莅临我校开展"现代化学校"专题诊断指导工作的反馈意见 ……………………… 10
4. 学校精神"守正创新,精益求精"蕴含怎样的意思? …………………… 13
    - 案例5 学校文化建设:从群众中来,到群众中去 ………………………… 13
5. 登上"学习强国"的《西江新城第一小学赋》到底讲了些什么? ……… 16
    - 案例6 这位校长为学校赋诗朗诵,带着高明教育气质上"学习强国"啦 … 19
6. 新城一小的校徽具有怎样的含义? ………………………………………… 20
    - 案例7 我的学校,我做主——选出我喜爱的校徽 ………………………… 21
7. 高明教育特色学校巡礼:润泽教育的三张名片是什么? ………………… 23
    - 案例8 特色校园巡礼①——新城一小感恩教育:每位学子都在进行一场感恩养成之旅 …………………………………………………………… 23
8. "品行三好"和"学养三好"的内涵及关系是什么? …………………… 25
    - 案例9 争当臻雅"品行三好"少年 ………………………………………… 25
    - 案例10 读好书,写好字,说好话,做"学养三好"臻雅学子 ………… 28
9. 润泽教育"四、五、六"特色,分别是哪些特色? ……………………… 29
    - 案例11 "古韵新唱"一年级"百日礼"的必备节目 …………………… 30
10. 校长如何提炼学校的办学理念? ………………………………………… 31
    - 论文1 润德以立,致善行远——基于高明区西江新城第一小学"润泽教育"理念的办学实践与探索 ……………………………………… 32

第二章　红色引领　立德树人

11. 第一班"红色专列"活动中，润泽宝贝收获知多少？ …………… 42
    案例12　前进！春天里，开往明阳的第一班红色专列 …………… 43
12. 思政课，孩子们为什么特别喜欢听书记讲故事？周一开设全校"家国大事"思政微课堂的原因是什么？ …………… 44
    案例13　王老师"天宫第二课"，给学生带来怎样的启迪？ …………… 46
13. 党建引领下，怎样开展"红领巾奖章"一星章争章活动？ …………… 47
    案例14　"红领巾奖章"一星章争章活动这样做！ …………… 48
14. 党建引领下，怎样做好"分批入队"工作？ …………… 53
    案例15　这个"分批入队工作行事历"你值得拥有！ …………… 54
15. 党建引领下，学校如何加强教师队伍建设？ …………… 57
    案例16　千里送教促发展　温暖帮扶显真情——佛山市高明区西江新城第一小学骨干教师团队到黄平县新州镇中心小学开展结对帮扶教学研讨活动 …………… 60
16. 少先队"建队日"我们可以怎么做？ …………… 61
    案例17　新城一小少先队"建队日"系列活动 …………… 62
17. 如何利用本土民俗资源做好"红领巾寻访"活动？ …………… 64
    案例18　新城一小"传承小队"寻访——高明濑粉制作技艺 …………… 65
18. 为什么国旗下讲话主讲人是学生？ …………… 68
    案例19　强国有我，未来可期——学生国旗下讲话稿 …………… 70
19. 从小学习"传统民俗小课程"和"感恩孝亲小课程"，对孩子的成长有什么好处？ …………… 70
    案例20　"润泽教育·传统民俗小课程"之学科融合：浓情端午，乐在其"粽" …………… 73
20. 创校就设置的班级绿植角，如何成为我们的"小小劳动基地"？ …………… 74
    案例21　小角落，大德育 …………… 76

第三章　治校方略，每位老师都重要

21. 校长发展规划力：以《隆中对》为参考，校长如何撰写学校发展规划？ …………… 77
    案例22　西江新城第一小学学校四年发展规划 …………… 80

22. 校长的开学季：策略铺排与执行要点有哪些？ …………………… 80
    案例23 凝心聚力谱新篇扬帆起航正当时——记新城一小2021—2022第一学期开学工作会议 …………………… 83
23. 如何用周工作计划指导一周的工作落地？ …………………… 85
    案例24 新城一小2021年第15周"周工作计划" …………………… 86
24. 校长课程领导力之一：作为区首批特色学校，润泽教育的办学特色是什么？是如何做强做特的？ …………………… 87
    论文2 特色课程"五力"与"七性"，让每个孩子都出彩——基于高明区西江新城第一小学的特色课程实践探索 …………………… 87
25. 校长课程领导力之二：挖掘多元智能，润泽课程如何让学生找到自己喜爱的"高枝"？ …………………… 97
    案例25 仔仔因因宝贝猪猪，"六一"成长快乐！——记2019年西江新城第一小学首届艺术节暨庆"六一"文艺展演 …………………… 100
26. 如何让会议成为学校领导和中层干部的成长平台？ …………………… 102
    案例26 细数流光致过往，乘风破浪再扬帆——西江新城第一小学期末总结大会 …………………… 103
27. 领导发言的艺术：学校领导如何通过脱稿发言赢得听众？ …………………… 103
    案例27 办一间安静而丰富的学校——冯结莲校长在高明区2018年教师节表彰大会上的发言 …………………… 105
28. 为什么新城一小每个学生都希望和校长有午餐之约？ …………………… 106
    案例28 "美食"每刻，树表率，畅心谈——记西江新城第一小学"我和校长有个约会"陪餐活动 …………………… 108
29. 办学与宣传，校长该何为？ …………………… 109
    案例29 岁月无痕，润泽有痕——祝贺西江新城第一小学获得2020—2021学年度高明区教育系统十佳先进宣传单位 …………………… 111
30. 校长、老师如何讲好办学故事，以提升学校的品牌形象？ …………………… 112
    案例30 "润泽·故事分享"：震撼心灵的鞠躬礼 …………………… 113
31. 何为有担当的学校行政干部？ …………………… 116
    案例31 责任担当，团结合作——以广东省教育强镇复评专家组莅临学校指导为例 …………………… 118
32. 请带着你的思考走进学校领导办公室，何解？ …………………… 120
    案例32 收到一封感谢信——以承办2019年佛山市防震减灾知识宣传周

　　　　活动启动仪式为例 ·· 122
33. 中层成长的艺术：如何做最优秀的中层？ ···························· 123
　　案例33　和谐共进　独当一面——以高明区义务教育阶段校长到新城一小
　　　　跟岗实践学习活动为例 ·· 125
34. 班主任工作会议如何让每位班主任都被看见？ ······················· 127
　　心得1　从工作会到圆桌会，班主任会议可以这样开 ················ 130
35. 小学如何高效组织学科科组活动？ ····································· 131
　　案例34　丰富且充实的数学科组活动 ····································· 133
36. 级长、抓级领导如何做好新旧班主任和新旧任课教师的交接工作？ ··· 135
　　心得2　以爱为名，接棒前行——"后妈"请上座 ···················· 137
37. 开学前，班主任应该做好哪些准备？ ·································· 139
　　心得3　开学准备有创意：以爱筑梦，共启新程 ···················· 141
38. 接到一个新班级，班主任该怎样做？ ·································· 142
　　心得4　从心出发：新班级建设三步走 ···································· 145
39. 班主任如何上好第一节班会课？ ·· 146
　　心得5　第一节班会课，班主任如何"亮相" ························· 148
40. 班主任如何做好新学年第一个月的班级管理？ ······················· 150
　　心得6　开学第一个月如何抓好班级管理四阵地？ ···················· 152
41. 五条信息等同五次沟通：班主任如何解锁开学首月的家校联动？ ··· 153
　　案例35　开学第一个月，班主任反馈班群的5条信息 ················ 155
42. 教师情商修炼：非暴力沟通具有怎样的力量？ ······················· 158
　　案例36　非暴力沟通，救活了 ··· 159
43. 如何开好第一次家长会？ ·· 161
　　心得7　第一次家长会，班主任如何把握家校沟通突破区 ············ 163
44. 一个好的班主任，应该具备怎样的素养？ ···························· 165
　　心得8　一流班主任的自我修养 ·· 166
45. 写好期末班主任评语需要遵循什么原则？ ···························· 168
　　心得9　写好期末评语，我们这样做 ······································ 170
46. 国风校服，如何成为教师形象的文化表达？ ························· 171
　　案例37　润德泽智，扬帆起航——2018年9月2日西江新城第一小学开
　　　　学典礼 ·· 173
47. 教师的着装艺术：如何适应职场不同场合？ ························· 175

心得10　礼润师德，仪以修身 …………………………………… 176
48. 谨防"野马效应"：教师要如何先打理好自己，才走向学生和课堂？ …… 177
　　案例38　一张奖状的故事 ……………………………………… 178
49. 聪慧自荐：新教师如何向同事、向学生、向家长做好自我介绍？ …… 179
　　心得11　做好自我介绍，留下最美初印象：新教师的三场自我介绍范例 … 180
50. 习惯养成：开学第一周，我们为什么把它定为"习惯养成教育周"？ … 183
　　案例39　习惯养成，"育"见更美好和优秀的自己 ……………… 185
51. 教育艺术：教师为什么要特别关注孩子放学前的个人情绪？ ……… 186
　　案例40　老师，请为孩子拭去眼角的泪水 …………………… 187
52. 管理艺术："扬善于公堂，规过于私室"，在工作中如何体现？ …… 188
　　案例41　一个匿名电话，一次推心置腹谈话 ………………… 189
53. 平衡艺术：教师如何优化一天的工作和生活节奏？ ………………… 191
　　案例42　我的周末，我主导——一位25岁的语文教师的周末安排 … 193
54. 平衡之道：女教师如何协调工作与家庭？ …………………………… 194
　　心得12　耐繁耐烦耐凡，努力做一个很"哇塞"的女教师 …… 196
55. 心灵鸡汤：幸福教师的五大法宝，你做到了吗？ …………………… 198
　　案例43　促膝聊书，我们与合作学习有个约会（一）…………… 201
56. 入职关怀：初来乍到，校长为何要给新学年报到的教师一封信？ … 203
　　案例44　给新拍档的一封信 …………………………………… 204
57. 成长关怀之一：培养新老师为什么从备课和批改作业开始？ ……… 206
　　心得13　师道匠心，感恩有您 ………………………………… 208
58. 成长关怀之二：为什么每位新老师都要做个人"五年发展规划"？ … 210
　　案例45　重新出发，五年规划你做好了吗？——记新城一小新教师座谈
　　　　　　会暨"润泽新教师成长之家"成立仪式 ………………… 211
59. 成长关怀之三："润青展翅营"为年轻教师的成长带来了什么？ …… 214
　　案例46　以梦为马，不负韶华——2020—2021学年度高明区西江新城第
　　　　　　一小学"润青展翅营"开营仪式暨第一次团建活动 …… 217
60. 新校开办四年就培养出3位市区级"学科教学大赛一等奖（一位是市
　　级教学能手）和6位区级"三名人才"，新城一小这个名师"孵化器"，
　　为老师们做了些什么？ ……………………………………………… 219
　　案例47　高光时刻：热烈祝贺我校六位老师荣获高明区名校长、名教师
　　　　　　称号 ……………………………………………………… 222

61. 青蓝工程：如何激发中年教师的内驱力，实现教育热情的再次绽放？……223
　　案例48　青蓝传承·静待花开——西江新城第一小学举行2021—2022学年度"惠泽工程"师徒结对仪式……225
62. 新学校，教师来自五湖四海，如何用"五诚"文化凝聚人心？……226
　　心得14　吾心安处是吾家——难忘的办公室评比……229
63. 情绪价值一：教师"补休单"老师为啥特别喜欢？……230
　　案例49　"五一"劳动节感谢信……231
64. 情绪价值二：教师节全校近100位教师都收到校长亲手书写的祝福贺卡，每年迎新晚会每位教职工都有机会上台表演，是真的吗？……232
　　案例50　迎新晚会，让每个新城一小人被看见……234
65. 价值认同：我们为什么要给每一位退休老师举办荣休仪式？……236
　　案例51　李少珍老师荣休大会……237

第四章　五育融合　学为中心

66. "六备课三反思"具体指的是什么？……239
　　案例52　小学信息科技科"六备课三反思"案例：四年级学生利用项目式学习探索"学校身边的数字与编码"……240
67. 泽智课堂"五环"教学模式，创新点在哪里？……243
　　案例53　"双减"，我们在践行——泽智课堂减负提质教学研讨与行政骨干示范课……244
68. 为什么合作学习是润泽课堂教学的主要组织形式？……247
　　案例54　隔空合作学习——与黔东南结对兄弟校探索"双减"……248
　　论文3　当国学经典爱上"合作学习"——基于合作学习的小学国学经典"五环"课堂教学模式实践探索……249
69. 关注的力量：做"目中有人"的老师，课堂教学"六关注"你都做到了吗？……262
　　案例55　课堂"六关注"，让朱老师过关斩将——朱秀丽老师在2021年佛山市小学数学优质课观摩暨优质教学资源展示活动中荣获一等奖……264
70. 表扬的力量：教师如何用赞美激发学生潜能？……265
　　案例56　恰到好处的表扬——以"润泽教育"泽智课堂"五环"教学模式为例……266

71. 老师，您有"学生发言地图"吗？ ………………………………………… 268
    案例 57 李文彬老师带着"学生发言地图"，勇夺 2020 年佛山市第三届
            小学科学优秀课例暨创新实验展示活动一等奖 ………… 271

72. 老师，您会把控课堂教学节奏吗？ ………………………………………… 273
    案例 58 把控课堂节奏，提高教学效率——热烈祝贺我校区嘉碧老师在
            2024 年佛山市小学语文青年教师教学展示活动中荣获一等奖 …… 275

73. 老师，您会自我观照式听评课吗？ ………………………………………… 275
    案例 59 教师听评课时，关注点应该集中在哪几个方面？ ………… 277

74. 课堂应急处理那些事，你知道该如何应对吗？ ………………………… 278
    心得 15 难忘左眼上面的那九条缝线疤痕 ………………………… 281

75. 国学课程和进阶证明，到底带给孩子什么？ …………………………… 282
    案例 60 校长为我们上国学课啦！ ………………………………… 285

76. 从不敢开口到省"王牌讲书人"，"朗诵与演讲"微课堂如何成为孩子
    走向自信的小舞台？ ………………………………………………………… 287
    案例 61 从不敢开口到侃侃而谈的成长——小区和广东省"王牌讲书
            人"何梓璐的成长故事 ……………………………………… 288
    案例 62 厉害！佛山市特等奖！——祝贺西江新城第一小学斩获 2019
            佛山市"课文与经典"小学师生朗诵比赛特等奖 ………… 289

77. 成为广东省中华优秀文化传承学校：非遗扎染课程，为何是我们的
    挚爱？ ……………………………………………………………………… 291
    案例 63 爱扎染，爱艺术，爱劳动，爱创造——"润泽童心，绚丽扎染"
            新城一小第二届扎染艺术节圆满完成 ……………………… 293

78. 从创校就开设的 STEAM 课程，孩子们收获了什么？ ………………… 295
    案例 64 多彩社团欢乐多——新城一小学子荣获省级一等奖。感谢润泽
            宝贝为佛山争光！ ………………………………………… 297

79. 玩转数学周，我们的孩子怎样玩？ ……………………………………… 299
    案例 65 "慧"玩数学，"数"说精彩——记西江新城第一小学第六届
            "数学周"活动 ……………………………………………… 300

80. 英语不只是学习：孩子们在英语周如何玩乐探索？ ………………… 302
    案例 66 Wonderful English Colourful Life——西江新城第一小学第四届英
            语周活动 …………………………………………………… 304

81. 润心书斋，如何为孩子阅读赋能？ ……………………………………… 305

案例 67　"423"共建共享润心书吧之校长寄语：你专注读书的样子真好看！ …… 307

82. 区"四连冠"，羽毛球队的孩子如何做到学习与球技同样出色？ …… 309
　　案例 68　冲出区赛！历史的新突破 …… 311

83. "双减"下，如何设计学科特色作业？ …… 312
　　案例 69　聚力"双减"促实效，创意作业展身手——西江新城第一小学特色作业设计案例分享 …… 314

84. 再上学习强国的"学玩大闯关"其乐无穷，你也想去探究一番吗？ …… 317
　　案例 70　佛山高明西江新城第一小学：游园闯关，期末考轻松又有趣 …… 318

85. 我们的寒假托管，因何能登上《中国教育报》头版？ …… 319
　　案例 71　缤纷课程，不负所"托"——新城一小寒暑假托管服务登上《中国教育报》 …… 321

86. 打造多维立体空间：我们如何让小"沁园"用处大？ …… 323
　　案例 72　身体和灵魂总有一个在路上——祝贺西江新城第一小学教师在高明区首届研学旅行课程设计中获得佳绩 …… 324

87. 这间小学的铃声好特别！ …… 324
　　案例 73　佛山小强热线：这间小学的铃声好特别哦 …… 327

第五章　活动赋能，每位孩子都成长

88. 如何做好一年级的幼小衔接活动？ …… 329
　　案例 74　快乐启航·润泽成长——西江新城第一小学开展幼小联动，助力衔接联合教研活动 …… 331

89. 开学典礼，怎样为孩子新学期赋能？ …… 333
　　案例 75　努力拼搏，永不放弃，我就是冠军——开学典礼校长致辞 …… 334

90. 入泮仪式，如何让每位润泽宝贝被老师看见？ …… 336
　　案例 76　击鼓明志，立志高远——记新城一小 2020 级一年级新生入泮仪式 …… 337

91. 百日礼之"护蛋行动"，我们想教给孩子们怎样的价值观？ …… 339
　　案例 77　润泽百日·爱的守护·感恩成长——西江新城第一小学一年级学生"百日礼"系列活动 …… 340

92. 心理健康教育，学校重视并为润泽宝贝做了些什么？ …… 343
　　案例 78　阳光心理，快乐成长——西江新城第一小学心理健康教育活动

月总结 ·· 344
93. 道歉与成长："道歉日"如何通过谦逊与勇气塑造更好的自我？ ········· 345
　　案例79　今天，我跟你说一声"对不起"——记2021西江新城第一小学
　　　　　　首个"道歉日"活动 ··· 346
94. 如何给孩子留下一个难忘的毕业典礼？ ··· 348
　　案例80　童心向党　情系母校——记2021年西江新城第一小学首届毕
　　　　　　业生毕业典礼 ·· 349
95. 润泽教育的"十大礼节"具体有哪些？给润泽宝贝的终身成长带来了
　　什么？ ·· 353
　　案例81　润泽身心，健体报国——西江新城第一小学举行第三届体育节
　　　　　　开幕式 ··· 356

第六章　多方共育　同频共进

96. 家校社共育协同之一：新学年，校级家长会该怎样开？ ··················· 357
　　案例82　落实"双减"政策，"五育并举"提升育人质量 ··············· 358
97. 家校社共育协同之二：如何做好家长学校培训？ ······························· 360
　　案例83　家长学校案例教学：非暴力沟通，让爱融入生活 ············· 362
98. 家校社共育协同之三：如何让孩子融入社区？ ··································· 364
　　案例84　春风十里，正"植"有你——西江新城第一小学植树节活动 ··· 366
99. 不同类型的家长如何沟通？ ··· 366
　　心得16　家校沟通的"隐形"细节 ··· 368
100. 老师、家长如何做孩子的榜样？ ··· 369
　　案例85　我们身边的榜样 ··· 372
101. 家长自愿报名到班上健康幸福课，对学生和学校有什么好处？ ······ 374
　　案例86　"家校共育"从"一"开始，就要健康幸福哦！——西江新城
　　　　　　第一小学试点推行"健康幸福课" ·· 375

参考文献 ··· 377

第一章　办学理念　泽被全体

导　语

学校的办学理念，是学校办学的灵魂，是学校办学的定海神针，是学校这辆动车前进的方向。

1. "南方+·校长来了"：该校首任校长，为什么提出以"润泽教育"为核心的教育理念？

西江新城第一小学首任校长冯结莲提出了以"润德以立，致善行远"为核心价值观追求的"润泽教育"作为统领学校的办学理念。原因如下：

一、"润德以立，致善行远"涵义深远

其中"润德"出自李石的《谢冯济远惠端砚》诗，诗中有"方正自温润，玉德如其人"的句子。"润德"一词表达的是人的品行应该像端砚一样，温润如玉，方正质朴。而"润"字在这里有滋润、益于万物生长的意思，寓意教育的润物无声；"德"则指高尚的道德品质或人格魅力。所以，"润德"可以理解为温润的品德、高尚的道德品质或人格魅力。

"致善行远"，这句话的意思是要追求至善，实践良好的行为并且不断努力向前进步。在此，"致善"表示追求美好，追求道德上的完美；"行远"则意味着要有长远的眼光和毅力，不断前行。

因此，这两句话一起表达的是一个崇高的人生理念：既要有高尚的道德品质和人格魅力，也要有长远的眼光和毅力，不断追求美好并积极行动，永不停止求索之路，达到知行合一。

二、顺势而为，应运而生

2018年9月，备受社会各届高度期待的高明区西江新城第一小学（以下简

称新城一小）顺利开办。作为高明区西江新城片区的第一所公办学校，其地理位置独特，东倚西江河，南临秀丽河，西眺沧江河，北靠阮埇村。三河秀水润泽，如玉带环腰，紧紧守护和滋养着新城一小；学校更是毗邻"文风甲端郡"，世代书香的阮埇村。处在如此人杰地灵、英才辈出的地理位置，新城一小人认识到学校既要传承好地域优良的文风，育好时代新人，更要把学校打造成为新城未来教育标杆，引领新城未来教育。基于以上学校地缘特征，在佛山市"五好教育"——每个家门口都有好学校、每所学校都有好校长、每位学生都有好教师、全市教育拥有好生态、每个孩子都有好未来，最终目标是确保每个孩子都能在教育的帮助下实现自己的潜能，为未来的生活和社会做出积极贡献。

新形态的思想引领下，学校最终以"润德以立，致善行远"为核心价值观追求的"润泽教育"确立为办学理念，并开展了一系列创新教育实践与研究探索，"润泽教育"运用而生。

三、"润泽教育"，意义非凡

"润泽教育"理念是建立在对生命的理解、对教育的理解、对教育与生命关系性质的理解这三个基础上的，三者的有机结合形成了"润泽教育"的核心价值理念。

（1）"润泽教育"的本质需求是回归生命的自然成长，它是灵动的。

（2）"润泽教育"的基本条件是对所有人的全方位润泽，它是关爱的。尊重每一个个体的差异和个性，平等对待每一个个体的潜能与天赋，全面关注儿童发展的需求；"润泽教育"希求泽被全体。每一个生命都是一个奇迹，每一个生命都有其独特的价值。

（3）"润泽教育"的教育形态是润物细无声的综合感召，它是和谐的。

（4）"润泽教育"的目标是启迪智慧、润泽生命，它是追求幸福的，为儿童健康而幸福的人生奠基。

（5）"润泽教育"体现了对教师职业的理解与追求，它是崇高的。

真正的教育是小学有成，大教无痕，总是寓教于无形，在学校生活的方方面面让学生潜移默化、心领神会、品学日臻。因此，"润泽教育"强调一种整体的影响与感召，强调文化的创造、情境的营建、学校基本生活形态的改进，从而影响教学、课程、教师、学生等诸多方面，进而影响整个学校系统。

历经六年的实践检验，西江新城第一小学以"润德以立，致善行远为核心价值观追求的润泽教育"作为学校发展统领性理念，教育教学成绩斐然，"润泽教育"成效显著。

（撰稿：冯结莲）

案例 1

润泽教育，滋养一生
——西江新城第一小学新校落成校长致辞

尊敬的各位领导、各位来宾，亲爱的同学们、家长们：

大家早上好！

高明欢颜逢盛世，新城开怀迎嘉宾！在这金秋时节，我们满怀激动与喜悦，迎来了西江新城第一小学新校揭牌落成庆典。

在这美好的日子，在这崭新的校园，群贤荟萃，宾朋满座，我们共同翻开这新城一小里程碑式的一页，共同庆祝这激动人心的欢乐时刻。在此，我谨代表西江新城第一小学全体师生向莅临大会的领导、来宾表示最热烈的欢迎和最诚挚的问候！同时，向一直关心与支持西江新城第一小学的高明区政府、区教育局、荷城街道办、西江新城办事处等上级各部门以及社会各界表示衷心的感谢和崇高的敬意！

开学季，又三秋桂子飘香。一场秋雨洗刷了夏日的酷热，开启了西江新城第一小学"润泽教育"之门。我校以"润德以立，致善行远"为核心价值观追求的润泽教育作为统领学校的办学理念。"润德泽智，明志致善"八字校训，将如一汪清泉注入每一位孩子、每一位老师的心中，让他们得到充分的滋养，焕发出生命的光彩。

走进这气派、亮丽的现代化教育殿堂，站在这3万多平方米的新校园，无论近看还是远观，她都是那样的美，那样赋予灵气。这个集"花园·学园·乐园"于一体的人才润泽之地，具有完备的各类先进的现代化硬件设施，更有一支理念超前、教学一流、乐于奉献的教育精英团队。在此，我们全体师生庄严承诺——

我们绝不辜负上级部门和社会各界的殷切期望！我们将以"春风化雨，布德仁教"的教风，去影响和唤醒每一位孩子，以"为每个孩子健康和幸福的人生奠基"为使命，润有根之中国人，泽博学之雅君子，把西江新城第一小学打造成珠三角地区基础教育的标杆名校！

喜看新城一小的今天，我们豪情万丈；展望新城一小的明天，我们满怀希望。润泽教育，滋养一生；润泽教育，辈出栋梁！

最后，让我们再次用热烈的掌声，感谢今天参加庆典的各位领导、各位来宾和朋友们！谢谢大家！

（撰稿：冯结莲　2018年9月2日）

案例 2

西江新城一小校长冯结莲：把育人金字塔的底座做大做实

走进冯结莲的办公室，室内茶香和书香弥漫，书架上摆放着不少她喜爱的书籍，涉及文学、教育学、心理学等多个领域。她身着旗袍，说话温声细语但又透着一丝果决。

冯结莲最大的爱好是读书。她认为，基础教育不能采用精英教育模式，而是要让基础教育这个金字塔的底座尽可能惠泽更多学生。在去年，她被委任为佛山市高明区西江新城第一小学（下称"新城一小"）校长。

作为该校首任校长，冯结莲提出了以"润泽教育"为核心的教育理念。从教学楼装修、功能科室的选定、教学管理体系建立再到确立教育理念，冯结莲都亲力亲为。如今，这所年轻的学校在她和全体师生的共同努力下，正焕发出勃勃生机。

担任新校首任校长，为每名行政管理人员配备案头书

在 2018 年 5 月份，高明区荷城街道第三小学校长冯结莲，迎来了新的身份——兼任新校新城一小校长。

"时间紧，任务重。"眼看西江新城一小开学的日子快要到了，冯结莲上午在高明区荷城街道第三小学处理行政事务，下午奔赴西江新城一小巡查工程进度、设备设施进驻等事宜，晚上回家还要思考学校的办学理念。

2017 年 6 月份，冯结莲确定了西江新城一小"润泽教育"的办学理念。然而这只是万里长征的第一步。"在办新学校中最难的部分是和新的办学团队达成共识，让大家认可学校的办学理念，并形成一套标准化的教学管理体系。"

在办学之初，如何让大家拧成一股绳，为共同的教育目标而奋斗？冯结莲想到要把阅读作为凝聚人心的法宝。除了日常行政会议之外，她给学校的每名行政管理人员配备了《卓有成效的管理者》《教与学的秘密》等案头书，并组织大家围绕书中的内容进行交流。

为推进"小组合作学习"的课堂教学改革，她还为每位教师配备了《为了合作的学习》《为了学习的合作》等关于课改理论的书籍，让大家更加深入地了解"小组合作学习"的内涵。与此同时，她每周组织一次校本培训，以提升老师们的师德师能。

"不仅让老师们读案头书，我自己也会跟老师们分享我的读书感受，并对老师进行培训，从而让他们更好地教育学生。"通过读书活动，冯结莲逐渐和老师们在教育理念上达成了共识。

作为校长，冯结莲把对老师个人素质的培养当作自己重要的责任。"以一个老师30年职业生涯为计，在他整个教师生涯中，所接触的学生大概有700多名，影响的是700多个家庭。我们学校大概有100名老师，如果通过培训让老师们的素质进一步提高，那么将有7万多个家庭受益。"冯结莲说。

国学经典融入校园铃声，用"润泽教育"指引学生成长

在西江新城一小教学楼一楼大厅有个开放式书吧，名曰"润心书斋"，墙壁以海浪形图案的"润泽教育"寓意作为装饰，而"泽被全体"是润泽教育的核心价值理念。

在学生眼里，冯结莲是一位既严厉又负责的老师。在担任语文老师期间，她会一个个打电话给"后进生"家长，告知他们孩子近期学习情况，并提醒家长督促孩子认真完成作业。

"基础教育阶段，每一个学生都不能落下。"在冯结莲看来，基础教育阶段的孩子智商其实差别不大，培养他们良好的习惯、品德才是关键。

"如果把社会整个教育体系比作金字塔，基础教育就是金字塔的底座。只有把底座做大，在金字塔顶端的人才会更多。"冯结莲认为，基础教育不应变成精英教育，真正的教育是大教无痕。基础教育要惠及每一个学生，通过学校生活的方方面面让学生耳濡目染，并把品质和技能渗透其中。

"长者先，幼者后；长呼人，即代叫；人不在，己即到；称尊长，勿呼名……"朗朗书声飘荡在西江新城一小校园，冯结莲正在给学生上国学课。孩子们拍打着课桌，跟着节拍背诵《弟子规》。

此外，西江新城一小还把国学经典里的名句融入校园铃声，让学生们在耳濡目染中爱上传统文化。学校还设有放学礼、鞠躬礼，让国学经典里所体现的礼仪规范融入到学生的日常生活中。

童年是邮局的常客，把阅读作为终身习惯。西江新城一小十分重视培养学生的传统文化素养，这与冯结莲对于古代文学的热爱不无关联。在订书还算是件稀奇事的上世纪70年代，冯结莲就已成为邮局的常客。从童年开始的阅读习惯也一直伴随着冯结莲不同的人生阶段。她的日常读物随着阅历增长也在不断进行更换，并通过前置式读书的方式进行阅读。

"什么叫前置读书呢？比如说我要做一件事情之前，我会自己先读书学习。"冯结莲说，为成为一名好妻子，婚前她买了《为妻的心路历程》这本书；为当一位好母亲，怀孕前她就去看尹建莉的《好妈妈胜过好老师》；为做一名好校长，她担任学校中层时就去读北京第二实验小学校长李烈的《给生命涂上爱的底色》、北师大教授张东娇的《学校文化凝练》……

在冯结莲看来，读书能让自己更从容地面对在工作生活中所遇到的问题，而她对书的热爱也影响着她的家人。女儿晓纯无论学业多忙，都会抽出时间看书，如今步入大学的她依然怀念和父母一起读书的时光。

在去年，身为校长的冯结莲虽然事务繁忙，但依然读了上百本书，其中多涉及教学管理、团队管理等领域。今年，她决定拾起对文学的热爱，重读文学经典《红楼梦》。她表示，要让自己的学生和孩子爱上阅读、养成良好的阅读习惯，就要以身作则，自己做好榜样。因为"读书是一辈子的事，人是要终身学习的"。

（转自《南方日报》2019.7.3 版）

西江新城一小校长冯结莲：
把育人金字塔的底座做大做实

作为西江新城一小首任校长，冯结莲提出了以"润泽教育"为核心的教育理念。图为冯结莲（右）在指导学生阅读。 田人心 摄

走进冯结莲的办公室，室内茶香和书香弥漫，书架上摆放着不少她喜爱的书籍，涉及文学、教育学、心理学等多个领域。她身着旗袍，说话温声细语但又透着一丝果决。

冯结莲最大的爱好是读书。她认为，基础教育不能采用精英教育模式，而是要让基础教育这个金字塔的底座尽可能惠及更多学生。在去年，她被委任于佛山市高明区西江新城一小学（下简称"西江新城一小"）校长。

作为该校首任校长，冯结莲提出了以"润泽教育"为核心的教育理念。从教学楼装修、功能科室的选定、教学管理体系建立再到确立教育理念，冯结莲都亲力为为。而年轻的校长在她和全体师生的共同努力下，正焕发出勃勃生机。

担任新校首位校长
为每名行政管理人员配备案头书

在2018年5月份，高明区荷城街道第三小学的校长冯结莲，迎来了新的身份——兼任新校西江新城一小校长。

"时间紧，任务重。"冯结莲说。"眼看西江新城一小开学的日子快要到了，冯结莲每天往返于高明区荷城街道第三小学处理件外事务，下午再赴西江新城一小巡查工程进度、设备设施进驻等事宜，晚上回家还想思考学校的办学理念。

去年6月份，冯结莲确定了西江新城一小的"润泽教育"为核心的办学理念，然而这只是万里长征的第一步。"在办好学校最难的部分是和新的办学团队达成共识，让大家认同学校的办学理念，并形成一套标准化的教学管理体系。"

在办学之初，以什么样的管理理念，以共同的教育目标而奋斗？冯结莲想到要把阅读作为每名干部人心的法宝。"每个月日常行政会议之外，她给每位行政管理人员配备了《卓有成效的管理者》《教育守护的秘密》等案头书，并组织大家围绕书中的内容进行交流。

为推进"小组合作学习"的课堂教学改革，她还为每位教师配备了《为了合作的学习》等关于课改理论的书籍，让大家更加深入地了解"小组合作学习"的内涵。与此同时，她每周组织一次校本培训，以提升老师们的师德修养。

"不让让老师们读案头书，我自己也会跟老师们分享我的读书感受，并对老师进行培训，从而让他们更好地教育学生。"通过读书交流，冯结莲逐渐和老师们在教育理念上达到了共识。

作为校长，冯结莲把对老师个人素质的培养当作自己重要的责任。"以一个老师30年职业生涯为为，在他整个教师生涯中，所接触的学生大概是700多名，影响的是700多个家庭。我们学校大概有100名老师，如果我们培训出他们的素质进一步提高，那么将有7万多个家庭受益。"冯结莲说。

国学经典融入校园铃声
用"润泽教育"指引学生成长

在西江新城一小教学楼一楼大厅有了个开放式书吧，墙壁以海报形图案的"润泽教育"寓意作为装饰。市"泽润全体"成为润泽教育的核心价值理念。

在学生眼里，冯结莲是一位既严厉又负责的老师。在担任语文老师期间，她会一个个打电话给"后进生"家长，告知他们孩子当日学习情况，并提醒家长督促孩子认真完成作业。

"基础教育阶段，每一个个学生都不能落下。"在冯结莲看来，基础教育阶段的孩子智识发展不同，培养他们良好的习惯、品德才是关键。

"如果把社会比作金字塔，基础教育就是金字塔的底座，只有把底座做大，在金字塔顶端的人才会更多。"冯结莲认为，基础教育不应变成精英教育，真正的教育是大教无痕。基础教育要惠及每一个学生，通过学校生活的方方面面让学生耳濡目染，让他们品德和技能渗透其中。

"长者先，幼者后；长呼人，即代以；人不到，己呼到；称尊长，勿呼名……"朗朗书声贯遍在西江新城一小校园，一支冯结莲正在带学生读国学经典。孩子们打扮着朗诵，跟着节拍背诵《弟子规》。

此外，西江新城一小还把国学经典里的名

句融入校园铃声，让学生们在耳濡目染中爱上传统文化。学校还设有放学礼、鞠躬礼，让国学经典里面体现的礼仪规范融入到学生的日常生活中。

童年是邮局的常客
把阅读作为终身习惯

西江新城一小十分重视培养学生们的传统文化素养，这与冯结莲本人对于古代文学的热爱不无关系。在订书还算是件稀奇事的上世纪70年代，冯结莲就已经是邮局的常客。

从童年的阅读读书习惯也一直伴随着冯结莲不同的人生阶段。她的日常读物随着阅读也在不断进行更换，并通过置式读书的方式进行阅读。

"什么叫做置读书呢？比如说我要做一件事情之前，我会自己先读书。"冯结莲说，为

成为一名好妻子，她买了《为妻的心路历程》这本书；为当一位好母亲，她就去看芬娇的《做妈妈胜过好老师》；为做一名好校长，她就去读北京第二实验小学校长李烈的《给生命涂上爱的底色》。

在冯结莲看来，读书能让自己更从容地面对在工作生活中所遇到的问题，而她对书的热爱也影响着她的家人。女儿晓纯无论学业多忙，都会抽出时间看书，如今步入大学的她依然怀念和父母一起读书的时光。

在去年，身为校长的冯结莲虽然事务繁忙，但依然读了上百本书，其中多涉及教学管理、团队管理等领域。今年，她决定拾起对文学的热爱，重读文学经典《红楼梦》。她表示，要让自己的学生和孩子爱上阅读、养成良好的阅读习惯，就要以身作则，自己做好榜样。因为"读书是一辈子的事，人是要终身学习的"。

汤晓微　王雅铄

（撰稿：叶能军）

2. 校训"润德泽智，明志致善"的内涵？

"润德泽智"意指温润的品德能够滋养智慧，"明志致善"则是指从小立下明确高远的志向并不断追求向上向善。具体解读如下：

关于润德泽智："润德"，指的是"修身润德"，强调的是个人品德的修养，应当修炼得像玉石一样温润细腻，给人以舒适和愉悦的感觉。"泽智"则是通过这样的品德修养来滋养智慧，即品德的修炼能够促进人的智慧发展。

关于明志致善："明志"意味着每个新城一小人（包括润泽宝贝和每位老师）都应该有一个明确的目标或理想，从小立大志，它指导着人们的行动方向。"致善"则是不断追求卓越和完善自己的过程，不仅仅是道德上的善行，也包括个人能力和品质的提升，以达到"知行合一"的至善境界。

这两句校训涵盖了对新城一小人未来发展的两个重要方面——道德修养和智慧提升，以及个人理想的确立和对善的追求。它们体现了中国传统文化中儒家思想对于个人成长和社会和谐的指导意义，鼓励人们在个人道德、智慧以及追求目标上不断努力，以实现自身的全面发展。

（撰稿：冯结莲）

案例3

我们为什么把"润德泽智，明志致善"定为新城一小的校训？

"润德泽智，明志致善"作为新城一小的校训，蕴含了深厚的办学理念和价值追求。下面我再逐一解释这个校训的含义，以及它被选为新城一小校训的原因。

一、润德泽智

"润德"意味着通过润泽教育的过程来滋养学生的德行，就像雨水滋润大地一样，使品德教育潜移默化地影响学生，培养他们成为有道德的人。

"泽智"则强调通过润泽教育，培养学生智慧；学校提供一个充满智慧的环境，让学生的智慧得到启发，增长的不仅仅是书本知识，还包括综合实践能力、创新思维等。

二、明志致善

"明志",心学大师王阳明把"立志"作为为学的第一要义,指出"志不立,天下无可成之事"。他认为立志是成就事业的根本,"立志而圣则圣矣,立志而贤则贤矣"。意思是说,立志成为圣人,就可以成为圣

润德:修润德行。

泽智:因滋养从而焕发智慧的光彩。

润德泽智 明志致善

明志:明确志趣,表明心志。兴趣→乐趣→志趣→志向

致善:也作"至善",善的极致,善的极致,意思是达到最完美的境界。

人;立志成为贤人,就可以成为贤人。因此我们鼓励学生从小明确自己的人生目标和追求,有清晰的人生规划和坚定的意志;鼓励孩子从小立下大志向,有大格局,志存高远。

"致善"则是引导学生追求善良,不仅在行为上做到善良,更要在精神上追求高尚,积极向上向善,达到知行合一,努力成为一个对社会有益的人。

将"润德泽智,明志致善"定为校训的主要原因是:

首先是考虑人的综合发展。这个校训强调了德、智、体、美、劳并重的润泽教育理念,符合全人教育的目标,旨在培养学生在道德、智力等多方面的全面发展。

其次是价值观塑造。校训体现了学校对学生价值观的塑造,希望学生能够树立正确的人生观和价值观。

再次是社会责任。通过润泽教育引导学生成为有责任感、有贡献的社会成员。这是教育的重要使命之一。

最后是长远目标。校训传达了一种长远的教育目标,即润泽教育不仅仅关注学生在校期间的成长,五育并举,为健康与幸福的人生奠基,更关注他们未来成为社会人的发展方向。

总之,以"润德泽智,明志致善"作为校训,是对学校教育目标和学生成长方向的高度概括,它体现了学校对学生全面发展、健康发展的期望,以及对社会责任和人文关怀的重视。

(撰稿:冯结莲)

3. "润泽教育课程体系"的特色及特点是什么?

2018年9月,西江新城第一小学根据2016年颁布的中国学生发展核心素养的三大板块:文化基础、自主发展、社会参与,制订了具有新城一小"润泽教

育"特色的课程群。根据校训我们把润泽课程体系分为"润德""泽智""明志""致善"四大板块。其中,"润德"板块是立德树人的课程,分别有小公民修身课、习惯养成教育周小课程、传统民俗小课程、敬老孝亲小课程、爱国小课程和研学小课程,旨在从小培养学生的仁、义、礼、智、信、孝;"泽智"板块则按照国家课标开齐开足课程,语文还开设主题阅读、国学经典,数学还开设趣味数学,还有英语科的英语话剧;"明志"板块拓展类课程有STEAM、天使梦工场——蜡染、话剧、国乐团、数学与理财等;"致善"板块有健康幸福课、致善公益实践课等。

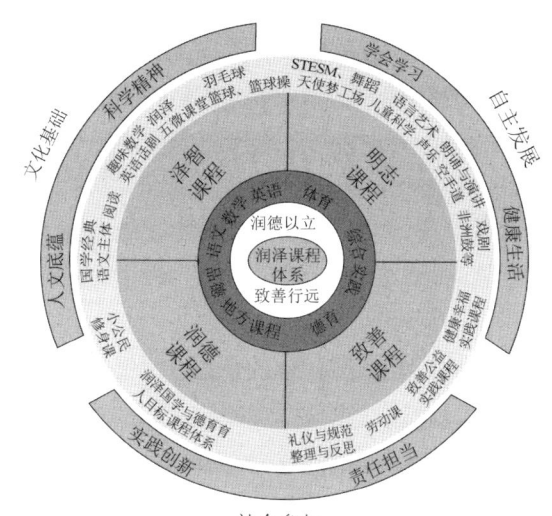

润泽国学与德育育人目标课程体系

杜威:"我们所需要的是儿童以整个的身体和整个的心灵来到学校,并以更圆满发展的心灵和甚至更健全的身体离开学校。"为了让学生在新城一小的六年在校时间身心得以浸润,知国学,懂礼仪,学校特设立润泽国学课程。

润泽国学与德育育人目标课程体系

年 级	教 材	习 惯	重点培养美德
一年级	《弟子规》《诗三百》50 首	礼仪、学习、生活、行为	礼、孝
二年级	《三字经》《诗三百》100 首	礼仪、学习、生活、行为	礼、孝、信
三年级	《论语》(节选)、《诗三百》150 首	礼仪、学习、沟通、生活	仁、义、礼、智、信、孝
四年级	《论语》(节选)、《诗三百》200 首	己所不欲,勿施于人 克己复礼	仁、义、礼、智、信、孝
五年级	《孟子》(节选)、《诗三百》250 首	乐学,吾日三省吾身	仁、义、礼、智、信、孝
六年级	《孟子》(节选)、《诗三百》300 首	感恩与责任	仁、义、礼、智、信、孝

润泽教育课程体系的特色及特点。我们把润泽课程体系分为"润德""泽智""明志""致善"四大板块。而这四个板块的四个关键词就是我们的校训：润德泽智，明志致善。校训与课程板块的关键词互为标准，高度融合！

这个以新城一小校训"润德""泽智""明志""致善"为核心板块的"润泽课程图谱"，考虑了人的综合发展，很负责任地落实党的教育方针，强调了德、智、体、美、劳全面发展的润泽教育理念，符合全人教育的目标，为西江新城第一小学的育人目标——"培养五育并举、人格健全具有家国情怀、世界眼光的博雅君子"——提供了有力的支撑和保证！

（撰稿：冯结莲）

案例 4

三美、两暖、两新、一香、一震撼
——王玉建校长莅临我校开展"现代化学校"专题诊断指导工作的反馈意见

为加快我区义务教育阶段"现代化学校"创建步伐，2019 年 10 月 15 日星期二，高明区教师发展中心邀请王玉建校长莅临我校开展专题诊断指导工作。王玉建校长是广东省名校长、广东省名师工作室主持人、特级教师、禅城环湖小学教育集团总校长。王校长在区教师发展中心曾石泉老师陪同下，深入我校，就"现代化学校"创建理念与实践、策略与路径，学校现代化创建过程中存在的问题、下一步创建工作的开展等进行具体诊断指导。

望吾形而知吾神

王校长进校就注意到我校别具一格的建筑设计。冯校长介绍说，我校的建筑设计融入了我们的办学理念：润泽教育。我校以"润德以立，致善行远"为核心追求，学校致力于为孩子健康与幸福的人生奠基，平等对待每一种天赋与才能，所以我校的建筑主体色采用橙色。金黄色与橙色体现知识和良好的品质，如金子般珍贵，寓意小学阶段在新城一小打下良好的根基，前途充满光明与希望……当王校长听冯校长讲到我们润泽教育的缘起：学校旁边就有一个出了 15 名进士、48 名举人的"学霸村"阮埔村；沧江、秀丽河、西江，三江水暖如玉带环腰，用水的灵性哺育着这一方尚文重教的热土……王校长觉得学校的办学理念有根有源，有人文根基，定位精准。学校办学理念、三风一训的表述形式散发着古朴、典雅的气息，非常有文化味！

闻吾故而知吾韵

活动伊始，王校长听取我校的现代化创建情况汇报。冯校长就我校的建校以及过去一年里我校创建"现代化学校"的具体做法向王校长进行了简要介绍。王校长给予我校过去一年的创办很高评价。

接下来的随堂听课中，王校长随机听取了五年级数学、三年级语文，并且就现场看到的情况进行了点评，老师们也很受启发，豁然开朗。

问吾症而知吾虑

随后王校长对我校师生进行了座谈。王校长得知我校今年新进教师四十余人，除了新考入的教师还有由各个学校抽取的近二十位教师后，就老师们是否认同新学校的理念、老师们自己的价值观以及目前所遇到的最大的困难等问题进行了座谈。王校长说：老师们对新学校办学理念的认同以及对学校的热爱打消了自己原先的疑虑；学生的生机勃勃很具有感染力，自己深深地感受到了孩子们的纯朴稚真。同时也间接了解到教研、教学等存在的潜在问题。

切吾脉而知吾象

接着王校长对我校"现代化学校"创建的资料进行了把脉，并查看了功能场室和社团课。王校长说："新城一小开办第二年就有60个社团很不简单，有实力，有潜力；新城一小的领导有魄力，有毅力；新城一小的老师们协作团结、劳而不怨，用平凡和辛劳谱写了伟大的赞歌。"大音希声，大象无形"，王校长在资料、校园场室以及社团课的查看中以及途中遇到的师生面貌中体会到，我校的文化理念已经根植于师生心中，内化为他们不自觉的行动中，展示于学校的各个角落。

大医精诚，诊断精准

王校长就我校的情况给出了诊断报告，表示对我校的整体印象可以这样概括：三美、两暖、两新、一香、一震撼。

三美：为爱温暖，向美而生。王校长说，首先是校园美：楼宇辉映，姹紫嫣红；其次是学生笑脸美，铜铃般声音美；校长美，智慧与美貌并存，清雅与芬芳并贮。

两暖：教师感到温暖，学校对教师生活的关心、成长的关爱，让教师觉得温暖；学生的温暖，求知乐园，成长的乐土，学生温暖的家园。

两新：一新是冯校长敢创新，将润泽办学理念、校训与学校的课程体系融为一体。这是自己走过全国那么多间学校都极为少见的。冯校长根据校训："润德泽智"制定了具有"润泽教育"特色的课程群，匠心独运分为润德、泽智、明志、致善四大板块。这个顶层设计非常巧妙！冯校长很有智慧，新城一小让人耳目一新！要管理好新学校，真的非常的不容易！

其中，"润德"板块是立德树人的课程，旨在从小培养学生的仁、义、礼、智、信、孝。"泽智"板块则按照国家课标开齐开足课程，语文还开设主题阅读、国学经典，数学还开设趣味数学，还有英语科的英语话剧。"明志"板块拓展类课程有STEAM、天使梦工场——蜡染、话剧、非洲鼓、空手道、数学与理财等。"致善"板块有劳动课、健康幸福课、致善公益实践课等。旨在培养学生德、智、体、美、劳全面发展的同时，在小学的学习生活中觅得自己的人生志趣。

二新是我们的创新型"五微（味）课堂"，如甘露，温润孩子们的智慧与心灵。五微（味）课堂分别是：一是朗诵与演讲（酸），二是润泽主题阅读（甜），三是润心练字课（苦）、四是古韵新唱（辣）、五是舒展放松操（咸）。王校长表示五微课堂很有特色，很有创新。

一香："最有书香能致远，腹有诗书气自华。"来到我校感受到书香溢满校园，伴随孩子成长。新城一小是把学校建在了图书馆中。

一震撼：王校长说，西江新城第一小学的"三好臻雅学子"第一好是礼貌礼仪好，所以沿途看到所有的学生都非常有礼貌，这我觉得很好，但也不奇怪；令我深深震撼的是，中午12点我们在去餐厅的路上，遇见两位年长的教师，对客人深深行鞠躬礼！这两位老师用行动演绎了她们对学校、对同伴的爱；用行动诠释了"学高为师，身正为范"；用行动润泽着学生。王校长还表示这一幕将永远定格在心中，成为永抹不去的风景。

杏林春暖，处方立出

王校长从我校的文化理念的应用、校园文化的完善、教学教研、教师成长等方面指出了问题，同时以讲座形式开出处方。王校长在《让现代化为学校发展创造自我》讲座中，具体阐述了四轮驱动促进学校现代化发展。

感谢高明区教师发展中心为我校请来专家坐诊；感谢王校长辛苦一行对我校进行"学校现代化"发展把脉诊断。相信我们学校会以此为契机，对标先进，从校园文化、教学科研、教师发展等方面不断深入思考、不断完善，推动学校现代化建设和发展，为实现"学在高明"贡献新城一小力量！

（撰稿：刘丽。转自西江新城第一小学微信公众号，发布时间：2019－10－16，网址：https：//mp.weixin.qq.com/s/GKAIsH_ho7Bmva7qOgCWdw）

4. 学校精神"守正创新,精益求精"蕴含怎样的意思?

西江新城第一小学的精神是:守正创新,精益求精。

守正指的是恪守正道,用正确的处世方法把握客观规律。为人处世当笃守正道。创新指的是勇于挑战权威,善于探索新知、推陈出新,正确看待失败,尊重个性发展。具体可以分四个层面来说:第一层面是学校方面,正确之意,正确做事比做正确的事情更加重要;正确地做教育,比做正确的教育更加重要;学校办学必须紧跟党和国家的教育方针——教育必须为社会主义现代化建设服务、为人民服务,必须与生产劳动和社会实践相结合,培养德智体美劳全面发展的社会主义建设者和接班人。必须有正确的办学方向。第二个层面是教师方面,正,即正气,浩然正气;守住一个单位的正气,倡导正能量;一间新的学校,必须正气主导,只有有浩然正气的教师才能教出有浩然正气的学生!第三层面就是课程,学校课程设置必须传承经得起历史考验的、优秀的中华传统文化课程,把五千年的优秀中华文化传承给我们中华后人,润有根之中国人,泽博学之雅君子。第四层面是我们的学生成长。作为教育工作者的我们必须培养学生从小就树立正确的"三观",明辨是非,知对错;从小知礼明理。

创新是指在现有的资源条件和社会环境中提出一种从未有过的新思路与新思维,或者说在原有的某种事物和方法的前提下进行改进与更新,创造出新的事物。譬如,我们的润泽课程体系,譬如我们的特色课程,我们的"五微课堂",我们的朗诵与演讲、我们的羽毛球醒狮课程、我们的"扎染与数学"课程,都是创新。

(撰稿:冯结莲)

案例5

学校文化建设:从群众中来,到群众中去

2020年9月,当时学校已经开办了有一年多,学校的精神还没能确定落实下来。当时,行政和老师们都在积极讨论,他们针对学校实情,结合润泽教育,脑洞大开。于是,便有了让级长收集年级老师们的意见上来,全校老师投票选出学校精神的想法。

附：投票纸

西江新城第一小学学校精神投票

年级＿＿＿＿＿＿＿＿　　姓名＿＿＿＿＿＿＿＿

各位老师：

　　学校今年开办刚进入第三年。我们西江新城第一小学的办学目标是：努力把西江新城第一小学办成高品质、现代化的标杆名校！

　　学校的办学精神也开始深入人心，在我们学校的行政及教师身上逐步彰显。下面请结合您平时所见、所观、所想，选择适合我校的一种精神投票：我觉得（＿＿＿＿＿＿）比较贴合我们学校。

　　A. 守正创新，奋斗不止！　　B. 守正创新，精益求精！
　　C. 守正创新，自强不息！　　D. 守正创新，团结拼搏！

　　具体解释：

　　守正意思是恪守正道，具体又可以分为三个方面：第一个意思就是正确，即学校办学必须紧跟国家教育的大政方针，有正确的办学方向；第二个意思就是正气，守住一个单位的正气，倡导正能量，一间新的学校，必须正气主导！第三个意思就是，学校教育必须继承和传承经得起历史考验的、优秀的中国传统文化。创新是指在现有的资源条件和社会环境中提出一种从未有过的新思路与新思维，或者说在原有的某种事物和方法的前提下进行改进与更新，创造出新的事物。

　　对于西江新城第一小学这间新学校，守正创新是前提！

　　A. 奋斗不止的意思：为了实现自己的梦想、目标而不断努力工作、学习提升的意思。

　　B. 精益求精的意思是：（学术、技术、作品、产品等）好了还要求更好。

　　C. 自强不息的意思是《周易·乾》："君子以自强不息。"指自己不懈地努力向上。息：停止。

　　D. 团结拼搏的意思：就是团结起来一起打拼、奋斗向上。

　　如果您觉得以上都不对，请在下画线上补充：＿＿＿＿＿＿＿＿＿＿＿＿＿＿

佛山市高明区西江新城第一小学校长室

2020 年 9 月 27 日

老师投票结果如下：

西江新城第一小学学校精神投票汇总表

年级	投票人数	A	B	C	D
一年级	22	1	14	3	4
二年级	18	4	5	2	7
三年级	22	2	8	6	6
四年级	13	0	3	5	5
五年级	8	1	4	1	2
六年级	10	1	8	0	1
小计	93	9	42	17	25

于是，"守正创新，精益求精"的办学精神便应运而生，深入人心。此后，学校校园文化的很多设置，都运用"从群众中来，到群众中去"的做法，学校的校园文化，由老师们做主。如：

西江新城第一小学文化石选材投票结果

投票时间：2021年4月19日

年级	投票人数	文化石设计图	
		图一 新疆玉	图二 黄蜡石
一年级	21	19	2
二年级	18	5	13
三年级	25	1	24
四年级	13	2	11
五年级	9	9	0
六年级	12	8	4
小计	98	44	54

西江新城第一小学文化石刻字及摆放位置投票结果

投票时间：2021 年 4 月 6 日

年级	投票人数	文化石刻什么内容					文化石摆放的位置	
		A 润泽	B 润心	C 感恩	D 润·恩	E	A 学校门口旁	B 垃圾分类宣传栏
一年级	21	11	5	1	4		20	1
二年级	19	18		1			19	
三年级	24	16	6	2			12	12
四年级	13	5	4		4		11	2
五年级	9	1	5	1	2		8	1
六年级	12	2			10		11	1
小计	98	53	20	5	20		81	17

如此，润泽教育的校园文化便深入人心，教师便是润泽教育的支持者、执行者、宣传员、传播员。

（撰文：冯结莲；数据提供：夏雪梅）

5. 登上"学习强国"的《西江新城第一小学赋》到底讲了些什么？

2020 年 5 月 28 日，我校原创影视作品《西江新城第一小学赋》MV 登上了学习强国"校园风采"栏目。这篇由我校冯结莲校长原创并朗诵的《西江新城第一小学赋》，到底讲了些什么？咱们一起探究探究吧。

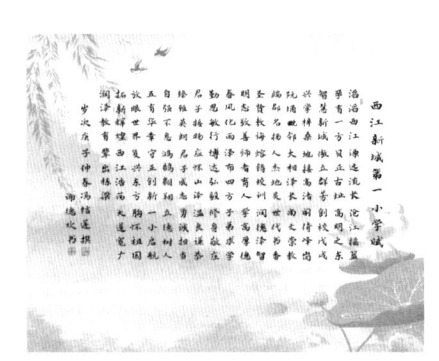

西江新城第一小学赋

作者　冯结莲

滔滔西江①，源远流长；沧江②摇篮，孕育一方。贝丘③古址，高明之东；智慧新城④，傲立群芳。创校戊戌⑤，兴学梓桑；地接高渚⑥，阁倚峰岗⑦。阮埗⑧毗邻，大相⑨泽长；尚文崇教，端郡⑩名扬。人杰地灵⑪，世代书香。

圣贤教诲，熔铸校训：润德泽智，明志致善⑫；师者育人，学高⑬厚德⑭，春风化雨，泽布⑮四方；子弟求学，勤思敏行，博达弘毅⑯，修身敬庄⑰；君子接物，应怀山泽⑱，温良⑲谦恭，臻雅英朗⑳；君子成志，勇诚担当，自强不息，鸿鹄㉑翱翔。立德树人㉒，五育㉓华章，守正创新㉔，一小启航。

放眼世界，复兴㉕东方；胸怀祖国，拓新辉煌。西江浩荡，大道宽广；润泽教育，辈出栋梁。

做学问我们一直审慎认真，从来不敢有一点马虎。各位看官请看注释：

① 西江：珠江水系干流之一，华南地区最长的河流，流经高明地域长共17.48公里。高明区地处珠江与西江交汇重要节点。

② 沧江：高明母亲河，发源于高明西部老香山托盘顶。

③ 贝丘：全称古椰贝丘遗址，位于高明区古椰村东北黄涌桥附近，是先秦时期古文化遗址。

④ 新城：高明西江产业新城，位于佛山市西南部，高明区东部，东起西江，南接高明原有城区，西邻国家火炬计划新材料产业基地——沧江工业园和中车基地，北连广明高速和我区科教大学园区，规划总面积为20平方公里，规划居住人口25～30万人，是佛山市大型城市组团的重要组成部分，也是高明区未来的城市核心。

⑤ 戊戌：干支纪年法，指2018年。

⑥ 高渚：黄河津渡。在今河南孟津县西。《资治通鉴》：南朝梁大通二年（528）三月，尔朱荣起兵晋阳，全河内，遣王相密入洛阳迎长乐王子攸。子攸"自高渚渡河。丁酉，会荣于河阳"。这里指原来的西江渡口。

⑦ 峰岗：这里指皂幕山。位于高明区杨和镇坑美村，高明境内的主峰海拔805米，有"佛山第一峰"之称。

⑧ 阮埗：位于荷城街道荷富路旁。此村文风盛，英杰多，先后出过15名进士、48名举人。

⑨ 大相：区大相，明朝诗人，阮埗村人，岭南诗派的代表人物。"两朝四进士，一榜四文魁"说的就是区大相一家。

⑩ 端郡：高明有"文风甲端郡"之称。

⑪ 人杰地灵：出自王勃的《滕王阁序》，原文为"物华天宝，龙光射牛斗之墟；人杰地灵，徐孺下陈蕃之榻"。

⑫润德泽智，明志致善：西江新城第一小学校训。大意是润德崇礼，泽智善思，锻炼志趣，修身明德；臻雅、存善、求真、尚美。

⑬学高：出自陶行知先生的"学高为师，身正为范"。

⑭厚德：出自《周易·坤》"君子以厚德载物"，意为道德高尚者能承担重大任务。

⑮泽布：布泽。出自汉乐府《长歌行》。布：布施。泽：滋润，雨露。

⑯弘毅：出自《论语·泰伯》："士不可以不弘毅，任重而道远。"意为抱负远大，意志坚强。

⑰敬庄：即"庄敬"，庄严恭敬。

⑱山泽：山林与川泽，形容胸襟豁达。

⑲温良：出自《论语·学而》："夫子温良恭俭让以得之。"成语故事：春秋时期，子禽问孔子学生子贡，为什么孔子每到一个国家都能听到该国的政事。子贡回答说：他老人家温和、善良、恭敬、俭朴、谦让，他用这样的态度去对待别人，别人自然会把政事告诉他，这是他与众不同的品德，也是与别人听到政事方式不同的原因。温，和厚也。良，易直也。恭，庄敬也。俭，节制也。让，谦逊也。五者，夫子之盛德光辉接于人者也。温良这里指温和、善良。

⑳英朗：聪明俊秀。

㉑鸿鹄：出自《史记·陈涉世家》，比喻志向远大的人。

㉒立德树人：党的十八大报告提出把"立德树人"首次确立为教育的根本任务。

㉓五育：德、智、体、美、劳，五育并举。2019年7月9日，国务院新闻办公室举行深化教育教学改革全面提高义务教育质量《关于深化教育教学改革全面提高义务教育质量的意见》（以下简称《意见》）发布会。《意见》提出五方面主要举措：坚持"五育"并举，着力解决素质教育落实不到位的问题。

㉔守正创新：习近平总书记在庆祝改革开放40周年大会上的重要讲话提出守正创新的理念。

㉕复兴：习近平总书记在十九大报告中指出，实现中华民族伟大复兴是近代以来中华民族最伟大的梦想。

译文：

千里西江，江水滔滔，源远流长。沧江河——高明母亲河，孕育一方高明人。在高明之东，存留着目前中国内地发现的规模最大的、最完整的古耶贝丘遗址。西江产业新城，彰显建设者的智慧，傲立群芳。西江新城第一小学创办于戊戌年九月,将惠及高明一方百姓。学校地接西江,依傍佛山第一峰皂幕山;毗邻高明文化名村阮埇村,是德高望重的明朝进士区大相之乡。高明民风淳朴,尚文崇教,历史悠久,文化璀璨,人杰地灵,素有"文风甲端郡"之称。

学校在先贤及圣人的耳濡目染之下,锤炼出"润德泽智,明志致善"的特色校训。教师育人,必须要有渊博的学识,厚德载物,常怀仁爱之心。师生在良好的熏陶和教育之下,相互促进,共同成长,教师用他们的智慧和仁爱惠及四方学子。学生求学,勤于思而敏于行。博学通达,抱负远大,意志坚强,在学习中涵养德性,庄严恭敬,修持身性。君子待人接物应胸怀豁达,温良谦逊,臻雅、存善、求真、尚美。君子想要实现自己高远的理想和目标,必须懂得诚实守信,勇于担当,自强不息。学校将一贯秉持"立德树人"的育人宗旨,坚持"德智、体、美、劳"五育并举,在守正中创新。站在新的历史起点上,西江新城第一小学扬帆启航!

为实现中华民族的伟大复兴,全体新城一小人应该志存高远,胸怀祖国,放眼世界,勇于开拓创新,铸造辉煌。西江之水浩浩荡荡,前进的道路一片光明。相信在润泽教育理念的感召和熏陶下,在园丁们的辛勤培育下,新城学子必勤勉自励,茁壮成长,实现人生伟大理想;润泽校园里人才辈出,莘莘学子成长为祖国的栋梁之才。

"两句三年得,一吟双泪流。"本《西江新城第一小学赋》内涵丰富,意蕴悠长,是我校冯结莲校长在 2020 年春节抗疫期间历时近 3 个月的呕心沥血之作。字斟句酌,历经无数次修改并多次征求资深学者、学校行政意见以及全体教师讨论通过,全面深刻地体现了原创作者冯结莲校长及其引领下的新城一小人的办学情怀和办学理想。

(撰稿:冯结莲;译注:谭诗韵、谢美仪、区嘉碧、冯结莲)

案例 6

转载"高明教育":这位校长为学校赋诗朗诵,带着高明教育气质上"学习强国"啦

近日,西江新城第一小学 1-4 年级的菁菁学子结束"超长假期",重返校园。为了让学生尽快适应校园生活,铭记校训以及教风、学风等,学校精心制作了《西江新城第一小学赋》MV。

快来感受新城一小,润泽教育的气质……

28日,该视频登上"学习强国"平台。

《西江新城第一小学赋》由新城一小校长冯结莲创作并亲自朗诵,让孩子们在熟悉学校办学理念、校训的同时,感受校园新的变化。

(转自"高明教育"微信公众号2020年5月28日,网址:https://mp.weixin.qq.com/s/JXJ8Zr56a-Rc4dJNkBzKKw)

扫二维码观看

6. 新城一小的校徽具有怎样的含义?

2018年7月19日,西江新城第一小学微信公众号正式注册成功,并推出第一篇推文《我的校徽,我做主》。学校提供三款校徽让学生、家长、社会民众参与选出自己心目中喜欢的校徽,大家都积极投票。经过家长和民众积极投票,1号校徽得票率最高,成为西江新城第一小学校的校徽。

一、校徽图像及意义创意说明

根据学校校名的核心文字"江"和"第一","1"字体现第一小学,西江、沧江与秀丽河三河环绕,呈螺旋上升如"玉带"环腰,围绕"1"字型楼房,寓意西江新城第一小学是在沧江、西江和秀丽河滋养中拔地而起的现代新学校。

西江新城第一小学校徽

二、色彩运用

中间的河水为蓝色,两旁是生机盎然的绿色。"1"为金黄色与学校的主体色橙色一致。金黄色与橙色体现知识和良好的品质如金子般珍贵,金黄色也是象征希望和丰收的颜色,寓意小学阶段在新城一小打下良好的根基,前途充满光明与希望,未来必将收获健康与幸福的人生。蓝色如水,水即润泽,上善若水,包容并蓄,同时代表创新、友善与真诚;绿色代表生长与活力,是生命的色彩,绿色也代表树木,参天大树之意象,木乃国之栋梁。

三、校徽寓意

"润泽教育"理念指引和培育下,青出于蓝而胜于蓝,西江新城第一小学人才辈出。

由西江新城第一小学校徽衍生出来的学校视觉识别系统(学校的VR),校园文化用色主色调、辅助色等一系列基本确定。因此,学校的视觉识别系统也慢慢确立了,整间学校的校园文化用色基调基本定调。目前,学校已经专门设计了包括班级牌、功能场室牌、学校宣传栏、信纸、资料袋、教师工作证、外来访客出入证、奖杯、邀请函、教师服装、学生服装、校内引导牌等在内的视觉标识系统。将"润泽教育"的办学理念通过静态的、具体化的、视觉化的设计元素予以体现,适用于校园文化布置、会议、办公等应用场合。如此,一方面增强师生、家长和社会大众的感知、记忆和认同,另一方面对增强师生、家长的自信心、自豪感和凝聚力起到很好的潜移默化的促进作用。

如今,学校开办六年,校园文化用色基调基本和学校视觉识别系统(学校的VR)所呈现的色彩一致,因此整个校园文化设计给人大气和谐、人文氛围浓郁的感觉,受到社会各界人士的好评。

(撰稿:冯结莲)

案例7

我的学校,我做主——选出我喜爱的校徽

在高明区政府、区教育局、荷城街道办和荷城街道教育局的大力支持与关怀下,佛山市高明区西江新城第一小学,将于2018年9月3日正式开学啦!

为了进一步内聚合力、外树形象,增强师生的凝聚力和归属感,激发广大师生团结奋进的责任感和使命感,深入挖掘、凝炼学校的办学理念,现面向社会群众开展"西江新城第一小学校徽评选"活动。请您认真看看校徽图案和创意说明,选择您喜爱的一个校徽,在本文文末进行网络投票。

一号校徽创意说明

1. 根据学校校名的核心文字"江"和"第一","1"字体现第一小学,西江、沧江与秀丽河三河环绕,呈螺旋上升如"玉带"环腰,围绕"1"字型楼

房，寓意西江新城第一小学是在沧江、西江和秀丽河滋养中拔地而起的现代新学校。

2. 色彩运用：中间的河水为蓝色，两旁是生机盎然的绿色。"1"为金黄色，与学校的主体色橙色一致。金黄色与橙色体现知识和良好的品质如金子般珍贵，寓意小学阶段在新城一小打下良好的根基，前途充满光明与希望，同时金色也象征希望；蓝色代表创新、友善与真诚；绿色代表生长与活力，是生命的色彩，绿色也代表树木，参天大树之意象，木乃国之栋梁。寓意"润泽教育"理念指引下，青出于蓝而胜于蓝，西江新城第一小学人才辈出。

二号校徽创意说明

1. 根据学校名核心文字"西江""一"拼音中的核心字母 X、J、Y 变形及地理条件变形而成。

2. 字母的变形为一只展翅努力奋飞的鲲鹏；体现一种拼搏努力，不屈不挠的精神。背后的水纹表现了学校的名字中的"江"境，体现了学校"润泽教育"的办学理念和"润德泽智，明志致善"的校训。

3. 标志大气饱满，喻意深远。

4. 底纹色彩自下而上由蓝慢慢变到青绿，体现青出于蓝而胜于蓝。

三号校徽创意说明

1. 在波光粼粼的江面上，"1"变形为一艘扬帆启航的船。三号校徽着重体现了第一小学的"1"，和水的润泽与承载之德，体现学校"润泽教育"的办学理念和"润德泽智，明志致善"的校训。

2. 小学是人生启航阶段，西江新城第一小学也启航于 2018 年。

3. 三号校徽简洁大气，又不失细节，主题明确，视觉冲志力强，很容易产生记忆。

4. 色彩是深深浅浅的蓝，与校园墙体的绿色相映，体现青出于蓝而胜于蓝。

大家来投票啦！

（转自西江新城第一小学微信公众号，发布时间：2018-7-19，网址：https://mp.weixin.qq.com/s/IYgDWTrXMiCtGT-ToA6lUw）

扫码阅读原推文

7. 高明教育特色学校巡礼：润泽教育的三张名片是什么？

2016年9月国家教育部颁布的《中国学生发展核心素养》在第三方面"社会参与"中的"社会责任"中强调："自尊自律，文明礼貌，诚信友善，孝亲敬长，有感恩之心。"润泽教育的育人目标是：努力把每一个学生培养成为具有"学养三好"（读好书、写好字、说好话）和"品行三好"（礼貌礼仪好、行为习惯好、品德修养好）的润泽臻雅学子，彰显学校办学特色和育人品质。

根据以上育人目标，结合校情，我们联合制定了新城一小的三张名片。第一张：眉开眼笑鞠躬礼；第二张：放学感恩礼；第三张：夸夸你，竖起大拇指！这三张名片，你做到了吗？

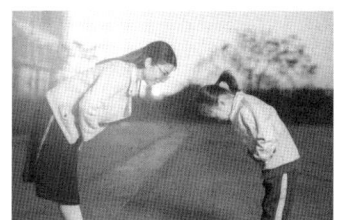  

其中，第一张眉开眼笑鞠躬礼，是做人的基本礼仪。微笑，就是对人要笑脸相迎；弯下身段，90°鞠躬是遵循古代礼节，以示谦卑、谦虚。第二张放学感恩礼，是每天下午放学时间，当老师带领孩子们出校门准备放学时，孩子们列队面向老师，分别鞠躬三次，同时说三句话："谢谢老师，老师您辛苦了！回家注意安全！"老师回复："祝同学们回家平安！"放学感恩礼的主要意义是：学生感谢老师在学校一天的时间里，对自己的教育、关爱和包容。最后师生互道"平安回家"平常而贴心的问候。第三张，夸夸你，竖起大拇指！就是教会师生学会多看别人的闪光点，互相赏识，互相赞美，学好榜样，树立学校向上向善之风。

（撰稿：冯结莲）

案例8

特色校园巡礼①——新城一小感恩教育：每位学子都在进行一场感恩养成之旅

放学时分，离校的学生自觉在校门和老师面对面鞠躬，尊敬地对老师说："谢谢老师，老师您辛苦了！老师再见，回家注意安全！"这一幕，是新城一小师生每日必行的"放学感恩礼"。孩子们经过一天在校的学习与生活，与辛勤付出的老师鞠躬道别，感谢老师一天的教导。

新城一小把"感恩教育"作为学校德育教育的重点，以"润德泽智，明志致善"的校训为依托，以课程体系为引领构建学校"五有"德育模式：我有礼，我有序，我有爱，我有心，我有德。让学生知恩图报，牢记党之恩、国之恩、社会之恩、父母养育之恩、师长教育之恩。

一、借活动感受感恩之心

在新城一小一年级新生百日礼中有一个"护蛋行动"：学生们将与鸡蛋共同"生活"一周，让孩子们在护蛋中了解爸爸妈妈养育陪伴自己的辛苦，学会珍惜和感恩，懂得尊重和爱护生命。

二、在课程实践感恩行动

学校在润德课程体系的指引下，利用小公民修身课进行感恩教育；同时还抓住每一个节日契机，开展感恩教育。如：重阳节通过敬老孝亲课程，让孩子给家里长辈捶捶背、洗洗脚；父亲节和母亲节，给父母制作感恩卡，为父母做力所能及的家务活；说说"爸爸妈妈的20优（优点）"等活动，让孩子从小就种下感恩的种子。

三、生活中常态化感恩行为

学校不定期在班级中布置家庭"感恩作业"，让孩子们通过具体行为体验父母的不易，培养了爱心，懂得了感恩，同时也激发孩子的主动性、实践性。

让学生在学校眉开眼笑鞠躬礼、放学感恩礼、夸夸你竖起大拇指的氛围下成长。新城一小自开办以来，一直倡导老师示范引领让感恩教育外化于行：老师和老师之间互相行鞠躬礼。教师问候学生也是用鞠躬礼。以榜样教育让感恩成为校园风景：每周国旗下讲话对"三张名片"榜样学子进行表扬并作分享，每位教师坚持每天不懈示范——学生学习——教师引导——学生改正——逐步规范。教师之间也互行鞠躬礼，为学生树立行为典范。

如今的新城一小学子，在路上会主动鞠躬向辛勤劳作的清洁阿姨问好；在学校会主动鞠躬感恩分餐师傅；在回校的闸门前主动鞠躬感谢长辈路上的艰辛……一幕幕温暖美好的瞬间就这样如期而至，感恩教育已经成为新城一小校园里最美的风景线。

（转自"高明教育"发布时间2021-03-05 网址https：//mp.weixin.qq.com/s/JXJ8Zr56a-Rc4dJNkBzKKw）

8. "品行三好"和"学养三好"的内涵及关系是什么？

新城一小润泽教育的育人目标是：培养五育并举、人格健全、具有家国情怀、世界眼光的博雅君子。办学使命是：为健康与幸福的人生奠基。

其中润泽臻雅学子的培养目标是："品行三好"和"学养三好"。

品行三好：第一好，礼貌礼仪好；第二好，行为习惯好；第三好，品德修养好。学养三好：读好书，写好字，说好话。

古语有云"欲成事，先成人""德者，本也"立德为先，修身为本，这是人才成长的基本逻辑。孟子曰：君子之守，修其身而天下平。党的十八大提出"把立德树人作为教育的根本任务，培养德智体美全面发展的社会主义建设者和接班人"，党的十九大报告进一步强调"要全面贯彻党的教育方针，落实立德树人根本任务"。因此，我们把"品行三好"排在第一位，小学一、二年级就要学好并做到第一好"礼貌礼仪好"，这是做人的基本；到三、四年级要慢慢养成良好的习惯，达到第二好"行为习惯好"；因为有了前面四年的好礼貌、好习惯，到了五、六年级学生掌握的知识越多，懂得的道理也更多，第三好"品德修养好"才水到渠成。这"品行三好"之间环环相扣，层层递进，缺一不可。

"学养三好"排在第二位：读好书，写好字，说好话。"读好书"指的是一、二年级开始逐步掌握读书的方法，爱上阅读；到了三、四年级要慢慢养成爱读书、爱习字的好习惯，然后达到"写好字"；到了五、六年级能阅读更多的书籍，有丰富的积累，习得更多的朗诵与演讲的技能和技巧，不但能自信朗诵与演讲，还能大胆、自信与别人沟通，营造和谐的人际关系，达到"说好话"的要求。这"学养三好"之间也是环环相扣，层层递进，缺一不可。

（撰稿：冯结莲）

案例9

争当臻雅"品行三好"少年

尊敬的家长们、亲爱的老师和润泽宝贝们：

大家早上好！

明天，我们将迎来2019年的"六·一"儿童节。看，今天同学们都戴上了鲜艳的红领巾，显得特别有精气神！校长今天就给大家提一个目标好吗？我们西

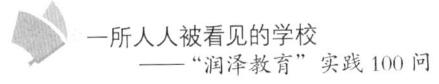

江新城第一小学的全部同学，人人争当臻雅"品行三好"少年。第一好，礼貌礼仪好；第二好，行为习惯好；第三好，品德修养好。

第一好　礼貌礼仪好

中国有五千年历史文明，素有"礼仪之邦"之称。礼仪文明作为中国传统文化的一个重要组成部分，其内容十分丰富。如尊老敬贤、仪尚适宜、礼貌待人、容仪有整等，这对于修养良好个人素质、协调和谐人际关系、塑造文明的社会风气具有现代价值。

《弟子规》里"父母呼，应勿缓；父母教，须敬听"讲的是要孝顺父母的礼仪和道理；"兄道友，弟道恭；兄弟睦，孝在中"讲的是要尊重兄长；"长者先，幼者后；称尊长，勿呼名"讲的是对家中长辈的尊重礼仪。所以大家要在边背诵边理解《弟子规》的同时，领悟它值得我们学习的地方。

希望我们的眉开眼笑鞠躬礼、放学感恩礼、夸夸你，竖起大拇指——很快能家喻户晓，并成为西江新城第一小学的"三张名片"。

第二好　行为习惯好

德国心理学家施特恩在1912年提出"智商"公式及概念，认为正常人的智商在90～110之间，其实差别不大。而一个人能否成人、成才、有成，真正差异在于其后天智能与性格、习惯的发展与培养。

少成若天性，习惯如自然。这句话的意思是说，儿童时期养成的习惯就像人的天性一样牢固，很难改变。教育家叶圣陶先生说："教育就是习惯的培养。"青少年时期是行为和生活方式形成的主要阶段，是养成教育的最佳时期。那小学阶段，我们应该养成哪些好习惯呢？一，爱读书、主动阅读各类有益的课外书；二，独立自理，自己的事情自己做；三，独立思考，敢于质疑，不懂就问，独立完成作业；四，主动向别人问好；五，离家、回家主动与长辈打招呼；六，主动与长辈或者老师分享自己一天的收获和心情；七，遇到困难主动向长辈或者老师请教；八，用温和的语气与别人说话；九，做事有始有终……可能有的家长会问："别的学校都强调学习要好，你这位校长这么奇怪的，怎么不讲学习好？"家长们，当您的孩子养成了第一爱读书、主动看各类有益的课外书；第二独立思考，敢于质疑，不懂就问，独立完成作业；第三做事有始有终这些好习惯，您还愁他的学习成绩不好吗？因为学习不是阶段性的事情，学习是终身的事情，我们小学阶段就是要培养他们爱学习，会学习，而不是怕学习！

第三好　品德修养好

2019年4月的家长会上我演讲的主题是"多元智能，润泽奠基"。我希望我们的老师和家长能在孩子小学的基础教育阶段，陪伴和帮助孩子，发现他们的多元智能，培养他们良好的兴趣和习惯。通过"润德"系列德育活动，通过"润泽新四书"的进阶，通过每天浸润国学经典的熏陶，在耳濡目染、潜移默化中习得中华传统文化精粹，内化于心，外化于行；在建立对自己国家文化自信的同时，也锻造自己，让自己拥有良好的品格；通过"臻雅学子"系列评比，慢慢修炼自己的心性，完善自我。

我们学校的办学理念是"润德以立，致善行远"，以上"三好"环环相扣，层层递进，"品德修养好"是我们最高层次的培养目标，这和党的"十八大"提出的立德树人的目标是保持一致的。这也是孩子健康成长的基础，是他们走向未来的基石，让孩子能"致善行远"的本钱。

最后，我想和大家分享一个发生在最近雨夜里的温情故事……

那天是星期四，我离校时已经是晚上7:30，驱车到学校大门，才发现大门紧锁，原来校警巡查校园去了，我只好耐心在车上等待。忽然，隔着车窗我看见一个个子挺高的男同学正巧从他爸爸的车上下来要进入校门。我看见门口来人了，就马上下车，问清楚情况，刷脸开了闸门，再打开不锈钢门让来人进入校门（我仔细一看是一（3）班黎轩麟同学）。

轩麟同学曾经在13周我在他们班午餐陪餐时，发现我的菜盘里面只有饭，没有汤；主动做手势叫阿姨给我拿汤过来给我，当时我觉得很温暖，很感动——被别人关心、被照顾的感觉真好。同时也觉得这个小男孩真会关心别人。于是我记住了他的名字：黎轩麟。

只见轩麟同学刷脸入校——我以为他会直奔自己班拿东西，没有想到他走进门卫室，对我说："校长您好！我平时看见叔叔摁这个开关，门就能自动打开。您试试吧，我不敢随便乱按……"我试了一下，铁闸自动打开，我的心流过一股暖流。我对小孩的爸爸说："您家宝贝很棒！总是先替别人着想。"爸爸听了，笑着说："谢谢您，还是老师教导得好！"

轩麟同学的确是我们学习的好榜样！最后祝各位家长身体健康，工作顺利，家庭幸福！祝孩子们在学校里每天都过得很开心，好好学习，天天向上！

我的发言完毕，谢谢大家！

（撰稿：冯结莲　2019年5月31日）

案例 10

读好书，写好字，说好话，做"学养三好"臻雅学子

尊敬的各位教官、亲爱的老师们，同学们：

大家早上好！今天我和大家分享的主题是：读好书，写好字，说好话！做"学养三好"臻雅学子！

首先是"爱读书"！大家看，照片上的女孩叫什么名字？我们响亮地喊一声："恩雅同学好！"这是在我国今年新冠肺炎疫情期间看到的非常正能量的一张照片。恩雅的父母是从4月份开始，恩雅家的卤菜摊复工了。因为家里面没人照顾，孩子年纪小，无法自己照顾自己，学习也要监督，母亲就把恩雅带到了市场。看！照片上的恩雅同学学习多开心、多认真啊！案板上的是生活，案板下的是未来；一边是熙熙攘攘的菜市场，一边是在昏暗狭小空间学习的恩雅；一边是父母苦心营造的学习环境，一边是恩雅沉稳认真地学习。恩雅热爱读书——这种向上的力量直指人心，值得我们全校师生学习。二是"写好字"。大家请看，这是8月30日上午我校一年级"入泮仪式"现场即席挥毫的张箐箐老师和冯芷珊同学书写的"润泽"两字，字体端正、优美。其实榜样就在我们身边，希望大家在每天的十五分钟练字时和做作业时一笔一画认真写好字，不忘汉字国粹，人人能写一手好字。三是"说好话"。第一，校长希望老师和同学们本学期继续把我们的校本特色"五微课堂"的"朗诵与演讲"做实做细。今年的训练重点是演讲和创编故事。学校此举的目的是以此促进学生语言能力和高阶思维能力的提升。第二，今年学校的规模扩大了（师生近2000人，是2018年开校时的四倍）。校长希望我们老师之间、同学之间能多说关心的话、暖心的话、问候的话、鼓励加油的话，大家互相关心，互相理解和包容，让我们的办公室和教室，让我们的润泽大家庭充满爱与温情。四是"做好人"。看！这两位我们学校的优秀家长："佛山最美逆行者"，三（8）班谭子琳爸爸谭医生和二（7）班谢承希爸爸谢医生。两位医生在武汉的方舱医院为抢救新冠肺炎病人做出了自己的贡献，"为大家，舍小家"！所以我们师生要像两位优秀医生和钟南山爷爷一样具有家国情怀。从小就认真学习，学好本领，德、智、体、美、劳全面发展！培养自己健全的人格，爱祖国，肯担当！好好学习，天天向上，做共产主义事业的接班人！

最后，祝各位老师身体健康，家庭幸福，工作顺利！祝润泽宝贝们身体棒棒，学业进步，健康快乐每一天！我的发言完毕。谢谢大家！

（撰稿：冯结莲 2020年9月1日"开学典礼"在润华堂的发言）

9. 润泽教育"四、五、六"特色,分别是哪些特色?

润泽教育"四、五、六"特色分别是:

"四"是指国学经典小课程的润泽新四书,分别是一年级学习《弟子规》,二年级学习《三字经》,三、四年级学习《论语》(选段),五、六年级《孟子》(选段),旨在从小培养学生的仁、义、礼、智、信、孝。学校出台"西江新城第一小学'润泽新四书'进阶评价方案"以及"西江新城第一小学'古诗'进阶评价方案",学生可以每学期根据自身实际进阶,积累丰厚其人文底蕴。

杜威:"我们所需要的是儿童以整个的身体和整个的心灵来到学校,并以更圆满发展的心灵和甚至更健全的身体离开学校。"为了让学生在新城一小六年在校时间身心得以浸润,知国学,懂礼仪,学校特设立润泽国学课程。

润泽国学与德育育人目标课程体系

年级	教材	习惯	重点培养美德
一年级	《弟子规》 《诗三百》50 首	礼仪、学习、生活、行为	礼、孝
二年级	《三字经》 《诗三百》100 首	礼仪、学习、生活、行为	礼、孝、信
三年级	《论语》(节选)、 《诗三百》150 首	礼仪、学习、沟通、生活	仁、义、礼、智、信、孝
四年级	《论语》(节选)、 《诗三百》200 首	己所不欲,勿施于人 克己复礼	仁、义、礼、智、信、孝
五年级	《孟子》(节选)、 《诗三百》250 首	乐学,吾日三省吾身	仁、义、礼、智、信、孝
六年级	《孟子》(节选)、 《诗三百》300 首	感恩与责任	仁、义、礼、智、信、孝

"五"，我们每天的"五微（味）课堂"，如甘露，点润孩子们的智慧与心灵。分别是：一是朗诵与演讲，其味有点酸，让学生感悟能成功自信走上舞台表达的艰辛过程；二是润泽主题阅读，其味是甜，让学生感悟到通过阅读，品尝到书是甜的；三是润心练字课，其味有点苦，让学生明白，要练得一手好字，必须每天勤学苦练，不能懈怠；四是古韵新唱，其味有点辣，通过每日的古韵新唱，每周轮唱一首新诗，日积月累，熟唱成诵，释放学生的热情和压力，锻造学生大胆、主动、开朗的品质和性情；五是舒展放松操，其味是咸——日常的味道，汗水的味道，需要每天坚持才能炼成强健的体魄。

"六"，即润泽"六能工程"。希望从西江新城第一小学毕业的孩子，人人能做到：人人能有一颗自尊、仁善之心；人人能吟诗、诵典、演讲；人人能写一手好字好文章；人人能弹奏一种乐器；人人能掌握一种美术和劳动技能；人人能有一项健体专长。

润泽教育的育人目标是：培养"五育"并举，人格健全，具有家国情怀，世界眼光的博雅君子；新城一小的学生形象是：自信、温和、友善、向上。而润泽教育"四、五、六"特色就是培养以上育人目标的课程保障，是确保鲜花茁壮成长的沃土。

（撰稿：冯结莲）

案例11

"古韵新唱"一年级"百日礼"的必备节目

中国古代诗词是我们中华民族文化宝库中的明珠，千百年来放射着夺眼耀目的光芒。为弘扬中国传统文化，让学生感受古代诗词的独特韵味，我校开设"古韵新唱"微课堂，在唱中学，边学边唱，让学生在古诗吟唱中真正感受学习古诗的独特乐趣，真正做到寓教于乐。

而在每年一年级"百日礼"活动中，"古韵新唱"，是必备国风劲爆节目。

在动听悠扬的音乐中，全体一年级学生一边用稚嫩而朝气蓬勃的声音吟唱古诗（15～20首古诗），一边做出可爱的手势动作。而坐在一旁的家长们，会在欣慰中充满惊喜，继而四处奔走着取镜头，对于孩子在校100天能吟唱（背诵）这么多首古诗，家长们赞叹不已。

（撰稿：冯结莲）

扫码观看：润泽百日·成长有痕——记2020—2021学年度一年级学生"百日礼"系列活动

10. 校长如何提炼学校的办学理念？

苏联教育家苏霍姆林斯基曾经说过，"一位好校长就等于一所好学校"。伟大的人民教育家陶行知先生曾说过："校长是一个学校的灵魂，要想评论一个学校，先要评论她的校长。"的确，优秀的校长正如一位稳健的舵手，带领着学校驶向更加明朗开阔的海岸！而校长，作为学校这艘大船的舵手，肩负着提炼和传承学校办学理念的重任。这一理念不仅是一种精神指引，更是学校文化的核心，是引领学校前行的灵魂。那么，校长应如何提炼学校的办学理念呢？

第一，了解教育本质，遵循教育规律。校长需要深入理解教育的本质，遵循教育发展的规律。教育，是培养人、塑造人的活动，其核心在于促进学生的全面发展。因此，办学理念应当以学生为中心，关注学生的身心发展，培养学生的创新能力和实践能力，以及良好的道德品质和社会责任感。而基础教育的重点，则在于从小培养孩子良好的兴趣、习惯，形成他们良好的品行，激发他们学习的兴趣和习惯，为健康而幸福的人生奠基。

第二，深入了解，挖掘亮点。遇到新创办的学校，新学校就是在一张白纸上绘蓝图，它的办学理念该如何提炼？这需要校长通过深入了解新学校周边的地缘环境，以及附近村落的人文历史、四周村民的民俗民风，结合当下时政性、教育性，进行办学理念的提炼。

第三，传承——创新——发展。遇到开办有一定历史的老学校，校长要结合学校的办学历史和条件，用传承——创新——发展的工作思路去提炼学校的办学理念。每所学校都有自己独特的历史和文化，这些是办学理念形成的重要基础。校长需要挖掘和传承学校的历史文化精髓，同时考虑学校现阶段所处的社会环境、资源条件和发展机遇，使办学理念既具有历史底蕴，又富有时代感，在传承中创新，在创新中发展！

第四，与时俱进，洞察变革。校长还需关注国家的方针政策、社会发展的趋势。校长要有前瞻性思维，洞察社会变革和未来挑战，确保学校的办学理念能够引导学生适应未来社会，成为有用之才。

第五，不忘初心，尊重民意。长城不是一日就能砌成的。学校不是校长凭一己之力就能办成的，教师和学生才是学校办学的主体，学校办学的初心、师生的需求和期望是办学理念不可或缺的组成部分。通过与师生的深入交流，了解他们的思想和心声，校长才能够更好地把握学校的教育方向，形成一个得到广泛认同的办学理念。

第六，理念落地，一以贯之。学校的办学理念一旦经过学校行政班子以及全体师生商议通过，校长必须把办学理念以及一训三风等一整套的东西整理出来，变成可读、可学、可看的规章，形成学校自己个性化的课程体系并落实到日常管理和教学实践的方方面面。理念的力量在于行动，只有转化为具体的教育实践，理念才能生根发芽，开花结果。校长要以身作则，带领全校师生共同实践理念，让学校的每一面墙壁、每一次课堂、每一次活动都充满办学理念的灵魂。

总之，校长提炼学校的办学理念，是一项系统的工程，需要深思熟虑，精心策划。这一理念不仅要体现教育的本质，融合学校的传统与现实，还要回应师生的心声，顺应社会的发展趋势，并最终落实到教育实践中。只有这样，校长的办学理念才能成为学校的办学理想，真正成为引领学校发展的灵魂，学校才能真正"为党育人，为国育才"。

（撰稿：冯结莲）

论文1

润德以立，致善行远
—— 基于高明区西江新城第一小学"润泽教育"理念的办学实践与探索

摘要：2018年9月高明区西江新城第一小学开办伊始，确立以"润德以立，致善行远"为核心价值观追求的"润泽教育"作为统领学校的办学理念，在课程构建、校园文化、学校精神、课堂改革、特色教育等方面开展一系列教育创新实践与研究，取得了具有一定影响力的育人成果，迅速成为区域的标杆学校，较快成为了高明人民家门口的好学校。

关键词：润泽教育、创新实践、实践研究

2018年9月，备受社会各届高度期待的高明区西江新城第一小学（以下简

称"新城一小")顺利开办。作为高明区西江新城片区的第一所公办学校,其地理位置独特,东倚西江河,南临秀丽河,西眺沧江河,北靠阮埇村。三河秀水润泽,如玉带环腰,紧紧守护和滋养着新城一小。学校更是毗邻"文风甲端郡",世代书香的阮埇村。处在如此人杰地灵、英才辈出的地理位置,新城一小人认识到学校既要传承好地域优良的文风,育好时代新人,更要把学校打造成为新城未来教育标杆,引领新城未来教育。基于以上学校地缘特征,在佛山市"五好教育"新形态的思想引领下,学校最终确立以"润德以立,致善行远"为核心价值观追求的"润泽教育"为办学理念,并开展了一系列创新教育实践与研究探索,"润泽教育"运用而生。

一、全面构建"润泽教育"的办学理念

(一)定义"润泽教育"核心内涵

润泽:滋润;不干枯。出自汉应邵《风俗通义·卷一〇·山泽》:泽者,言其润泽万物,以阜民用也。润泽如水,润泽即爱,爱即润泽,润泽即滋养。"润泽教育"就是每天把爱一点一点传递给师生,每天把品质和素养一点一点地教导、传授,慢慢渗透,日积月累。让每一个师生每一个生命机体吸足养分,逐步丰富滋润、慢慢舒展再舒展,长成自己想要的样子。

"润泽教育"的本质需求是回归生命的自然成长,是灵动的;基本条件是对所有人的全方位润泽,是关爱的;教育形态是润物细无声的综合感召,是和谐的;目标是启迪智慧、润泽生命,追求每一个生命都是一个奇迹,每一个生命都有其独特的价值,和谐幸福;强调一种整体的影响与感召,强调文化的创造、情境的营建、学校基本生活形态的改进,从而影响教学、课程、教师、学生等各方面,进而造就整个学校系统。

(二)构建"润泽教育"理念体系

学校基于实际,经过几年的实践,围绕"润泽教育"办学理念,构建了办学理念体系:设立了"办成高品质、现代化的标杆名校"的办学目标,"培养'五育并举、人格健全'具有家国情怀、世界眼光的博雅君子"的育人目标,"为健康与幸福的人生奠基"的办学使命;形成了"润德泽智、明志致善"的特色校训,"温良志恒、臻雅致善"的校风,"春风化雨、布德仁教"的教风,"乐思好学、博达弘毅"的学风;凝练了"守正创新、精益求精"的学校精神,努力把每一个学生培养成为具有"学养三好"(读好书,写好字,说好话)和"品行三好"(礼貌礼仪好、行为习惯好、品德修养好)的润泽臻雅学子,彰显学校办学特色和育人品质。

（三）营造"润泽教育"校园文化

赵中建教授指出："学校文化是学校规范性和传承性的价值观、思维和行为方式的总和，其内核是管理哲学和学校精神，外显是学校风范。"新城一小瞄准有品位的校园文化，并以校园文化须服务于"润泽教育"理念的贯彻与落实。

①设校徽，立学校之标志。精雕校徽，寓意深刻。如右图所示，根据校名的核心文字"江"和"第一"，"1"字体现第一小学，西江、沧江与秀丽河三河环绕，呈螺旋上升如"玉带"环腰，围绕"1"字型楼房，寓意西江新城第一小学是在沧江、西江和秀丽河滋养中拔地而起的现代新学校。

色彩独特运用，象征意义丰富。金黄色与橙色体现知识和良好的品质如金子般珍贵，寓意小学阶段在新城一小打下良好的根基，前途充满光明与希望；蓝色代表创新与友善；绿色代表生长与活力，参天大树之意象，木亦乃国之栋梁，象征新城第一小学人才辈出。

②作校赋，催师生奋进。校赋是对校园生活、学习和成长的感悟与思考，以学校为基石，体物入情，由情赋志，以志励人。西江新城第一小学首任校长冯结莲亲自为学校作赋（见附件）。此赋气势宏大，立德明心，充分彰显了该校先进"润泽教育"理念，高度概括学校优良的校风、教风和学风，凝练了学校高远的育人目标，激励师生，催人奋进。

③创校歌，引领精神风貌。校歌作为引领学校发展方向的精神宣言，我们以《西江新城第一小学赋》作为歌词，谱以节奏明快的乐律，使其充满童趣、温润、励志，彰显学校办学理念，展现学校师生精神风貌。

④定校色，建立视觉识别系统。由校徽衍生出来的学校视觉识别系统（学校的VR），校园文化用色主色调为金黄色，加以适当的辅助色。学校的班级牌、师生服装等在内的视觉标识系统，将"润泽教育"的办学理念，通过静态的、具体化的、视觉化的设计元素予以体现。一方面增强师生、家长和社会大众的感知和认同；另一方面对增强师生、家长的自信心、自豪感和凝聚力起到很好的潜移默化的促进作用。

二、扎实开展"润泽教育"的实践与探索

教育家陶继新老师曾经说过："每一棵果子的成熟，都离不开根的滋养"。如果说《西江新城第一小学赋》是新城一小的魂，那么"润泽教育"的办学理念就是新城一小的根。学校教师来自五湖四海、四面八方，为了让润泽教育思想

尽快深入人心，加快教育思想和理念转变，普及润泽课程体系，推进课堂变革，实施多元课程，实现素质教育，提高师生对"润泽教育"办学思想的认识、认同与全身心投入，为此我们着力推进了"三构建"和"四打造"，实施教育教学创新发展。

（一）推进"三构建"，确保"润泽教育"行稳致远

（1）构建"润泽课程"体系，确保"润泽教育"有据可依。课程是学生成长的跑道，是凸显学

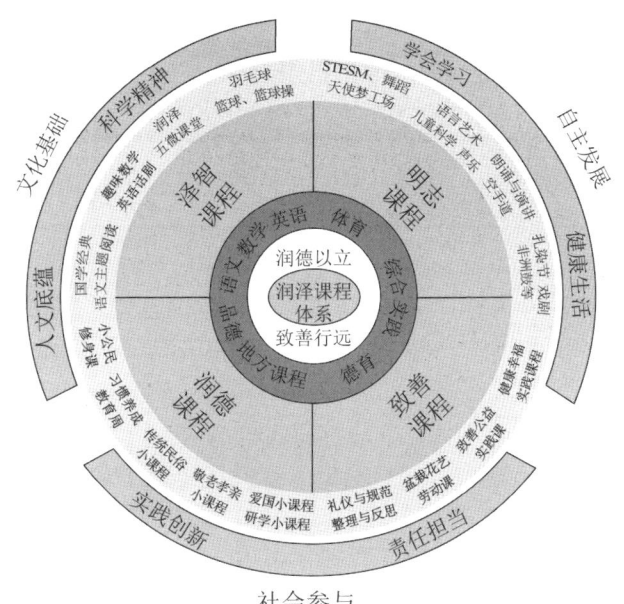

西江新城第一小学2021—2022学年度课程框架

生、学校特质的关键抓手。根据中国学生发展核心素养三大板块要素（文化基础、自主发展、社会参与），结合新课程标准要求和学校实际，我们设置了"润泽教育"特色的课程群，把课程分为"润德""泽智""明志""致善"四大板块。其中，"润德"板块是立德树人的课程，分别有小公民修身课、习惯养成教育周小课程、传统民俗小课程、敬老孝亲小课程、爱国小课程和研学小课程，旨在从小培养学生的仁、义、礼、智、信、孝；"泽智"板块则按照国家课标开齐开足课程，语文增设主题阅读、国学经典，数学增开趣味数学，英语科增加英语话剧；"明志"板块拓展类课程有STEAM、天使梦工场——扎染和蜡染、话剧、声乐社、数学与理财等；"致善"板块有健康幸福课、致善公益实践课等多元课程，发展学生的多元智能，以实际行动落实五育并举。

同时，学校创新评价机制，开展"国学经典名篇进阶实施办法""我的阅读储蓄卡"，加强学生发展性评价，支持实现各低、中、高三段全过程纵向评价和德智体美劳全要素横向评价。开发和实施"臻雅修德册""朗诵与演讲""好习惯好未来"等校本课程。

（2）构建"泽智课堂+合作学习"课堂教学模式，确保教有抓手。课堂是学校教育教学工作的主阵地，守好主阵地才能打好"润泽教育"主动仗。经过一年研究和探索实践，2019年9月学校构建了"润泽教育"泽智课堂5环教学

模式。第一环节：共享目标，教师把本节课的学习目标与学生共享；第二环节：启智润导，教师抛出有价值的问题，引发学生连串思考与追问，激发学生探究的兴趣；第三环节：生师互学，按照学习单的要求，学生进行合作学习探究，老师走到学生当中适时引导；第四环节：展示自我，小组合作学习成果汇报展示；第五环节：润泽共生，师生一起分享本节课的感悟和收获。

同时，学校尝试通过课程以及课堂的创新，打造高效课堂，把"合作学习"作为课堂教学的主要组织形式，教师们不断探索通过改善交往活动促进生生之间、师生之间互动，实现深度合作学习，提升课堂教学效益，促进全体学生发展。

（3）构建"学校+家+社"共育模式，确保全方位育人。习近平总书记（2023）强调，学校、家庭、社会要紧密合作、同向发力，积极投身教育强国实践，共同办好教育强国事业。

五年来，学校一直非常重视学校、家庭、社会三者协同育人的功能，并创建了"学校+家+社"共育四大模式。一是"传统文化+家（社）课程"模式，家校社合力进行"传统民俗"课程教育，丰富了学校课程资源，拓宽孩子们的视野。二是"健康幸福课+家（社）课程"模式，进行健康幸福课程教学。三是"校级专题（授课）讲座+家长主题发言"模式，每个学期为每位家长进行"家长学校"教育培训，每位家长每学期撰写一篇《润泽亲子日记+家分享》，让家长们交流育儿心得并在交流中提升。四是"警+家+校护畅队"模式，由警察、家长、教师组成"警+家+校护畅队"模式团队每天早晚准时为学生的上学、放学保驾护航，既充分保障了师生的安全，又大力提升学生的交通安全意识和能力。5年来家校社三者关系十分融洽，合力育人效果甚佳。

（二）实施"四打造"，推动教育教学创新

（1）打造特色德育，浸润身心。我们所需要的是儿童以整个的身体和整个的心灵来到学校，并以更圆满发展的心灵和甚至更健全的身体离开学校。为了让学生在新城一小六年在校时间，身心得以浸润，知国学、懂礼仪，学校特设立润泽国学课程。

①开发润泽国学与德育育人目标课程融合体系（见下表），以《弟子规》《三字经》《诗三百》《论语》（节选）、《孟子》（节选）等国学为教材，层级设计，系统实施，从学生日常行为习惯入手，重点培养学生的仁、义、礼、智、信、孝等美德，使美德教育外化于行，内化于心，实现"双课程体系"并驾齐驱，凸显特色德育，全面提升育人质量，培养美德少年。

润泽国学与德育育人目标课程体系

年级	教材	习惯	重点培养美德
一年级	《弟子规》《诗三百》50 首	礼仪、学习、生活、行为	礼、孝
二年级	《三字经》《诗三百》100 首	礼仪、学习、生活、行为	礼、孝、信
三年级	《论语》(节选)、《诗三百》150 首	礼仪、学习、沟通、生活	仁、义、礼、智、信、孝
四年级	《论语》(节选)、《诗三百》200 首	己所不欲，勿施于人 克己复礼	仁、义、礼、智、信、孝
五年级	《孟子》(节选)、《诗三百》250 首	乐学，吾日三省吾身	仁、义、礼、智、信、孝
六年级	《孟子(节选)》《诗三百》300 首	感恩与责任	仁、义、礼、智、信、孝

②扎实推进德育特色"礼节"。为创新德育形式，学校实施以十大"礼节"为载体，涵养润泽学子良好秉性，即通过开展"开学典礼、入泮礼仪式、体育节、百日礼、润泽心悦节、读书节、艺术节、扎染节、道歉日、毕业礼"十大礼节，实现全员育人、全程育人、全方位育人。

（2）打造"润泽四、五、六特色教育"，助力特色品牌形成。在稳步向前发展过程中，学校不断创新思维，开拓进取，发展"润泽四、五、六特色教育"，全面推进素质教育，大力提升学生素养。

"四"是指"润泽新四书"，包括《弟子规》《三字经》《论语》《孟子》。主要在学校校本课程国学经典课程教学中落实，旨在从小培养学生的仁、义、礼、智、信、孝。学校出台"西江新城第一小学'润泽新四书'进阶评价方案"以及"西江新城第一小学古诗进阶评价方案"，学生可以每学期根据自身实际进阶，积累丰厚人文底蕴。

"五"是指"五微（味）课堂"。它如甘露，点润孩子们的智慧与心灵。一是朗诵与演讲（酸——让学生感悟能成功自信走上舞台表达的艰辛过程），二是润泽主题阅读（甜——让学生感悟到阅读、读书是甜的），三是润心练字课（苦——让学生明白，要练得一手好字，必须每天勤学苦练），四是古韵新唱（辣——通过每日的古韵新唱，日积月累，锻造学生热情、自信的品质），五是舒展放松操（咸——汗水的味道，日常的味道，却需要每天的坚持才能炼成强健的体魄)。

"六"是指"润泽六能工程"。即从新城第一小学毕业的孩子，人人能有一颗自尊、仁孝之心，人人能吟诗、诵典、演讲，人人能写一手好字好文章，人人能弹奏一种乐器，人人能掌握一种美术技能，人人能有一项健体专长。

以上特色，是学校开办五年来，新城一小人五年如一日的坚持，用心打造的"润泽四、五、六特色教育"，是学校的特色品牌。

(3) 打造文化名片，凝炼润泽教育文化。用师生的生活方式诠释学校教育哲学，才是形成学校文化的根本。近年来，学校从小事入手，从点滴做起，关注师生言行举止，培养师生得体的生活方式，大力打造和推动实施学校文化三张名片。第一张名片，眉开眼笑鞠躬礼。即师生、生生见面要眉开眼笑，并行鞠躬礼。第二张名片，放学感恩礼，即学生放学时要向老师行感恩礼。第三张名片，夸夸你竖起大拇指。即同学有好的表现或进步时，要竖起大拇指来夸夸他(她)。另外，学生早上入校、课间、放学铃声都是由愉悦名曲加上本校教师诵读经典名句，悦耳好记，颇有特色。这一切都彰显了润泽教育的理念，也不断凝炼为润泽教育的文化基因。

(4) 打造特色管理，提高行政效能。润泽教育的管理理念是：每位孩子都成长，每位老师都重要。学校大力推进管理创新，聚焦管理制度和教师成长制度创新，稳步提升学校治理能力。

①推行扁平化管理，减少中间传递的低效。如下图所示，学校校长是全面管理者，并列下设副校长、三中心（教师发展中心、学生发展中心、后勤服务中心）、级长和科长，以上行政人员全部直接向校长负责，减少中间传递环节，提升校长治校效益。

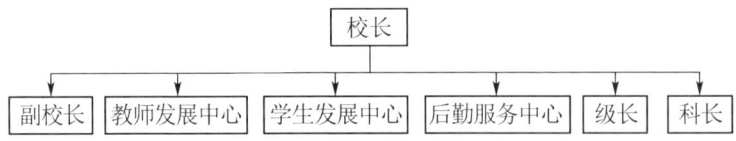

②建立致善教师专业成长制度，加速教师专业成长。每学年初，学校让每一位新进教师撰写"五年职业生涯规划"，并由导师修改后确定。每学期初，学校组织学期图书阅读计划申报（自愿），各位教师写明自己本学期的读书计划、动机、书目和经费数额，学校进行统一审批并拨给经费。学期末，教师提交读书报告，学校根据读书报告的质量评奖，给予一定的奖励。将优秀心得汇编成册，进行校内交流。

三、提炼"润泽教育"成果，发挥辐射示范作用

（一）确立"润泽教育"五大系统

学校开办五年来，通过创新探索、扎实实践，确立了行之有效的"润泽教育"五大系统，全面提升了学校的治理水平和保障了学校的育人质量。一是构建了"润德以立，致善行远"为核心价值观的价值系统。二是构建了"润泽课程体系、润泽国学与育人目标课程体系、润泽教育特色"为主题的育人模式系统。三是创新管理文化系统，包括扁平化管理、教师终身成长制度、教研文化、家校同盟制等。四是奠定了"润泽教育"校园文化。创建了润泽文化主题校园——"润泽"奠基石、"润泽教育"理念墙、"润泽教育"校训墙、"润心书斋"和"贤德荣誉厅"、知识的海洋图书馆，班级文化"自主舒展"为主体的文化制度系统。五是打造了"教师资源+学生资源+家长资源+社会资源"融合资源系统，为学校发展奠定了坚实的资源基础。

（二）形成"润泽教育"四大特色

学校通过对五大系统的打造，形成了独具特色的品牌。一是特色"十大礼节"：开学典礼、入泮礼仪式、体育节、百日礼、润泽心悦节、读书节、艺术节、扎染节、道歉日、毕业礼；二是特色课程：朗诵与演讲；三是特色课堂文化：合作学习；四是特色社团：天使梦工场——扎染社团，在区域内具有较大影响力，多次评为高明区中小学"十佳社团"。

（三）积累"润泽教育"丰硕成果

学校围绕"润泽教育"办学理念开展了大量的实践与探索，经过全体师生的共同努力，取得了一系列丰硕的教育成果。

（1）学校获得众多集体荣誉，促进办学品质提升。近三年连续三次荣获高明区年度"小学教学质量优秀学校"奖，荣获61个省、市、区集体荣誉，如广东省中小学第三批中华优秀文化（扎染）传承学校、广东省绿色学校、佛山市2020年书香校园、佛山市2021年第七届中小学生艺术展演金奖、佛山市2021年第四批优秀传统文化艺术传承学校、高明区2021年"特色学校"等。聚沙成塔，一项项荣誉的获得不断促进学校办学品质攀升。

（2）教师荣获大量奖项，加速专业素养提升。五年来学校教师共203人次获省、市、区优质课评比及能力大赛奖，其中国家级2人次，广东省级13人次，佛山市级22人次，高明区级166人次。共有236篇教育教学论文获各级奖项，其中国家级11篇，广东省级4篇，佛山市级66篇，高明区级155篇。

（3）学生勇摘多类大赛奖，促进综合素质发展。学校开办五年来，学生参加各级作文比赛、科技创新、劳动技能等综合素质大赛，获奖共2576人次，其中国家级2人次，省级110人次，佛山市级115人次，高明区级2349人次。

（4）科组建设基地化，加快学科特色发展。学校相关学科获省、市、区教育及学科基地授牌（推广学校）共9项，如广东省校园排球推广学校、广东省基础教育教研基地（2021—2023年）小学综合实践活动学科基地学校、高明区中小学校长跟岗实践基地、高明区小学语文学科教育研究基地、高明区小学英语学科教育研究基地、高明区小学体育学科教育研究基地等。

如今的新城一小，在高明家喻户晓，已成为高明老百姓家门口具备良好教育资源和实力的好学校！

(四) 发挥示范引领辐射作用

大家好才是真的好！新城一小在5年的发展历程中，不断创新完善。在嬗变的过程中，我们一直抱着"走出去""抱团协同发展"的发展理念，通过帮扶、示范，发挥引领和辐射作用，并进一步完善自我、发展自我。

（1）帮扶结对学校，成效显著。省外结对帮扶工作缔结佛黔友谊之花。学校根据广东（佛山）——贵州（黔东南）东西部扶贫协作工作部署，与贵州省黄平县新州镇中心小学开展结对帮扶活动，通过送办学理念、送课、送教、送研、送书"五送活动"全力推动两地学校结对交流，巩固拓展脱贫攻坚成果。2022和2023年学校还举行粤、黔、沪三地"合作学习工作坊"线上教研暨新城一小第二、三届课程文化展示周活动。贵州黄坪镇近3000名教师参与线上听课交流，效果显著。

省内市外教学帮扶工作共进之花。根据上级部门的安排，我校还与罗定市素龙街中心小学开展结对帮扶工作，为该小学送去先进的教育教学理念和教学方法，实现教育资源的优化共享，促进教师专业均衡发展。

区内学校教学帮扶工作多点开花。五年来，我校多名骨干教师到本区内的薄弱学校或乡村学校送课送教共计30多节，有效发挥了示范作用。

（2）开展跨学科、跨地域区级教学示范活动。学校开办5年，从2020年"课程文化年"开始，至今已经举办大型区级及以上教学示范活动三次，近22000人次参与听课交流。如2021年4月28日承办的"高明区小学课堂教学改革展示暨新城一小'润泽教育'首届课程文化展示日活动"，传播"润泽教育"理念，示范新课程优质课，好评如潮。

（3）"三名人才"培养辈出。5年来学校培养区级"名校长"1名，区"名教师"4人，市"名班主任"1人。"三名人才"的培养不断构建学校教师队伍塔尖，引领全体教师快速成长。

（4）培养和输出一批管理人才。5年来学校培养一批中层干部和2名副校长，并输出副校长、主任和少先队辅导员各一名。学校管理干部的输出充分发挥引领区域教育管理作用。

"是以泰山不让土壤，故能成其大；河海不择细流，故能就其深。"5年的实践证明，西江新城第一小学"润泽教育"办学理念能有效地实施立德树人、"五育"并举，全方位地提升学生综合素质，实现学校的全面发展。目前，学校教育教学质量稳居全区小学前茅，办学成效显著，社会美誉度和家长满意度逐年攀升，学校已经真正成为高明区老百姓家门口的优质学校。

润泽教育，滋养一生！未来新城一小人将以更求真务实的作风，坚定不移的信念，守正创新、精益求精的精神，着力打造润泽活力校园、润泽活力课堂，培养润泽活力教师、润泽活力学生，让"润泽教育"，辈出栋梁！

（撰稿：冯结莲。本论文在广东教育学会2023年度学术讨论会征文评选中荣获一等奖。）

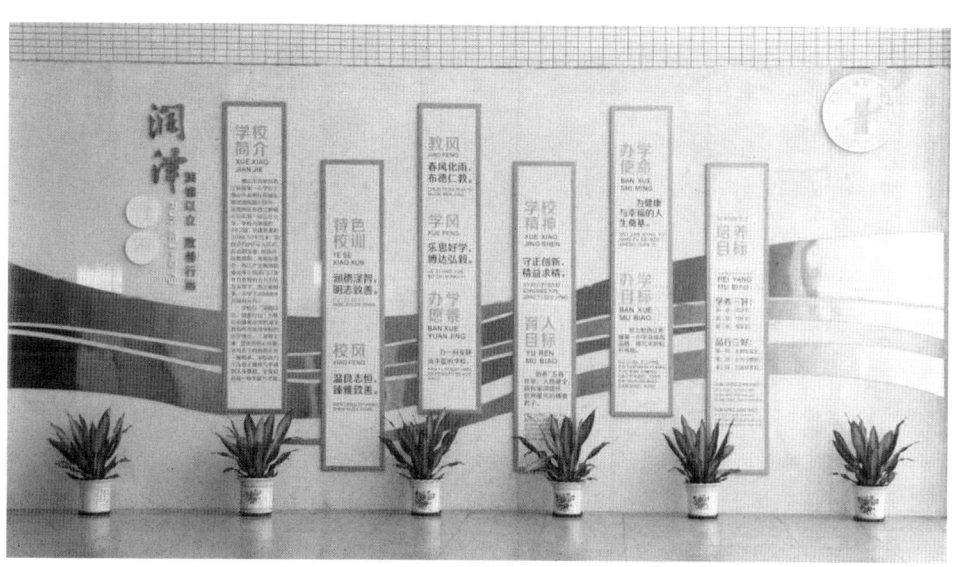

第二章 红色引领 立德树人

导 语

红色引领，立德树人，用心践行为党育人，为国育才。

11. 第一班"红色专列"活动中，润泽宝贝收获知多少？

新城一小时刻践行让每位孩子都成长的管理理念，让每一位孩子们都从一个个活动中获得滋养，引导他们学习先锋、从小立志，将红色基因代代相传。

我们在日常少先队工作中强化实践育人作用，通过深挖、整合本地红色资源，走出"文明实践＋红色资源"的有效路径，成为爱国主义教育的"活"教材，不断拓展实践活动项目和载体，培育出具有家国情怀，世界眼光的博雅君子。[1]在推动新时代少先队社会化发展的同时，也突出了实践育人的特色。

《队章》对于少先队的活动形式有作出引导，包含举行访问、旅行、研学等各种有意义有趣味的活动，还能让队员们参加力所能及的社会实践。[2]爱国主义是我们民族精神的核心，通过红色实践活动开展爱国主义教育，可以引导队员坚定理想信念、厚植爱党爱国情怀。高明区是广东省著名的革命老区，红色资源丰富、红色文化底蕴深厚，其中高明区红色廉政文化教育基地、三谭革命事迹展览馆、谭平山故居等爱国主义教育基地就坐落在"三谭"故里明阳村中。100多年前，谭平山、谭植棠、谭天度三位革命先驱就从这里北上求学，投身革命。

共青团高明区工作委员会在明城镇明阳村成立了高明区新时代"红孩子"孵化基地，以实践教育为主要方式，通过搭建综合性校外实践平台，引导青少年边实践边学习，激活红色血脉，从了解红色文化开始，逐渐成为能听懂，讲得出，会行动的新时代向党靠拢的"红孩子"。

2021年是中国共产党建立100周年，为回顾百年党史、培育润泽宝贝们的爱党之心、爱国之情，使他们忆苦思甜，感念今天中国和平之不易，学会感恩，懂得付出。新城一小联合佛山电视台高明分台于3月28日组织三、四年级部分少先队员,由党员教师带领前往高明区明城镇明阳村开展"春天里,开往明阳的第一班红色专列——2021年明阳开耕节暨红色专列"研学活动。

红色研学活动以"开往明阳的第一班红色专列"的形式开展,包含第一站"榕树课堂"、第二站"听红色故事,忆往昔峥嵘"、第三站"追寻先烈足迹,传承红色基因"、第四站"化身小农夫,体验插秧"四个部分。润泽宝贝们通过走进红色乡村——明阳村,一边实地参观,一边完成研学手册上的任务,带着问题去研学,在主动学习中不断思考。在榕树下的红色讲堂听退役军人林港太讲述自己在战场上的经历后,润泽宝贝们了解到深刻的红色历史,学习到党的奋斗精神以及中国共产党人的精神谱系。

与此同时,我们致力于培养润泽宝贝的家国情怀,让润泽宝贝们深刻理解当前幸福生活的珍贵与来之不易,让这份领悟在他们心中生根发芽,培育出对家乡炽热的爱。我们引导他们树立远大志向,立志要为家乡的建设贡献自己的力量。润泽宝贝们纷纷表态:他们将倍加珍视在校的每一分每一秒,勤奋学习,不懈奋斗,以饱满的热情和坚定的信念,为将来报效祖国、投身实现中华民族伟大复兴的中国梦的伟大征程,时刻准备着,勇往直前。

(撰稿:冯结莲、黄敏霞)

案例 12

前进!春天里,开往明阳的第一班红色专列

今天,"春天里,开往明阳的第一班红色专列"活动正式启动,120多位学生坐上开往明阳村的第一班红色专列,在榕树下听退役军人讲述红色故事,体验春耕文化。活动由明城镇明阳村党委、佛山电视台高明分台、佛山市高明交通建设投资集团有限公司主办。

在大榕树下,学生们认真聆听了退役军人、老党员林港太讲述参加对越自卫还击战的故事。

党员、退役军人林港太:整个战役,一直打到晚上,当时很饥饿,只要能垫肚子能解

渴，什么都不考虑了，就算是牛尿水也喝下去了。打仗的时候，因为炮火震耳欲聋，把我的耳朵耳膜也震伤了，现在还留有旧患。

因为作战有功，林港太与他的战友被评为攻坚英雄连，获集体一等功功勋。

同学们表示，聆听了红色故事后，他们更加了解和热爱伟大的中国共产党，牢记历史，奋发图强。

西江新城第一小学校长冯结莲：通过听老红军讲红色故事，从小在他们心里面播下革命的种子、红色的种子。这样的话，他们将来就会成长为又红又专的国家栋梁，成为社会主义事业的接班人。

在现场，师生们还一起高声唱起了《唱支山歌给党听》，将活动推向了高潮。其后，小朋友们参观了高明区红色廉政文化教育基地和体验了春耕插秧。

(转自"高明新闻"微信公众号。发布时间：2021-03-28，网址：https://mp.weixin.qq.com/s/pWcP5YeJL3rMB2WhjOb_uQ)

12. 思政课，孩子们为什么特别喜欢听书记讲故事？周一开设全校"家国大事"思政微课堂的原因是什么？

习近平总书记说："会讲故事、讲好故事十分重要，思政课就要讲好中华民族的故事、中国共产党的故事、中华人民共和国的故事、中国特色社会主义的故事、改革开放的故事，特别是要讲好新时代的故事。"

新城一小的学生特别喜欢冯结莲书记给他们上思政课，特别喜欢听冯结莲书记给他们讲革命故事。冯书记就给他们讲"高明三谭"在东洲书院求学以及一心向党的故事，讲抗日英雄杨靖宇的故事，讲小萝卜头的故事……同学们听得津津有味。为什么呢？因为冯书记不但故事讲得好听，引人入胜，让人有身临其境之感，她还会结合自己的经历、所见、所思、所悟去引导孩子们爱国爱党，爱家乡、爱学校、爱父母，从小树立理想，做共产主义事业接班人。如在讲"小萝卜头宋振中"的故事的时候，她会结合自己2019年去重庆渣滓洞、歌乐山的所见所感，边指着照片边给同学们讲故事。冯书记动情讲道："渣滓洞的牢房只有10多平方米，阴暗潮湿，终年不见阳光。他们吃的是霉米饭和烂白菜帮。时间一长，宋振中被折磨得面黄肌瘦，脑袋大身子小，监狱里的叔叔阿姨都亲切地叫他'小萝卜头'。妈妈在监狱做苦工换点黄豆给他吃。吃黄豆的时候，娘儿俩总是你推我让，妈妈每次都把黄豆夹给'小萝卜头'，但'小萝卜头'望着瘦弱的妈妈，总是说，妈妈你吃吧，他已经吃过了。说着还挺挺肚子，好像吃得挺多、吃得挺饱似的。妈妈再也忍不住了把他紧紧搂在怀里，止不住的泪珠，一滴滴落在他的脸上。监狱里没有铅笔，平时无论春夏秋冬，'小萝卜头'都是趴在地上用石头写字、计算……"此刻，冯书记眼眶发红，而孩子们已经忍不住哭了……多可怜可爱又好学的小萝卜头啊！如此，激发孩子们热爱学习、珍惜学具，爱惜粮食和珍惜生命，更要珍惜现在来之不易的幸福生活……

其次，周一开设全校"家国大事"思政微课堂的原因是：青少年阶段是人生的"拔节孕穗期"，这一时期心智逐渐健全，思维进入最活跃状态，最需要精心引导和栽培。"蒙以养正，圣功也。"就是说，青少年教育最重要的是教给他们正确的思想，引导他们走正路。思政课是落实立德树人根本任务的关键课程。"

在新城一小，每周一的早上都会进行升国旗仪式，国旗下的讲话几乎都是由各班的孩子们独立完成——面对全校师生进行国旗下的演讲，其实就是从小锻炼润泽宝贝的胆魄。然后在第一节的小公民修身课课前十分钟，我们安排——思政微课堂：家国大事。"家"指的是国家，"国"指的是国际，"家国大事"顾名思义就是要关心和了解国家和国际大事。

基础教育是立德树人的事业，要旗帜鲜明加强思想政治教育、品德教育，加强社会主义核心价值观教育，引导学生自尊自信自立自强。开设本课程的目的就是培养学生的家国情怀和拓宽他们的国际视野，让他们从小养成自觉关心国家大事、世界大事的习惯；在耳濡目染中，在每周点点滴滴的启智润导中，从小根植爱国情怀，渐渐懂得自己的个人命运与国家命运与共，逐步达成培养"五育并举、人格健全"具有家国情怀、世界眼光的博雅君子"的润泽育人目标。

"家国大事"思政微课堂主要实行由学校的中层和行政领导轮值负责制。内容主要有：我们的学校、我们的家乡高明、我们佛山、我们广东省最近发生的好人好事、振奋人心的大事，以及我们国家在国际上发生的具有很大影响力的事情，或者国际上发生的大事。"创新教学方法。思政课要把讲好道理作为本质要求，坚持主导性和主体性相统一，注重针对不同学段学生认知规律，创新教师教与学生学的方式方法。要充分运用体验式、项目式等多种教学方法，融合应用现代信息技术，推进基于真实情境的教学。"以此激发润泽宝贝们的自豪感，对家乡、对乡土、对中华传统文化的文化自信；或者结合近期发生的国际大事，激发润泽宝贝对祖国的热爱，对和平的向往，对大自然、对生物、对地球的保护等。

实施四年多以来，我们在师生身上看到了明显的变化。首先是原来一心低头拉车，用心干好自己工作的老师，也变得主动关心起家国大事来，经常在"学习强国"下载一些有关国家大事的视频，以及向上向善的好人好事的视频，在课堂上与学生交流；而我们的学生见到师长会主动跟师长探讨俄乌战争对我国乃至世界经济的影响，王亚平如果怀孕了能在我国的宇宙飞船上平安生下小孩吗……

孩子们的好奇心、求知欲、爱国心、探索精神一次又一次地被激发……

我们想办法上好思政课，我们把思政课堂搬到红色基地、田间地头、先进的产业（海天味业），让学生在沉浸式学习体验中用双脚丈量祖国大地，用双眼发现祖国风貌,用内心感应时代的脉搏。思政课会感动孩子的当下,融入孩子的记忆,伴随孩子的人生,化作善美的品质,温润成长的生命。

思政课是学生通往世界的窗户,而我们要做的就是为孩子推开这扇窗。新时代思政课的意义,就是给予孩子面对真实世界的力量,形成正确的世界观、人生观和价值观。作为孩子基础教育的引路人,我们要想方设法给学生深刻的学习体验,引导学生树立正确的理想信念,学会正确的思维方法,让学生未来的道路走得稳,走得远……

(撰稿:冯结莲)

案例 13

王老师"天宫第二课",给学生带来怎样的启迪?

2022 年 3 月 25 日,太空最美教师王亚平开讲"天宫第二课"。学校提醒各班班主任提前布置孩子们回去观看视频。

2022 年 3 月 25 日星期一,本周家国大事思政微课堂值周是冯结莲书记。下面我们看看冯书记如何在一(2)班利用全校的智能数字设备和全校孩子上这 15 分钟的思政微课堂。

冯书记和全校师生互相问好回礼之后,就大家重新简单回看了第二次天宫课堂的三个实验,同时向同学们提出了问题:"在 3 月 25 日的天宫课堂上,神舟十三号乘组航天员翟志刚、王亚平、叶光富在中国空间站进行了第二次太空授课。谁来说说你对王亚平老师给大家演示的哪个实验最感兴趣?看完这个实验和视频,你有什么想法?"

同学们纷纷举手,积极回答问题。小天同学说:"我对王亚平老师给我们做的油水分离实验很感兴趣。原来离心力的作用是这么大的。我突发奇想,我想在更多的环保垃圾中提取石油,变废为宝,减少人类对石油的开采,保护地球。"冯书记向他竖起了大拇指!

小桂同学说:"看完王亚平这个实验,我最大的想法是,我想成为高明区第一个上太空的宇航员。我会把我们高明的粉葛和高明红茶的种子带上太空,让它们在太空旅游一圈回来之后生根发芽,看看会长成怎么样。""你的奇思妙想让我也大开眼界。真棒!"冯书记也给予了肯定。

小李同学说:"我觉得太空冰雪实验会很有趣。我渴望长大后,自己也像王亚平姐姐一样成为一个女宇航员,探索更多的太空奥秘。同时也想把我们高明的三洲黑鹅带上太空旅游;把高明粉葛的种子种在月球,在太空建造世界第一个太空市集。""市集有什么?卖什么?"冯书记追问,小李回答说:"太空市集上有佛山醒狮在舞动,也有舞龙的,有人在扎狮头、扎花灯卖,还有叶问咏春拳、黄飞鸿'佛山无影脚'等武术表演,以及我们新城一小的非遗扎染时装走秀,等等!"冯书记说:"你这是把咱们佛山文化、中国非遗文化搬到太空站了!这样的想法太棒了!"书记继续问:"那你现在该怎样做?"小李同学说:"好好学习,德智体美劳全面发展,特别要学好数学、信息技术等学科!"冯书记赞叹道:"五育并举,还知道特别要学好什么科目,真是人间清醒哈。真棒!"

最后,冯书记和同学们一一击掌立誓。直到下课,孩子们还对这个话题兴致勃勃地讨论不休……

(撰稿:冯结莲)

13. 党建引领下,怎样开展"红领巾奖章"一星章争章活动?

"红领巾奖章"作为少先队组织日常开展教育活动和评价激励的重要载体,旨在深化少先队员的政治启蒙教育及价值观塑造,突出党、团、队的血脉关系和红色基因传承。少先队员积极参与到各级少先队组织的"红领巾奖章"一星章争章活动。

为了有效提升少先队员的荣誉感与归属感,学校构建全方位、多层次、递进式的系列"红领巾奖章"一星章争章活动。争章活动实现人人可参与、人人能受益的目标,严格遵循《关于构建阶梯式成长激励体系 增强少先队员光荣感的指导意见》(中青联发〔2019〕13号)的指导原则。

学校现已全面启动"红领巾奖章"一星章争章活动,将"红领巾奖章"的争章评价体系落实到学校各类少先队活动中,通过"红领巾奖章"一星章争章活动激励和增强少先队员的光荣感。"红领巾奖章"一星章争章活动能确保"红领巾奖章"一星章评价体系成为少年儿童在少先队组织中成长的激励机制,持续增强队员对少先队组织的自豪感与使命感。

党建引领在推进"红领巾奖章"一星章争章活动的实施过程中,扮演着至关重要的角色,它不仅是指引方向的灯塔,更是确保活动顺利进行的坚强后盾。在学校党支部的领导下,学校少工委将党的优良传统和红色基因融入到"红领巾奖章"一星章争章活动的每个环节,确保活动始终沿着正确的政治方向前进。通过党建引领,能够激发少先队员的爱国情怀和集体主义精神,引导他们树立正确的世界观、人生观和价值观。党建引领可以确保活动的组织管理更加严密、有序,资源配置更加合理、高效。实施"红领巾奖章"一星章争章活动,必须充分发挥党建引领的关键作用,推动活动不断向纵深发展,为培养新时代好少年贡献智慧和力量。

新城一小"润泽教育"的核心价值是泽被全体儿童,学校全体队员以及一年级准备加入中国少年先锋队的少年儿童都能参与到"红领巾奖章"一星章争章活动中,通过一个个争章活动滋养每位儿童的心田,让每位孩子在此过程中都能感受到被重视与关怀。我们鼓励每一位参与者在追求和达成一系列"小目标"的旅途中,不断积累经验,实现个人成长与进步,让"红领巾奖章"成为他们成长道路上的一盏明灯,照亮前行的方向。

(撰稿:黄敏霞)

案例 14

"红领巾奖章"一星章争章活动这样做!

学校是开展"红领巾奖章"一星章争章活动的主阵地。在开展争章活动前,学校少工委应完善相关机制,将争章活动落地、落实,把"红领巾奖章"争章活动作为评价激励体系融入少年儿童在少先队组织成长的全过程。

一、"红领巾奖章"的设置

(1)基础章。基础章的章目突出少先队组织的政治属性,以少年儿童政治启蒙、价值观塑造、组织仪式培育为主要内容。

向阳章	传承章	梦想章	小主人章	奉献章	劳动章

立德章	立志章	团结章	健体章	勇敢章	节约章

基础章目	3 类章目,下设 12 枚基础章			
红星章	向阳章	传承章	立德章	立志章
红旗章	梦想章	小主人章	团结章	健体章
火炬章	奉献章	劳动章	勇敢章	节约章

（2）特色章。是省、市、县级少工委或学校少工委根据工作实际，围绕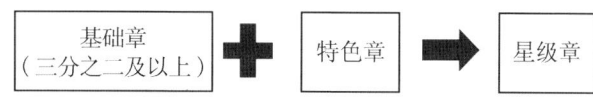
"德智体美劳全面发展"自行颁发的特色奖章，作为基础章的有益补充。我校特色章：红色研学实践章、活力体艺章、向善美德章、趣味创新章、乐学智慧章。

（3）星级章（每学年颁发一次）。基础章是"红领巾奖章"的必修章；特色章是"红领巾奖章"的选修章；星级章是"红领巾奖章"的荣誉进阶章。

层级	校级	县级	市级	省级	全国
星级	一星章	二星章	三星章	四星章	五星章
获得人数	原则上不超过具有参评资格人数的30%。	原则上不超过具有参评资格人数（集体数）30%。	原则上不超过具有参评资格人数（集体数）20%。	原则上不超过具有参评人数（集体数）10%。	评选3000名优秀个人和1000个优秀集体。

二、学校开展"红领巾奖章"一星章争章活动

推进"红领巾奖章"一星章争章活动的步骤：第一步定章，第二步争章，第三步考章，第四步颁章，第五步护章。

（1）定章。以一年级"分批入队"活动争章（含基础章、特色章）为例：
基础章，见下图。

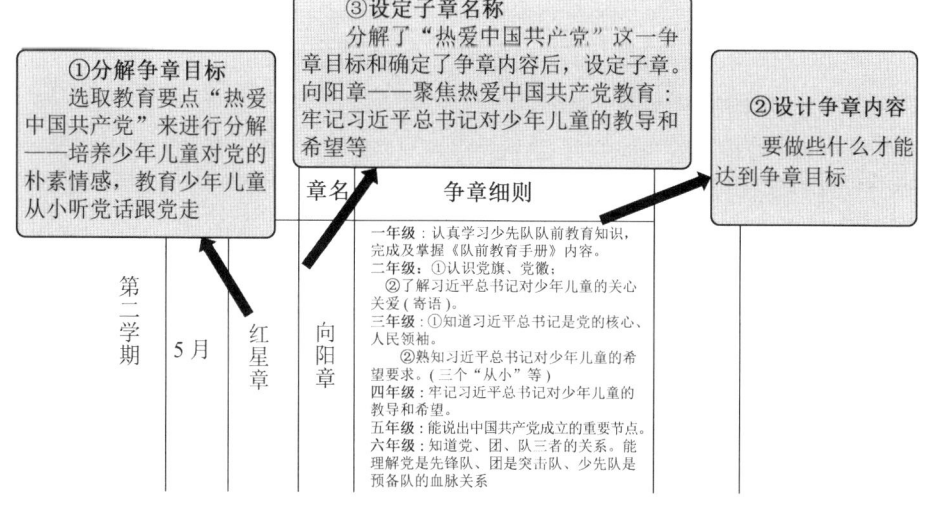

特色章，见以下图表。

德	①热爱祖国，升国旗时肃立、安静
	②讲文明，懂礼貌，自觉礼让排队，见到老师主动问好，不说脏话
	③团结队员，乐于助人，主动帮助同伴
	④不在教室及走廊追跑打闹、大声喧哗，不违反纪律
	⑤保持公共卫生，爱护公共财物
智	①热爱学习，学习积极性高，学习认真
	②上课专心听讲，积极发表见解，乐于科学探索，养成阅读习惯
	③按时完成老师布置的任务
	④按时到校，遵守上课纪律，安静自习
	⑤掌握"六知、六会、一做"内容
体	①积极参加体育活动，做课间操时认真动作到位
	②热爱运动，积极参与各种课间活动
	③体育课上乐于参与、表现积极
	④在家也积极参加体育锻炼
	⑤认真做眼保健操，动作到位
美	①积极参加美术、音乐等艺术活动
	②具有良好的审美观，衣物整洁，具有阳光乐观的精神状态
	③热爱生活，善于发现生活中的美，具有创造美的能力
	④认真完成各种手工活动，构思新颖，具有创新思维
	⑤认真完成"六知、六会、一做"老师布置的绘画、学唱任务
劳	①热爱劳动，积极参加劳动；不随手扔垃圾，主动捡拾校园垃圾
	②主动打扫教室卫生，自觉倒垃圾
	③独立收拾书桌，并帮班级整理桌椅
	④在家里主动帮爸妈做家务，整理自己的衣物
	⑤自己的事情自己做，做一些力所能及的事情

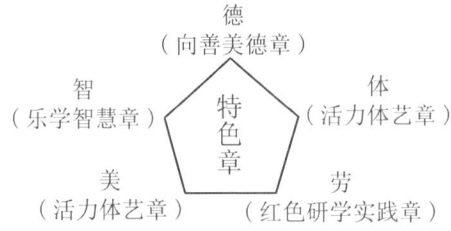

制定"红领巾奖章"一星章争章活动计划。每学期至少开展3类基础章目下各1种基础章的争章。

第一学期　　第二学期

结合实际科学安排争章计划：

首先，结合队员实际设计争章目标。针对不同年段少年儿童的认知发展水平以及实践能力设置争章目标。以基础章——奉献章为例。

年段	关键词	争章目标
低年段	了解	通过聆听雷锋故事了解雷锋精神；能唱一首关于奉献精神的歌曲。
中年级	理解（实践）	能说出一个能体现雷锋精神的故事；积极参与中队、大队服务岗位。
高年级	践行	积极加入红领巾志愿服务队，参与敬老孝亲等志愿活动。

其次，合理开发利用少先队校外活动阵地。利用当地丰富的红色文化资源、科技馆、博物馆、青少年宫以及各类校外教育机构，策划并开展一系列常态化的校外争章活动，同时赋予争章活动更加多元和深刻的意义。

最后，培养队员的媒介素养。在"红领巾奖章"一星章争章活动中利用佛山红领巾、广东红领巾等少先队网站、公众号的信息化资源搜集相关活动资料和挖掘争章活动资源，培养队员的媒介素养。

争章计划设定形式多样的活动：

①聚焦活动的实际体验。队员通过亲自参与活动获得实际体验，培养服务社会的意识。如去敬老院照顾孤寡老人，在陪伴老人的过程中体验关爱老人。尊老爱幼是每个人的责任。

②开展形式多样的活动。开展弘扬传统文化教育活动时，"要认真汲取中华优秀传统文化的思想精华和道德精髓，深入挖掘和阐发中华优秀传统文化的时代价值，使中华优秀传统文化成为涵养社会主义核心价值观的重要源泉。"

如通过设置"小棋手"特色章引领少年儿童领悟其蕴含的传统文化底蕴及独特的博弈智慧、将奖章体系融入思想品德课程使队员全面发展其道德素养与社会责任感，策划紧扣各个重要时间节点与重大历史事件的争章活动，以及策划"小石榴籽"主题活动促进各民族学生之间的了解、尊重与友谊，共同编写民族团结的绚丽画卷。

（2）争章。开展校内外实践活动，引导队员记录争章活动过程和感受等。

争章启动仪式：

详细介绍章目类别，对全体队员进行争章活动动员，鼓励队员积极参与争章活动，坚定争做新时代好少年的信心。

学校"红领巾奖章"争章活动启动仪式（仅供参考）：

①主持讲话，宣布活动开始。

②出队旗（奏出旗曲，全体队员敬礼）。

③唱队歌。

④大队长讲话。

⑤活动过程（大队辅导员介绍"红领巾奖章"一星章争章活动实施方案并展示12枚基础章的图案和解释内涵→少先队员代表作"红领巾奖章"争章活动倡议→少工委主任宣布"红领巾奖章"争章启动（提出希望和要求）→给各中队授争章手册）。

⑥大队辅导员讲话。

⑦呼号。

⑧退旗（奏退旗曲，全体队员敬礼）。

⑨活动结束。

（3）考章。对争章情况的量化评价。开展自评、互评、他评等。

制定考章方式：口头汇报、书面测试、综合活动（大队、中队）、社会实践等；确定考章时间、考章地点、考章员；制定记录方式（争章卡、争章园地）

（4）颁章。在颁发奖章的过程中，要营造庄重热烈、形式多样的颁章仪式，以强化荣誉感的传递与深化。

3种颁章模式

新融合	把颁章仪式与学校的重要活动及特色主题紧密融合： （1）开学典礼上颁发"红领巾奖章"集体和个人星级章； （2）奉献章在3月学雷锋主题活动中颁发； （3）健体章在学校运动会闭幕式上颁发。
新场景	"红色研学实践章"在本地具有深厚历史底蕴的研学点——中国人民解放军粤中纵队纪念馆颁发
新目标	习近平总书记在致中国少年先锋队建队70周年的贺信中殷切叮嘱队员们"要从小学先锋，长大做先锋"，学校可以邀请先锋人物为获得奖章的队员颁章。

（5）护章。各中队布置争章园地，开展争章成果展示，调动队员争章积极

性。每一枚奖章是少先队组织给予的荣誉纪念，队员们需爱护自己所获得的"红领巾奖章"。

（撰稿：黄敏霞）

14. 党建引领下，怎样做好"分批入队"工作？

中国少年先锋队是党创立和领导的中国少年儿童群团组织，是少年儿童学习中国特色社会主义和共产主义的学校，是建设社会主义和共产主义的预备队。"凡年满六周岁至十四周岁，愿意加入少先队，愿意遵守队章，主动向所在学校的少先队组织递交申请，并成功满足入队所需各项条件的少年儿童，经组织审核批准后，即正式成为光荣的少先队员。"这一流程不仅体现了入队的严肃性与规范性，也彰显了少先队作为少年儿童政治启蒙与成长摇篮的重要地位。

习近平总书记关于少年儿童和少先队工作的重要论述指明应坚持把增强少先队员光荣感作为工作主线，在全童入队的基础上，构建由多种载体组成的阶梯式成长激励体系，推进新时代少先队组织的改革创新。为此，应规范入队程序，落实入队规程，通过充分的队前教育、明确的入队标准、规范的入队程序以及庄严的入队仪式，有组织、分批次地吸收适龄少年儿童加入少先队，从源头上培养少先队员的光荣感和组织归属感。

扎实有效地实行分批入队，党建引领是核心。在学校党支部和少工委的领导下，分批入队可以解决在现实条件下集体入队方式所带来的少先队员光荣感和对组织归属感不强烈的问题。这对少先队工作的推进具有重大作用。实现少先队组织教育由量向质的飞跃，队前教育是关键，公平考核要秉承，入队仪式要规范。学校少工委通过开发少先队队前教育校本课程，依托"四个一"，即一本具有本土红色文化的队前教育校本课程用书、一个队前教育校本课程资源包、一个符合学生年龄规律发展的队前教育校本课程安排表、一套科学的队前教育校本课程评价方式和评价结果运用体系，夯实队前教育质量。并通过健全组织架构，完善分批入队工作方案，深入开展辅导员培训，从而推进少先队员的政治启蒙。

分批入队工作由学校党支部和学校少工委统筹安排。学校少工委审议通过学校分批入队工作细则、高度重视队前教育，分批入队工作根据少年儿童身心发展规律有计划地进行，依托学校"分批入队工作行事历"有序开展。行事历从整个分批入队工作实施、舆情引导、队前培训、队前教育、"德智体美劳"量化评价等工作进行安排。

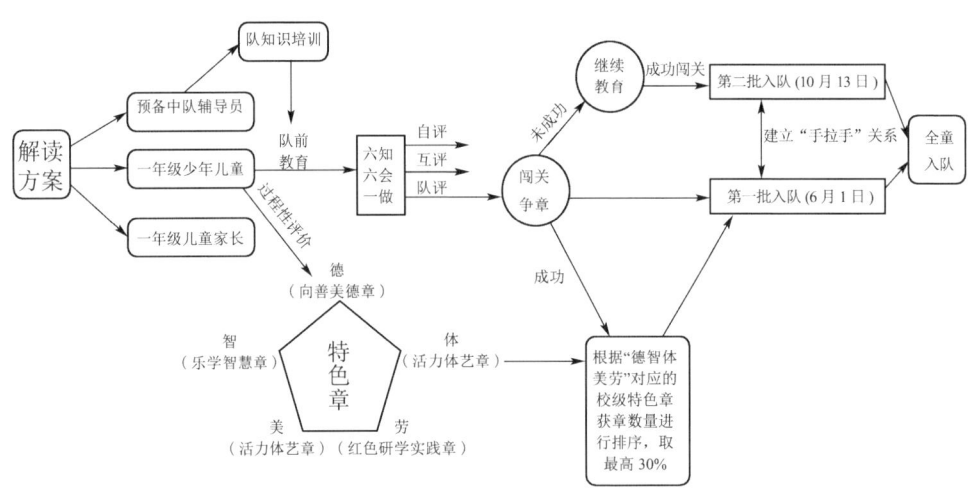

（撰稿：黄敏霞。广东省教育科学研究项目"少先队队前教育校本课程开发与实践的研究"课题成果）

案例 15

这个"分批入队工作行事历"你值得拥有！

月份	内容（安排）	负责部门（人）
10月	①学校少工委审议通过学校分批入队工作方案（细则与量化评价）	学校少工委
	②学校少工委召开会议宣读分批入队工作方案（草案），鼓励家长提出合理建议，报学校少工委修订、审议后制定工作实施方案	学校少工委
	队前培训	
	③全体中队辅导员培训（少先队标志礼仪规范）	少先队大队辅导员
	④预备中队辅导员培训（解读分批入队工作方案）	少先队大队辅导员
	舆情引导	
	⑤一年级级会：面向全体一年级学生讲述少先队分批入队大概方式、第一批入队为班级总人数30%以及量化标准。 ⑥通过学校微信公众号发布《关于一年级分批入队致家长的一封信》。 ⑦召开一年级家长会（线上微视频解读，线下班主任解读）	学校少工委 一年级班主任

续上表

月份	内容（安排）	负责部门（人）
10月	进行"德智体美劳"量化评价	
	⑧开展过程性评价（"德智体美劳"）	全体一年级任课教师
	⑨国旗下讲话——少先队"建队日"	中队辅导员
	第一学期：队前教育"六知"	
	⑩"建队日"开展队前教育第一课"第一条红领巾的故事"（队前教育启动仪式）	一年级班主任、少先队大队辅导员
	⑪发放少先队队前教育校本课程用书——《队前教育手册》，开展队前教育。 ⑫队前教育：知道少先队的名称。 ⑬微信班群公布第一次"德智体美劳"评价结果	一年级班主任
11月	①队前教育：知道少先队的创立者和领导者。 ②微信班群公布第二次"德智体美劳"评价结果	一年级班主任
	③队前教育：知道队旗的含义	党员老师
	④队前教育：知道队徽的含义	团员老师
	⑤队前教育：知道少先队员的标志。 ⑥微信班群公布第三次"德智体美劳"评价结果	一年级班主任
12月	①队前教育：知道少先队的作风。 ②复习队前教育"六知"内容	一年级班主任
	③百日礼——少先队知识闯关	学校少工委
	④微信班群公布第四次"德智体美劳"评价结果	一年级班主任
	⑤朗诵与演讲——《我与红领巾的故事》	一年级语文老师
2月	①开学典礼（升旗仪式、唱红歌、与党团队有关诗朗诵等）	学校少工委
	②复习队前教育"六知"内容	一年级班主任
	第二学期：队前教育"六会一做"	
	③队前教育：会戴红领巾	大队辅导员 优秀队员

续上表

月份	内容（安排）	负责部门（人）
3月	①队前教育：会敬队礼	优秀队干
	②微信班群公布第五次"德智体美劳"评价结果。 ③队前教育：会呼号。 ④队前教育：会唱队歌。 ⑤队前教育：会背入队誓词。 ⑥微信班群公布第六次"德智体美劳"评价结果	一年级班主任 大队辅导员
4月	①队前教育：会写《入队申请书》。 ②适龄儿童递交《入队申请书》。 ③队前教育：入队前要为人民做一件好事。 ④队前自评、上交《入队前要为人民做一件好事》过程性材料	一年级班主任
	⑤参观队室	优秀队干
	⑥对参与队前教育知识考章的队委、队员代表进行培训（实施过程、注意事项、标志礼仪培训）	大队辅导员
4月	①队前教育知识考章——向阳章，获章学生获得向阳章贴纸	学校少先队大队委员会
	②国旗下讲话：争当新时代好少年	中队辅导员
	③根据评价标准确定第一批30%入队名单并于班群公示	一年级班主任
	④国旗下讲话：争做一名光荣的少先队员。 ⑤学校少工委审核批准新队员名单。 ⑥一年级第一批新队员入队仪式彩排。 ⑦一年级第一批新队员入队仪式	学校少工委
6月	①对未入队学生进行及时心理疏导、指引 ②布置中队角	一年级中队辅导员
	③升旗仪式：一年级新队员敬队礼，未入队少年儿童行注目礼。 ④暂未入队少年儿童与首批入队队员建立"手拉手"关系，帮助他们向已入队队员看齐，积极向少先队组织靠拢	学校少工委
	⑤新队员填写队员登记表，中队辅导员入册，归队籍档案管理	一年级第一批新队员
	⑥国旗下讲话：献礼党生日，吾辈当自强	中队辅导员

续上表

月份	内容（安排）	负责部门（人）
9月	①开学典礼——扣好人生第一粒扣子（升旗仪式、唱红歌、与党团队有关诗朗诵等）。 ②升旗仪式。 ③高唱队歌（重温入队誓词）。 ④少工委主任讲话	学校少工委
	⑤暂未入队少年儿童与首批入队队员建立"手拉手"关系，继续进行队前教育	一年级中队辅导员
	⑥二年级未获章（向阳章）学生考章	学校少先队大队委员会
10月	①第二批新队员入队仪式彩排。 ②"建队日"开展少先队第二批新队员入队仪式（二年级全童入队）。 ③新队员填写队员登记表，中队辅导员入册，归队籍档案管理	学校少工委
	④"建队日"开展队前教育第一课"第一条红领巾的故事"（队前教育启动仪式）	一年级班主任

（撰稿：黄敏霞）

15. 党建引领下，学校如何加强教师队伍建设？

教师是学校发展的核心竞争力。党的十八大以来，习近平总书记始终心系教师队伍建设，并强调教师是教育高质量发展的第一资源，并对广大教师提出殷切期望。"教师要成为大先生，做学生为学、为事、为人的示范，促进学生成长为全面发展的人。要研究真问题，着眼世界学术前沿和国家重大需求，致力于解决实际问题，善于学习新知识、新技术、新理论。"

因此，在当前新时代背景下，在教育强国新征程中，党建引领下的师资队伍建设显得尤为重要，它是提升学校教育质量和培养社会主义建设者和接班人的重要措施。要实现党建引领下的教师队伍建设及提升，关键在于坚持和加强党的全面领导、提升教师思想政治素质、加强师德师风建设、完善教师发展机制等方面，着力提升教师的幸福感和价值感，让教师在精神幸福中教书育人。具体措施建议如下：

一、坚持和加强党的全面领导

（1）明确政治方向。根据中共中央国务院的意见，要确保党牢牢掌握教师队伍建设的领导权，保证教师队伍建设正确的政治方向，引导教师树立正确的世界观、人生观和价值观。

（2）强化责任，明确育人方向。压实党委责任，构建一体化的教师队伍建设机制，确保党委统一领导、把握方向、统筹协调，为党育人，为国育才；培养德智体美劳全面发展的社会主义建设者和接班人。

（3）加强组织建设。建立健全教师党组织，发挥党员教师的先锋模范作用，通过"三会一课""党员先锋岗"等健全党的组织生活，让党员先锋和党员教师带动全校教师队伍的建设和发展。

二、提升教师思想政治素质

（1）以教育家精神的"六个方面"，引领和涵养教师的恩惠和修养。心有大我、至诚报国的理想信念；言为士则、行为世范的道德情操；启智润心、因材施教的育人智慧；勤学笃行、求是创新的躬耕态度；乐教爱生、甘于奉献的仁爱之心；胸怀天下、以文化人的弘道追求。以此来让教师们明确自己思想修炼的方向。

（2）加强理想信念教育。深入学习领会习近平新时代中国特色社会主义思想，通过听定期的党课学习、研讨会、讲座等形式引导教师树立正确的历史观、民族观、国家观、文化观，坚定中国特色社会主义道路自信、理论自信、制度自信、文化自信，提高他们的政治觉悟和道德水平，确保教育教学工作符合社会主义核心价值观。

（3）提高政治站位。将强化教师思想政治与师德师风作为首要任务，为加强新时代教师队伍建设改革指明了方向。

三、加强师德师风建设

（1）建立和健全师德建设制度。实施师德师风建设工程，建立健全教育、宣传、考核、监督、奖励、惩处六大制度，坚持常抓不懈。

（2）组织教师认真学习高明区教育局印发的《关于进一步加强师德师风建设的通知》，推进师德师风建设"八个一"行动。每学期定期开展师德师风教育，对违反师德的行为进行严肃处理，营造尊师重教的良好氛围。

（3）典型示范引领。深入挖掘优秀师德典型，用优秀教师的真实感人事迹诠释师德内涵。如新城一小的"首席致善教师""图说润泽教育故事"等，充分发挥优秀典型的示范引领和辐射带动作用。

四、建立激励机制

完善职称评定、岗位晋升、绩效评价等制度，激励教师积极参与教学科研工作，鼓励优秀教师发挥带头作用，形成良好的竞争机制。

五、实施青年教师成长计划，强化同伴互助

学校针对青年教师的特点和需求，制定个性化的成长路径，指导撰写个人发展规划，包括师徒结对、教研活动参与、教学竞赛等，帮助青年教师快速成长。学校设立了"润青展翅营""学科智囊团""班主任心得交流会"等平台，为新进教师提供培训和发展的机会，同时关注青年教师的思想政治教育和职业道德建设。

强化同伴互助。组建1名参赛选手＋3名师傅＋3名不同教龄段老师，围绕一个课例、案例研讨，整体带动教研梯队发展。

六、激发向上精神，促进专业发展

践行新城一小"守正创新，精益求精"的学校精神。鼓励教师进行教育教学改革和创新实践；支持教师开展科研项目，参与课程改革，开发新的教学方法和教材；鼓励和支持教师参加各种形式的继续教育和专业培训，不断提升教师的业务能力和教学水平。组织教师们认真学习广东省人力资源和社会保障局颁发关于申报"特级教师"和"正高级教师"的文件，为教师专业发展指明方向。

七、线上和线下加强交流与合作

通过"请进来"，邀请优秀专家进校指导；同时鼓励教师"走出去"，参与学术交流和合作研究，拓宽视野，引进先进的教育理念和教学方法。例如我校优先选派党员先锋教师到贵州黄平县进行送教帮扶活动。

八、关爱教师，改善环境

不断关注和改善教师的工作条件和生活待遇，关心教师的身心健康，营造稳定和谐的工作环境。如党员先锋岗骨干教师对年轻教师的指导，如每年举办的教职工运动会……

九、推动"研评训"和"产学研"结合

加强校本研修，推动"研评训"和"产学研"一体化；鼓励教师参与科研课题项目研究和社会服务，促进学校与社会互动，提高教师的实践能力和创新能力。

通过以上措施的实施，我校有效地加强了师资队伍建设，为教师的专业素质和教学能力赋能，为学校的长远发展打下坚实的基础。同时让党建引领下的教师们找到职业的认同感、价值感、幸福感和归属感。

（撰稿：冯结莲）

案例 16

千里送教促发展　温暖帮扶显真情
——佛山市高明区西江新城第一小学骨干教师团队
到黄平县新州镇中心小学开展结对帮扶教学研讨活动

为推进教育均衡发展，充分发挥发达地区优质教育资源的带动作用，吸收发达地区先进的教育教学理念，增强我校乃至我县教育发展自我造血功能，提高教研质量，助力创建高效课堂，落实"双减"政策，2021年12月6日—7日佛山市高明区西江新城第一小学骨干教师团队到黄平县新州镇中心小学开展结对帮扶教学研讨活动。

12月6日，高明区西江新城第一小学骨干教师团队抵达黄平县，在黄平县教育和科技局的组织下，在黄平县第三中学座谈，并为我校捐赠3000元的体育器材。

12月7日上午，在新州镇中心小学开展教学研讨活动，我校青年教师吴庆美、吴再兰老师分别展示研讨课六年级语文《少年闰土》和三年级数学《倍的认识》。两位青年教师有幸在这样的平台得到帮扶专家们的指导，他们会成长得更快。

高明区西江新城第一小学党员先锋朱秀丽老师给大家带来三年级数学示范课"数学广角——集合"。在整个教学过程中，朱老师没有完全按照教材的结构顺序，而是从探知学生真实的学习起点开始，围绕学生的认知疑难点、新课的核心知识展开小组合作学习的教学。朱老师的"小组合作"教学独特且环环相扣，颇具创新，注重探究；在注重学科素养的同时，把课堂真正还给学生，让整个课堂有趣、活跃、扎实、高效，真正把帮扶工作做细、做实，展现了高明区西江新城第一小学教师的教学风采。

高明区西江新城第一小学林广明老师上的体育示范课"篮球——行进间运球"，让孩子在篮球课中体验了运动带来的快乐，激发了热爱篮球、热爱运动的兴趣，体验到了篮球的魅力，更重要的是收获了快乐和成长，收获了阳光与健康！

评课议课环节

首先，我校两位授课青年教师说课，接着佛山市高明区西江新城第一小学党支部书记冯结莲和党员朱秀丽老师对两位青年教师的两堂课进行指导，并提出宝贵的意见和建议。两位老师的点评让在场的教师感受颇多，真是"师指一条路，烛照万里程"。

高明区西江新城第一小学冯结莲书记带来"润德以立，致善行远"专题讲座。冯书记从学校概况、文化凝练、实践探索、未来可期四个方面给我们分享了新城一小的办学特色，让我们饱览了学校独特的"润泽教育"。

我校雷永芳书记作活动总结。雷书记先对冯书记的讲座进行小结：办学有思想，文化有特色，实践有方法。接着从"有缘、幸福——专家指引促提升、感谢——如冬日阳光暖人心、祝愿"几个关键词进行总结，最后愿两校友谊之花常开不败，愿大家一同携手润泽、立德、致远。

这次活动既是一次课堂教学的观摩活动，又是一次交流心得、资源共享的活动，为我校乃至我县教师提供了很好的学习平台，给我校乃至我县教育教学送来了宝贵的经验，促进教师教育教学能力的提升。

（转自贵州省黄平县新州镇第二小学公众号。网址：https：//mp.weixin.qq.com/s/OlqaJN3ufH7Tm8Fiu0zeYg）

扫码阅读"润泽教育·春风化雨"童心向党，筑梦2021——记西江新城第一小学2020—2021学年春季开学典礼。

16. 少先队"建队日"我们可以怎么做？

少先队"建队日"即中国少年先锋队建队纪念日。1949年10月13日，是每个少先队员都应该铭记的日子，就在这一天，党中央、团中央联合发布了"关于建立中国少年儿童队的决议"。从此，少先队员有了自己的节日、自己的组织。1953年中国少年儿童队改名为中国少年先锋队。自此，每年的10月13日就是中国少年先锋队的"建队日"。

一、大队辅导员明确主责主业，塑造新时代少先队组织文化

在"十·一三"建队日这一重大的少先队节庆日，大队辅导员应精心策划与组织活动。通过开展"建队日"主题升旗仪式、主题朗诵与演讲、"我与队旗合个影　誓为队旗添光彩""我为红领巾唱首歌""学习少年英雄，传承红色基因"红色故事巡讲等活动传承红色基因、弘扬少先队精神。通过开展一年级队前教育——"第一条红领巾"的故事、举行少先队新队员入队仪式，开展少先队标志礼仪比赛、"知队史，明队礼"主题队会、"请党放心，强国有我"主题宣讲等活动，通过规范使用少先队特有的标志与标识，增强仪式的庄重性和感染力，激发队员们的爱国情感、集体荣誉感和组织归属感。同时，鼓励队员们积极

参与仪式的筹备与执行，让他们在亲身实践中学习成长，进一步加深对少先队组织文化的认同与传承。

二、中队辅导员积极开展少先队活动，增强少先队员使命担当

中队辅导员应该在"十·一三"期间通过组织教育、自主教育、实践教育相结合，明确自己的工作职责。除了动员队员们观看少先队"建队日"线上主题云队课，积极开展学校少工委组织的"建队日"系列活动，引导队员们继承和弘扬少先队的光荣传统，让少先队员感受到少先队组织的光荣与自豪，以及身为少先队员的责任与使命，努力成长为堪当民族复兴重任的时代新人。

（撰稿：黄敏霞）

案例 17

新城一小少先队"建队日"系列活动

图为2021年10月13日建队日主题活动大合照

（1）"建队日"主题升旗仪式。在"建队日"主题升旗仪式上激励队员们勇于拼搏，争做新时代好队员。

（2）各中队广泛开展"建队日"主题朗诵与演讲。

序号	年级（中队）	演讲主题
（一）	一、二	"我和红领巾的故事"
（二）	三、四	"学习少年英雄，赓续红色基因"

（3）各中队广泛开展"我与队旗合个影 誓为队旗添光彩"活动。队员们簇拥在队旗下，怀着对少先队组织的朴素情感，用独特的方式，展现新时代少先队员的蓬勃朝气与青春风采。

（4）各中队开展"我为红领巾唱首歌"活动。各中队队员以饱满的热情高唱队歌（红歌），激昂的旋律不仅回荡在耳边，更深深触动了每位队员的心灵，激发了他们作为少先队员的光荣感和自豪感。

（5）分层开展少先队组织教育、各年级开展"建队日"系列活动。

序号	年级	安排	备注
（一）	一年级	队前教育第一课——"第一条红领巾"的故事	通过红领巾等少先队特有的标志标识实物，开展"认实物、识意义"的队前教育，加深孩子们对中国少年先锋队的认知与理解
（二）	二年级	少先队新队员入队仪式	庄严、规范的入队仪式让新队员们知道时代赋予他们的使命

入队仪式主要仪程

队员入队要举行入队仪式，主持人一般由学校少先队大、中队长担任。主要仪程如下：

①全体立正，仪式开始；

②出旗（奏出旗曲，全体队员敬礼）；

③奏唱队歌；

④宣读组建年级少先队组织的决定（已建立的，省略该流程）；

⑤宣布新队员名单；

⑥为新队员授红领巾；

⑦新队员宣誓（由大队辅导员或大队长领誓）；

⑧为新建中队授中队旗（无新建中队的，省略流程⑧、⑨）；

⑨为新建中队聘请中队辅导员；

⑩向新队员提出希望和要求；

⑪呼号；

⑫退旗（奏退旗曲，全体队员敬礼）；

⑬仪式结束。

序号	年级	安排	备注
（三）	三年级	观看《习爷爷教导记心中》	习爷爷的暖心寄语可以让队员们深刻体会到少先队的重要使命，也激励着他们要时刻牢记少先队员的职责和担当
（四）	四年级	少先队标志礼仪比赛	通过"以赛促学"进一步规范少先队标志礼仪，突出少先队仪式教育的重要性

续上表

序号	年级	安排	备注
（五）	五年级	"学习少年英雄，传承红色基因"红色故事巡讲	队员们通过挖掘、学习、讲述中国少年儿童运动史、高明本土红色资源（如三潭革命事迹、粤中纵队纪念馆资料等），选拔优秀队员为"红色故事巡讲员"，传承红色基因，再现少年英雄事迹
（六）		"知队史，明队礼"主题队会	进一步了解少先队的历史和光荣传统，激励队员们继续践行少先队的责任与使命
（七）	六年级	开展"请党放心，强国有我"主题宣讲活动	宣讲活动通过队员身边人、身边事讲述家乡的变化，如"乡村的路"（从土路到硬底化）、"身边的车"（从单车到私家车），帮助队员们了解党团结带领人民不懈奋斗的光辉历程和伟大成就，学习了解伟大建党精神

（6）召开学校少代会。少先队代表大会（以下简称"少代会"），是少先队员学习和参与民主的重要载体。学校少代会每年召开一次。为了增强少代会的代表性，召开时间一般在10月13日建队纪念日期间进行。"少代会"作为同级少先队组织的最高权力机构，它有商讨、决定一个时期少先队的重大事务，选举产生少先队工作领导委员会的权力。

（撰稿：黄敏霞）

17. 如何利用本土民俗资源做好"红领巾寻访"活动？

为了凸显实践育人特色，推动新时代少先队社会化发展，学校在日常少先队工作中需要强化实践育人的作用，同时不断拓展实践活动的项目和载体。根据"队章"规定，少先队的活动应包含举行访问、旅行、研学等各种有意义、有趣味的活动，同时也要鼓励队员们参加力所能及的社会实践。

"红领巾寻访"活动是通过校内外少先队组织，组织兴趣相同、居住相邻、组合便利的少先队员成立形式多样的特色小队，通过开展小队寻访活动引导队员通过主题化、项目式方式学习。

高明具有丰富的本土民俗资源，如"非遗"扎狮技艺、高明红茶制作技艺、高明濑粉制作技艺等，队员们通过深入了解非物质文化遗产的历史背景、文化内涵，认识到"非遗"是中华民族优秀传统文化的重要组成部分。习近平总书记强调："我们要深入挖掘、继承优秀传统乡土文化，要深入挖掘民间艺术、手工技艺等非物质文化遗产。"队员们通过"红领巾寻访"活动挖掘本土民俗资源，学习"非遗"技艺，让队员们感受到中华文化的博大精深，从而增强对民族文化的自信心和认同感。

学校少工委整合社会各方资源以拓展少先队社会化阵地，为队员就近开展校外实践寻访活动提供阵地保障，引领广大少先队员在有组织的实践教育活动中铸牢信念、增长本领，努力成长为堪当民族复兴重任的时代新人。

学校少工委通过发布寻访活动，让队员以自主小队形式通过以下五个步骤成立特色小队开展"红领巾寻访"活动。

步骤	内容	要求
①	组小队	少先队员可自主组建小队（根据活动需要可混龄组合、与社区少工委组织辖区队员自由组合），自主选队长，讨论确定小队名称，制作小队标识，自制聘书聘请小队辅导员
②	定项目	在小队长的带领下，邀请小队辅导员协助讨论寻访项目，找到寻访目标，查询项目背景，制定寻访计划，明确寻访分工
③	实地访	根据寻访计划开展形式多样的寻访活动，以微图、微文、微视频等形式做好活动记录
④	找答案	通过小队交流，分享寻访心得，并在辅导员的指导下讨论形成寻访结论
⑤	汇成果	将自己的寻访感悟以文字、照片、视频、PPT、讲故事等形式在主题队会上进行展示

（撰稿：黄敏霞）

案例18

新城一小"传承小队"寻访——高明濑粉制作技艺

一、少先队佛山市高明区西江新城第一小学小队寻访方案

①目的。为扎实落实"全面构建新时代少先队社会化工作体系实施方案（2022—2025年）"，全面增强少先队基层组织活力，加快新时代少先队社会化工

作进程，通过开展小队寻访活动引导队员通过主题化、项目式学习方式，深入学习贯彻党的二十大精神，体会在中国共产党的正确领导下人民群众的幸福感，帮助少先队员更直观、更深刻地认识实现广东现代化的奋斗之路。

②寻访地点：高明区上善濑粉工艺传承馆。

③寻访主题：寻访高明濑粉制作技艺。

④寻访时间：2023年9月27日（下午）。

⑤寻访背景：濑粉是佛山高明地道的特色美食，也是佛山非物质文化遗产的一道美食。为了引导队员们挖掘高明濑粉制作技艺，坚定文化自信，争做新时代好队员，特开展高明濑粉制作技艺寻访之旅。

⑥小队成员：梁睿恩、梁翔宇、叶家睿、曾浩杨、叶家宜、林洁滢、何梓璐、王艺轩。

⑦寻访前期准备。

序号	安排	负责人
①	校外活动安全计划、活动应急预案	黄敏霞（大队辅导员）
②	队员活动前安全教育	
③	车辆安排	
④	社区少工委、传承人沟通	
⑤	队员自主组建小队，选举小队长，讨论确定寻访项目、寻访目标、寻访计划、制作寻访记录表等	梁睿恩、梁翔宇、叶家睿、曾浩杨、叶家宜、林洁滢、何梓璐、王艺轩
⑥	对小队进行辅导	黄敏霞

⑧寻访流程。

流程	时间	安排
①	14:00—17:00	学校门口集合，统一穿校服，佩戴红领巾
②		到濑粉工艺传承馆进行实地寻访活动
③		向"非遗"传承人伍锦强学习高明濑粉制作技艺
④		采访"非遗"传承人伍锦强，了解高明濑粉的历史和传承人的故事
⑤		填写寻访记录表
⑥		品尝高明濑粉
⑦		小队分享寻访心得

少先队佛山市高明区西江新城第一小学工作委员会

2023 年 9 月 1 日

二、寻访记录表

_____小队，队员名单：_____

寻访项目	
寻访目标	
寻访计划	
寻访记录	
寻访心得	

三、"传承小队"开展寻访活动情况

2023 年 9 月 27 日 14:00—17:00，"传承小队"全体队员来到高明区上善濑粉工艺传承馆进行实地寻访活动，向"非遗"传承人伍锦强学习了高明濑粉制作技艺，了解了高明濑粉的历史和传承人的故事。

①组小队、定项目。"传承小队"是队员自主组建的混龄小队，小队队员选举产生小队长。小队讨论确定寻访项目是"高明濑粉制作技艺"。随后小队队员制作了小队标识、自制聘书聘请小队辅导员。并在小队长的带领下，邀请小队辅导员协助讨论寻访目标与寻访对象、查询项目背景、制作寻访计划、制作寻访记录表等。

②实地访。高明濑粉是佛山非物质文化遗产的一道美食，起源于明代嘉靖年间。

"传承小队"来到濑粉工艺传承馆向"非遗"传承人伍锦强学习高明濑粉制作技艺。一碗濑粉，首先要选晚造水稻中的合水黄谷米杵粉晾晒，通过以下技艺制作濑粉：和米粉团→搓米糊→将米糊通过七孔濑粉瓯滑入95℃以上的"虾眼水"里→濑粉成型→过冷河→在竹筛上晾晒→米香四溢、光滑弹牙的濑粉制作完成。

队员们随后采访了"非遗"传承人伍锦强，从七孔濑粉瓯（濑粉器）的一代代传承了解到高明濑粉的历史和传承人的故事，并将寻访内容及过程记录在寻访记录表。最后，队员们品尝了自己制作的美味濑粉。

四、找答案

实地寻访后，小队队员通过寻访过程以及所填写的寻访记录表进行寻访心得分享，并形成寻访结论：立志成为一名小小传承人，传承这一"非遗"技艺。

五、寻访成果

扫码即可观看："红领巾寻访广东"（佛山市高明区）新城一小"传承小队"寻访——高明濑粉制作技艺视频

（撰稿：黄敏霞）

18. 为什么国旗下讲话主讲人是学生？

学校每周一都会举行升国旗仪式，当鲜艳的五星红旗冉冉升起后，通常会让学生代表在国旗下担任主讲人进行讲话。那么，为什么国旗下讲话主讲人是学生呢？新城一小的国旗下讲话又有哪些不同呢？

国旗下讲话作为一项学校传统德育活动，由学生主讲不仅是一种有效的教育方式，更有其独特的育人价值。它不仅能够培养学生的语言表达能力、独立思考能力和社会责任感，还能促进校园文化建设，增进家校联系，提高德育实效和促进学生个性化发展。通过不断创新讲话内容和形式，以及加强讲话后的教育延伸，国旗下讲话能够更好地发挥其育人功能，为学生健康幸福的人生奠定坚实的基础。

从学校层面来说，学生国旗下讲话不仅可以促进校园文化建设，更能每周进行全校的群体性德育教育，增强德育实效性。升旗仪式后的第一节课就是小公民修身课，在课堂上班主任对升旗仪式上所涉及的主题作进一步补充，是国旗下讲话教育的拓展和延伸。

对于学生来说，站上升旗台，在全校师生的瞩目下进行讲话，无疑会使内心获得极大的满足感，从而产生强劲持续的自我效能，促进学习成长。这对其他同学也能起到激励作用，激励他们向榜样学习。

大多数学校在确定国旗下讲话的主讲人时，往往局限于学校领导、优秀学生代表、少先队干部等"老面孔"。那样，即便他们再精心的准备、再倾情的演绎，也很难不让受众群体"移情别恋"。这种为讲话而讲话的活动，不是润泽教育的初心，难以实现泽被全体、润物细无声的教育价值。

新城一小最独特之处在于对国旗下讲话同学的选择。对主讲人的选择更多体现在学生的朗诵演讲能力。"朗诵与演讲"是学校的特色课程，"让每一个臻雅学子说好话"是新城一小"学养三好"目标之一。新城一小从建校之初就将"朗诵与演讲"作为重点打造的特色课程之一，每天中午上课前十五分钟就是我校的朗诵与演讲时间，每位学生都有机会站上讲台进行演讲。学生在一次次的台上讲话中提升了自信，锻炼了语言表达能力。老师们通过仔细观察和指导，让朗诵与演讲表现比较好的同学或者有进步的同学进行国旗下讲话，而且名单不重复，尽量让更多的孩子有机会登台脱稿演讲，被大家看见。

这样一来，降低了国旗下讲话的选择门槛，让每一位同学都有机会能够从班级讲台走向全校舞台，也让"朗诵与演讲"的特色课程突破十五分钟的限制得到延伸，让特色课程变成学校的特色文化，让每一个孩子都能掌握朗诵与演讲的能力。

（撰稿：董博翰）

案例19

强国有我,未来可期——学生国旗下讲话稿

尊敬的各位老师、同学们:

大家好!我是五(1)中队的黎琅昕。今天,我在国旗下演讲的题目是《强国有我,未来可期》。

又是一年丹桂飘香时,再过几天就到建国72周年纪念日了。72年来,中国从积贫积弱到民族复兴;从百废待兴到繁荣昌盛;从东亚病夫,到体育强国……72年的风雨兼程,72年的砥砺前行,72年的厚积薄发,72年的春华秋实。

今年夏天,我国奥运健儿肩负使命出征东京奥运会,在16个比赛日里,五星红旗在东京赛场一次次升起。苏炳添以9秒83的成绩成为首位闯入奥运百米决赛的中国人;14岁的全红婵以惊天的一跳征服了世界,再现跳水界"金满分"……奥运健儿所创造的成绩,令国人倍感荣耀和备受鼓舞。他们为什么能创造出举世瞩目的辉煌战绩呢?那是因为他们身上有永不言败的拼搏精神和强烈的为国争光使命感。

然而,现在很多同学,怕苦怕累,不想读书,在吃喝玩乐中挥霍青春年华。一时的放纵,换来的是悔恨终身的卑微和艰难。我们切莫在该吃苦的年代选择安逸,自恃年少,韶华倾负,须知青春韶华易逝,再无少年时。

"少年强则国强。"同学们,请好好珍惜今天来之不易的美好时光,好好学习,顽强拼搏,脚踏实地,努力奋斗,用理想照亮未来,用豪情点燃理想!

"强国有我,未来可期!"同学们,请把这份庄重的誓言铭记于心,化作我们砥砺前行的动力。我们的征程是星辰大海,终有一天,我们定会见到那满船清梦、满目星河!

我的演讲到此结束,谢谢大家!

(撰稿:朱秀丽。转自西江新城第一小学微信公众号,发布时间:2021-9-27;网址:https://mp.weixin.qq.com/s/2mmyianm5ShHVzoDsmp9Dg)

19. 从小学习"传统民俗小课程"和"感恩孝亲小课程",对孩子的成长有什么好处?

在新城一小,冯结莲校长倡导"世间万物皆课程",尤其是中国传统文化根

基里面的精髓，它永远值得我们深挖内涵，并以课程的形式将其呈现和延展，让其得到传承和发展。

根据教育部印发的"关于全面深化课程改革落实立德树人根本任务的意见"和"中小学德育工作指南"的文件要求，小学阶段需通过课程培养学生高尚道德、扎实科学素质、健康身心及良好审美情趣。新城一小依据"润泽教育"理念构建了丰富多样的校本"润德课程"体系，旨在培养学生的仁、义、礼、智、信、孝等美德，使美德教育外化于行，内化于心，凸显特色德育，全面提升育人质量，培养美德少年。传统民俗小课程、感恩孝亲小课程是"润德课程"体系中两个重要的组成部分。

"传统民俗小课程"主要围绕我国的传统文化节日展开，涵盖了春节、元宵节、清明节、端午节、中秋节等一系列重要的传统节日。具体的实施方案如下：

传统民俗小课程主题	开展时间	课程内容
春节	正月初一前后	春节实践系列活动： （1）文化体验类。写春联、送福字、剪窗花。 （2）互动娱乐类。逛花街、买年货、游园会。 （3）志愿服务类。走访慰问、做志愿者。 （4）劳动实践类。参加大扫除
元宵节	农历正月十五	（1）巧手做元宵。 （2）趣味灯谜，猜猜猜。 （3）古诗词鉴赏会
清明节	4月4日或5日	（1）网上祭英烈，线上表哀思。 （2）知清明文化，传清明习俗。 （3）手绘清明时，缅怀英雄情
端午节	农历五月初五	（1）师生端午朗诵会。 （2）绘端午，齐动手。 （3）做端午，祝安康
中秋节	农历八月十五	（1）知中秋。知道中秋节的相关知识。 （2）画中秋。绘画关于中秋节的作品。 （3）诵中秋。诵读关于中秋节的文学作品。 （4）做中秋。动手做灯笼、月饼

"感恩孝亲小课程"巧妙融合教师节、母亲节、父亲节、重阳节等时间节点，精心设计一系列丰富多彩、触动心灵的体验活动，旨在深耕细作感恩的土壤，让感恩的种子在孩子们的心田生根发芽。具体的实施方案如下：

感恩小课程主题	开展时间	课程内容
重阳节	农历九月初九	（1）朗诵与演讲《我的长辈》。 （2）开展"我们的节日·重阳节"主题班会。 （3）小调查——了解家里的长辈。 （4）敬老孝亲实践活动：为长辈做一件事
教师节	9月10日	（1）感念师恩，语寄衷情。 （2）书画我心目中的老师。 （3）齐唱《听我说"谢谢你"》
感恩母爱	5月中旬	（1）说说我妈妈的20个优点。 （2）为妈妈做一件力所能及的家务。 （3）书画我眼中的妈妈
感恩父爱	6月中旬	（1）朗诵与演讲《爸爸，我想对你说》。 （2）说说我爸爸的20个优点。 （3）画出我心中的英雄爸爸

从小学习"传统民俗小课程"和"感恩孝亲小课程"，对孩子的成长具有多方面的积极影响。这些课程不仅丰富了孩子的知识体系，还有助于培养他们的品德、情感和社会交往能力。

（1）传统文化认同感的增强。习近平总书记指出："自信才能自强。有文化自信的民族，才能立得住、站得稳、行得远。"因此，通过学习传统民俗文化，孩子能够更好地了解自己民族的历史、文化和价值观，从而增强对自身文化的认同感和自豪感。

（2）跨文化理解的促进。了解本民族的传统文化后，孩子更容易对其他文化持开放态度，促进跨文化理解和尊重。

（3）创造力与想象力的激发。传统民俗文化，作为历史的瑰宝和文化的传承，蕴含着丰富的想象力与创造性元素。这些元素对于儿童的教育与成长具有不可估量的价值，如扎染、剪纸、书画、手工艺等。

（4）生活技能的学习。一些传统民俗活动涉及手工艺（如包粽子、搓汤圆等）、烹饪等技能，孩子在学习过程中能够掌握这些实用的生活技能，提高劳动水平。

（5）道德观念的培养。感恩孝亲课程强调对长辈的尊重和感激之情，这有助于孩子树立正确的道德观念，学会尊敬和关爱他人。

（6）促进亲子关系的融洽。在小课程的课后实践作业中，家长可以陪伴孩子一起动手完成。在这个过程中,家长可以给予孩子指导和鼓励,同时也可以在遇到困难时一起寻找解决方案,这种共同面对挑战的经历会加深亲子间的默契和信任。

(7)情感教育的深化。感恩孝亲课程让孩子学会表达感情,理解和体谅他人的感受,这对于培养孩子的同理心和情感智力至关重要。

综上所述,从小学习传统民俗和开展感恩孝亲小课程,能够在多方面促进孩子的全面发展,为他们未来成为有文化素养、有道德情操、有社会责任感的人打下坚实的基础。

(撰稿:冯结莲、朱秀丽)

案例20

"润泽教育·传统民俗小课程"之学科融合:
浓情端午,乐在其"粽"

农历五月初五是中国的传统节日——端午节。为营造节日气氛,弘扬传统文化,让学生沉浸于端午习俗活动中,感受传统文化内涵,激发爱国主义情感,新城一小在端午节来临之际开展了"我们的节日·端午节"主题文化周活动。润泽宝贝们通过实际操作,手工创作,多学科融合,进一步了解端午这一传统节日的文化内涵。

为了使孩子们更加深入了解端午节,新城一小借助国旗下讲话以及开展主题班会,开展了"端午民俗小课程",从端午节的来源、相关传说、习俗、有关的诗歌、端午美食等全方面介绍我们的节日——端午节。学生不仅体会到我国传统节日的独特魅力,还懂得了延续两千多年的端午节所承载的中华民族厚重的家国情怀,进一步激发了孩子们的爱国情感。

语文科融合:朗诵与演讲是新城一小的特色课程,根据各个年龄学生的特点,设置了不同年级关于端午节的朗诵与演讲主题。例如:一年级主题"热闹的端午节";二年级主题"端午,我这样过";三年级主题"我家的端午粽子";四年级主题"欢乐庆端午";五年级主题"我爱你,端午"。孩子们通过朗诵与演讲微课堂进行端午节班级演讲活动。

美术科融合:在美术课堂上,低年级的孩子们在美术老师的指导下,拿起画笔,把粽子、龙舟等富有节日特色的元素画出来,甚至通过手工创作制作出一个个精美的香包；中高年级的同学则从丰富的文字、图片资料中撷取灵感，发挥创意和想象，通过诗配画的方式将端午节的故事、诗词歌赋等文化内涵呈现在一幅幅作品中，展现"端午节"的美好意境。

音乐科融合：在音乐课堂上，开展端午放歌活动，在音乐老师的教导下，各班通过演唱有关端午节的歌曲进行班级文艺活动。

体育科融合：体育课通过赛龙舟的传统、观看赛龙舟视频，通过鉴赏龙舟视频讲解龙舟运动及方式要领，并通过体育课堂进行"陆地龙舟""旱地扒龙舟"等活动，让学生初步体验划龙舟的团结和力量。

劳动实践融合：新城一小的润泽宝贝在家人的指导下体验做时令食物的乐趣，通过他们的巧手包出漂亮、美味的粽子等端午节美食，在劳动中感受端午的节日文化。

多学科融合的端午节主题活动，增进了孩子们对中国传统文化的了解，同时也让孩子们感受到民族传统节日中折射出的浓郁民俗文化气息，增强了民族自豪感，树立他们对中华传统文化的自信。

（撰稿：朱秀丽）

扫码阅读："润泽教育·感恩孝亲小课程"记西江新城第一小学开展"我们的节日·重阳节"系列活动。

20. 创校就设置的班级绿植角，如何成为我们的"小小劳动基地"？

《中共中央国务院关于全面加强新时代大中小学劳动教育的意见》指出，劳动教育是国民教育体系的重要内容，是学生成长的必要途径，具有树德、增智、强体、育美的综合育人价值。班级绿植角的设置，可以不受地域条件的限制，开辟出一个特别的小小劳动基地，让学生可以随时体验劳动教育。

在新城一小，你会看到每间教室走廊上都会摆放一个花架，花架上摆满了一盆盆的植物。这些植物都是孩子们带回来的，有多肉、富贵竹、兰花、太阳花、发财树……应有尽有。每一个班级都被绿植点缀着，就好像把大自然搬进了温馨的教室，成为班级最美的风景线。千万别小看一个小小的绿植角，这个绿植角发挥的作用可大了：

（1）制作"植物身份证"。孩子们为每一盆绿植制作了漂亮的"植物身份证",将绿植的生长特点及习性做了详细的介绍,让孩子们在不知不觉中了解了更多有关植物的知识和大自然的奥秘。

(2)标注浇水时间和负责人。为了规范种植管理制度,可以在植物角上标注植物的浇水时间和负责人。孩子们在老师的指导下,学会给班级绿植细心地浇水施肥,修剪枝丫。

(3)写观察日记。孩子们用心观察并记录植物的生长,写观察日记,把绿植角当成认识植物的支点、探索自然的起点。

(4)定期调整。绿植角的植物不是一成不变,而是会定期灵活调整。每个季节适合种植的植物都是不一样的,老师可以定期带着学生一起讨论和查阅资料了解每个时令季节适合种植的植物,然后对绿植角的植物作调整。同时,每个季节绿植角的主题也可有所变化,比如春天可以鲜花绿植多一些,凸显春意盎然的主题;而秋天可以多布置一些成熟的果实,凸显丰收的主题。通过植绿、护绿、养绿,让绿植角凸显它的教育价值,既好看又实用。

为了让班级绿植角转变为一个富有教育意义和实践价值的劳动基地,我们可以实施以下步骤:

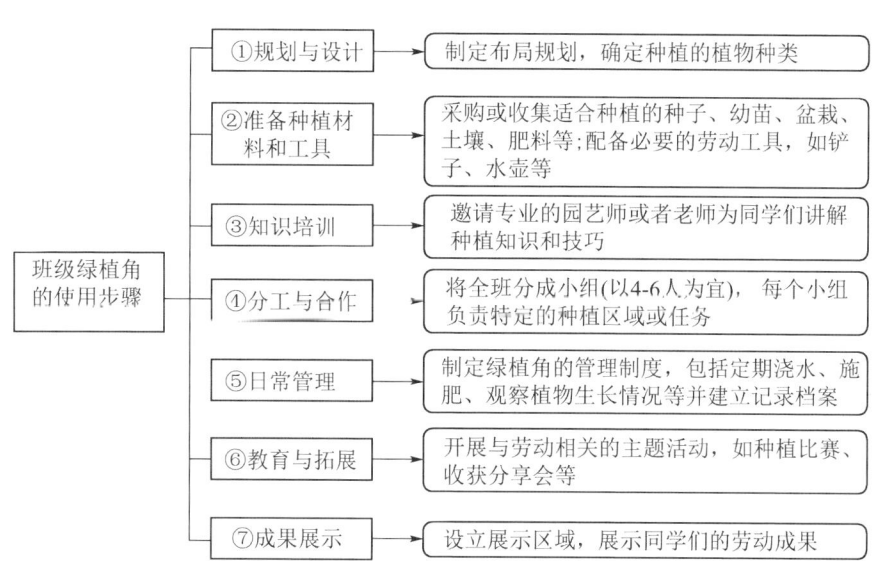

班级绿植角是班级文化建设的一个重要载体,以绿植角的植绿、护绿、养绿为契机,创设浓郁的审美与文化氛围,寓教于景,寓学于景,寓美于景,培养同学们在劳动中感受美,提升他们用自己的双手去创造美的能力。

(撰稿:朱秀丽)

案例 21

小角落，大德育

2022年9月1日，朱秀丽老师带着五（4）班的孩子们开启了新一学年的学习生活。在开学第一周，朱老师就和孩子们商量着如何布置班级绿植角。有的孩子说："我家里有发财树盆栽，可以带回来。"有的说："我家也有小盆栽"……

正当孩子们纷纷说出自己能带小盆栽回来养殖时，小关同学却提议："老师，我觉得我们可以试试种植蔬菜，我家有种子。"经过一番讨论，我们决定把绿植角分成两部分，一部分是种植区，可以种植葱、辣椒、香菜；一部分是观赏区，可以种花、绿植、水培等。由于受地方的限制，绿植角只能摆放在教室外面的角落，地方不大。为了充分发挥绿植角的德育功能，人人都能参与到劳动实践中，朱老师安排了每个小组负责一种植物的养殖。经过小组讨论，全班分享交流，最终决定了每个小组养殖的品种。

第二周，班级的植物架上摆满了花盆，植物架上面是观赏区，摆放了发财树、绿萝、多肉、兰花，甚至还有花盆有一条发芽的红薯。植物架下面是种植区，有四个大花盆，分别种植了小葱、香菜、辣椒、小番茄。小小的角落，包含了多类品种，孩子们都十分期待着收获。每到课间，总会在绿植角见到孩子们的身影，浇水、处理枯枝、观察植物的成长，感受着种植的快乐，体验生命成长的美好。

有一次，国庆假期回来后，有一盆植物枯萎了，朱老师打算把这盆植物扔掉。但小关同学说："老师，先不要扔掉，我来试试挽救它。"三天后，小关同学兴高采烈地拿着盆栽说："它活啦，我救活它啦！"朱老师抓住此次契机，让小关同学分享一下他的做法。他说："我请教外婆。外婆指导我观察植物的状态，叶子都蔫了，说这是缺水的表现，应该浇水。于是，我把植物泡在水里一个晚上，第二天发现它的叶子舒展开了。"朱老师表扬小关同学善于发现问题和解决问题，是一个劳动小能手。

一个学期过去了，红领巾绿植角呈现出一片生机勃勃的气息。绿油油的葱和香菜，红彤彤的辣椒格外耀眼。这些果实是时候收成了。每个小组安排一名代表负责收割，然后把这些收获尽量平均分到每一个学生手中，让学生享受到自己劳动的果实。孩子们纷纷都表示，收获来之不易，我们要好好珍惜。

孩子们在老师的带领下，在绿植角体验着播种时的希望、发芽时的惊喜、浇水时的细心、收获时的喜悦！孩子们在亲身劳动的过程当中，种下一颗颗幼苗，播下一个个希望，相信小小的角落也能发挥它的德育功能，真正成为学生观察、探究、学习的乐园。

（撰稿：朱秀丽）

第三章　治校方略，每位老师都重要

导　语

教师是学校的第一财富！习近平总书记说："一个人遇到好老师是人生的幸运，一个学校拥有好老师是学校的光荣。""治校如治家，和则兴，众则强。"

21. 校长发展规划力：以《隆中对》为参考，校长如何撰写学校发展规划？

名垂千秋的《隆中对》，是指东汉末年诸葛亮与刘备初次会面的谈话内容，是诸葛亮对当时政局的看法，并且针对刘备集团无根据地的处境提出的具有远见卓识的战略方针，是刘备筹划进取天下、复兴汉室的战略蓝图，指明了前进的方向和奋斗的目标，也是诸葛亮第一次面见刘备说出的国家战略发展规划。这可能是我国最早的可行性极强的国家发展规划书。

如果说学校是一艘大船，那么校长就是这艘大船的船长和舵手，"大海航行靠舵手"，学校未来发展的方向，当然靠校长来掌舵。因此，校长需要像刘备学习求贤若渴、集思广益，深思熟虑写好学校的发展规划，确保学校能够持续高质发展，满足社会和学生的需求。作为校长，如何从《隆中对》中汲取智慧，写好学校发展的规划书呢？下面的几点意见供大家参考。

一、前期准备

在刘备三顾茅庐之前，诸葛亮对整个社会局势已经了如指掌，并作出可"三分天下"的分析。

同样，校长写好规划的前提就是收集信息：包括学校的历史、现状、优势、劣势、机会和威胁等。然后坐下来，安静分析、思考、作出规划。然后确定参与人员：组织学校行政领导、教师、管理人员、家长代表、学生代表等参与规划过程。发展规划的制定和实施需要全校师生的共同参与，这有助于增强团队的凝聚力和向心力，形成共同的价值观念和发展愿景。

二、明确使命与愿景

学校发展规划要定义学校的长远愿景和使命，确保它们具有前瞻性和激励性。

《隆中对》中，诸葛亮为刘备描绘的战略使命，是顺着刘备"欲信大义于天下"的兴复汉室旗号，寄托重建统一王朝的理想；能够看得见的愿景，是"跨有荆益"造成鼎立之势。

三、进行SWOT分析

如《隆中对》中"今操已拥百万之众，挟天子而令诸侯，此诚不可与争锋。孙权据有江东，已历三世，国险而民附，贤能为之用，此可以为援而不可图也"。而荆州和益州乃用武之地，应利用荆州刘表、益州刘璋不能守成的机会，"若跨有荆、益"取代割据荆、益的刘表、刘璋，建立起可靠的根据地，与曹操、孙权可三分天下。

S优势 strengths	W劣势 weaknesses
O机会 opportunities	T威胁 threats

SWOT学校现状分析

诸葛亮客观分析刘备当时的优势、劣势、机会和威胁，提出了三分天下之计。校长在撰写任期目标之前，也要做这一步。

四、确定发展目标

根据愿景、使命和SWOT分析结果，设定具体、可衡量、可实现、相关性强、时限明确的目标（smart目标）和方向。学校发展规划是对未来一段时间内学校发展的目标、任务、措施和步骤的全面规划。校长作为学校的领导者，需要明确学校的发展目标和方向，确保学校各项工作有序进行。

如《隆中对》终极目标和方向十分明确："霸业可成，汉室可兴"。

五、制定发展战略及行动计划

确定实现这些目标所需的关键战略和行动计划；详细规划每个战略的实施步骤，包括时间表、责任人、所需资源和预期成果。《隆中对》中，诸葛亮复兴汉室的计划是：

（1）在夺取荆州和益州的同时，利用"帝室之胄，信义著于四海"的声望，招揽人才"内修政理"，逐步增强政治、经济和军事实力。

（2）在益州要妥善处理好与西南地区少数民族的关系，"西和诸戎，南抚夷越"，解除以后北伐时的后顾之忧。

（3）在荆州要"外结好孙权"，与孙权建立抗击曹操的联盟。待"天下有变"再分兵两路，"命一上将将荆州之军以向宛、洛，将军身率益州之众出于秦川"，如果这样的话，刘备"则霸业可成，汉室可兴矣"。

六、合理分配资源、制定措施及策略

确定实施计划所需的人力、财力、物力等资源，并进行合理分配，做到人尽其才，物尽其用；制定可行措施，具体实施的战略办法。

分配资源、制定措施要深思熟虑，思考缜密。这是校长撰写发展规划应特别注意的地方。

七、在规范中发展

遵守法律法规，符合政策要求。在制定和实施发展规划时，确保遵守相关的教育法律法规。校长在制定发展规划时，还应该考虑到教育政策的变化、技术进步、社会发展趋势等因素，以确保学校的发展规划能够适应未来的变化和挑战。识别潜在的风险因素，并制定相应的风险管理和应对措施。

八、公布与沟通，实施与监控

公开学校发展规划可以提高学校的透明度，让师生、家长和社会各界了解学校的工作重点和发展计划，同时也增加了校长的责任感，因为规划的实施情况将受到监督和评价。

开始执行规划，并建立监控机制以跟踪进度和效果。

九、评估与调整

定期评估规划的实施情况，根据实际情况和反馈进行必要的调整。在撰写过程中，校长应确保规划的内容符合教育政策的要求，同时也要考虑到学校的实际情况和特色。此外，规划应当具有一定的灵活性，以便在面对不可预见的变化时能够及时调整。

总之，校长应认识到学校的发展规划对于指导学校发展、提升教育质量、优化资源配置、增强团队协作、应对挑战、促进改进、增加透明度和责任感以及满足政策要求等方面都具有重要意义。

（撰稿：冯结莲）

案例 22

西江新城第一小学学校四年发展规划（简表）
（2018.09—2022.08）

时间	年份名称	重点工作	关键词
2018—2019 学年	基础规范年	（1）设计五育并举的"润泽教育"课程体系。 （2）规范各种规章制度。 （3）规划校园文化建设	规范
2019—2020 学年	课程文化年	（1）完善"润泽"课程文化体系。 （2）完善校园文化。 （3）完善学校章程等制度文化建设	完善
2020—2021 学年	特色建设年	（1）完善学校制度文化。 （2）完善润泽课程文化体系，提炼办学特色	文化 特色
2021—2022 学年	品牌发展年	（1）梳理前三年的办学成果，复盘、总结。 （2）总结、提升办学特色和润泽教育品牌。 （3）发扬优点，改正缺点。 （4）做大做强"润泽教育"品牌	品牌、 发展

（撰稿：冯结莲）

22. 校长的开学季：策略铺排与执行要点有哪些？

开启新学年的工作，校长作为学校的领导者和管理者，需要采取一系列的措施来确保学校的顺利运行和教育质量的提升。以下是一些校长在新学年开学季，策略铺排与执行的要点：

一、学年计划早制定

校长应根据"学校四年（或五年）发展规划"，提前（在放暑假前）制定详尽的"学校学年工作计划"。

校长室的"学校学年工作计划"出来之后，接下来学校六个部门（处室）：教导处、教研处、德育处、总务处、少先队大队部、校级家委会，就会根据

"学校学年工作计划"指引和要求，结合区教育局、区教师发展中心下发的"教育局学年工作计划""区教师发展中心学年工作计划"去制定自己相应的"学年工作计划"。尤其是区教研室、局个别科室组织的各项比赛和活动，我们都要科学地、有机融入到各部门、各学科的比赛和活动计划当中，这样我们的计划会更科学，工作会更加主动和有条理。

预算管理：联动各部门做好新学年的经费预算，确保资金得到合理分配和使用，并写进计划当中去。

六大部门的工作计划初步敲定之后，通过召开行政会，校长室做好沟通、统筹和协调工作，防止学年（期）各年级、学科或德育活动出现"打架"现象，再修订完善学校"学年（期）工作行事历"；如此校长室的"学校学年工作计划"（附"学年（期）工作行事历"）也就敲定落实了。六大部门的"学年（期）工作行事历"也要根据校长室的"学年（期）工作行事历"作相应调整。

二、三大指引抓落实

三大指引指的是：一是"新教师须知"，作新教师培训用；二是"教师学年（期）工作手册"，里面包含"学校工作计划"重要活动方案等，作新学年组织教师大会学习使用；三是"周工作计划"，用来指导和落实每周的具体工作（推荐阅读本书问题《23. 如何用周工作计划指导一周的工作落地？》）。

三、课程安排早谋划

根据教育部文件和课程标准，继续优化"润泽课程"体系，不断优化全校课程表，确保课程设置符合教育目标和学生需求。并至少提前一周安排和编排全校课程，确保开学第一天每个孩子都知道自己班的新课程。

四、教师培训早规划

暑假就提前规划和安排"学科新课标解读培训""新教师入职培训""教师专业发展""一年级教师工作""班主任工作会议"等培训，做到"五定"：定主题内容、定主讲人、定负责人、定场地、定培训对象"，确保教师了解最新的教学方法、评估标准和技术技能。

五、学生迎新早准备

德育处、少先队大队部提前规划，做好"方案"并解读，组织迎新活动"一年级入泮仪式（含幼小衔接）""新学年开学典礼"等活动，帮助新生适应学校环境，建立归属感。

六、家长学校早沟通

通过召开一年级新生家长会和校级家委会或其他形式与家长沟通，介绍"本学期学校工作计划"、解读新的学校教育政策、教育理念和期望的支持合作方式；组织和安排"警家校护畅长队"轮值等工作。

七、校园安全早检查

组织学校后勤部门四检查：一是校园周边安全检查；二是学生上、下学路线检查，并做好新学年学生上下学路线、家长接送及等候处等；三是检查和维护校园的消防安全设施设备；四是检查和维护学校的教学设施设备，确保教室、图书馆、实验室等场所准备就绪，师生开学立刻可以使用。

校长的工作是多方面的，需要具备领导能力、沟通能力、组织能力和解决问题的能力。通过上述策略和措施，校长可以为新学年的顺利开展打下坚实的基础。

以下是校长开启新学年工作的流程图：

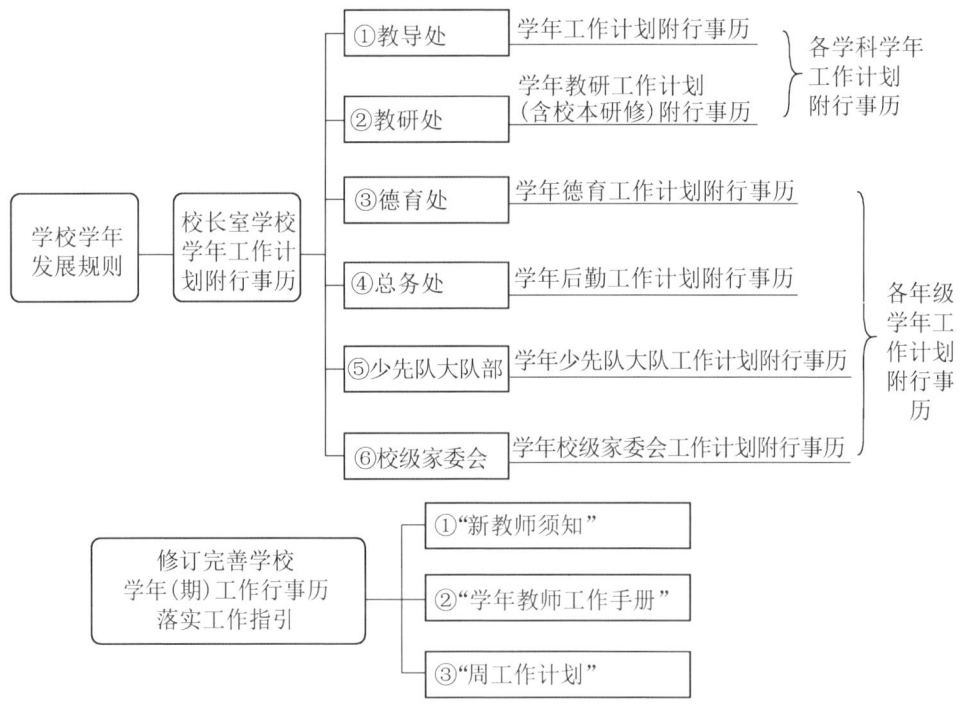

（撰稿：冯结莲）

案例 23

凝心聚力谱新篇扬帆起航正当时
——记新城一小2021—2022第一学期开学工作会议

2021年秋季学期，我们开学啦！

时光阑珊而过，转眼已是初秋。伴随着几丝秋雨，几缕秋风，西江新城第一小学2021—2022年度第一学期工作会议顺利召开。

迎新力量

邓少能副校长隆重向大家介绍了新学期学校的新任领导以及新进教师，并代表全校师生对大家的加入表示热烈的欢迎。新任领导和老师逐一作了自我介绍。相信新鲜血液的注入定会使焕发新生机的新城一小在新的学年实现新的飞跃。

教师培训一：新学期工作计划

冯结莲校长进行了以"行稳致远，润华初果"为主题的工作安排，对学校教学相关工作进行了细致规划，对我校现在的行政领导们的职能分工进行了详尽的介绍。

行事历解读

针对冯校长的工作计划，教师发展中心严燕梅主任和潘李露主任对本学期学校工作的行事历进行了解读，对本学期工作规划中的大事进行盘点，明确工作重点，督促各学科、各级组在做好常规教学的基础上认真准备。

教师培训二：师德师风讲座

梁锦开副校长开展了主题为"守规矩、正师风、立师德"的师德师风讲座。梁副校长依据文件精神，结合具体事例组织全体教师进行了深入学习，目的是促使教师将师德规范内化于心，外化于行，自觉增强理想信念，履行师德规范，树立教育行业正气。

教师培训三：校内课后服务工作方案解读

"双减政策"颁布后，为了强化学校教育主阵地作用，引导学生学习更好回归校园。学校课内服务工作也在扎实推进。冯结莲校长在教师学习会议上为全体教师深度解读了"佛山市高明区义务教育校内课后服务工作方案"，传达了相关

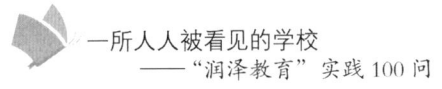

文件精神。

教育兴则国家兴，教育强则国家强。冯结莲校长指出：文件所列举的五条举措之间存在一定的逻辑关系，即为了深化教学改革，教师务必要通过优化教学方式来提升课堂质量，才能做到全面压减作业总量，降低考试压力，进而有效地强化学校教育的主阵地作用。

为全面压减作业总量和时长，减轻学生过重作业负担，学校要求全体教职员工做到：同学科、同级组间应加强作业统筹，控制好作业的难度，以健全作业管理机制；针对不同学情分层布置作业，争取做到每个学生都得到合适的发展。

教师任课分工

新的学期，随着新教师的加入和部分教师的工作调动，学校教师的任课分工也进行了调整，严志荣副校长宣布对新学期教师的任课分工。

开学典礼统筹安排

开学典礼也处在紧锣密鼓的筹备中。黄敏霞主任对"开学典礼"的相关工作进行了布置，要求参与相关工作的教师认真做好份内工作，为迎接学生们的返校呈现一场精彩的典礼。

习惯养成教育周方案解读

潘李露主任对"习惯养成周"方案进行了详细的解读，用一周的时间帮助学生们收心，用科学系统的方法为学生良好学习习惯的养成打好基础，相信这种行之有效的方法必定能使孩子们养成良好的学习、生活习惯。

随后，全体班主任们参加了新学期班主任工作会议，对新学期的班主任工作要求有了更深刻的理解。为了让新教师尽快融入新城一小这个大家庭，学校还进行了新教师培训，让新教师清楚本学期作息时间安排，了解教师一日工作常规……

一年级级部会议

为了帮助一年级新生能够尽快适应小学的学习环境，让老师能够尽快地帮助学生融入集体，一年级级长区嘉碧老师对一年级老师进行培训。

家委会议

在家委会议中，冯结莲校长和梁锦开副校长讲解了课后服务活动的公益普惠特性。开展义务教育校内课后服务，是培养学生兴趣爱好、促进学生健康成长、帮助家长解决按时接送学生困难的重要举措，是做好"五项"管理和"双减"

工作，切实减轻学生过重学业负担和校外培训负担的重要举措，是进一步增强教育服务能力，解决群众急难愁盼问题，切实为群众办实事，使人民群众具有更多获得感和幸福感的民生工程。

教师准备工作

为了迎接孩子们返校，学校做足了准备，老师们也把教室打扫得干干净净，布置得漂漂亮亮，等待着迎接孩子们的归来。

凡事预则立，不预则废！良好的开端是成功的一半！教育的过程虽然辛苦，但充满诗意。所有精心准备，认真对待，都是为了给新学期返校的各位同学最大的惊喜和重视。新学期，让我们继续心怀梦想，乘风破浪，凝心聚力，谱写新篇章！

（撰稿：董博翰，转自西江新城第一小学微信公众号。发布时间：2021-08-31，网址：https://mp.weixin.qq.com/s/D9P5J99tYSzt2Cp9LddCiQ）

23. 如何用周工作计划指导一周的工作落地？

《礼记·中庸》有言，"凡事预则立，不预则废"。新城一小自开办以来，学校一直使用周工作计划指导下一周的工作落地，部门之间沟通无间，减少内耗，工作效率极高。具体实施如下：

一、确定与不确定

在每周开始时，校领导和相关部门负责人应根据"学校学期发展规划（附行事历）"制定确定的学校工作计划，加上上级部门的临时工作（我们称之为不确定的工作），拟写一份详细的周工作计划。重要活动或者任务必须附上部门工作方案。"备注"一栏可附加"不确定"性工作。

二、沟通、调整与优化

（1）沟通。通过召开行政会、级长会议等进行面对面有效沟通，学校领导对各部门的工作了如指掌，校长室统筹、指导好各部门本周工作的开展。

（2）调整与优化。校长室根据实际情况对周工作计划进行调整。如果遇到不可预见的问题或挑战（如：同一天多个活动、同一天多个检查等），及时调整计划并重新分配资源。

三、传达与落实

（1）传达计划。通过教师例会、级部会议、电子邮件、公告板或内部通讯系统等方式，将周工作计划传达给全体教职工，确保每个人都清楚本周的工作重点和预期结果。

（2）根据任务的轻重出台相关工作方案，重要活动印发"活动方案"，并由相关负责领导召开活动组织会议，把任务落实到人。

（3）监控进度。定期检查工作进度，确保各项任务按时按质完成。可以使用进度报告、会议更新或项目管理工具来跟踪任务的执行情况。

（4）沟通与协作。鼓励教职工之间的沟通与协作，以确保任务的顺利完成。对于跨部门或需要多方合作的任务，组织协调会议以促进信息共享和问题解决。

四、总结与激励

总结。在周末或下周初进行本周工作的总结评估。回顾完成情况，分析未完成任务的原因，总结经验教训，并为下一周的计划提供反馈（含反思、正确的处理办法）。把完善的周工作计划留档，以便下学年参考或修改用。

激励。对在本周的重要活动或者工作中表现特别出色的教职员工，在"致善点赞榜"和教师大会及时表扬。详细流程图如下所示。

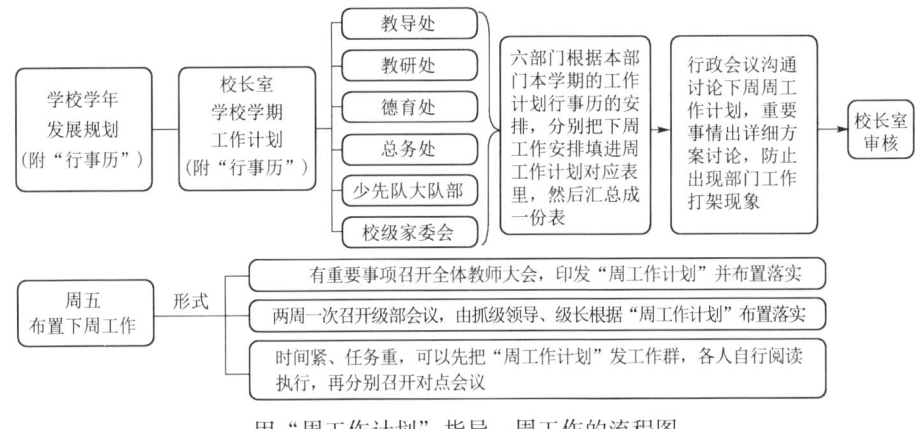

用"周工作计划"指导一周工作的流程图

案例 24

新城一小 2021 年第 15 周"周工作计划"

扫描二维码查看

24. 校长课程领导力之一：作为区首批特色学校，润泽教育的办学特色是什么？是如何做强做特的？

新城一小于2021年被评为高明区首批"特色学校"，其办学特色有：朗诵与演讲、美术扎染、体育羽毛球。

润泽教育的"六能工程"指：从西江新城第一小学毕业的孩子，人人做到：人人能有一颗自尊、仁善之心，人人能吟诗、诵典、演讲，人人能写一手好字好文章，人人能弹奏一种乐器，人人能掌握一种美术技能，人人能有一项健体专长。并落实到润泽课程体系中，做到五育并举，全面发展。

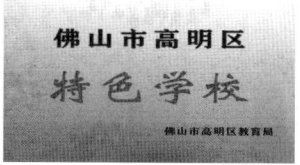

五年来，经过新城一小人的不懈努力与沉淀，朗诵与演讲、美术扎染、体育羽毛球三大特色课程已经在新城一小全面铺开，并取得了非凡成绩，成为新城一小靓丽的特色品牌，成为"六能"中的强项"三能"。

是如何做强做特的？请各位读者阅读以下论文2：特色课程"五力"与"七性"，让每个孩子都出彩。或许你能找到答案。

（撰稿：冯结莲）

论文2

特色课程"五力"与"七性"，让每个孩子都出彩
——基于高明区西江新城第一小学的特色课程实践探索

摘要：佛山市高明区西江新城第一小学自开办之初，即以"润德以立，致善行远"为核心价值观，确立了"润泽教育"作为学校办学理念的核心。本校特色课程体系以"五力"与"七性"为指导，推动朗诵与演讲、美术扎染、羽毛球等特色课程的发展，旨在促进学生全面而个性化的成长。六年的实践探索，不仅使学校特色课程体系日臻完善，更让每个孩子都能在各自领域展现光彩，取得了显著的教育成果。

关键词：润泽教育、特色课程、五力与七性、实践探索

佛山市高明区西江新城第一小学以"润德以立，致善行远"为核心价值观追求的"润泽教育"作为统领学校的办学理念，泽被全体是它的核心价值。以促进学生"五力"协同发展为目标，通过国家课程、地方课程校本化实施，拓

展学科课程，开发表现力课程，建设基于创新的探究性课程，形成了"润泽五力特色课程"雏形。初步构建了学校特色课程体系，推动了学校的特色发展。

一、特色课程建设"五力"与"七性"的基础理论

基于学校质量和内涵发展整体架构的学校特色，才是特色学校发展的具有概括性和客观性的价值母题。润泽教育的"六能工程"指：从西江新城第一小学毕业的孩子，人人做到：人人能有一颗自尊、仁善之心，人人能吟诗、诵典、演讲，人人能写一手好字好文章，人人能弹奏一种乐器，人人能掌握一种美术技能，人人能有一项健体专长。"润泽五力课程"旨在促进学生思维力、想象力、表现力、预判力、创造力的有机统一，扶扬学生的个性特长发展。因此，学校在开齐开足国家课程的基础上，力求做到课程结构的多维度、多层次、开放性，体现学生多样化需求，凸显课程的个性化与选择性，"让每个孩子都出彩"。

六年来，经过新城一小人的不懈努力与沉淀，"五力"特色课程：朗诵与演讲课程、美术扎染课程、羽毛球课程已经取得了非凡的成绩，是新城一小靓丽的特色风景线，成为"六能"中的强项"三能"，初步构建了学校的特色课程体系，推动了学校的特色发展。其中朗诵与演讲、扎染课程已拥有我校教师编写的特色校本课程教学用书。

"五力"与"七性"是我校特色课程建设的核心理念。其中，"五力"即思维力、想象力、表现力、预判力、创造力，旨在培养学生的核心素养。"七性"则包括方向性、渐进性、科学性、独特性、创生性、长期性和实效性，以确保课程建设的系统性和科学性。2021年，我校被评为"高明区特色学校"。打造学校特色课程是一个系统工程，需要结合学校的实际情况，进行周密策划和长期坚持。回顾六年走过的历程，具体做法如下。

二、特色课程建设"七性"的实践探索

朗诵与演讲课程。我们注重提升学生的思维能力和语言表达能力，做到言行雅正、自信表达、自如沟通，培养学生的语文核心素养。通过定期举办朗诵与演讲比赛，为学生提供展示自我的平台，激发他们的学习热情和表现欲。同时，我们邀请专业教师进行指导，提高学生的朗诵与演讲技巧。

美术扎染课程。扎染作为中国传统手工艺之一，对于培养学生的审美能力和创造力具有重要意义。我们引入扎染课程，让学生亲身体验传统文化的魅力，同时提高他们的动手实践能力和创新思维，培养学生的美术核心素养。

羽毛球课程。羽毛球是我校的体育特色课程之一。我们注重培养学生的体育精神和竞技能力，通过定期的训练和比赛，提高学生的身体素质和运动技能，培养学生的体育核心素养。

（1）基于校情，朝着正确的方向——方向性。党的教育方针政策是：教育必须为社会主义现代化建设服务、为人民服务，必须与生产劳动和社会实践相结合，培养德智体美劳全面发展的社会主义建设者和接班人。

课程的丰富性、多样性可以支撑各种有不同需求的孩子的成长。学校根据中国学生发展核心素养三大板块要素（文化基础、自主发展、社会参与），结合新课程标准要求和学校实际，新城一小设置"润泽教育"特色的课程群（如右图所示），把课程分为"润德""泽智""明志""致善"四大板块。其中，润德板块是立德树人的课程，分别有小公民修身课、习惯养成教育周、传统民俗小课程、敬老孝亲小课程、爱国小课程和研学小课程，旨在从小培养学生的仁、义、礼、智、信、孝。泽智板块则按照国家课标开齐开足课程，语文增设主题阅读、国学经典；数学增开趣味数学，英语科增加英语话剧。明志板块是学科拓展类课程，主要有语文拓展课程朗诵与演讲，美术拓展课程天使梦工场——扎染和蜡染，科学拓展课程STEAM，英语拓展课程英语话剧，数学拓展课程数学与理财，音乐拓展课程声乐社团、古筝社等。致善板块有健康幸福课、致善公益实践课等多元课程，发展学生的多元智能，以实际行动落实五育并举。

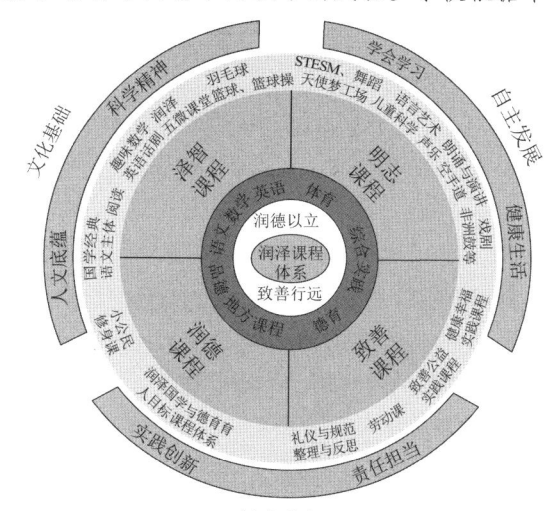

西江新城第一小学2021—2022
学年度课程框架图

学校打造特色课程，必须依据国家的办学方针政策，秉承学校办学理念再去设置、推进和实施。在2018年9月开办之初，学校就鼓励教师积极参加到课程开发中来，以丰富多彩的校本课程，带给学生丰富多彩的课程体验。基于学校教师的专业特长，并扶扬学生的专业特长发展，为学生的素养发展做出自己的专业贡献。

经过一个学期的试行，最终根据本校教师的专业特长和校情，确定了：朗诵与演讲、美术扎染、羽毛球这三个项目为新城一小润泽"五力"特色课程，明确了学校特色办学方向。

（2）结合实际，设定有效的目标——渐进性。学校根据"朗诵与演讲""扎染和蜡染""羽毛球"三个特色项目专门开设相关课程，保障以上特色课程的学习时间；并制定"西江新城第一小学特色课程四年发展规划"，并拟定了渐进性目标，按计划分步实施推进。如下表：

西江新城第一小学特色课程四年发展规划（部分）

特色课程	年度目标			
	2018—2019	2019—2020	2020—2021	2021—2022
朗诵与演讲	（1）加强集体备课。落实一年级"朗诵与演讲"的课程内容（一年级）。 （2）确保每周三节的朗诵与演讲20分钟短课。 （3）鼓励师生积极参加各类语言类活动和比赛	（1）加强集体备课，落实各年级"朗诵与演讲"的课程内容（一到五年级）。 （2）编写特色课程教学用书《朗诵与演讲》1.0版。 （3）探索课堂"朗诵与演讲"教学模式和评价体系。 （4）鼓励师生积极参加各类语言类活动和比赛，争取获区一等奖	（1）优化各年级"朗诵与演讲"的课程内容（一到六年级）。 （2）编写特色课程教学用书《朗诵与演讲》2.0版。 （3）逐步完善"朗诵与演讲"教学模式和评价体系。 （4）鼓励师生积极参加各类语言类活动和比赛，争取获市一等奖。 （5）进行"朗诵与演讲"校本课程的开发研究	（1）完善和优化各年级"朗诵与演讲"的课程内容。 （2）编写特色课程教学用书《朗诵与演讲》3.0版。 （3）完善"朗诵与演讲"教学模式和评价体系。 （4）鼓励师生积极参加各类语言类活动和比赛，争取获市特等奖，代表高明出赛。 （5）深入进行"朗诵与演讲"校本课程的开发研究，并出成果
扎染和蜡染	（1）加强集体备课，落实课程内容（一年级）。 （2）确保每两周全校各班一节扎染课，全部学生都学会。	（1）加强集体备课落实课程内容（一到五年级）。 （2）确保每两周全校各班一节扎染课，全部学生都学会。 （3）探索课堂"润泽扎染"教学模式。 （4）举办第一届全校扎染节。 （5）"扎染与日常用品""扎染与服饰""扎染与文创"等项目式学习逐步推进	（1）优化集体备课，落实课程内容（一到六年级）。 （2）确保每两周全校各班一节扎染课，全部学生都学会。 （3）优化课堂"润泽扎染"教学模式。 （4）举办第二届全校扎染节，并由学生模特展示"扎染与日常用品"。 （5）"扎染与服饰""扎染与文创"等项目式学习继续推进	（1）完善集体备课，落实课程内容（一到六年级）。 （2）确保每两周全校各班一节扎染课，全部学生都学会。 （3）完善课堂"润泽扎染"教学模式。 （4）举办第三届全校扎染节，学生模特展示"扎染与服饰"。 （5）进行"扎染与劳动"的课题研究。 （6）"扎染与文创"等项目式学习继续推进

续上表

特色课程	年度目标			
	2018—2019	2019—2020	2020—2021	2021—2022
羽毛球	（1）加强集体备课，落实课程内容。 （2）落实每周一节羽毛球大课。 （3）技术为先，社团人数控制在100人。 （4）鼓励学生参加羽毛球有关的活动和比赛	（1）加强集体备课，优化课程内容。 （2）落实每周一节羽毛球大课。 （3）技术为先，社团人数控制在150人。 （4）鼓励学生参加羽毛球有关的区级活动和比赛	（1）聘请高水平的教练来校任教。 （2）加强集体备课，优化课程内容，为出版教学用书做好准备。 （3）落实每周一节羽毛球大课。 （4）技术为先，社团人数控制在200人以内。 （5）鼓励学生参加羽毛球有关的区级活动和比赛，力争团体总分第一名	（1）聘请高水平的教练来校任教。 （2）加强集体备课，优化课程内容，为出版教学用书做好准备。 （3）落实每周一节羽毛球大课。 （4）技术为先，社团人数控制在300人以内。 （5）鼓励学生参加羽毛球有关的区级活动和比赛，力争团体总分第一名和男、女子第一！为市赛贮备种子选手

（3）实施保障，坚持专业的探索——科学性。

①课程保障。学校开齐开足课程，确保全校学生落实每班两周一节的扎染课程，"天使梦工场"扎染社团每天一节社团课；每周三节"朗诵与演讲"20分钟短课；一、二年级每周四节体育与健康，落实每班两周一节的羽毛球课程，羽毛球社团每天一节社团课。

②专业保障。学校配备专业美术教师8名，全部熟悉扎染技术；体育教师15名，其中羽毛球专业教师3名，外请专业教练2名；语文教师41名，其中25人普通话测试成绩二甲，6人是佛山市和广东省朗诵协会会员，有教材编写经验的20人。

③进行项目式学习和课题研究。如项目式学习"扎染与文创""朗诵与演讲"校本课程的开发研究、"扎染与劳动"的课题研究。

④搭建平台，提升教师专业发展。学校通过外请内训，加强师资培训和发展，力争引进优秀教师，提高教学质量，形成名师效应，增强学校的学术声誉。如在学校每年举行的"润泽课程文化展示日"必有以上三个项目的课程展示。如今，这三个项目的负责老师，两人是区级"名教师"，一人是区级"名校长"，一人是市级"名教练"。

（4）诠释理念，挖掘内涵和价值——独特性。学校的特色课程建设必须立足校情，深刻挖掘学校的办学内涵，诠释润泽教育所特有的价值观。

①润泽如水，所以我们首先想到的是与水相融的课程——扎染。扎染课上：

孩子们先构图，然后把各色水体颜料细心涂在经过精心设计和巧手扎好的白布上，再慢慢用清水洗干净，一幅幅色彩斑斓的美丽图画在孩子们的想象、创造、预判和劳动中生成、呈现……多美好的事情啊！在学习扎染的过程中，学生能够逐渐掌握技艺，提高实践能力，培养创新思维和解决问题的能力；同时可以了解传统文化的魅力，激发对传统文化的热爱和保护意识，学会欣赏、评价和创造美，从而提升自己的审美素养。

②润泽教育的核心价值是泽被全体，"泽"字在《说文解字》中的意思是恩泽，恩惠。学校能惠及每个润泽宝贝的是什么呢？对，就是他们生存的技能和运动技能，于是就萌发了给每位孩子传授"朗诵与演讲"的生存技能（说好话、与人自信交流、做好人）和"羽毛球"兴趣技能的想法——因为这可能是每个孩子都需要，这也是为践行润泽教育办学使命"为健康与幸福的人生奠基"之基本课程。因此，我们的润泽特色课程扎染、朗诵与演讲、羽毛球，既是德智体美劳五育并举，更有效培养学生的"五力"，具有独特性。

（5）创新发展，实践中创造特色——创新性。我们常说"实践出真知"，特色学校只有用高质量的特色课程作支撑，才具有生命力。因此我们的特色课程、特色课堂也在实践中慢慢创造、完善，通过建模、创模，不断提升课堂教学质量，创出自己的特色。

①探索和构建特色课堂教学模式。"润泽朗诵与演讲"的微课堂"五环"教学模式和"润泽·扎染"课堂"五环"教学模式。

②以项目式学习的方式推进。润泽扎染新技法系列之："扎染与日常用品""扎染与服饰""扎染与文创"等多个项目式学习也在逐年推进，并在探索中创生。

③多维融合，打造特色大课堂、大舞台。学校坚持课程与学科、节日融合，进行学科礼节特色板块打造。如扎染课程：扎染节；朗诵与演讲：读书节；羽毛球：体育节；每学年至少举办一次，以赛促学，以赛促练。

（6）持之以恒，相信时间的力量——长期性。学校特色项目敲定，必须一以贯之，坚持不懈，持之以恒地实践，沉淀经验，积累奖项。学校每月召开一次学科课程及特色课程总结会，每学期学校召开一次全校性的特色课程总结大会，不断总结，复盘，改进，提升。

同时学校制定有效的宣传策略，利用学校公众号、公开讲座、教育展会等多种渠道进行宣传，提升学校特色课程的知名度和影响力。

（7）评估、改进，走向高质量发展——实效性。学校以特色课程建设为契机，引领全校师生积极作为，心往一处想，劲往一处使，想方设法提高朗诵与演讲、扎染、羽毛球课程的授课质量和实效，让学校走上高质量发展之路。

在课堂教学中，教师除了采用讲授法、课堂讨论法等传统的教学方式，还采用了合作学习、参与体验法、实验法、探究法等新颖的教学方式提升学生的学习能力，变以前以"教"为中心为现在的"学"为中心，营造平等、民主、自主、合作、探究的教学氛围，提升学生的"五力"。同时，还注重创新评价方式，强调个性、过程性评价，强调多元化评价，突出教师的发展性评价和学生的发展性评价，从而把培养学生的核心素养落到实处。

高明区教师发展中心和学校会定期邀请专家对学校特色课程建设的效果进行评估和反馈，根据外部环境和内部条件的变化不断调整特色课程建设的战略，让我们的特色课程更有实效，日臻完善。

三、特色课程"五力"发展，成绩斐然

（1）朗诵演讲，人人能行。构建"润泽朗诵与演讲"微课堂"五环"教学模式及评价体系。"朗诵与演讲"课程，通过每周三节的"朗诵与演讲"的微课堂呈现。学校语文课组研发并构建了"润泽教育"泽智课堂"朗诵与演讲"的微课堂"五环"教学模式：第一环节共享目标。教师把本节课的学习目标与学生共享并朗诵；坚持每节课进行口部操训练和复习。第二环节启智润导。教师抛出有价值的问题，引发学生连串思考与追问，激发学生探究的兴趣。如你知道如何把握一首革命烈士诗歌的情感基调吗？第三环节生师互学。按照学习单的要求，学生进行合作学习探究新课文或者诗歌的朗读节奏、基调等，老师走到学生当中适时引导。第四环节展示自我。小组合作学习成果汇报，轮流展示，师生点评。第五环节润泽共生。师生共同分享本节"朗诵与演讲"的感悟和收获；愿意表现或者表现优秀的孩子可以继续在班级舞台展示。朗诵与演讲的"五星"摘星（评价）行动也深受润泽宝贝追捧。

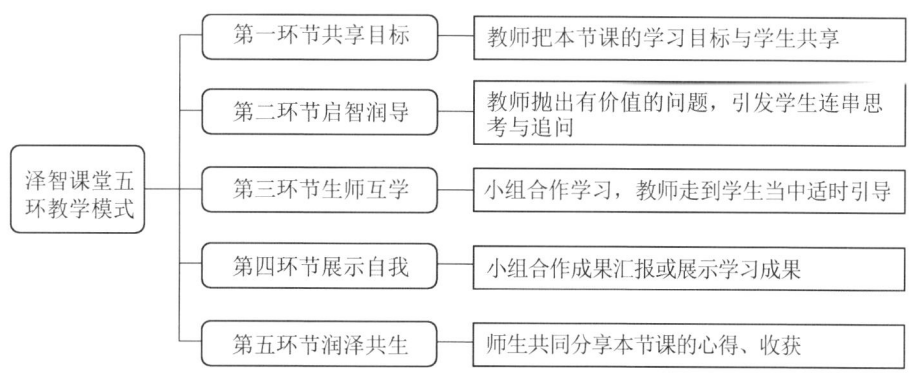

朗诵演讲，推进学生语文核心素养的发展"五力"俱进。朗诵与演讲，人人参与。按照学校的课程设计结合班级学生人数，新城一小的孩子每两到三周就有一次机会站到讲台进行朗诵或演讲，一学期下来，每位孩子至少有6次登台展示自己的机会。很多孩子由原来的害怕上台发言，到大胆走上讲台进行自我介

绍，到主动吟诗、诵典，主动上台演讲；从入学之初羞于表达，怕于见人，到入学2个月后主动与人交流，自如与人沟通……这样的案例比比皆是，数不胜数。如此，"朗诵与演讲"特色课程，便达成润泽教育培养目标"学养三好"中的——说好话。说好话的最终目的是：培养学生能自信吟诗、诵典、演讲，更能自信表达与他人和谐沟通，建立文明和谐的人际关系。

六年的实践与坚持，孩子们的思维力、想象力、表现力、创造力、预判力明显进步，成绩斐然。办学六年，语言类师生各级获奖达352人次，学校集体奖项21项。其中学校在2019年佛山市首届"小小演说家"禁毒演讲比赛中荣获佛山市"最佳组织单位"奖，2019年9月学校师生参加佛山市"课文与经典"小学师生朗诵比赛均荣获区和市特等奖，原创戏剧《少年英才区大相》《草船借箭》蝉联高明区2019、2020年第二、三届中小学生戏剧节"特等奖"，2021年10月朗诵类节目《长征——我把你追寻》，荣获佛山市第七届中小学艺术展演活动金奖……

详见下表。

新城一小自开办以来语言类获奖奖项统计表（2018.9 - 2024.6）

项目	年度成绩	2019年	2020年	2021年	2022年	2023年	2024年
学生获奖	省						6人
	市	68人	4人	5人			10人
	区	93人	20人				21人
教师获奖	省				9人	9人	1人
	市	25人		3人		12人	4人
	区	26人	4人	5人	10人	5人	12人
年度获奖总人数		212人次	28人次	13人次	19人次	26人次	54人次
学校获奖	省						优秀组织奖1个
	市	特等奖1个，优秀组织奖1个	优秀组织奖1个	优秀组织奖1个	一等奖1个	特等奖1个，优秀组织奖1个	一等奖1个，优秀组织奖1个
	区	特等奖2个	特等奖1个，优秀组织奖1个	特等奖1个		特等奖1个，一等奖1个	特等奖3个，优秀组织奖1个

(2) 绚丽扎染，人人出彩。如今新城一小的润泽宝贝人人都懂扎染技术，人人都能扎染出自己心仪的扎染作品，并以自己亲手制作扎染送访校嘉宾为荣，扎染特色课程教育成效显著。润泽"扎染之星"摘星行动也激励孩子们不断进步。

①构建"润泽·扎染"课堂的"五环"教学模式。"润泽·扎染"课堂，落实每班两周一节的扎染课程，由美术老师负责上课。学校美术备课组研发并构建了"润泽·扎染"课堂的"五环"教学模式：第一环节共享目标。教师把本节课学习扎染技术的目标与学生共享，并复习上一节所学技能。第二环节启智润导。教师抛出有价值的问题、本节扎染课技术要点、关键能力等，激发学生动手探索与实践的兴趣。第三环节生师互学。按照学习单的要求，学生进行合作学习探究扎染新技术的运用和实践中遇到的实际问题，老师走到学生当中适时示范和引导。第四环节展示自我。小组合作学习成果汇报，轮流展示自己的扎染作品（讲预期与成效，培养学生预判力），师生点评。第五环节润泽共生。师生共同分享本节扎染课程的感悟和收获；愿意表现或者表现优秀的孩子可以继续在班级舞台展示并讲解自己的扎染作品。

②社团引领，"五力"凸显。我校自办校以来就开设了天使梦工场扎染、蜡染社团，学生通过学习扎染、蜡染的知识与技法，了解民间艺术的多元文化，了解扎染的基本原理，体会扎染特有的艺术魅力。孩子们的思维力、想象力、表现力、创造力、预判力逐步凸显，尤其是对于自己扎染作品的预判力，慢慢做到：想象、布局、绘图——实际操作——扎染效果趋于一致。开办至今，学校已经连续举办了四届"润泽童心·绚丽扎染"学生现场扎染制作与扎染服装秀活动。孩子们在劳动中创造美、感受美、欣赏美、珍惜劳动成果，成效显著。

(3) "羽"你拼搏，出彩人生。落实每班每两周一节的羽毛球课程，新城一小的润泽宝贝不但人人掌握羽毛球基本技能，其"五力"大有长进，尤其是创造力、表现力和预判力！

学校羽毛球社团从2018年9月创立至今，没有寒暑假，坚持六年如一日地训练，已在高明区及佛山市的羽毛球比赛中开始崭露头角，捷报频传。如今学校已是高明羽毛球龙头学校，在佛山市羽毛球锦标赛渐露头角，未来可期。

成绩如下表：

新城一小自开办以来羽毛球队历年参赛成绩（2018.9－2024.6）

项目	年度成绩	2019区赛	2020区赛	2021区赛	2022区赛	2023区赛	2024区赛	2023市赛	2024市赛
男单成绩	甲组	/	疫情原因暂停	第二名1人	第一名1人 第二名1人	第一名1人 第二名1人 第三名1人	第一名1人 第四名1人	/	/
男单成绩	乙组	/		第二名1人 第五名1人	第二名1人 第三名1人	第二名1人 第三名1人 第三名1人	第二名1人 第三名1人 第四名1人	/	/
女单成绩	甲组	/		/	第四名1人	第一名1人 第二名1人 第六名1人	第一名1人 第三名1人 第六名1人	第八名1人	第四名1人 第七名1人 第八名1人
女单成绩	乙组	第八名1人		第一名1人 第二名1人 第五名1人	第一名1人 第二名1人 第三名1人	第一名1人 第二名1人 第三名1人	第一名1人 第二名1人 第四名1人	/	/
男双成绩	甲组	/		第二名2人	第一名2人 第二名2人	第一名2人 第三名2人	第一名2人 第五名2人	/	第二名2人
女双成绩	甲组	/		/	/	第一名2人 第六名2人	第一名2人 第六名2人	/	/
历年获奖人次总数		1人		8人	12人	20人	20	1人	5人
乙组总分排名		8		1	1	1	1	无	7
甲组总分排名		无		4	2	1	1	无	7

（4）兴趣加特长，为人生奠基。润泽教育的办学使命是：为健康与幸福的人生奠基。"润泽五力"特色课程不但为学生提供丰富的课外活动，丰富校园文化生活，提高学生的综合素质，还为学生将来的职业发展奠定基础。

四、坚守、积累，"润泽教育"结丰硕成果

（1）学校摘取众多集体荣誉，促进办学品质提升。近四年连续四次荣获高明区年度"小学教学质量优秀学校"奖，荣获71个省、市、区集体荣誉。如广东省中小学第三批中华优秀文化（扎染）传承学校、广东省绿色学校、佛山市2020年书香校园、佛山市2021年第七届中小学生艺术展演金奖、佛山市2021年第四批优秀传统文化艺术传承学校、高明区2021年特色学校，等等。积沙成塔，一项项荣誉的获得不断促进学校办学品质攀升。

（2）提升学校知名度和影响力。科组建设基地化，加快学科特色发展。学校相关学科获省、市、区教育及学科基地授牌（推广学校）共11项，如广东省校园排球推广学校、广东省基础教育教研基地（2021—2023年）小学综合实践活动学科基地学校、高明区中小学校长跟岗实践基地、高明区小学语文学科教育

研究基地、高明区小学英语学科教育研究基地、高明区小学体育学科教育研究基地等。

特色课程建设是推动学校高质量发展的重要途径之一。我校通过构建以"五力"与"七性"为核心的特色课程体系以及98个社团课程，为学生的全面发展提供了有力支持。如今的新城一小在高明家喻户晓，已成为高明老百姓家门口具备良好教育资源和实力的好学校！

在我们的教育理想里，真正的特色学校应该让每一个学生都富有个性，都能在校园里找到属于自己的独特的成长之路。未来，我们将继续深化特色课程建设，不断完善和丰富社团课程，努力让每个孩子都能在学校找到属于自己的舞台，绽放独特的光彩。

（撰稿：冯结莲）

25. 校长课程领导力之二：挖掘多元智能，润泽课程如何让学生找到自己喜爱的"高枝"？

课程领导力，是作为校长的首要和重要的能力。

多元智能理论是由哈佛大学教授霍华德·加德纳于1983年提出的。他认为每个人都具备多种智能形式，包括语言、逻辑数学、空间、音乐、肢体运动、人际关系、自省和自然观察等八种智能。强调了每个人在不同智能领域都有独特的潜能和优势。多元智能理论提倡个性化教育，根据学生的智能优势和弱势选择最适合的教学方法，从而激发每个学生的潜能和兴趣。

我们坚信这样的信念：不管孩子将来干什么，作为学校的校长、老师，我们该做的就是提供多元课程，为孩子播下种子。

新城一小开办第一年，学生不到500个，为挖掘学生多元智能，学校也开设了22个兴趣社团。到开办第四年，学生近2200人，我们开设的兴趣社团近100个，学生积极参与，学习效果好，家长非常满意。其中2022年校寒假兴趣托管课程还被《中国教育报》头版头条宣传，（详见本书问题《83. 我们寒假托管，因何能登上〈中国教育报〉头版？》）

遵循基础教育规律，挖掘多元智能，润泽课程如何让学生找到自己喜爱的高枝？

一、老师和家长的准备

（1）了解孩子的兴趣。学生一年级入学，幼小衔接时，父母、老师与孩子进行对话，了解他们平时喜欢做什么，对什么事物感到好奇，以及他们在学习和玩耍中表现出兴趣的领域。

（2）观察孩子的强项。注意孩子在学校或日常生活中展现出的强项和天赋，这些可能是他们未来兴趣发展的重要线索。如，爱唱歌、爱运动、喜欢阅读文学类书籍，喜欢动手做美食、做小手工等。

二、学校提供多样化的课程

开学第一周，学校根据润泽教育的课程体系，结合本校教师的兴趣特长、强项等课程资源，整理并优化好本学期的学生兴趣社团课程征询表，发放给学生，让学生和家长共同商量、选课。

中年段试行开设"体艺走班制课程"。体育类课程包括羽毛球、毽球、足球、乒乓球、排球等6个课程班；美术课程包括扎染、蜡染、手工衍纸、手工花艺、国画、油画、泥塑等7个课程班。学生自己选课程，走班上课，一年换课一次。

三、我的课程我做主——学生可选择，再选择

学校给孩子提供多种兴趣课程的选择，让他们有机会尝试不同的活动，从而发现自己真正感兴趣的课程和自己喜欢的领域。

（1）学生没有兴趣，鼓励尝试和探索。鼓励孩子尝试新事物，即使他们最初对某个活动不感兴趣，也可能在尝试后找到乐趣。

（2）学生有兴趣，鼓励不断进阶。教师和家长如果发现孩子对某一方面的课程（或者技能）有持续的兴趣和能力，一定要鼓励孩子认真积极学习该门课程，并积极参与进阶。

我们的兴趣社团课程上课时间一般是一学年。但是如果孩子一年下来，对某个社团课程不感兴趣，我们还是建议家长和孩子一起商量，第二年再换一个孩子喜欢的课程社团。

四、扬长课程，坚持才能成才

一学年一期的兴趣社团课程，学校建议学生如果对某一门兴趣课程学习得好，越学越爱，越学越好的，建议第二年不换课程；如果学生从一年级开始学习的是技能类社团，如声乐团、羽毛球、扎染社团、舞蹈等社团，而且学生在这些技能学习方面表现优秀，学校都建议学生对扬长课程，建议坚持再坚持，在老师的指导下不断升级进阶，不要轻易转换社团课程。告诉学生坚持才能成才，金牌和奖牌都是汗水浇灌出来的。

五、全程监督，适度调整

多元智能理论也强调了智能的多样性和可塑性。每个人的智能组合可能会随着时间和经验的积累而发生变化，而且对某些智能的培养和发展可以促进其他智能的提升。因此，在实际应用中，孩子的兴趣可能会随着时间的推移而变化，班主任和上课教师持续监督他们的兴趣变化，需要不断调整教学方法，关注学生的个体差异，并根据需要调整他们的课程选择，以促进他们全面发展。

六、家校沟通，合作无间

每一个兴趣社团都建立"社团家长沟通群"，由上课老师当群主，负责社团课程的通知发布、与家长及时沟通等功能。

老师：发布学生上社团课程的课堂状态，及时汇报和表扬，给予更多的支持与鼓励。

家长：观察和询问孩子的上课状态，与孩子的老师沟通，了解他们在学校的表现和对不同活动的反应，老师可能会提供有价值的见解。家校联盟，实现1＋1＞2。

七、持续跟进，科学评价

对学校开设的课程，我们持续跟进：主要是包括常规的检查和展示（比赛）评价，以活动促学，以赛促学。

我们研发了校＋家＋专业的三方科学评价体系。即是由学校、家长、专业老师组成评委团，对学校的"体艺走班制课程"和兴趣社团课程进行动态评价。

"体艺走班制课程"和兴趣社团课程的评价主要由两个部分组成：平时评课（含常规检查）＋社团艺术节展演。

践行"润泽教育"泽被全体的价值观。每年的"六·一"儿童节，也就是学校"润泽课程社团艺术节展演"时间，所有参与兴趣社团课程学习的孩子全部参加展演活动，并由家长代表和学校代表、专业教师代表进行现场评分和反馈。对表现特别好的社团，学校推荐参加学校和区"六·一"文艺汇演或者学校其他节庆活动展演，甚至推送到市级参展或者参赛。

通过以上措施，"润泽课程"可以挖掘润泽宝贝的多元智能，帮助孩子找到并追求他们真正喜爱的领域。重要的是要保持耐心，让孩子有足够的时间和空间去探索和发现自己的兴趣，让他们乐在其中，学有所获，学有所成。

（撰稿：冯结莲）

案例 25

仔仔囡囡宝贝猪猪,"六一"成长快乐!
——记 2019 年西江新城第一小学首届艺术节暨庆"六一"文艺展演

各位看官,大家可知道,西江新城第一小学的老师们怎样称呼他们的学生的吗?

请听上周社团课结束后,老师们的对话。

英语科潘李露副主任:"刚才社团课排练,我'英语话剧'班仔还不是很熟练,有几个的表情还不是很到位……"

音乐科黄敏霞老师:"我合唱团班仔仔囡囡,唱《雪绒花》,那个味道还是没有出来。我得想办法……"

听了以上老师们的对话,您就能知道西江新城第一小学的老师们有多爱他们的学生了吧。这不——宝贝们到西江新城第一小学后的第一个"六一"儿童节来了,怎么做才能让仔仔囡囡们觉得既有仪式感又有成长感,欢度难忘的"六一"呢?学校行政领导和老师们可谓煞费苦心。

让小编悄悄告诉您吧:其实啊,从 2018 年 9 月开始,他们就已经开始筹划了……譬如说"活力宝贝篮球操"吧,邓锦雄、李玉珍、区英杰他们三位老师,从 2018 年 9 月开始就进行自编篮球操,到 2018 年 12 月完成编操工作,本学期 2 月开学他们就给宝贝们开教了——"双手运球"是我们这套篮球操的特色亮点哦!我们一年级小同学学习起来还是挺棒的哦。还有我们各个社团的老师们也是提前一个多学期精心筹划哦……

哇!经过老师们的提前精心筹备,"六一"惊喜来了!

第一环节"做臻雅学子,扬红色文化"暨少先队入队仪式……

第二环节"阳光体育,润泽身心"首届艺术节活力宝贝篮球操表演……

"润泽教育"的价值是泽被全体儿童,让全体儿童参与健康成长!这不,少先队入队仪式结束,伴随着铿锵激昂的音乐,全校近 500 名小小篮球运动员盛装闪亮登场。500 名小运动员动作整齐有力,队形变换精彩有序,时而单手运球,时而双手运球……活力篮球宝贝们用他们不同的表演方式向大家展示了他们的篮球技艺和篮球运动的魅力与精彩。

单手拍球、双手拍球、行进拍球、左右手交替拍、侧身拍球、队形变换等,赢得了爸爸妈妈的阵阵掌声。宝贝们的篮球操极富创新意识,花样繁多,不断的队列变化、认真的神态，把展演活动一次次推向高潮，博得了在场家长观众阵阵掌声。

阳光体育，润泽身心。篮球运动不仅增强体质，更让孩子们养成良好的运动习惯。我校将不断拓展更多阳光健康的体育运动，让新城一小的学子们喜欢运动、高效促进孩子们健康快乐成长！

第三环节"学在高明·润泽童心""六一"文艺汇演暨社团教学成果展。西江新城第一小学一共开展了18个社团，每一个社团都有各自的魅力特色。下面让我们一起欣赏部分社团的成果展。

节目一：古筝社团表演《荷塘月色》。琴声悠扬，铮铮作响，看，勾、扫、轮、拨，孩子们的基本功多么娴熟，小小年纪实在难得。

节目二：英语话剧社团为我们带来表演《Three little pigs》。一只只可爱的小猪被孩子演绎得活灵活现的，而且是用英语表达，真是忍不住为英语话剧的孩子们点赞。

节目三：朗诵与演讲是我校五微特色课程之一。区嘉碧老师和学生黄诗诺演讲《我们的祖国》……

节目七：独唱《军中绿花》——陈泽雄同学。清脆的嗓音，宛然像小歌星唱的一样。两周前，陈泽雄同学参加"税务杯"首届高明区中小学校园十大歌手大赛获得了优秀奖呢。

节目九：合唱社团《雪绒花》。歌声悠扬悦耳，娓娓动听，仿佛一片片雪绒花翩翩飘落。

节目十：舞蹈社团2《飞得更高》。呀，那不是一只只有梦想的蝴蝶，向着目标不断努力吗？

节目十一：演讲与口才社团诗歌朗诵《面朝大海，春暖花开》。孩子们像是在诉说着热爱生命，努力做一个幸福的人。

节目十三：朗诵《少年中国说》。表演者：冯结莲校长、一2班区掬添、一9班罗奕涵、一10班向家斌同学。在冯校长的指导下，三位小男孩诵读做到如此激情高昂、铿锵有力，着实名师出高徒。

本次"六一"文艺汇演暨社团教学成果展最大的亮点是：师生同台朗诵，充分体现我们的办学特色。我们五微课堂中的"朗诵与演讲"特色——西江新城第一小学的学生敢于表达，乐于演讲，善于朗诵。今天的社团教学成果展，孩子们优秀的表现更加让我们坚信——作为教师我们应该润心有爱，泽德无疆，平等对待每一位孩子的天赋与才能，激活每一位孩子拥有的无限潜能；这样"润有根之中国人，泽博学之雅君子"的培育目标指日可待！

第四环节"绚丽扎染，润泽童心"全校扎染现场制作活动……

第五环节各班开展趣味活动。在班级内，孩子们和家长们尽情舞蹈、欢唱、游戏，一个班就是一片欢乐的海洋……

祝各位西江新城第一小学的宝贝仔仔囝囡，成长快乐！"六一"儿童节快乐！最后，还是用西江新城第一小学一位家委的话来结束今天的报道吧："做教育，西江新城第一小学的老师们是有情怀和很用心的！"

（撰稿：区嘉碧。转自西江新城第一小学微信公众号，发布时间：2019－06－01，网址：https：//mp.weixin.qq.com/s?_biz=MzU4NDY2NTU2OA==&mid=2247484642&idx=1&sn=37c58b1c7060c57fb2a5dab2b03a35e5&chksm=fd97146dcae09d7b557ce80b932580582bb90550d0f6acfe421c0170b8778af3d6e36fd240f8&token=576191828&lang=zh_CN#rd）

扫码阅读全文

26. 如何让会议成为学校领导和中层干部的成长平台？

在学校环境中，会议是领导和中层干部交流信息、解决问题和制定计划的重要场所。为了确保他们在这样的互动中成长，可以采取以下措施：

①明确目标。确保每次会议都有明确的目标和预期成果。这有助于参会者集中精力，并为成长和学习提供方向。

②准备充分。鼓励领导和中层干部在会议前做好充分的准备工作，包括熟悉议程、收集必要数据和案例，以及思考可能的贡献点。例如，我们就有"新城一小每周工作计划表"，会议前，各处室提前梳理自己部门的工作。

③培训与学习。提供有关有效会议管理、沟通技巧和决策制定的培训，帮助领导和干部提升在会议中的参与和领导能力；为每位行政配备案头书，每周行政会布置下周会议学习内容，然后在行政会进行交流分享。

④实践与经验分享。鼓励领导和干部在会议中分享成功案例和最佳实践，以促进知识共享和经验交流。

⑤开放讨论，问题解决。学校领导首先要放低架子，撤换大家长的角色，变成一个会议主持的旁观者，创建一个安全的环境，鼓励开放和诚实的讨论，确保每个人都有机会发言，并对不同意见表示尊重。同时将会议作为一个解决问题的平台，鼓励领导和干部提出挑战性问题，并共同寻找解决方案。

⑥角色轮换。让不同的领导和干部轮流主持会议或负责会议的某个部分，以便他们能够从不同的角度体验和学习。

⑦责任分配。在会议中明确分配责任和任务，确保每个参与者都了解自己的角色和期望。这有助于提升责任感和执行力。

⑧反馈与跟进。会议结束后，提供一个反馈环节（或者相关人员主动找相关领导），让参与者反思会议的效果和个人表现，以及讨论如何改进未来的会议，确保会议决策和行动计划得到跟进和执行。这有助于干部学会如何将讨论转化为实际行动。

通过这些方法，学校领导和中层干部可以在会议中提高自己的组织能力、沟通技巧、领导力和团队合作能力，从而在职业发展中不断成长。

以新城一小的各种会议为例。首先是"教师例会"：学校教师例会我们是逢单周召开级部教师会议，由级长主持，抓级领导，和级长共同布置下周工作任务；逢双周是全校教师大会，由各部门的主管领导分别上台布置下周的工作，主要讲重点和注意事项；班主任工作由德育主任负责，各学科的科组活动会议，主要由各学科主管领导和科组负责，按照周工作计划有序推进，各司其职。

学校千方百计搭建各种大小平台和提供各种机会，为中层干部、学校领导的成长，尽心尽力，不遗余力！

（撰稿：冯结莲）

案例26

细数流光致过往，乘风破浪再扬帆
——西江新城第一小学期末总结大会

扫码阅读全文

27. 领导发言的艺术：学校领导如何通过脱稿发言赢得听众？

在新城一小有一条不成文的规定，学校领导公开发言必须脱稿。

一、脱稿发言的好处

（1）提高沟通效果。脱稿发言可以让学生、家长和教职工感受到领导的真实想法，增加沟通的亲切感和真实性。这有助于建立信任，提高沟通效果。

（2）提升表达能力。脱稿发言有助于学校领导提高自己的表达能力和应变能力。在没有稿件的情况下，领导需要更好地组织语言，清晰地表达自己的观点，这对于提高沟通能力是非常有益的。

（3）增强自信和威信。脱稿发言可以帮助学校领导更好地展示自己的自信和领导力。当领导能够流利地表达自己的观点时，他们的形象会更加自信、有力；这样也能更好提高领导自身的威信。

脱稿发言，是一种将内心的真诚和热情直接传递给听众的方式。

二、学校领导如何通过脱稿发言赢得听众？

（1）清楚发言内容和听众，提前准备。学校领导要清楚了解发言内容和听众（包括年龄和学段），提前写好稿子，并且要熟记，甚至熟背，确保自己能够清晰、有力地表达自己的观点。

（2）真诚是基础，热情缩短距离。当我们放下稿件，用心去表达时，我们的真诚就会自然流露。真诚能够消除隔阂拉近彼此的距离，让听众感受到我们的情感和对话题的热情，听众与演讲者的距离自然拉近。

（3）知己知彼，适应不同场合。在发言前，我们需要对听众进行充分的了解，包括他们的背景、兴趣点以及可能的需求，这样我们的发言才能更具针对性，更能触动听众的心弦。学校领导在不同的场合可能需要发表演讲，如开学典礼、毕业典礼、座谈会等。脱稿发言可以让领导更好地适应这些场合，根据现场情况灵活调整自己的发言内容。

（4）以生动的教育故事，打动人心。学会生动地讲自己身边的教育故事——这是学校领导脱稿发言的重要技能活。学校是教育的地方，时时是教育，处处有故事。一个善于观察学校学习生活、会生动地讲教育故事的学校领导，绝对具有迷人的魅力，绝对深受师生爱戴！讲故事的时候，我们还要注意语调、语速，当讲到主人公善良、有爱心等的高尚言行的时候，我们可以把语速放慢，让自己再感性一些；当讲到爱国、爱校的高尚言行的时候，我们可以激昂一些，甚至流下热泪，语速稍微快一些……除了运用生动的故事之外，我们还可以用形象的比喻和具体的例子来增强语言的感染力。这些生动的元素能够让听众更加直观地理解我们的观点，同时也使得你的发言或者演讲会更加引人入胜。

（5）自信满满，大胆互动。站在台上，我们要相信自己的话语有影响力。即使偶尔出现小小的失误，也要保持镇定，用自信的态度去感染听众。互动是发言和演讲的灵魂。脱稿发言给我们提供了与听众互动的机会。我们可以通过提问、邀请听众分享等方式，让听众参与到发言中来，这样可以大大增加发言的吸引力和影响力。

脱稿发言是一种艺术，也是一种挑战。它需要我们用心去准备，用情去表达，用智慧去互动。当我们做到这些时，我们就能够真正赢得观众的心。

（撰稿：冯结莲）

案例27

办一间安静而丰富的学校

——冯结莲校长在高明区2018年教师节表彰大会上的发言

尊敬的各位领导，各位同仁：

大家下午好！我发言的主题是：办一所安静而丰富的学校。

办一所安静而丰富的学校，是我的办学愿景或者说办学理想。

在这所学校里，我希望我的学生能做到四想：想到学校就开心，想到课堂就轻松，想到老师就温馨，想到校长就微笑。我的老师也做到四想：想到上班就开心，想到同事就舒心，想到学生会心笑，想到学校就温暖。

教育是为育人而开启的，办一所安静而丰富的学校，是我们对教育本质的虔诚、对办学价值的取舍。安静，预示着静水流深、融和雅致、追求品质，意味着学校不受俗世烦扰，老师能真正做到"静下心来教书，潜下心来育人"；丰富，寓意着开阔、积蓄着力量、发展着内涵。所谓安静而丰富，就是营造教育的适宜环境，追求育人的静雅境界，润泽师生的诗意情怀。

西江新城第一小学在高明区委、区政府、区教育局、荷城街道办、西江新城办事处上级各部门以及社会各界的支持与关怀下，于今年9月顺利开学。以儿童为本位，让儿童站在正中央，是现代教育的逻辑起点，也是学校一切活动的原点。公元100年，许慎在《说文解字》里面就这样界定了教育是什么：教，上所施，下所效。而"育"是什么？"育"是一种价值观。育是养子，使作善也。不仅要养孩子，让他做个好人，还要让他在社会上做善事，这才叫做"育"。因此，我校是以"润德以立，致善行远"为核心价值观追求的润泽教育作为统领学校的办学理念。"泽被全体"是它的核心价值，这与孔子的有教无类一脉相承。"润德泽智，明志致善"八字校训，将如一汪清泉注入每一位孩子、每位老师的心中，让他们得到充分的滋养，焕发出生命的光彩。

学校根据2016年颁布的中国学生发展核心素养的三大板块：文化基础、自主发展、社会参与，制订了具有我校"润泽教育"特色的课程群。根据校训我们把课程分为"润德""泽智""明志""致善"四大板块。其中，"润德"板块是立德树人的课程，有小公民修身课以及润泽"新四书"德育育人体系。这"新四书"分别是《弟子规》《三字经》《论语》《孟子》，旨在从小培养学生的仁、义、礼、智、信、孝。"泽智"板块则按照国家课标开齐开足课程，语文还开设主题阅读、国学经典，数学还开设趣味数学，英语科还有英语话剧。"明志"板块拓展类课程有STEAM、天使梦工场——蜡染、音乐剧、国乐团、数学与理财等。"致善"板块有健康幸福课、致善公益实践课等。

我们的"五微课堂"最能体现润泽特色，它们分别是：朗诵与演讲、古韵新唱、润心练字、泽智阅读、舒展放松操。

希望在润泽课程滋养下，孩子们做到厚积薄发，成长为自信、温和、友善、向上的臻雅学子。

润有根之中国人，泽博学之雅君子，办一所安静而丰富的学校，是一份沉重的使命担当，更是一个悠远的奋斗旅程。我们将以"春风化雨，布德仁教"的教风，洁净而高尚的灵魂去影响和唤醒每一位孩子，以"为每个孩子健康和幸福的人生奠基"为使命，不忘初心、砥砺前行，把每个困难看作是向上的台阶，讲好"润泽教育　学在高明"的故事，把西江新城第一小学打造成为珠三角地区基础教育的标杆名校。

我们期待，在西江新城一小美丽的校园里，一群群心态平和的幸福老师，一群群思想自由的臻雅学子，创造着、分享着属于他们自己的成长，过着属于他们的安静而丰富的校园生活。

我的发言完毕，谢谢大家！

（撰稿：冯结莲）

28. 为什么新城一小每个学生都希望和校长有午餐之约？

新城一小的孩子们希望和校长有个午餐之约，是因为这种交流形式能够满足他们对学校生活的好奇心和参与感，同时也能增强师生之间的亲密度和信任感。

这种"午餐约会"通常是一种面对面的交流活动，让孩子们有机会直接向校长提问并分享想法，对他们来说具有特别的吸引力和意义。原因如下：

（1）独特的体验。对于孩子们而言，能与校长这样的学校高层领导共进午餐是一种不同寻常的体验，这种独特的体验能让孩子们感到新鲜和兴奋。校长的身份通常带有一定的权威性，而在这样的非正式场合下，孩子们可以近距离感受到校长的亲和力，这种转变会给孩子的一生留下深刻印象。

（2）平等的交流。共进午餐提供了一个较为轻松的环境，孩子们可以在这种氛围中更自在地与校长交流，这有助于缩短师生之间的距离。在这种非正式的聚餐中，孩子们有机会表达自己的想法和意见，而校长则可以以更平等的身份倾听孩子们的声音，这种双向沟通对孩子们来说是非常宝贵的；孩子们可以直接向校长表达他们对学校生活的看法和建议，这种直接沟通的方式能够让他们感到自己的被重视、被看见。

（3）角色模范的影响。校长作为学校的领导者，其行为和言论对孩子们有着潜在的影响力。与校长共进午餐，可以让孩子们近距离观察校长的言行举止，从而学习到正面的行为模式。

通过观察校长的饮食礼仪和交际方式（校长也可相机教授），孩子们可以在实践中学习到如何在公共场合中表现得体。这对他们的社交技能的培养非常有益。

（4）激发民主意识。公平机会：通过抽签或评选等方式获得与校长交流的机会，可以让孩子们感受到公平和公正。

公民教育：参与学校的管理和决策，也是孩子们接受公民教育的一部分，对他们未来的社会责任感有积极影响。

（5）增强归属感。被选中与校长共进午餐的学生可能会感到自己受到了学校的认可和重视，这种感受能极大地增强学生对学校的归属感。这种活动还能让孩子们感到自己是学校大家庭的一部分，他们的存在和意见都被学校所尊重和珍视。

（6）促进学校文化的建设。校长与学生共进午餐的活动体现了学校推崇的开放和包容的文化，这种文化氛围会让孩子们感到学校是一个温馨和接纳的场所。通过这样的活动，学校可以向学生们展示其愿意倾听和尊重学生声音的态度，这有助于营造一个积极向上的学校环境。

总而言之，新城一小的孩子们喜欢和校长共进午餐，因为这不仅是一种新鲜的体验，也是一种平等交流的机会。它还能增强学生的归属感，促进学校文化的建设，并对润泽宝贝的个人成长产生积极影响。

（撰稿：冯结莲）

案例28

"美食"每刻,树表率,畅心谈
——记西江新城第一小学"我和校长有个约会"陪餐活动

每逢单周的星期三或星期五,都是新城一小的同学们最期待的一天。因为学校领导将会从全校同学中随机挑选8～10位同学共进午餐,交流谈心。

"叮铃铃",铃声响起,下课了。被抽中与校长共进午餐的同学们可开心了,收拾好学习用具后迫不及待地捧着自己的餐盘前往教师餐厅二楼,安静地坐在饭桌旁等待校长们的到来。

很快,冯结莲校长、邓志冲副书记和邓少能、严志荣、梁锦开副校长笑容满面地跟同学们打招呼,第一时间用亲切温柔的话语拉近与同学们的距离。还未就餐,饭桌上已是欢声笑语一片。

餐前,由学生代表轮流介绍自己并说自己将来的志向,孩子们都感谢校长用心的付出为大家创造了一个舒适的学习环境。亲切问候之后,校长们和同学们开始享受营养健康、美味丰盛的午餐。

在吃午餐的过程中,校长们时不时地为同学们添菜加饭,并与他们进行亲切的交流,冯校长还不时教大家就餐礼仪呢。校长们不但非常关心同学们对学校午餐的感受,还对同学们嘘寒问暖,对他们的学习和生活进行了解并交流,鼓励同学们在学习上或生活上遇到问题的时候,可以向老师们寻求解答和帮助。

这次"与校长共进午餐"话心声活动中四位校长分别以勇毅、立志、感恩三个关键词对孩子寄语。

冯校长和孩子们分享了"天宫教师"王亚平的成长故事。"心有凌云志,手可摘星辰",王亚平出身平凡,却有凌云壮志。冯校长鼓励孩子们为了梦想努力实践,勇于面对探索过程中的困难和失败,体验实践探索过程中的喜悦。严志荣副校长讲述了杨靖宇、岳飞精忠报国的故事。梁锦开副校长谈了从古至今树大志的能人志士们,并分享了他们的光荣事迹。希望每一位同学都能树大志、勇实践,成为国家栋梁、社会人才。

邓少能副校长希望每一位孩子都怀抱一颗感恩的心,不仅要感谢我们身边默默为我们服务的门卫叔叔、清洁阿姨、配餐阿姨,更要感谢默默为我们付出的社会工作者。除此之外,校长们鼓励他们勇敢向学校提"金点子",让这个校园更美好。

冯校长表示希望他们可以安心地在新城一小健康快乐地成长,踏实努力地学习。在西江新城第一小学,孩子们是温暖的,是快乐的,更是幸福的。最后冯校长对孩子们表达期望:"孩子们,今天你以新城一小为傲,明天新城一小以你们为骄傲!"

与校长共进午餐,润泽学子们品尝到的是美味佳肴,感受到的是学校对他们的深切关怀。这将激励他们在未来的日子里砥砺奋进,最终超越自我,实现自己的梦想!

温馨有爱的师生共餐机制,不仅拉近了师生之间的距离,增进了师生情感,更体现了我校对学生的人文关怀,让润泽教育体现家的关爱,办学更有温度……

润泽教育,泽被全体。新城一小一直致力于关爱全体师生。为了贴近学生生活,关爱学生的身心健康,解答学生在校生活中所疑、所需、所求,提升办学质量,从2020年9月开始,新城一小以确立"学生与校长共进午餐"机制为契机,从学习、生活各方面守护学生的健康成长。润泽教育越来越让学生、老师、家长和社会满意。

教育无小事,细节成就未来。道阻且长,行则将至。新城一小全体教师将会继续致力为学生健康与幸福的人生奠基,为学生的健康发展、为学校的可持续发展、办老百姓家门口满意的优质教育、为"优学高明,优教高明",提供更优质的服务。

(撰稿:董博翰。转自西江新城第一小学微信公众号,发布时间:2022-06-26,网址:https://mp.weixin.qq.com/s/Ncth-AmaKIsFptbSJC-NVQ)

29. 办学与宣传,校长该何为?

校长一定要有"四线意识":安全是一间学校的底线,师德师风是红线,教学质量是一间学校的生命线,宣传和特色是一间学校的风景线。

作为一间新开办的学校,校长在"四线意识"基础上,必须着力抓好"办学"与"宣传"。办学与宣传是学校发展的两个重要方面,校长在这两个方面都需要发挥关键作用。以下是校长在办学与宣传方面可以采取的一些建议:

一、办学方面

（1）确定方向。校长需要明确学校的办学理念、目标和特色，制定长远的发展规划。

（2）管理团队。建立一个高效、专业的管理团队，确保学校的日常运营和教育教学质量。

（3）师资建设。吸引和培养优秀的教师队伍，提供专业发展机会，确保教育质量。

（4）学生发展。关注学生的全面发展，提供多元化的课程和活动，培养学生的创新能力和实践能力。

（5）资源整合。合理利用校内外资源，包括资金、设施、技术等，不断提升办学条件。

（6）质量监控。建立和完善教育质量监控体系，定期评估和改进教育教学工作。

二、宣传方面

（1）塑造品牌。通过各种渠道塑造学校品牌形象，提升学校的知名度和影响力。如，新城一小就努力塑造润泽教育品牌。

（2）传播理念。将学校的办学理念、教育成果等通过媒体、网络、公开讲座等方式进行传播。

（3）家校合作。加强与家长的沟通，通过家长会、学校网站、社交媒体等平台发布学校信息，增进家校联系。

（4）社会参与。鼓励社会各界参与学校活动，如企业合作、社区服务等，扩大学校的社会影响力。

（5）事件营销。利用学校的重大活动、节日庆典、学生成就等时机进行宣传，及时在学校视频号和公众号发布，提高社会公众的关注度。

（6）危机公关。建立健全危机管理机制，遇到负面事件及时有效地应对和处理，时刻维护学校形象。

总之，校长在办学与宣传方面需要兼顾内部管理和外部宣传，通过高质量的教育服务和有效的宣传策略，提升学校的竞争力和社会声誉。

新城一小自2018年9月开办之初，就十分重视树立学校的社会形象，不断通过宣传提升学校的美誉度，因而在2021年度荣获区教育系统"十佳先进宣传单位"。

（撰稿：冯结莲）

案例 29

岁月无痕，润泽有痕
——祝贺西江新城第一小学获得 2020—2021 学年度
高明区教育系统十佳先进宣传单位

为表彰先进，树立榜样，激发新闻宣传队伍的工作热情，进一步做好全区教育系统信息宣传工作，2021 年 10 月 25 日下午区教育局在沧江中学举行了 2021 年度教育信息宣传工作会议。

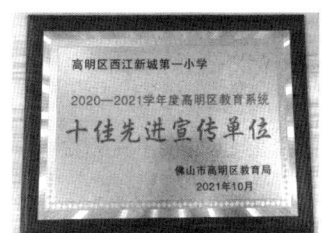

本次会议，区教育局对 2020—2021 年对教育信息宣传工作取得良好成效的"十佳"先进单位和"十佳"宣传员予以通报表彰。

西江新城第一小学

西江新城第一小学，自 2018 年 9 月建校至今，已历经三个春秋，进入第四个春秋。四年以来，我校围绕党的教育方针政策以及全区教育中心工作，不忘初心，牢牢把握正确舆论导向，向大家真实用心地报道学校的各项活动和工作，得到社会各界的认可和支持，让新城一小的名字真正为高明民众所熟知，所喜爱。

"润泽·爱国主义小课程"

"润泽·传统节日小课程"

"润泽教育·国旗下演讲"

"润德教育·党的故事我来讲"

"书香沁润·以梦明志——读书节系列报道"

"凡心所向·素履可往——致善教师系列报道"

……

一张张宣传名片……

还记得孩子第一天入学的时候吗？

还记得孩子来学校第一百天的那张笑脸吗？

还记得孩子在学校度过的那一个个重要日子吗？

还记得去年今日，我们如何度过吗？

还记得第一个道歉日，你向谁道歉了吗？

……

我们在一篇篇报道中回望孩子的校园生活，在这些文字里回首新城一小的发展，在这些记录里回味关于教育与成长的故事。记录了新城一小四年的成长足迹，也记录了每一位新城一小人的成长印记。岁月无痕，是记录让我们的时光变得温柔而美好。

1136天，676篇稿子，6008位关注量，这些数字的背后是一位位新城一小宣传人的努力和付出。一字一句的深究、一遍又一遍的修改、一次又一次的核对、深夜改稿、凌晨审核、清早发送，这些看似简单的工作背后，是新城一小每一位老师对孩子们的用心，对家长们的真心，以及对所有关注教育重视教育的群众的责任心。

我们认真书写新城一小的润泽教育故事，用真诚回馈每一位家长和群众的信任。我们的付出得到了社会各界的广泛赞誉，也得到区教育系统的肯定。本次教育系统宣传会议中，我校被评为2020—2021年教育系统宣传"十佳"先进单位。

这些荣誉离不开新城一小的对宣传工作的重视，每一篇稿子冯校长都认真细致地审核，精雕细琢。每一位撰稿人都字斟句酌，力求把孩子们、老师们每一个成长的瞬间都真实、完美地记录下来。定期举行校宣传组的座谈会，邀请区优秀的媒体人给老师进行专业的培训，坚定不移地跟着区教育的主旋律，传播教育正能量。

每一个重要的日子、每一个孩子们成长路上或浅或重的脚印，我们都认真记录着。这些看似琐碎的日常，其实都是孩子成长路上不可或缺的记忆碎片，它们是我们回首校园生活，通往快乐星球的一条秘密隧道。

都说秋天适合思念，您有多久没翻翻孩子成长的足迹了？不妨回到学校的公众号去追寻一下那些不可重来的美好时光吧。

（撰稿：谢美仪。转自西江新城第一小学微信公众号，发布时间：2021-10-26，网址：https://mp.weixin.qq.com/s/fgF2_sHV4SQv6XufS_1u5Q）

30. 校长、老师如何讲好办学故事，以提升学校的品牌形象？

校长、老师讲述办学故事时需要特别注重故事的内在价值和吸引力。以下一些策略能帮助校长更好地讲述学校的办学故事，以提升学校的品牌形象。

（1）深入了解学校办学历史文化和办学理念。校长应该对学校的办学理念、办学历史、文化愿景和里程碑成就等有深刻理解。如新城一小的办学故事，就得紧扣"润泽教育"品牌。

（2）突出办学特色与学校优势。强调学校的独特之处，讲述独一无二的故事，如学校特殊的地理位置、人文历史、特色课程、优秀师资、学术成就、学生培养等。如新城一小就突出学校旁边阮埇村"文风甲端郡"的人文历史和润泽教育的办学特色。

（3）关注听众群体，突出办学故事叙述特点。根据不同的听众，如潜在学生、家长、教育同行等，调整故事的重点内容，分享个人在学校工作或成长的经历，通过故事传达学校的核心价值观，增加故事的真实性和可信度，使办学故事更加引人入胜。

（4）视觉辅助工具和媒体运用。使用图片、视频来增强故事的吸引力和影响力。如新城一小每次开一年级幼小衔接或大型家长会，都会播放登上"学习强国"的《西江新城第一小学赋》和"图说润泽教育故事"，还有学校图文并茂的微新闻，利用各种媒体渠道如新闻发布、社交媒体等，扩大办学故事的传播范围。

（5）注意讲故事的时候的语气语调。讲到感人之处，语调要感情充沛，语气语调要放慢，要注意抑扬顿挫，尤其是讲到好人好事的时候，要注意用激动的语调；讲述难忘的事情或者是悲痛的事情，语速要放慢，语调要下沉，这样能够给听众留下深刻的印象。

（6）注意与听众的互动。在校长（学校领导）讲述办学故事，要注意与听众的互动，关注听众的感受，与听众要有眼神交流，有适当的提问等互动，这样学校的办学故事才能给人留下深刻的影响。

（7）办学故事专有名词的一致性。在不同的场合和平台上确保学校品牌形象的一致性，如润泽教育、润泽教育课堂文化展示周、泽智课堂等，这些专有名词表述必须是一致的。

（8）做个有心人。留意校园里每天发生的好人好事，并随时用手机拍照做好记录，为日后讲办学故事积累丰富素材。

通过以上方法，校长可以有效地讲述学校的办学故事，不仅能够展示学校的特色和优势，吸引更多的学生、家长和社会各界的关注和支持，提升学校的品牌形象。

（撰稿：冯结莲）

案例 30

"润泽·故事分享"：震撼心灵的鞠躬礼

2019年10月15日星期二，现任佛山市环湖教育集团总校长王玉建（原禅城区第九小学校长）到我校开展"现代化学校"专题诊断指导工作。在下午的反馈会上，王校长谈到学校给他的印象，表示对我校的整体印象可以这样概括：三美、两暖、两新、一香、一震撼。

当他谈到"一震撼"的时候，在他顿了顿的当儿，我摇摇头，理了理自己的思绪。我想：我们一所新学校，开办才一年一个月，能有什么地方让王校长这位久经沙场的老将震撼？所谓：入芝兰之室，久而不闻其香。每天在美丽的校园工作，或许我是审美疲劳了。我认真盯着王校长，洗耳恭听。

一震撼：王校长说，西江新城第一小学的"三好臻雅学子"第一好是礼貌礼仪好，所以沿途看到所有的学生都非常有礼貌。学生礼貌很好，不奇怪！给我深深震撼的是，中午12点我们在去餐厅的路上遇见两位年长的教师，他们对客人深深行鞠躬礼！这两位老师用行动演绎了她们对学校、对同伴的爱；用行动诠释了"学高为师，身正为范"；用行动润泽着学生。王校长还表示这一幕将永远定格在心中，成为永抹不去的风景。

如果我没有记错，这两位资深年长的老师应该是梁彩霞、邓玉婵老师。王校长说得多好啊！多有文采啊！他有一双善于发现美的眼睛。每天置身于"校长早上好！""同学们早上好！""校长您早！""早上好！你今天扎起了小辫子真美！""真乖，今天你特别有精气神！""校长再见！""再见！你今天真美丽！真有礼貌！"的礼貌交流中，然后眉开眼笑地向问候我们的学生竖起大拇指……在每天与老师和孩子们的迎来送往中，这样的鞠躬互相问好我们已是习以为常了……

学校为什么提倡行鞠躬礼？

一、敬重他人，学会弯下身段

鞠躬，意思是弯身行礼，是表示对他人敬重的一种郑重礼节，在具有五千年文化的有礼仪之邦之称的中国早已盛行。学校自开办以来，就一直倡导老师和老师之间互相行鞠躬礼，教师问候学生也用鞠躬礼，让老师和学生明白，我们互相尊重，互相敬重；同时还明白适当的时候学会弯下身段。学会弯下身段，意味着你可以谦让、礼让；学会弯下身段，意味着适当时候你可以妥协，让步；学会弯下身段，意味着你看人、物的角度也不一样……当我们弯下身段的时候，发现校园里的碰撞减少了，纷争减少了，变成了温暖的问候……润泽，即是敬和爱的言传身教！

二、文质彬彬的师生，安静优雅的校园

"同学早上好！""老师早上好！""同学们再见！""老师再见！"很多时候，不一定是学生先问候老师，我们老师也会主动和学生问好，从不端起教师的模样，摆起老师的架子！慢慢地，我们发现有更多的同学主动向老师、客人问好。

互相尊重氛围下的校园，处处是和谐的问候声和欢声笑语。

三、教育是一个灵魂唤醒另一个灵魂

教育，果然是慢的艺术。我们的鞠躬礼和其他的规范一样，需要每一位教师每天不懈示范——学生学习——教师引导——学生改正——逐步规范。我们老师每天都是这样反复教，教反复。当你选择了在黑板前的站立，你就选择了一种永恒的姿势，一种使命，一种默默无闻光明磊落的情怀。"理想的智慧教育，应该是一种有灵魂的教育。它意味着一棵树摇动另一棵树，一朵云推动另一朵云，一个灵魂唤醒另一个灵魂。"感谢王校长，是他让我明白——这些年来，我的坚守、坚持是对的，是正确的！我以为，作为一个社会的人，一个现代公民，他的第一素养是礼貌礼仪好。有礼之人使人如沐春风，礼貌是我们与他人相处的金名片，也是我们走向社会的通行证。第二是行为习惯好（爱阅读、善于思考、独立自主、爱动手、做事善始善终

……）。自律赋予我们自由和能力，志趣赋予我们生活的品质。它是我们走向岗位的敲门砖。第三是品德修养好。能力决定我们能爬多高，品质决定我们能走多远。它是我们攀登人生高峰的垫脚石。这就是我们的臻雅"三好"！它们环环相扣，螺旋上升。润泽——是爱的传承和延续……

感悟：正确地做教育，比做正确的教育更加重要。

愿未来的日子，新城一小的孩子和老师们能给大家带来更多的震撼！

（撰文：冯结莲。转自西江新城第一小学微信公众号，发布时间：2019年10月18日，网址：https://mp.weixin.qq.com/s/Wi5zXy5A7YIkW_oh9t2ldQ）

【图说润泽教育故事三则】

一

2020年9月7日，二年级一名学生在升旗仪式时低血糖，将要晕倒在地。林广明老师二话不说背起孩子朝校医室跑去！

二

2022年3月24日早上7:51，三(5)班的苏雄彬同学在学校门口看到西江新城派出所的民警叔叔在学校门口值守，主动向民警叔叔敬礼问好。

三

2022年3月25日从早上7:39开始就一直大雨滂沱。二(4)班的家委们，一直坚守护畅岗位，大雨一直下，一直下，邓锦雄副主任和家委们一直坚守到早上8:15才集中在学校大门口拍照，比以往的护畅延长了15分钟。家长们全心全意为学校、为学生服务的精神值得我们全校教师学习和点赞。

（摄影：朱志雯；撰稿：冯结莲）

31. 何为有担当的学校行政干部？

具备责任感和担当精神的学校行政干部，是实现教育目标、推动学校发展、提升教育质量的重要力量。下面将探讨学校行政干部如何展现其担当精神，并在此过程中实现自我提升和为教育事业做出贡献。

一、责任意识强化

确立发展观念。学校行政干部应具备强烈的发展意识,以推进学校教育任务的完成和教育质量的提高为己任。因此,建议参与制定或者深入学习本校的"学校四年发展规划"。

明晰职责、机制。清晰自己所在的职责、分工,明确自己的定位;通过签订安全责任书等,以明确责任界限和责任追究机制。

二、行动力、执行力强

行动力和执行力,是行政干部的重要能力。

快速响应。优秀的学校管理团队应当具备强大的行动力,校长发出指令后能立即采取行动,甚至在必要时主动作为,不等待指令。

及时整改。对发现的问题如学生课间休息不文明行为,行政干部需立即进行教育提醒,而不是延误教育时机。

三、深入一线,贴近师生

走进实际。优秀的学校管理者不仅在办公室内履职,而且还进课堂、进办公室、走进学生中,亲自查看教师备课批改作业,研究教学和班级管理。

了解需求。通过与师生的近距离接触,深入了解他们的实际需求和期望,以更好地服务师生,推动学校各项工作的发展。

四、善于在传承中创新

引入新思想。有创新能力的管理团队每学期都能在传承学校一些经验做法的基础上,带来一些教育新思想、新方法,激发教师的工作热情和学生的学习兴趣,善于在传承中创新。

营造创新环境。鼓励教师尝试新的教学模式和技术如合作学习,促进教学方法现代化,并通过创新实践来提升教育的吸引力和效果。

五、充满温度的人文管理

温情理解。在执行学校规章制度的同时,注入人文关怀,处理问题时多一些温情和理解,学会心理换位,"假如我是他(她)",使规则执行既不失严格也能让人心悦诚服。

建立信任。通过有效沟通和理解赢得师生的信任,构建一个和谐、积极、向上的校园文化氛围。

六、处事公平公正

一颗公心。公平公正地处理学校事务,特别是在教师评优晋级、提拔任命干部上，保持一颗公心，推动学校形成良好的工作氛围。

协调沟通能力。在处理公平与效率的矛盾时，需要较强的沟通协调能力，让涉及的个体或集体都能感受到学校的关怀和公平性。

七、心正、身正，反馈及时

以身作则。俗话说身正不怕影子斜。行政必须学为人师，行为世范，做全校师生的榜样。如此，你的校内威信很快就能确立。

优势力量集中。在面对大型活动或重要任务时，优秀的管理团队能够集中精力组织全员参与，迅速形成合力解决问题。

反馈及时。遇事请示学校领导，遇到问题及时向学校领导反馈；老师向你反馈的问题，做到"事事有反馈，件件有回音"。

八、待人处事宽严相济

适度松紧。在管理中掌握适度的松紧度，既要维护原则，也要激活教师的积极性和创造力。

灵活应变。根据具体情况灵活采取宽松或严格的管理措施，以适应不同情境的需要。

总之，有担当的学校行政干部具备一系列核心素养和能力，包括责任意识、行动导向、创新精神、人文关怀、公平正义、专注力，待人处事宽严相济。同时，他们还能在领导力培养、树立榜样、服务意识、勇于承担责任和甘于奉献等方面不断追求进步。这些品质和能力的共同作用，构成了学校行政干部的担当特质。这对于推动学校发展、提升教育质量具有重要意义。

（撰稿：冯结莲）

案例 31

责任担当，团结合作
——以广东省教育强镇复评专家组莅临学校指导为例

2019年下半年，学校所在的街道申报了"广东省教育强镇"第三轮复评。11月月底收到通知验收时间定于12月3日、4日进行，其中12月3日下午省复评专家组到各学校（幼儿园）进行实地考察。

西江新城第一小学于2018年9月开办，办学时间未满1年半，未参加过前两轮的"广东省教育强镇"评价,这次复评对于学校来说是全新的工作。复评的这段时间刚好遇上冯结莲校长外出省外学习,学校剩下 5 名行政干部,如何做好迎接复评专家组莅临我校(园)指导的工作?

学校在冯结莲校长的远程指导下,马上启动迎接实地考察工作预案。

一、落实迎接实地考察的方案

方案中规划好考察的行走路线,做好行政领导分工安排,分组引导专家参观校园。引导专家组组长,由邓少能副校长、德育处副主任潘李露、少先队大队辅导员黄敏霞陪同;引导专家查阅资料或检查学校教学工作,由主抓教学的教导处副主任严燕梅陪同;引导专家察看场室、设施设备、运动场和食堂,由总务处副主任邓锦雄负责跟进。各部门认真落实好以下八项工作。

(1)进一步完善学校的校园文化建设,营造浓厚的文化氛围,彰显学校办学特色。

(2)加强学校管理,规范办学行为,切实抓好学校各项安全工作,防止各类安全事故发生。

(3)完善校园公开栏、宣传栏的内容,印制好学校简介、刊物、师生论文或作品集等,展示办学特色成果。

(4)对照强镇及标准化学校指标要求,按标准配备好功能室、常规教学仪器、体育器材和学生图书等。同时要进一步规范完善场室的管理,自查场室的使用登记册、仪器册、实验登记册、图书的借阅登记册等,门卫室、校医室、心理健康辅导室、少先队部室等常规的资料要整理好备查。

（5）修整好校园的绿化，搞好校园清洁卫生，包括校园、课室、教师办公室、功能室、走廊、厕所、食堂等，物品要摆放有序。

（6）整理好常规的资料备查，如学校章程、学年初报表、教师名册、课程表、学校工作计划和总结等。

（7）抓好校风学风建设，加强学生文明礼仪教育，确保师生以最佳的精神面貌迎接实地考察工作。

（8）在检查当天下午前利用电子显示屏，播放相关横幅标语。

二、做好迎接评价的指导和培训，抓好迎接考察的质量关

特别是陪同人员对学校的情况要做到全面掌握熟悉、心里有数、主动引导，专家组问到相关数据回答不能模棱两可。同时做好准备，针对自己存在的不足准备好解释说明。

"润泽教育的办学理念很好！你们的校训、课程、教学特色都做得与众不同！"

"孩子特别有礼貌，见了客人大方得体，总会眉开眼笑，还会鞠躬……"

"原来你们的扎染课程是普及全部学生！真不简单！"

这一句句的现场评价，让一所新办的学校受到了莫大的鼓舞。

在冯结莲校长的带领下，全体中层干部既团结协作，又独挡一面，他们一个个都展现了高度的责任感和担当精神，为推动学校发展贡献着重要力量。

（撰稿：邓少能）

32. 请带着你的思考走进学校领导办公室，何解？

在我的校长办公室，墙上贴着一幅醒目的字："请带着你的思考走进校长办公室"。意思是提醒行政和中层干部，遇到事情、碰到困难，见校长或者其他学校领导的时候，不要只会问："校长，您说怎么办？校长，您说下一步我该怎样做？"而是先有自己解决问题的思考和办法。

李希贵校长曾经说过这样一句话，"学校临时会议多，其实是行政效能低下的表现"。为了提高每周一次的行政会效能，我们在开学第一周的行政会，书记、校长就会根据"学校发展规划"，拟写"校长室学年工作计划"，各处室再根据"校长室学年工作计划"拟写各处室"学期工作计划"，然后全体行政通过讨论、商议恰当安排好"第＊学期学校工作行事历"。我们还有一个不成文的规矩：按照学校

"第*学期学校工作行事历"的工作安排，校级大型活动先由负责部门提前2周拟好工作方案，接着先与学校领导沟通，听听领导的意见，再根据领导意见修改；然后行政过会，负责本次活动的中层或者领导向全体行政阐述工作方案。行政各抒己见，最后负责人根据大家提出意见再修改后，把新版本工作方案请学校领导过目、定稿、再付之实施。如负责活动项目的中层是带着自己的思考去写方案、修改方案、布置落实方案，那么他执行起来工作会更加到位，执行力会更强。

其实"带着你的思考走进校长办公室"，是校长让行政中层快速成长的最好路径，毕竟思考问题、发现问题比落实问题更加重要。

主要有以下几个好处：

（1）培养独立思考能力。"我思故我在"，学校领导希望行政干部和中层能够独立思考，有自己的见解。这不仅可以提高他们的工作效率，也可以提高他们的职业素养。

（2）培养责任感、使命感。学校领导希望每个人都能对自己的工作负责，对自己的思考负责。带着自己对问题的思考走进校长办公室，可以让行政干部和中层更好地意识到自己的责任和使命。

（3）激发创新精神。传承中创新，希望通过这种方式激发行政干部和中层的创新精神，鼓励他们敢于提出新的想法和建议，推动学校的发展。

（4）心理换位，角色代入。带着对某项工作的思考，行政干部可以进行心理换位，角色代入，这样对工作的统筹兼顾、工作的计划推进，更加理解到位，沟通更加高效，工作更有实效。

（5）清晰、准确表达。通过思考，行政可以更清晰地了解自己想要表达的观点或信息，从而在交流时更加条理清晰，减少误解和混淆。

（6）促进理解和解决问题。在交流前思考可以帮助我们更好地理解问题的本质，从而提出更有效的解决方案。总之，交流前的思考是确保有效、高效和和谐沟通的关键步骤。它有助于我们更好地表达自己，理解他人，并建立更和谐的人际关系。

带着思考走进校长办公室，还可以增强行政干部和中层与校长之间的沟通和交流。他们可以通过深入思考，提出自己的观点和建议，学校不培养"应声虫"，更不提倡"拿来主义"；在与校长进行深入的交流和讨论中，提高行政干部和中层的工作能力和素质，共同推动学校的发展。

（撰稿：冯结莲）

案例 32

收到一封感谢信
——以承办 2019 年佛山市防震减灾知识宣传周活动启动仪式为例

2019 年 5 月 9 日，西江新城第一小学收到了一封来自佛山市高明区住房城乡建设和水利局发来的感谢信。

高明区西江新城第一小学：

2019 年佛山市防震减灾知识宣传周启动仪式活动于 5 月 8 日在高明区西江新城第一小学顺利举办，响应今年"提高灾害防治能力，构筑生命安全防线"的主题号召，推动我市防灾减灾宣传周活动广泛深入开展，提升广大市民的防灾减灾意识和自救互救能力。

本次活动时间紧、人数多、任务重，且活动的筹备和举办期间，高明区气象台发布暴雨黄色预警信号，活动方案紧急调整，但贵单位仍然团结协作、无私奉献、敢于担当，为活动安全、顺利举办作出了巨大贡献。

在此，向贵单位致以最崇高的敬意和最衷心的感谢！

一封感谢信，它的背后有什么故事？

原来，2019 年 5 月 12 日是我国第 11 个防灾减灾日，也是汶川地震十一周年纪念日，为了提高广大师生在紧急情况下的应急避险能力，做到有备无患，2019 年 5 月 8 日下午，"2019 年佛山市防震减灾知识宣传周启动仪式"在佛山市高明区西江新城第一小学举行。出席本次活动的领导、嘉宾主要有广东省地震局何晓灵副局长，广东省地震局应急救援处翟天喜副处长、佛山市地震局黄齐锋局长、佛山市高明区住房城乡建设和水利局刘维彬局长、佛山市高明区住房城乡建设和水利局叶启全副局长、佛山市高明区应急管理局曹正伟副局长、佛山市高明区西江新城党工委司徒建彬委员，以及佛山市有关市直单位和禅城区、南海区、顺德区、三水区、高明区各有关部门的负责同志。本次活动分四部分进行。第一部分：学习"地震安全避险小课程"。第二部分：宣传周启动仪式，赠送应急物资。第三部分：人防工程宣传教育。第四部分：防震减灾活动体验。

按照承办或举行大型活动的工作流程，在接到要承办本次活动的任务后，负责部门学生发展中心就与校外有关部门提前沟通了所有的活动细节，并提前 2 周拟写好工作方案，接着与学校领导沟通，听取领导的意见，再根据领导给出意见进行修改；然后行政过会，负责本次活动的邓少能副校长向全体行政阐述工作方案。行政各抒己见，最后负责人根据大家提出来的意见修改后，把最终版本给学校领导过目，定稿，对全校教师进行工作布置，付之实施。

5月7日，活动需要的器材摆放、场地布置等有关的准备工作都在有序顺利地进行。到了5月8日上午，天气突变，由阴天转成了雨天，天气预报下午是暴雨黄色预警信号。活动主办方马上与邓少能副校长沟通，要求调整活动方案。邓少能副校长马上和活动主办方实地研讨，落实把启动仪式由室外转向室内的各项调整。接着带着新修改的方案走进校长办公室，提出自己的观点和建议，与冯结莲校长进行深入的交流和讨论。

在冯校长的建议下，完善了活动方案，并马上推进：一是把新活动方案发送主办方，协调活动器材的转移；二是马上召开学校全体行政会议，明确新活动方案的内容，分工跟进各项准备工作；三是上午完成召开班主任及工作人员会议，解读新活动方案，明确新的工作要求。

新城一小正是通过培育这种带着思考走进校长办公室的工作习惯，让中层干部先主动思考、主动作为，拒绝"拿来主义"，拒绝培养"应声虫"。增强行政干部和中层与校长之间的沟通交流，既有效地解决了工作上遇到的问题，提高行政效能，又可为学校争得社会的认可，提高了学校的知名度和美誉度。

（撰稿：邓少能）

33. 中层成长的艺术：如何做最优秀的中层？

学校中层是一个特别的角色，因为他们在学校组织结构中起着承上启下、协调各方的重要作用。他们既要向上级领导汇报工作，又要对下属进行管理和指导。

一、以下是学校中层应该具备的意识和能力

（1）沟通协调能力。学校中层需要与上下级保持良好的沟通，确保信息准

确传递。他们要协调各部门之间的关系，解决工作中的矛盾和问题。

（2）管理决策能力。学校中层需要对下属进行有效的管理，制定工作计划和目标，确保各项工作顺利进行。同时，他们还要参与学校的决策过程，为学校的发展提供建议和支持。

（3）专业研究和指导能力。学校中层通常具有较高的专业素养，能够熟练掌握教育教学、科研、管理等方面的知识和技能。他们要不断提高自己的业务水平，为学校的发展做出贡献。

（4）人才培养能力。学校中层要关注下属的成长和发展，为他们提供培训和指导，帮助他们提高工作能力。同时，他们还要关注学校整体人才的培养，为学校的长远发展储备人才。

（5）服务意识。学校中层要具备较强的服务意识，关心师生的需求，为他们提供优质的教育和服务。他们要关注学校的教学质量、学生的成长和教师的职业发展等方面，努力提高学校的综合实力。

总之，学校中层在学校发展中起着举足轻重的作用。他们既要具备较高的专业素养，又要具备良好的沟通协调能力和服务意识，为学校的发展做出贡献。

二、如何做最优秀的中层

（1）明确目标。作为中层管理者，你需要明确你所在团队（年级和学科）的目标和学校的四年规划。这将帮助你制定有效的策略和计划。

（2）建立良好的沟通。良好的沟通是任何成功的关键。你需要确保你的团队成员理解他们的职责和期望，同时也要确保他们有机会表达他们的想法和意见。

（3）提供支持和指导。作为中层管理者（无论是科长、级长还是主任），你的角色不仅仅是管理，还包括支持和指导你的团队成员。你需要帮助他们解决问题，提供反馈，以及提供他们需要的资源和工具。

（4）提高领导力。作为中层管理者，你需要提高你自己的领导力，以便更好地激励和管理你的团队。这包括展示决策能力、解决问题的能力，以及激发团队成员潜力的能力。

（5）持续学习和改进。所谓"学无止境"，人人皆学、处处能学、时时可学。作为中层管理者，你需要持续学习和改进，以便适应不断变化的环境和挑战。这包括参加培训、阅读相关的书籍和文章，或者寻求导师的帮助。

（6）建立信任。建立和维护团队成员的信任是非常重要的。你需要通过诚实、公正和一致的行为来建立信任。

（7）有效的问题解决。作为中层管理者，你需要具备有效的问题解决能力。这意味着你需要能够识别问题、分析问题、找出解决方案，然后执行这些解决方案。

（8）保持积极的态度。保持积极的态度可以帮助你更好地应对压力和挑战，同时也可以帮助你激励团队成员。

（9）树立积极、乐观、向上、向善的正面形象。作为中层，无论在何时何处，你都要注意着装整洁、大方，保持微笑，乐于助人，树立积极、乐观、向上、向善的正面形象，言行举止保持与领导一致。

（10）事事有反馈，件件有回音——是中层沟通能力和执行力的总体现。

认真践行以上十点，你就是优秀的中层。

（撰稿：冯结莲）

案例33

和谐共进 独当一面
——以高明区义务教育阶段校长到新城一小跟岗实践学习活动为例

2020年10月，高明区教育局、高明区教师发展中心和高明区教科培在高明区学校中选出了五所学校作为区义务教育阶段学校校长培训跟岗实践基地。其中，西江新城第一小学在高明区学校中脱颖而出，成为了五所基地学校之一。

2020年10月12日至10月30日，共三个批次，每批次约10名校长到西江新城第一小学开展浸入式的跟岗学习。跟岗校长们通过参观校园、参加教研活动、身临主题活动、听工作汇报、座谈交流等，对学校的办学理念与办学特色、日常规范等进行深入了解。

图为冯结莲校长（左5）与2020年到校跟岗的校长们合影

"新城一小的孩子特别有礼貌……""润泽教育的办学理念真好！你们的校训、课程、朗诵与演讲、扎染等特色都做得与众不同，很好！"

"原来你们的扎染课程是全部学生都会的。真不简单！新城一小的素质教育落实到位！"

"老师们的课堂教学很扎实！"

"这里的活动真丰富，这里的学生真幸福！果然如学校的办学愿景一样，新城一小是一间安静而丰富的学校！"

"讲座很精彩，耐人寻味……"

这一句句真诚的评价和感受，道出了学校的办学风采和师生的精神面貌。

学校行政团队在本轮迎接培训跟岗实践中是如何做好分工与合作的？

一、各线系列活动的安排

每批次的跟岗校长进行校园参观，由学校形象代言人（学生）负责介绍。负责人为黄敏霞副主任。

各线系列活动的安排表（部分）

顺序	时间	主题	负责人	活动场地
1	10月13日上午	中国少年先锋队建队71周年纪念日活动	朱秀丽	润华堂
2	10月14日周二下午	语文科组教研活动	严燕梅	善思堂
3	10月15日周三下午	数学科组教研活动	严志荣 罗允仪	善思堂
4	10月16日下午	第二届扎染艺术节	潘李露	一楼饭堂
5	10月26日下午	班主任工作会议	廖金文	善思堂
6	10月30日下午	第三届读书节跳蚤书市体验活动	严燕梅	大操场

二、周五系列讲座的分享安排

场次顺序	交流时间	交流地点	交流主题	主讲人
1	上午9:00-10:15	三楼善思堂	润德以立，致善行远——新城一小办学理念和学校办学特色分享	冯结莲校长

续上表

场次顺序	交流时间	交流地点	交流主题	主讲人
2	上午10:15－11:00	三楼善思堂	润泽五环课堂教学模式和五微课堂特色教学分享	严志荣副校长
3	下午11:00－11:30	三楼善思堂	阅为积淀,言为未来——西江新城第一小学语文教学特色的经验分享	严燕梅副主任
4	下午14:30－15:30	四楼会议室	规范有礼,臻雅修德——新城一小安全及德育工作分享	邓少能副校长
5	下午15:30－16:00	四楼会议室	少先队及德育工作汇报	黄敏霞副主任
6	下午16:00－16:30	四楼会议室	"五有"德育模式探索分享	大队辅导员朱秀丽老师

在冯结莲校长的带领下,全体中层干部既能团结协作,又能独当一面,他们有着明确的愿景目标、互相支持、共同学习、积极共进,处处展示着积极、乐观、向上、向善的正面形象。为期三周的校长跟岗基地实践活动画上一个圆满的句号。一张张活泼生动的笑脸、一个个彬彬有礼的鞠躬、一场场精彩的讲座,谱成一幅幅色彩绚丽的画卷,在跟岗校长们的心中留下了难以磨灭的印象!

(撰稿:邓少能)

扫码阅读:到新城一小一周,跟岗的校长们经历了什么?

34. 班主任工作会议如何让每位班主任都被看见?

班主任会议,作为学校德育工作的重要组成部分,承载着交流经验、共享智慧、协同成长的重要使命。在这个平台上,我们汇聚思想,碰撞观点,共同为孩子们的健康成长保驾护航。作为学校管理人员,我们深知每一次班主任会议的召开都关乎着学校德育工作的深入推进,也关系到每一位班主任的专业成长。围绕新城一小管理理念"每位孩子都成长,每位老师都重要",让班主任被看见,也是我们在管理上十分重视的工作。让班主任被看见，不仅是对他们工作的肯定，更是对他们职业价值的尊重。为了让班主任在会议中被充分看见和重视，我们探索了一些详细的做法：

一、明确会议目标和议程

（1）在会议开始前，明确会议的目标和讨论的主题，确保班主任了解会议的重要性和他们的角色。

（2）制定详细的议程，包括每个环节的讨论时间、发言人和预期成果，让班主任对会议流程有清晰的认识。

二、提供充分准备时间

（1）提前将会议资料、背景信息和讨论要点发送给班主任，让他们有足够的时间进行准备。

（2）鼓励每一位班主任提前思考并提出问题或建议，以便在会议中进行深入的讨论。

三、鼓励班主任积极参与

（1）在会议中设置多个环节，如小组讨论、经验分享等，让每一位班主任能够充分发表意见和建议。

（2）主持人可以适时引导话题，确保班主任的发言得到充分的关注和讨论。

三、展示班主任的成就

（1）在会议中设置表彰环节，对表现优秀的班主任进行表彰和奖励，提高他们的工作积极性和自信心。

（2）分享班主任的成功案例和经验（如，怎样管理班级课堂纪律、怎样让放学集队保持快静齐等），让其他班主任从中学习和借鉴。

四、倾听和反馈

（1）主持人需要倾听班主任的发言，对他们的意见和建议给予积极的反馈和回应。

（2）鼓励其他参会人员与班主任进行互动和交流，共同探讨和解决问题。

五、利用多种媒介

（1）在会议中使用投影仪、PPT等展示班主任的工作成果和经验分享，让更多人了解他们的努力和付出。

（2）录制会议内容并分享给未能参会的班主任，让他们也能了解会议内容和讨论成果。

六、关注班主任的成长和发展

（1）在会议中设置培训环节，邀请专家或资深班主任进行培训和指导，提高班主任的专业素养和工作能力。

（2）鼓励班主任参加各种培训和交流活动，拓宽视野和知识面，提升个人竞争力。

七、营造积极的会议氛围

（1）保持会议的开放和包容性，避免一言堂，鼓励不同观点和建议的交流和碰撞。

（2）避免对班主任进行批评或指责，而是以建设性的方式提出问题和建议。

（3）适时调节会议气氛，保持轻松愉快的氛围，让班主任在会议中感到舒适和放松。

八、定期回顾和总结

（1）在会议结束后，对会议内容进行回顾和总结，确保班主任了解会议的成果和下一步的行动计划。

（2）鼓励班主任将会议内容应用到实际工作中，并定期进行反馈和评估。

九、建立反馈机制

（1）在会议结束后，收集班主任对会议的反馈和建议，以便对会议进行改进和优化。

（2）设立专门的反馈渠道或平台，让班主任能够随时提出问题和建议，确保他们的声音被听见和重视。

通过以上做法，可以让班主任在会议中被充分看见和重视，提高他们的工作积极性和自信心，推动学校各项工作的顺利开展。

（撰稿：潘李露）

心得 1

从工作会到圆桌会，班主任会议可以这样开

班主任圆桌会议是一个极好的平台，让班主任们能够交流经验、分享成功案例，以及探讨班级管理和学生教育的有效策略。新城一小在班主任会议经过实践，我们也创新了形式，不再是由德育领导主讲的一言堂，更多的是大家围桌而坐的"畅聊吧"。以下是一个关于如何开展班主任圆桌会议并进行案例分享的详细案例，希望和大家共享共学习。

一、会议主题

我是这样把班级带向优秀的——班主任班级管理成功案例分享与探讨

二、会议背景

随着教育改革的深入，班主任们面临着越来越多的挑战。为了提升班主任队伍的整体素质，促进班级管理的科学化、规范化，学校决定定期召开班主任圆桌会议，通过案例分享的方式让班主任们相互学习，共同进步。

三、会议准备

①确定参会人员。全体班主任、学校管理层、德育处等相关部门人员。

②发送会议通知。提前一周发送会议通知，明确会议时间、地点、主题和议程。

③征集案例。向全体班主任征集成功案例，要求案例具有代表性、可操作性和启发性。所有案例都能直击班级管理的痛点和难点。要求不同年级分主题征集，涉及如何搞好班级清洁卫生，如何处理家校矛盾，如何应对突发事件，等等。

④筛选与整理案例。组织评审小组对征集到的案例进行筛选和整理，确保案例质量。

⑤准备会议材料。制作会议PPT、准备案例分享者发言稿、安排座位等。

四、会议流程

①开场致辞。学校德育处副校长致辞，强调班主任工作的重要性，并对参与会议的班主任表示欢迎和感谢。

②案例分享环节。

③讨论与交流环节。参会班主任就案例分享的内容进行提问和讨论，分享自己的经验和看法。

④学校管理层和德育处等部门人员就案例中的亮点和不足进行点评，并提出建议。

⑤总结与展望。主持人对会议进行总结，学校领导对班主任提出期望和要求，鼓励大家继续努力，不断提升自己的专业素养。

⑥宣布下一次班主任圆桌会议的召开时间和主题，提前布置发言内容和发言人，尽量做到每个学期让每个班主任发言一次。

五、后续工作

①整理会议记录。将会议内容整理成文字材料发送给全体班主任和相关部门人员。

②案例汇编。将本次会议分享的优秀案例汇编成册，供班主任们交流学习。

③跟踪反馈。对会议中提出的建议和措施进行跟踪反馈，确保落到实处。

班主任圆桌会议分享方式，让所有的班主任都置身其中，讨论交流让思维得以碰撞，分享交流让经验得以传播。班主任们能够相互学习、共同进步，不断提升自己的专业素养和班级管理水平。同时，也为学校的教育改革和发展提供了有力的支持和保障。

（撰稿：潘李露）

35. 小学如何高效组织学科科组活动？

科组是学校必不可少的基层组织，它在促进教育教学改革、促进教师专业成长、培养骨干教师、提高教育质量等方面具有重要作用。若想这重要作用发挥得好，就离不开学科科组活动的高效组织开展。学科科组活动中时常会遇到这样一些问题：活动主题不明确、活动内容形式主义、教师得不到专业成长、团队缺乏凝聚力……这些都使得学校教育高质量发展成为奢谈。那么小学如何高效组织学科科组活动呢？让教师得到成长、让科组更有凝聚力、让学校教育高质量发展，我们新城一小科组始终围绕这些目标高效组织科组活动。

科长是学科的带头人。在新城一小，所有科长必须认真阅读和学习"学校发展规划""学校工作计划"以及教导处制定的"教学工作计划"，并根据上述计划和区教师发展中心计划，制定好本学科的"教学工作计划（附行事历）"，进而为高效组织科组活动奠定基础。

学科组长高效组织科组活动，需要有明确的目标、合理的规划、有效的沟通和良好的执行力。

第一，定期召开科组会议（活动）。每周固定两节课作为科组活动时间。例如，数学科每周三下午一、二节进行科组活动……没有特殊情况下，科组活动风雨不改，保持教师之间的交流与沟通，增强凝聚力。

第二，建立完善的科组活动制度。如请假流程、考勤制度、激励制度等。科组活动前进行点名考勤，以确保科组活动有序进行，激发教师的参与热情；对于准时参加、积极参与科组活动的教师给予适当的激励和认可，以提高团队的积极性和凝聚力。

第三，明确科组活动的主题，确保科组活动的针对性和实效性。在新城一小，科组主题活动丰富多样。比如：

科组主题活动	活动内容
主题一：案例分析学习	通过直播课、录像课、新课标文件解读等形式进行分析学习，学习优秀教学案例中的教学方法和策略，提高专业水平
主题二：开展研讨课活动	上好"六课"：行政示范课、骨干教师示范课、新教师亮相课、师徒结对课、同课异构课、专题复习课。安排教师相互观摩课堂教学，进行评课和研讨，一课一得，互学反思，促进教学改进和创新
主题三：开展分享讲座	读书（文章）分享、教学经验分享、教学资源分享。充分利用本校资源，邀请本校骨干教师或优秀教师进行讲座分享和指导，提高老师们的专业素养。另外每个学科在学校共享网络中都建立了学科资源库，教师共享着教案、课件、教学视频等，便于教师之间相互学习，相互促进
主题四：培训与发展	组织教师参加内部或外部的专业培训。如我校积极实行"走出去，请进来"的培养措施，邀请专家进校进行合作学习培训；走向深圳、禅城、顺德等多地进行合作学习培训，全面提升教师教学技能和专业素养

第四，落实集体备课。落实"六备课三反思"的具体内容。

第五，总结与反思。每次科组活动后，随机收集教师的反馈，评估科组活动的效果，根据反馈的信息总结经验教训，进行及时反思调整，为下一次科组活动做好准备。

第三章 治校方略，每位老师都重要

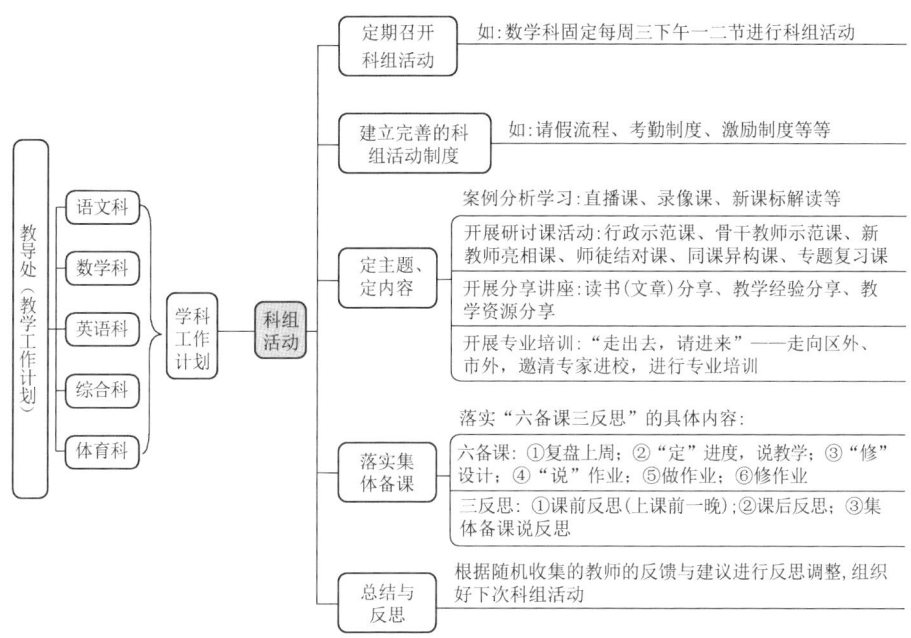

"教师是立教之本、兴教之源，承担着让每个孩子健康成长、办好人民满意教育的重任。"科组活动正是推动教师专业成长、提高学校教育质量的重要途径，最终让每个孩子接受高质量的教育。新城一小所有科组，在这样的高效科组活动模式下，教师专业能力得到巨大提升，经常在各种素养比赛中取得优异成绩；学生德智体劳美均衡发展，在各种活动比赛中出类拔萃，得到高度赞赏；学生成绩优异，学校几乎每年都获得"小学教学质量优秀学校"。

高效组织科组活动对于促进教师专业成长、推动学校教育高质量发展、培养优秀学生具有重要意义。我校将继续加强科组活动建设和改进教研工作，为培养担当民族复兴大任的时代新人提供强有力的专业支撑。

（撰稿：黄俊杰）

案例34

丰富且充实的数学科组活动

新城一小数学科组既有经验丰富的骨干教师，也有崭露头角的教坛新秀，是一支团结协作、奋发向上、敢于创新的教学队伍，积极开拓进取，相互学习，相互交流，相互提高。在教学中，注重培养学生的核心素养，采用"合作学习"模式进行课堂教学，提高教学质量。我们每个老师爱岗敬业，积极探索新课标下的教学教研，为学生综合素质的发展，为学校的长远高品质发展贡献自己的力量。

咬定青山不放松，教研活动风雨不改。数学科组每周三下午一、二节基本按时举行科组活动。活动正式开始前要进行考勤，若有请假的老师需要向科长、主抓领导严志荣副校长进行报备请假，否则当作缺席处理。

考勤完毕之后，我们数学科组活动正式开始。由科长负责主持，每次活动都是有任务有主题的，绝不流于形式，如常规的传达会议精神以及工作布置、案例分析学习、开展研讨课活动、分享讲座等。

案例分析学习就是观看学习由区教研群发布的一些优秀直播课、录像课以及新课标解读等。无论哪种形式，都很好提高老师们的教育教学能力，促进了老师们的专业成长。

开展研讨课活动，主要以上好"六课"为主。"六课"在我校指的是行政示范课、骨干教师示范课、新教师亮相课、师徒结对课、同课异构课、专题复习课。每学期都会进行"六课"的研讨活动，一般安排在科组活动的第一节，所有数学老师都要观摩学习，进行评课和研讨，这样上课以及听课老师都可以在课堂上实现一课一得，让今后自己的课堂学习变得更加灵动、高效。

分享讲座主要为读书（文章）分享、教学经验分享、教学资源分享。读书分享就是每周会安排老师将自己所读的有价值的书籍在科组内进行分享，提高老师们的专业文化素养；教学经验分享就是优秀教师分享自己的教学方法，例如如何培优辅差、如何课堂管理、如何有效复习、如何提高教学成绩等；教学资源分享就是一些资源丰富的老师大方分享有用实在的干货给科组老师，让老师提高工作效率。

开展专业培训，我们会不定期组织教师参加内部或外部的专业培训。我校积极实行"走出去，请进来"的培养措施。"请进来"：多次邀请专家进校进行合作学习培训；"走出去"：走向深圳、禅城多地进行合作学习培训，全面提升教学技能和专业素养。

集体备课是科组活动中重要的环节，把"六备课三反思"落实好，极大地提升教学质量和促进教师的专业成长。（推荐阅读本书问题《66 "六备课三反思"》具体指的是什么？）

下面以六年级的一次集体备课为例，详细述说如何落实集体备课。"圆"是六年级上册中重要的单元。以"圆的面积"为例，在进行集体备课时，第一步：由主持人（主备老师）组织年级内老师复盘上周"圆的周长"的教学效果以及周练习完成的情况；第二步：老师们进行交流讨论，先对新课标、教材、学情进行分析，再确定本课内容"圆的面积"的教学目标、教学重难点、教学方法以及课时安排，以及确定下周三前需完成的教学进度；第三步：年级内老师对"圆的面积"教案、课件提出修改建议。另外经验丰富的老师会明确指出本课内容的考点是哪些以及圈画书本哪些是重点题目等，大大地提高了老师们特别是青年教师备课的效率；第四步：主备老师分享本周设计的周作业，阐述题目设计的意图、思路以及目的；第五步：对本周的周作业全年级老师先亲自完成，完成过程中重点关注题目设置的科学合理性、目标价值和分层性要求；第六步：每个老师结合本班学生的实际情况，在做题的基础上继续研究和精选典型习题，最终达成修改共识。另外，精选和研究出来的习题除了用于每周的周练习，也可以用于错题集进行巩固训练。

除了落实"六备课"，还要做好"三反思"。在年级集体备课时间，主备老师对上课时候遇到的一些教学问题进行反思复盘，其他老师进行补充。因此每一次的集体备课我们都不流于形式，而是带着任务带着问题进行集体备课，做到了从钻研到共研，从高质到高效。

经过两节科组活动课，我们的老师度过了丰富且充实的数学科组活动。今后，我校数学科组会在"实"字上再下功夫，在"研"字上再做文章，真正把教研与提高课堂效率结合起来，与解决教学实际问题结合起来，与教师的成长结合起来，提高教育教学成绩，建立优秀的数学科组。

（撰稿：黄俊杰）

36. 级长、抓级领导如何做好新旧班主任和新旧任课教师的交接工作？

学校工作中，因各种原因导致的班主任和任课教师的更换是不可避免的。这不仅涉及教育教学的连续性，还关乎学生的平稳过渡、家长的信任与配合，以及教师团队的专业发展。因此，做好新旧班主任和任课教师的交接工作显得尤为重要。

一、保障教育教学的连续性

通过交接，新教师可以全面了解学生的学习情况、性格特点、家庭背景等，从而更好地制定教学计划和教学策略，确保学生的学习进程不受影响。

二、促进学生的顺利过渡

新旧班主任或新旧教师的有效交接能够减少学生的不安和焦虑情绪，让他们感受到学校的关心和温暖。新教师可以了解学生的需求和期望，更好地满足他们的学习和发展需求，促进学生的健康成长。

三、加强教师团队的合作与沟通

新教师可以向老教师学习经验和教学方法，提高自己的专业素养和教学能力。同时，交接也是教师之间交流思想、分享经验、共同成长的平台，有助于加强教师团队的凝聚力和向心力。

四、保障学校工作的顺利进行

通过交接，学校可以确保各项工作的连续性和稳定性，避免因教师更换而带来工作的中断或延误。同时，交接还有助于学校及时了解和解决工作中存在的问题和不足，提高学校的管理水平和教育教学质量。

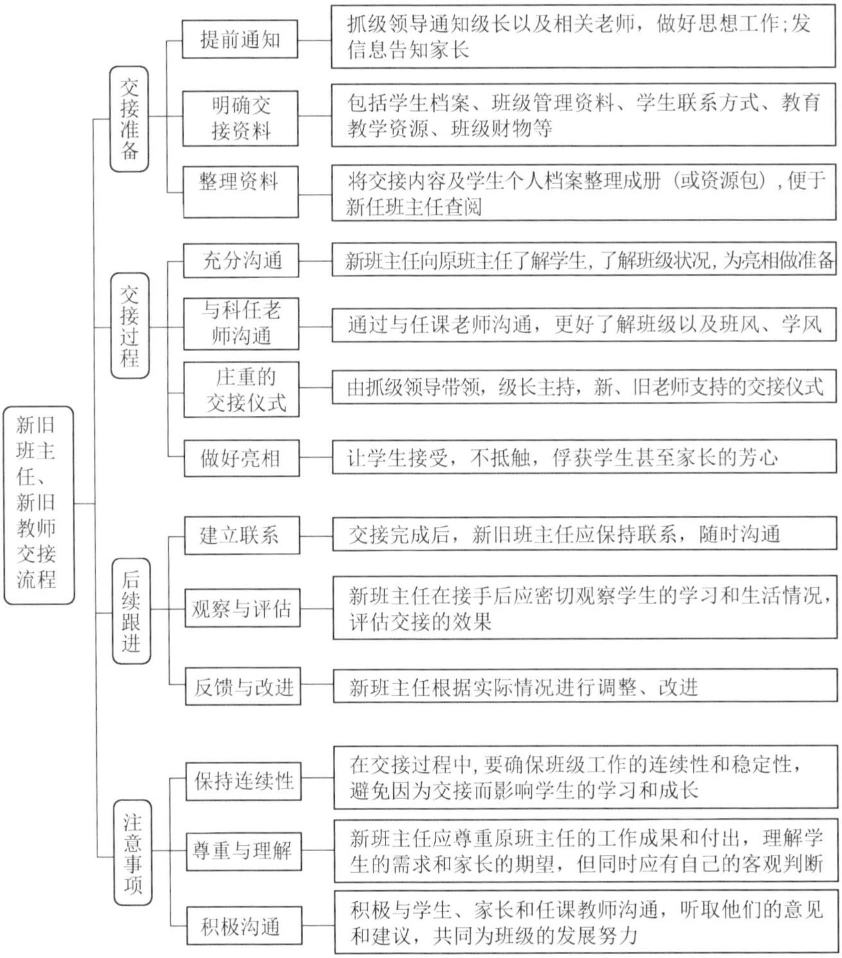

新旧班主任、新旧教师交接流程	交接准备	提前通知：抓级领导通知级长以及相关老师，做好思想工作；发信息告知家长
		明确交接资料：包括学生档案、班级管理资料、学生联系方式、教育教学资源、班级财物等
		整理资料：将交接内容及学生个人档案整理成册（或资源包），便于新任班主任查阅
	交接过程	充分沟通：新班主任向原班主任了解学生，了解班级状况，为亮相做准备
		与科任老师沟通：通过与任课老师沟通，更好了解班级以及班风、学风
		庄重的交接仪式：由抓级领导带领，级长主持，新、旧老师支持的交接仪式
		做好亮相：让学生接受，不抵触，俘获学生甚至家长的芳心
	后续跟进	建立联系：交接完成后，新旧班主任应保持联系，随时沟通
		观察与评估：新班主任在接手后应密切观察学生的学习和生活情况，评估交接的效果
		反馈与改进：新班主任根据实际情况进行调整、改进
	注意事项	保持连续性：在交接过程中，要确保班级工作的连续性和稳定性，避免因为交接而影响学生的学习和成长
		尊重与理解：新班主任应尊重原班主任的工作成果和付出，理解学生的需求和家长的期望，但同时应有自己的客观判断
		积极沟通：积极与学生、家长和任课教师沟通，听取他们的意见和建议，共同为班级的发展努力

新旧班主任、新旧老师交接流程图

五、维持家校关系的稳定性

有效的交接，新教师可以迅速融入班级，与家长建立良好的关系，消除家长的疑虑和担忧，从而维持家校关系的稳定性。

因此，新城一小高度重视新旧班主任或新旧教师的交接工作，对于新旧老师交接有一套详细的流程，确保交接工作顺利进行以及班级工作的延续性。

（撰稿：潘李露）

心得2

以爱为名，接棒前行
——"后妈"请上座

俗话说"后娘难当"。中途接手的班主任也相当于半个"后娘"，不仅要面临陌生的学生、繁重的教学压力，还要顶住家长的质疑。时间追溯到2021年9月，那是新城一小开办的第3年，面对学校班额以及学生容量的扩增，老师的团队建设也发生了变化，二（7）班要换班主任了。而我作为当时的抓级领导，遵循学校制定的新旧班主任交接流程妥善地帮助新旧班主任完成了交接，并且做到零投诉，零差评。新班主任谭老师是如何作为"后妈"登上宝座的呢？

一、提前通知，妥善准备

接到教师调岗的信息，抓级领导马上召开了相关人员会议，级长、原班主任刘老师和新班主任谭老师参会。做好了相关沟通工作后，安排原班主任整理好手头所有学生个人档案资料，把每个孩子的情况（学习成绩、生活习惯、行为表现、性格特征等）都梳理出来，同时标注特殊学生状况，面对面沟通交流。并把相应的资源包交给新班主任。级长则带领新班主任认识办公室座位，讲清相关的级部要求。

二、做彼此的"托"，完美"谢幕"

老师更换，牵动的是一个个家长的心。作为级部领导，我们要做好家长端信息沟通"中转站"。每次更换，我们都要求原班主任在班群发信息告知。信息的拟写是有窍门的，我们要为新班主任做好托举，做彼此的"托"我们一起来看看当时刘老师给二（7）班家长的信息：

> 各位家长朋友,大家好!
>
> 根据学校工作安排,新学期我将不再担任本班的班主任工作。首先感谢大家这两年来对我工作的支持和理解!这两年期间,在各位家长的共同帮助下我们一起见证了孩子们的成长,现在他们已然成为一群更加懂事、独立、自信的学生,我感到无比的自豪和骄傲。
>
> 在接下来的日子里将由谭老师带领孩子们继续前行!谭老师是一位经验丰富、负责任、在教学上特别专业的老师,相信孩子们一定会像喜欢我一样喜欢上谭老师的课和喜欢上谭老师的管理。现在我已经和谭老师交接完所有工作,大家有什么问题,可以直接联系谭老师。他很乐意和大家一起商量解决,相信大家一定会像支持我一样一如既往地积极配合学校的各项工作。最后,祝孩子们学业进步,祝家长朋友们身体健康,家庭幸福!

短短的一番话,让家长放心。在她的托举下,谭老师也完美在班群亮相。级长作为班群的一员,也承担重要的任务,在老师和家长还没有熟悉的情况下,级长负责不断在群里为新老师或新班主任的工作点赞,给予肯定,等老师和家长熟悉后,级长可以默默退出。交接前期,级长会辛苦些,新老师上轨后相应的工作就轻松了。

三、做好新老师的"助推器"和"后盾",助力新老师闪亮"登场"

收获了家长的心后,接下来的重头戏就是要收获学生的心。在接受新班级前,级长让谭老师做好充分的预设:学生可能排斥新老师,学生可能存在"欺负"新老师的情况,个别"刺头"学生可能会顶撞老师,等等。这些情况先预设,免得谭老师措手不及。

作为抓级领导和级长,我们采取的是团队作战,而非一人应对。在开学这一天,抓级领导和级长带领谭老师亲临接手班级。这时候的交流非常重要,我还记得当时我们的谢级长这样说:

"孩子们,老师在这里跟大家说件事。刘老师因为调动,去了另外一所学校任教。我们感谢刘老师的付出,我知道大家都非常舍不得,但是刘老师走了,我们还会有同样爱我们,愿意跟我们一起拼搏的新老师。今天,特别跟大家介绍一位老师——谭老师!这位老师可厉害啦,在画画、英语等方面特别强,尤其还会弹吉他、唱歌,而且非常幽默风趣。相信大家在接下来的相处中,一定会爱上这位老师!看,我们的抓级领导潘主任都亲自陪同谭老师过来了。现在咱们掌声欢迎谭老师来我们班!"

四、拒绝"标签化",客观评价与对待

了解学生、了解班级是为了更好地接手班级。新城一小本着"每位老师都重要,每个孩子都成长"的管理理念,润泽全体,包括老师和学生。因此,在进行班级交接以及班级情况讲述时,级长和级部领导都列会参加,确保信息沟通

的客观性。我们衷心希望原班级的老师的努力被看到，不因某项特殊事件而磨灭他努力的结果；我们更希望全体学生都能被客观对待，不被"标签化"，希望新接任的老师能够客观地评价和对待原班级老师和学生。只有这样，才能更好地接棒前行，才能和班级学生共绘美好蓝图。

五、首次会面有创意，获取芳心

开学前我们要求新班主任要做好巧妙设计，让学生对新的你"一见钟情"。谭老师采用速记记住学生名字：根据前班主任的沟通，形成对学生的"初步印象"，增进与学生见面时沟通的亲切感，消除学生的陌生感，形成神秘感。当然，对于首次会面，我们还可以精心设计。

开学仪式：设计一份意义非凡的开学见面礼，真诚地馈赠，鼓舞学生萌生理想，充满干劲，郑重迎接新学期。

六、做好"传帮带"工作，助力新人胜任

完成交接工作后，接下来最重要的就是"传帮带"工作。在老师带班的前期，级长和抓级领导仍然需要"扶一扶""帮一帮"，逐步跟进，逐步调整，直到放手。

结束语

新旧交接，这是一场以爱为名的接力赛。我们要学会托举，学会客观，拒绝"标签化"，接好接力棒，才能让我们更好地推动班级更进一步。

（撰稿：潘李露）

37. 开学前，班主任应该做好哪些准备？

"工欲善其事，必先利其器"。在新城一小，每学年开学前都会举行一次班主任大会，布置开学前的准备工作：打扫卫生、布置板报、分发教材等。开学前的准备工作不仅关乎班级管理的顺畅与高效，更直接影响学生的学习状态与心理调适。提前做好开学准备工作，往往能有效减轻开学负担，让学生尽快进入开学状态，缩短适应期。那么，作为班主任，我们具体要做哪些开学前的准备呢？

一、调整作息时间

经过一个假期，老师和学生都需要时间适应新的工作、学习节奏，班主任提

前调整作息时间，确保开学后能迅速进入工作状态。同时，也要提前在班级群发信息提醒家长监督孩子调整作息时间，确保开学后能尽快适应学校的学习生活。

二、制定新学期计划

根据新学期学校工作安排及学生实际，班主任要提前做好班级教学计划和管理计划，明确教学目标和管理方向，确保新学期工作有序进行。

三、了解学生情况

"人类本质中最殷切的要求是渴望被肯定。"如果是新接手的班级，能以最快的速度准确叫出每个孩子的名字非常重要，新城一小要求班主任在开学第二周必须能叫出全班学生的名字。我一直努力践行，觉得效果甚佳。对于学生来说，被认识并被记住是一种受人尊重的感受，当老师记住了学生的姓名，他们有一种被认同感，这种认同感会让他们更加重视学习和课堂上的行为，学习的兴趣也会不断增加。这虽然只是一个小小的教育细节，但"一滴水可以反映太阳的光辉"，这是教师的工作责任心和对孩子关爱的具体表现。

四、教室布置和准备

教室作为学生们学习、成长的重要场所，其布置工作显得尤为重要。搞好清洁，通过黑板报等营造温馨的学习环境，让学生们在进入教室的第一刻就感受到新学期的活力与希望，创造一个充满爱与希望的新学期起点。

五、健康、卫生和安全准备

一年级新接班的班主任，要留意"新生入学个人信息表"，细心梳理全班学生的身体状况，关注哪些学生身体特殊需要特别照顾的；非一年级班级的班主任，要在接到学生名单后第一时间请教前班主任了解以上情况，包括心理预警二级三级的学生等。了解孩子的身体状况，为的是让孩子在校学习期间提供最好的支持和帮助。

卫生和安全是学生在校的基本保障要求。开学前，班主任提前了解学生就餐就寝情况，保证学生吃得饱、睡得好，以良好状态投入到学习中。我们还要提前检查教室、学生午休室的设备设施，排除安全隐患，确保学生安全、顺利开展学习活动。开学前 1~3 天，班主任就提前发信息，提醒家长要做好孩子午休寝品的晾洗工作，确保孩子午休的卫生健康。

六、精心准备第一节课、第一周的课

"亲其师，才能信其道。"班主任要精心策划第一节课的内容，让学生明确新学期计划，了解学校规章制度和纪律要求等。班主任要用高质量的课堂教学教法和班级管理办法去赢得学生们的芳心，让学生爱上班主任，爱上班主任的课，爱上自己班级，爱上学，爱上学校！

好的开端是成功的一半，细节决定成败。开学前，班主任的准备工作越充分，开学越顺利。

（撰稿：谢宝珍）

心得3

开学准备有创意：以爱筑梦，共启新程

新学期悄然临近，校园即将再次迎来孩子们的欢声笑语。对于班主任而言，每一次开学都是一个新的起点，是师生共同绘制梦想蓝图的重要时刻。在开学前，我总会满怀热情投入到一系列准备工作中，从布置特色黑板报、分发教材新仪式、特色车票激动力三个方面着手，力求为孩子们营造一个既温馨又充满意义的开学仪式。

特色板报梦启航

一块精心设计的黑板报，能够瞬间激发孩子们对新学期的期待与向往。我以"梦想启航，共绘未来"为主题设计特色黑板报，旨在鼓励孩子们勇敢追求自己的梦想，同时强调团队合作的力量。我首先用彩色粉笔勾勒出一艘扬帆远航的大船，象征着孩子们即将乘风破浪，开启学习的新旅程。大船周围，我用不同颜色的小船点缀，每一只小船都代表着班级里的一位同学，紧密相连，共同前行。

在黑板报的右侧，我设计了"梦想树"板块，邀请每位同学提前写下自己的新学期目标或小愿望，并制作成彩色的小卡片挂在"梦想树"上。这样不仅能让孩子们明确方向，还能增强班级凝聚力，让大家感受到彼此的支持与鼓励。左侧则是"星光大道"，我将上学期表现突出的同学名字用星星图案装饰，表彰他们的努力与成就，同时也激励其他同学向榜样学习。此外，我还特别设置了一个"留言角"，邀请家长和老师们留下对孩子们的寄语，让孩子们在开学第一天就能感受到家长和老师们对他们的关心与期待。

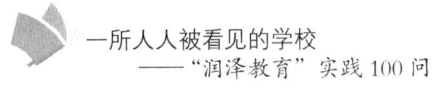

分发教材创仪式

新教材的发放，是开学初的一项常规工作，但如何让这一环节变得不同寻常，成为孩子们难忘的回忆，是我一直思考的问题。我采用以丝带包扎新教材的方式，为这一传统活动增添一抹仪式感。

我提前购买了各种颜色鲜艳质地柔软的丝带以及小巧精致的蝴蝶结，不同颜色丝带代表着不同的寓意。在开学前一天，我将每一本新教材都细心地用丝带包扎起来，并特地在每本书的扉页上贴上一张小纸条，写上鼓励的话语，让孩子们在翻开书本的那一刻，就能感受到来自老师的关怀与期待。

开学第一天，当孩子们看到这些被精心包扎的新教材时，眼中闪烁着惊喜与兴奋的光芒。每位同学轮流上前，从我的手中接过这份特别的礼物，他们大声说出自己的新学期目标或是对新学期的期许。那一刻，教室里充满了温馨与激励的氛围，孩子们的脸上洋溢着自信与期待的笑容。

特色车票激动力

为了让孩子们更加直观地感受到自己即将踏上的新旅程，我设计了一张别具特色的新学期车票，作为开学礼物送给他们。

在开学第一天的班会上，我郑重其事地将每一张车票发放到孩子们手中，并宣布："亲爱的同学们，欢迎你们登上'梦想号列车'。接下来的日子里，我们将一起驶向知识的海洋，探索未知的领域。请握紧你们的车票，勇敢地踏上这段精彩的旅程吧！"孩子们接过车票，脸上洋溢着激动与期待，仿佛真的已经坐上了那列开往未来的列车。

为了延续这份仪式感，我还在往后的学习生活中，定期举行"列车停靠站"活动，让孩子们感受到自己在学习旅程中的成长与收获。

开学前的准备工作虽繁琐却意义非凡。通过这些小小的创新举措，我希望能够为孩子们营造一个充满爱与期待的学习环境，让他们在新学期的起点上带着梦想与希望，勇敢地迈出新的步伐！

（撰稿：江蕾）

38. 接到一个新班级，班主任该怎样做？

"中小学班主任工作规定"指出，班主任是中小学日常思想道德教育和学生管理工作的主要实施者，是中小学生健康成长的引领者，班主任要努力成为中小学生的人生导师。每年开学，面对一个全新的班级，作为一名一线老师，年轻班主任常会手足无措，不知从哪入手。以一年级为例，我想，我们可以尝试从以下方面入手：

一、建立尊重和信任——叫出每个孩子的名字

刚进入小学校园的孩子，对周围环境、老师、同学存在陌生感，比较容易产生不安情绪。所以在开学之初，班主任都要提前熟悉每个孩子的姓名，读准每个名字，还能以最快的速度叫出每个孩子的名字（新城一小明确要求班主任开学第二周必须能亲切叫出班上所有孩子的名字）。当老师记住了学生的姓名，学生会有一种被认同感，师生之间的初步信任就此建立。

尊重与信任，不仅在孩子，还在家长。作为家长，他们的心随着孩子走进学校的脚步开始焦虑。这个时候，有经验的老师会在这关键时候取得家长的信任，在孩子上学的第一天发好第一条短信，告知家长孩子在校的表现，让家长感受老师的责任心；孩子上学一周，总结好第一周的情况并对存在问题有针对性地提出要求，让家长感受老师对孩子的关注和在乎；开学第一个月，在与家长取得初步信任后，针对孩子的情况适时表扬、总结，让家长了解孩子短时间的变化，争取家长对你的教育教学工作的理解与支持。一条小短信，架起与家长沟通的桥梁，它向家长传递了老师对孩子的关注，树立良好的教师形象。家长信任老师，配合老师的工作，自然能产生事半功倍的效果。

二、狠抓"习惯养成"教育——开学第一至三个月

好习惯成就好未来！对于小学生来说，拥有好的习惯是小学学习生活好的开端，小习惯 21 天可以养成，持久的好习惯要 90 天坚持才能养成。从笔者从教 20 多年的经验来看，学生的学习差距不仅仅是智力水平的问题，学习习惯也是关键之一。小学一年级学生养成正确的学习习惯，是决定一个人终身学习的重要因素。

当一个个朝气蓬勃的孩子背着新书包走进校园，我们不妨把一年级的小朋友看作一张空白的画，当他们走进课室，这一方小世界将由我们来描绘。习惯培养不是军训，不能单纯反复枯燥的训练，不然就会把孩子硬生生挡在学习的路上。于是，在开学的第一周，我们就得循序渐进地进行有趣的养成教育，教他们上课、走路、读书……当然，好习惯养成后，还需要我们 90 天的坚持和保持！

三、"人人有事做，事事有人做"——小班干，大作用

班干部是班级的核心，是班级的骨干力量。因一年级小朋友年纪小，经验不

足,同学之间还不熟悉,在班干的选择上不应操之过急。要用一双"慧眼"识才,当看到"可造之材"时,要大胆任用,交给他们做事的方法。一年级,学生能力有限,我们可以采用一个班干负责一个区域或一件事的方式让每个孩子都能参与到班级管理中,"人人有事做,事事有人做,时时有事做""人人都当班长(班长轮流制)",从而让他们产生班级归属感,增强他们的集体认同感,培养他们自信。

四、我的班规,我们做主——完善班级评价制度

在班级管理中,建立完善的评价制度很重要。有经验的老师会采用量化管理的方式来约束孩子行为形成良好的竞争机制,有经常采用奖小红花的,有"正能量存折"的,学生在量化管理中逐步规范自己的行为并获得进步。从二年级开始,"我的班规,我们做主",孩子们可以商量和制定班规,然后慢慢学会自律和纠正他人。他们在不断努力中完善自我,在完善自我的同时做到遵守学校、班级的校规班规,在不断的自我要求中形成好习惯,教育也就水到渠成了。

五、选好家委,凝心聚力——家长和我们在同一条船上

家委作为老师的得力助手,在平衡家长与老师关系中起着桥梁的作用。在挑选家委时同样不能操之过急,要认真观察,尽量挑选充满正能量配合学校工作,又有一定经验的家长担任班级家委。好的家委是班级建设的得力干将,能为班级孩子的健康成长凝心聚力。

六、兔子腿、鹰眼、婆婆嘴——班主任的细功夫和真功夫

(1)"兔子腿",勤到班。新接手一个班级,班主任不能偷懒,要像兔子一样勤快,多到班,甚至待在班上,走进学生中,倾听学生的心声,成为他们倾诉的对象、解决问题的助力者。

(2)鹰眼,善于观察。指的是老师的眼睛必须像鹰的眼睛一样敏锐,善于及时发现班上的问题和不良现象,并及时教育纠正。

(3)婆婆嘴,循循善诱。学生的行为习惯等问题往往是反复出现的。因此,我们老师一定要反复教,教反复。我们要像以前农家的老婆婆的嘴一样,善于捕捉住教育契机,讲故事、说道理,对学生耐心进行有效教育。

陶行知先生曾经告诫我们:"你的教鞭下有瓦特,你的冷眼下有牛顿,你的讥笑里有爱迪生。"我想,不管我们教哪个年级,不管我们接手哪个班,只要你心中有学生,眼里有学生,抱着"每个孩子都是一座宝矿"的心态去教育学生,成为孩子成长路上的帮助者、鼓励者,与孩子一起共欢乐、共患难,我们就能收

获更好的学生、更好的家长、更好的自己、更好的班级。

以上是"接到一个新班级"后的方法和策略,这不但对接管一年级新班的班主任和老师适用,对接管其他年级新班的班主任和老师同样适用、实用。希望大家能举一反三,管好新班。

(撰稿:谢宝珍)

 心得4

从心出发:新班级建设三步走

对于班主任而言,每年的金秋九月,是与学生相识或是再会的时节。那么,接手一个新班级,面对数十张稚嫩的陌生面孔,班主任如何顺利破冰,使新班级建设驶上"快车道"?我用"从心出发,以新班级建设三步走"策略应对新挑战。

细心筹备迎开学

开学前一周,为迅速了解学情,我面向家长制定了一份特殊的"开学调查问卷",并以接龙管家小程序的形式发送到班群请家长填写上交。调查问卷内容包括兴趣爱好、优点和特长、食物药物过敏史或者其他特殊情况、待改进之处等。

通过开学前收集统整问卷信息,我不仅对每一位孩子的样貌、性格、兴趣爱好、优缺点、特殊情况等个人印象在我的心中一一明晰,而且对于开学工作的开展也有不少帮助。比如,我通过查看每一位孩子的生活照就能迅速将学生姓名与面容样貌一一对应。在开学第一天孩子踏入教室,我便能向班上的新同学打招呼,说一声"某某同学,很高兴见到你"。孩子们的脸上露出了害羞、惊喜的笑容,那相视而笑的瞬间师生关系也在悄然拉近。

开心游戏乐开学

开学第一天,为加快新班级学生之间的相互了解,消除学生在新环境的陌生感和紧张情绪,我利用第一节班会课进行了一场特殊的新班级破冰游戏——"最强大脑"记忆挑战赛。

我将每一位同学的姓名和生活照存入抽签小程序,随着动感的开场音乐,随机抽签开始了!当生活照和姓名出现在大屏幕,被抽中的同学要用一句话介绍自己的姓名和兴趣爱好。而下一位中签的同学不仅要说出前面所有同学的姓名和兴趣爱好，还要进行自我介绍。每5位同学介绍完毕，则进行一次"最强大脑"记忆挑战赛。能说出前5位同学的所有信息，则获得小零食一份！能说出前面15位同学的所有信息，获得零食大礼包一份！

紧张刺激的抽签氛围之下，孩子们既期待又紧张，眼睛紧紧地盯着屏幕，开心地做着自我介绍，也竖起耳朵认真聆听着每一位同学的自我介绍。当第6位抽签者忘记了某位同学的信息时，班里同学马上举手帮助提醒，而当第16位抽签者顺利完成挑战时，他主动提议将零食大礼包分享给班内每一位同学，班级内瞬时响起了热烈的欢呼和掌声！这掌声和欢笑，正是第一天破冰成功的印记。

暖心光影记开学

开学第一周，为了纪录孩子们的成长以及班级的变化，我带上相机，记录下开学初的美好瞬间。

每次拍到了孩子们的精彩照片或是视频，我都在教室里、或是在班群里与孩子们、家长们分享，那留存在光影之间的美好也变成了一股向真向善向美的能量，让每一位孩子都能被看见，并看见美，追求美，成为美，让家长们也能在孩子们的一言一行中感受到成长的快乐。在开学第一个月，我在班级管理中紧抓培养学生行为习惯，并时常记录孩子们的成长欢笑，在一次一次的正面反馈和积极行为促进中，激发每一个孩子内心奋发向上的成长力量。

开学前细心筹备，开学日开心游戏，开学周暖心记录，新班级建设三步走，让温暖的阳光照亮开学的时光！

（撰稿：江蕾）

39. 班主任如何上好第一节班会课？

小学的班会课是班主任对学生进行思想品德教育的重要阵地，是班级管理工作中的一项重要内容。作为一名班主任，这堂课的成功与否将直接影响到学生对班主任的信任与尊重。如何上好第一节班会课，这是每一个班主任都要面对的问题。"凡事预则立，不预则废。"因此，学校要求每位班主任必须重视第一节班会课，并把它作为班主任工作的一个重要组成部分来抓。

一、班会课前准备

①打扫教室，摆好桌椅。
②布置班室，写欢迎标语，配以生动美观的图画。可在黑板上贴棒棒糖，小

红包，让学生摘取。如果是春节回来开学，还可以摆上寓意深刻的物品让学生轮流摸一摸，仪式感拉满。

③熟悉学生的名字，向前班主任了解学生情况。

④准备相应的奖励贴纸或印章。

⑤教师着装简洁大方，可化淡妆。

二、自我介绍

思路：姓名+爱好特长+性格描述，但所讲的都是为了班主任这一身份服务的。如可以这样介绍：

各位同学，大家好！我是某某老师，是你们的班主任。我爱好广泛，喜欢看书、唱歌、画画、做运动。有跟老师爱好相同的同学请举手。有那么多同学跟老师爱好相同，以后我们肯定有很多共同的话题，欢迎你们跟老师一起探讨。（通过这样来拉近师生的距离）

我喜欢课堂上认真听讲、积极发言的同学。我很重视公平公正，乐于听取你们合理的建议，并愿意成为你们的朋友。（在学生心目中树立一个公平公正的人设）

三、隆重推介班级教师团队

可以利用炫酷的快闪PPT模板进行介绍。介绍思路：强调老师优点，让学生充分信任老师。

年龄较大教师：突出经验，如所教学生考上了哪些重点初中、著名大学，获得哪些重量级奖项等。

年轻教师：树立其人设，酷炫的爱好或者特长照片或视频，展示其高大上毕业院校和获奖论义等。

四、课堂常规训练

学校为了强化各班的课堂常规，编写了一本《好习惯，好未来》常规训练课程书。第一节班会课，可利用这本书对学生进行课堂常规训练。

①建议先训练课堂口令，为后面讲其他要求做好铺垫。

②整节课一定要善用表扬。比如有的孩子坐姿不端，先不批评，可以表扬做得好的孩子。可以说这位同学做得真好，老师真喜欢他，顺势给他一个奖励贴。这样其他孩子会以他为榜样做好。

③训练的项目：课前准备、坐姿、站姿，上课、下课口令，发言，摆放书本，集队，下课四件事（准备学具、上厕所、喝水、玩）等。

课堂常规一定要边讲解边训练，对做得好的孩子发奖励贴及时强化。如果是一年级新生,还要在下课后带学生认识厕所、老师办公室、饭堂、午休室等地方,了解哪些危险区域。

五、学生自我介绍

如果是一年级新生或者重新分班的班级,可让学生同桌或四人小组自我介绍。介绍内容包括姓名、爱好、原班级或原学校。

六、挑选临时班委

思路:激励引导。先说明需要哪些临时岗位,因为第一周肯定有不少事情需要学生帮忙去做,所以要先确定一些临时负责人。告诉学生,新的开始要敢于突破自己,有能力就主动报名。作为班主任也更期待看到热情勇敢的学生积极报名(方式:私下写纸条放老师办公桌上)。

如果是一年级的新生,则可以挑选在幼儿园当过小班长的、积极主动帮老师做事的或主动愿意承担任务的。教师通过观察,在开学几天内就可以定下临时班委人选。

通过以上做法,学生既了解了老师的要求,认识了身边的同学,学会了基本的课堂常规,由懵懂忐忑的状态变得清晰规范了,为后面的校园生活打下坚实基础。

(撰稿:罗彩霞)

心得5

第一节班会课,班主任如何"亮相"

班会课是班级管理的主舞台,也是班主任实施班级管理和思想教育的主阵地。作为新班主任,第一节班会课的重要性不言而喻。接手新班级后,如何利用第一节班会课的黄金四十分钟,在开学之初,树立班主任管理形象,明确班级公约规则,为后续班干部选拔广募良将?第一节班会课,我结合个人形象"亮相"、班级公约"亮相"、班级干部"亮相"即三大"亮相",开展第一节班会课之教学设计。

个人形象初"亮相"

第一节班会课,我身着简洁大方的白衬衫黑长裤套装,扎马尾化淡妆,以元气满满的个人形象进行初"亮相",以精神饱满的专业形象面对学生,获得学生的尊重。

一言一行,都应告诉学生班主任温和而坚定的管理姿态,于是在神情姿态上,我磨练一双鹰眼,目光如炬、眼神坚定,站如松、坐如钟,挺胸抬头、姿态挺拔,将教育的激情融入神色言行之中。

另外,在语言组织上,我练就一张巧嘴,语言简洁、逻辑清晰、指令明确,给学生以"言简而义丰,语少而文厚"的第一印象,从而为后续的班级管理更加高效有力奠定沟通基础。

班级公约齐"亮相"

为树立良好班风,抓好班级管理常规工作,确立班规必不可少。在开学第一节班会课,我用二十五分钟带领学生制定班级公约,开启新学期。

课堂伊始,我在黑板上划分出四个空白板块,分别用于记录学习、纪律、卫生、安全四大板块的班级公约。紧接着,我请每位同学领取四张便利贴,并想一想、写一写:在四大板块之中,你认为最需要设立哪一条公约。书写结束后请同学们在四人小组内进行分享交流写下的班级公约及理由,每个小组推选最优的四条板块公约贴于黑板之上,撰写人作全班汇报,最后进行全班交流轮选投票。

在静静的书写中,在个人的思考、小组的交流、班级的汇报和投票中,新学期的第一版班级公约初现雏形,孩子们的集体意识也在逐渐提高。

班级干部慧"亮相"

第一节班会课的剩余十五分钟,则是班级干部的亮相时间。为激发新班级同学的管理热情,为后续班干部培养和选拔奠定基础,我邀请上一届班级的优秀班干部进行管理经验分享。

五(4)班班长小瑶作"管理班级有妙招"分享,向同学们展示了班级的早读、路队、午餐等日常管理视频。小瑶还介绍了根据学校作息时间表班干部应该如何主动作为、有效管理,以及自己的成长心得和对学弟学妹们的勉励。在自由交流环节,孩子们积极举手,向学长学姐提问取经,学长学姐们一一答疑解惑。

在前辈的示范、引领和解惑中,孩子们不仅看见了一个优秀班级的样子,还看见了在优秀班级的背后,是每一个同学的优秀表现和班干部的主动作为、认真付出。榜样先行,心向往之。在班会课的尾声,我鼓励孩子积极参加班干部竞选,主动为班级集体服务。

个人形象初"亮相"、班级公约齐"亮相"、班级干部慧"亮相",开学第一节班会课上的三重亮相,用别出心裁的集体教育焕发新学期新进步!

(撰稿:江蕾)

40. 班主任如何做好新学年第一个月的班级管理？

"中小学班主任工作规定"指出：班主任要认真做好班级的日常管理工作，维护班级良好秩序，培养学生的规则意识、责任意识和集体荣誉感，营造民主和谐、团结互助、健康向上的集体氛围。

新学年开学，学生面对着陌生的环境和全新的学习任务，难免会感到不适应。班主任要通过各种途径让学生尽快适应环境，从思想、心理、学习、生活等方面尽快步入正轨。作为班主任，如何做好第一个月的班级管理，使学生尽快适应学校生活，对班主任来说是个不小的挑战。以下是一些实用的策略和建议。

一、充分了解学生

了解学生的家庭情况，包括基本信息、学习状况、兴趣爱好与特长、性格特点与人际交往、家庭背景、心理健康状况及特殊需求等。尤其是对复杂家庭的学生，给予理解与关心。教师只有充分了解学生，然后才能"对症下药"。

二、提前完成班级文化建设

班级文化建设不仅体现了班级的精神面貌，并且直接影响到学生的心理健康，所以要利用好教室的每一个空间，使其既温馨舒适，又催人奋进。鼓励学生自己动手，用自己的才智与双手创设自己的班级文化。

①设立卫生角、争章角、图书角。
②根据学校每月主题布置好班级宣传栏。
③可在教室内墙或外墙开辟出一块班级作品展示栏，展示学生作品。
④布置室外花架或植物角，让学生养护小植物。

三、设立班级愿景，制定班级公约

班级愿景及班级公约应当自下而上，由学生讨论产生，让他们感到这是他们自己的事，他们是制定者，也是执行者、维护者。所以，在制定班级愿景和公约时，要激励每一位学生参与，广泛听取每一位学生的意见和建议，再经过全班民主表决构成定案，这样获得学生的心理认同，从而内化成他们追求的目标，使他们以进取的态度去执行，从而促使学生进行自主管理。

四、初选好班干部

一般来说，具有下面素质的学生，是班干部的合适人选。

（1）阳光开朗，对生活充满热情。积极的人生态度是一种可以依靠的力量。在面对艰巨任务的时候，这类同学能毫不犹豫的挺身而出，以身作则，勇于承担，为同学们树立积极向上的榜样。

（2）有能力，有责任心。在选拔班干部时，更看重的是责任心和组织能力。有责任心的人，总能全力以赴，确保每项任务圆满完成。成绩中等偏上，让他们在班中更有威信，更有号召力。

（3）集体荣誉感强。那些心怀集体、勇于担当、有奉献精神的学生尤为重要。他们不仅有高度的责任感，而且一旦成为班干部，往往能坚持到底，不轻言放弃。

（4）有奉献精神。这类学生总是乐于为班集体做事，如开关门窗、打扫卫生，不计回报地付出，这类学生若兼具能力，定能担当重任。

从开学第一天开始，教师就要根据班干职务物色人选，适时地找他们谈话，并鼓励他们参与竞选。也可以从轮流当值班干部开始观察，给每一位孩子平等的机会，做到"人人有事做，事事有人做"。

五、开展养成教育周，规范学生各项纪律

通过开学一周的习惯养成教育培训课程，让学生养成良好的学习习惯和行为习惯，如课堂常规、列队训练、放学感恩礼、文明礼仪等教育。通过一周的训练，各班进行风采展示，有效地规范了学生的行为习惯。

六、成立学习小组，互帮互学

小组内有明确的责任分工，培养良好的合作协作能力。让学生学会倾听他人意见，尊重他人观点，并能够合理地表达自己的观点和想法。在小组讨论中，鼓励学生开展讨论，有利于学生之间的互相交流和共同学习。

七、建立和健全激励机制

在开学的班级管理中，要以树立榜样为主，采取激励措施来奖励优秀，可以是个人奖、小组奖、值日奖等。最好能在网上采购一些小奖品进行物质奖励，可以口头奖励，也可以奖励学生喜爱的游戏或活动或免作业，这样做就达到了既奖励先进又带动后进的双重教育效果。

八、一周一目标

每周都着重完成一个目标,旨在让学生养成习惯。比如第一周抓课堂常规,第二周抓礼貌礼仪,第三周抓卫生习惯,第四周抓课间纪律等。每周一个重点,不断强化,最终养成习惯。

九、时常复盘

我校每天放学前十分钟为"整理与反思"时间。班主任会利用这十分钟对同学们的表现进行复盘,表扬做得好的同学,指出不足的地方,提出努力方向。学生就会按照老师的方向努力前进。

通过上述策略,班主任可以建立起一个有序、和谐、积极的班级环境,为整个学年的教学和成长奠定坚实的基础。

(撰稿:罗彩霞)

心得6

开学第一个月如何抓好班级管理四阵地?

开学第一个月是制定并强化班级规则的关键时期。通过明确的规则和奖惩机制帮助学生在开学第一个月形成规则意识,为学生整个学年的行为表现奠定坚实的基础。开学第一个月,我将从以下四个方面抓好班级管理。

习惯养成教育周

每学年的开学第一周是习惯养成教育周,班主任将利用一周时间从学生的日常行为方式入手,培养孩子优良品质和良好的学习习惯。

孩子们首先从课室卫生着手,学会整理个人课桌椅,培养卫生习惯,营造整洁的班级环境。"不学礼,无以立",孩子们践行着眉开眼笑鞠躬礼,师生间以微笑与鞠躬传递着尊重与温情。习惯养成周课程还指导孩子们养成"头正、身直、足安"的端正坐姿。此外,"放学感恩礼"是新城一小师生之间独特的礼仪,在放学时分,孩子们会向辛勤耕耘的老师致以三鞠躬,培养知恩图报的美好品德。经过一周历练,孩子们的行为习惯日渐养成,一言一行向有礼、有序、有爱、有心、有德的"五有"学子看齐。

严明纪律树班风

开学第一周，在班级公约雏形形成后，我利用班会课时间召开每周一次的班级管理金点子会议。在金点子会议上，我出示学校臻雅班级评分标准，请同学们思考在班级公约的基础上还应当注意哪些地方，班干部应当如何作为。在开学首月中，我也时时注意班干部的管理效果，注重班干部的培养和帮助工作，让小班干们能在开学首月迅速成长起来，树立威信，管理得法，执行有力。

卫生整洁众人行

在开学第一周的班会课上，我请同学们思考：怎样的班级，会给人卫生整洁的印象。孩子们踊跃举手，发表着自己的观点。一个卫生整洁的班级画像渐渐呈现出来。我进一步提出共同制作一份"人人有事做，事事有人做"班级值日岗位分工表。

我请孩子们到讲台中央发表自己的观点。孩子们思考着、讨论着，讲台管理员、黑板保洁员、地面保洁员、窗户保洁员等班级岗位被一一提出。班级岗位分工表的岗位确定后，我请每位同学将自己想申请的三个岗位分别写在三张小纸条上，并将纸条折好投入抽奖箱。欢乐的抽奖音乐响起，班级岗位花落谁家在孩子们的掌声和欢笑中一一揭晓。

乐思好学携手行

为打造乐思好学、博达弘毅的校园学风，新城一小小组合作的学习模式广为运用，受到师生的热烈欢迎。在搭建学习小组时，我采用异质分组的方式，尽量使小组内成员在学业成绩、性格、兴趣等方面有所差异，以促进互补学习。并在每个小组设定小组岗位，每个成员可申报意愿岗位，如组长、记录员、汇报员、监督员等，焕发每个组内成员的责任感和自信心并积极投入学习生活中。

巧思善思、真抓落实。抓好习惯养成教育周、纪律、卫生和学习管理，为班级未来一学年的长足健康发展打下坚实基础。

（撰稿：江蕾）

41. 五条信息等同五次沟通：班主任如何解锁开学首月的家校联动？

班主任工作中，和家长沟通有的时候是比管理孩子更难做的事。家校配合好的班级，班主任工作轻松、班级氛围融洽；家校配合不好的班级，家长与班主任互相埋怨、班级各项工作开展都不太顺利。家校沟通就像一场接力赛，开学第一个月就是"第一棒"。"第一棒"跑好了，可以让班主任在之后的沟通中信心满满，轻松应对。

"润泽教育，泽被全体"。西江新城第一小学致力于为孩子健康与幸福的人生奠基，孩子的成长离不开家长和老师，就像树苗的成长离不开水和土壤一样。家长与老师要建立有效沟通的桥梁，共同守护孩子成长。

开学第一个月，学生需要时间适应新的学习环境和课程要求，家长对孩子的期望与学校的教学目标不完全一致，随之而来的是家长无尽的焦虑。新城一小润泽教育理念倡导班主任看见每一位孩子以及孩子背后的家长乃至家庭，学校要求班主任在开学前一周和开学前一天发布新生入校要求与温馨提醒，让家长和孩子充分做好上学准备，做到心中有数，从而缓解家长的焦虑与担忧。

开学后的第一天，第一周，第二周乃至第一个月的总结信息，我们都精心打磨，根据班级情况发布班级信息，让家长充分了解孩子在校表现以及班级情况。班主任及时反馈有助于家长了解孩子的适应情况，缓解焦虑的同时增加家长对班主任的信任度，让家长放心把孩子交给你。其次，班级及时反馈的信息也提出相关要求，这样可以鼓励家长更加积极地参与到孩子的教育过程中，增强家长的责任感和参与度，为日后的班级管理奠定良好基础。

值得一提的是：班主任在开学第一、二、三周，以及第一个月反馈给家长的总结信息，尤其是在家长群的总结，要以表扬为主，表扬在班级表现好的学生，表扬班级好的现象和习惯，表扬积极配合班级工作的家长，正向引导；针对班级不良的现象和习惯，我们可以用提要求的方式让家长配合助力，但是不能在班群直接点名批评。必要时可以私聊家长进行沟通。就像冯校长给我们班主任开会时讲道：用放大镜来看孩子和家长的闪光点；用望远镜来看孩子的瑕疵。这样才能确保孩子真正地被看见。

"万事开头难"。轻率随意的开头，可能会让整个学期面临无穷无尽的麻烦。不要让开学变平庸琐碎，不要被纷繁复杂的事务所淹没。好的开端是成功的一半！运用智慧，借助走心的信息沟通，将关怀植入学生心中，将希望植入家长心中，和他们建立起和谐的人际关系！顺利开启开学第一个月！

（撰稿：何旭雁）

案例 35

开学第一个月，班主任反馈班群的 5 条信息

一、开学前一周的班群信息

开学前一周，家长已经在为孩子紧锣密鼓准备着，尤其是新生家长。为了更好地做好开学工作，让家长、孩子做好充分的心理准备和学习准备，开学前一周温馨提醒孩子相关上学事宜，让大家调整状态，做好准备迎接新学期的到来。相关表述如下：

各位家长好！

新学期，新追求，新收获。为了同学们做好上学的充分准备，请大家认真阅读以下的温馨提示：

（1）明确开学时间。学校正式开学的时间为 9 月 1 日。

（2）注意调整作息时间。请同学们坚持早睡早起，调整好生物钟，以饱满的精神回校。

（3）认真检查作业完成情况。请对照各科教师发布的作业清单，检查作业完成情况，确保保质保量且不漏交。学生素质报告册要写好自评和家评，开学时上交。

（4）准备好学习、午休用品。请家长协助孩子们准备好新学期相关的学习用品（笔记本、笔等）。将校服、书包、水杯清洗干净并贴好名字贴，迎接新学期的到来。在校午休的同学要准备好眼罩。要注意洗干净午休用品。

良好的开端是成功的一半。请同学们开开心心上学。祝孩子们健康快乐成长，每天进步一点点！我们开学见！

二、开学前一天的班群信息

开学前一天，班群信息犹如开始战斗的号角，必须通知到位，并且明确相关要求。这样才能更好让家长和学生知悉安排，做到心中有数。可以参考以下信息案例：

@所有人

各位家长，大家好！明天就要开学啦，相信大家的心情都无比激动。为了让孩子们顺利地迎接开学第一天，温馨提示以下几点内容。

（1）上下学时间：明天（9月1日）返校时间为 7:40，入校后一年级新生会有老师和哥哥姐姐协助进入教室，家长不可进入校园。正常放学时间为17:00，

参加校内基础托管放学时间为 18:00。

(2) 着装：礼服+小白鞋。还没有领取礼服的同学，请尽快到门店领取。

(3) 明天（9月1日）早上不开设早餐，孩子们在家吃完早餐再返校。

(4) 需带物品：午休用品、学习用品、水杯（不带玻璃杯，里面装好白开水，不够喝时可在学校装）、纸巾、湿纸巾、雨衣、一套替换衣物。绿植可暂时不带回学校。

(5) 为防止物品丢失，请家长们给孩子们的所有物品贴上名字标签，如被子、被袋、校服、水杯、文具等。

(6) 今晚让孩子们准备一个简短的假期分享。一年级新生可以准备简单的自我介绍等。

(7) 今晚让孩子们在家准备 3 本左右课外书，并贴上含有"班级、姓名"的标签。

新学期，新起点。请家长们帮助孩子调整好心态，嘱咐孩子们今晚早点休息，养足精神，迎接开学第一天！期待和孩子们见面！

三、开学第一天的班群信息

开学第一天是家长比较关注的，新生初入学，家长担心孩子是否适应，是否开心；其他学生家长会忧虑孩子经过一个假期回到学校是否遵守纪律，按要求完成任务。因此第一天的信息是给家长的定心丸，尤其是一年级学生家长。

各位家长好！

今天是进行习惯养成教育周课程的第一天，孩子们进行了课堂常规、队列和放学感恩礼等训练。对于刚刚入学的一年级孩子来说，习惯尤为重要。为今天孩子们的表现点赞！

好的开始是成功的一半，希望我们共同配合，让孩子尽快适应小学生活。为此，有几点需要家长配合的地方：

(1) 今天已经分发教科书（共10本），请家长清点清楚，并在周末包好书皮（要全透明的），封面右下角贴好标签（含有班级、姓名）。下周一所有教科书都要带回学校，非主科的书会安排放在课室储物柜。

(2) 孩子们的所有物品都需要贴上自己的标签（含有班级、姓名），还未贴的同学请周末回去补充，尤其是水杯哦。

(3) 请家长们督促孩子调好早睡早起的作息习惯。

今天是忙碌且快乐的一天，期待孩子们今后更加出色的表现。让我们一起努力，师生共进，家校合力。祝一(6)班的孩子们身体棒棒！学习棒棒！

四、开学第一周总结的班群信息

第一周总结信息能让家长及时了解班级动态和孩子学习生活情况，方便家长及时调整孩子情绪以及状态，也能更好助力班级管理。

各位家长好！

本周我们进行了以"培养好习惯，点亮精彩人生"为主题的习惯养成教育周课程，通过一个个主题课程引导孩子们养成良好的学习习惯、生活习惯和行为习惯，为新学期奠定坚实的基础。

现将本周情况作以下总结：

（1）亮点部分。本周内孩子们个个精神饱满，列队、纪律、学习、生活、劳动等各方面渐入佳境，值得表扬。特别是孩子们早读能够做到大声朗读，眼保健操能够规范完成，课间行为文明，课堂专注，课堂氛围活跃，与上课老师互动积极等，班级常规正在向越来越好的方面发展。

（2）需要注意加强的地方。

①每位同学准备一个小垃圾袋，负责管理好每天自己的地面卫生。

②个别同学上课状态有点疲倦，犯困，建议早睡早起，健康作息。

感谢支持班主任和各科老师工作的每一位家长，希望孩子们不断进步，学习棒棒！祝大家周末愉快！

五、开学第四周总结（一个月）总结的班群信息

开学第一个月是至关重要的一个月，这个月的总结信息需要囊括对班级以及优秀学生的整体评价与反馈，方便本学期接下来工作的有效开展。

各位家长好！

开学第一个月是我校德育特色教育"习惯养成教育月"，第一周是"习惯养成教育周"，让孩子们能尽快适应学校的学习和生活。

本月里，润泽宝贝们在朗诵与演讲课程中自信大方地表达；在古韵新唱中，一边做手势舞，一边背诵古诗。孩子们上课精神饱满、思维敏捷、发言积极；在课间能够和伙伴们玩益智游戏或阅读；早、午餐时，孩子们能够做到取放有序、安静用餐、自觉光盘；午休时间，孩子们能够很快入睡，孩子们下午上课时精神集中。

为孩子们的进步点赞！为我们的好战友——家长们点赞！

孩子们的进步来源于家校的真诚沟通，来源于家校的通力配合！为了孩子，我们愿意做得更好!

  开学第一月温馨信息的发布能有效拉近与家长的距离,及时反馈沟通交流更能提升家长对班级、对班主任的好感度,能更好助力班级管理。让我们在带班管理实践中不断提升,不断优化,为每个孩子的成长赋能。

(撰稿:何旭雁、冯结莲)

42. 教师情商修炼:非暴力沟通具有怎样的力量?

  什么是非暴力沟通?非暴力沟通是一种以建立共情和理解为基础的沟通方式,由心理学家马歇尔·卢森堡发展而来。这种沟通方式强调在对话中展现同理心、清楚地表达自己的需求,并平和解决冲突。

一、非暴力沟通的四要素是什么?

  非暴力沟通的四要素是:观察、感受、需求、请求。

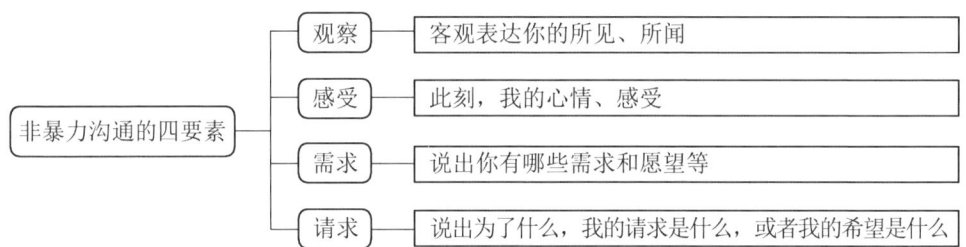

二、非暴力沟通的表达句式是怎样的?

  非暴力沟通的句式表达是:观察+感受+需求+请求。

  例1 当我听到( ),我的心情( ),因为我需要( ),现在我想( ),如果你愿意的话。

  例2 当我看到( ),我的心情( ),因为我需要( ),我想( ),希望你( )。

三、对于老师而言,学会非暴力沟通具有多方面的好处

  (1)建立积极的师生关系。通过非暴力沟通,老师可以更好地理解学生的感受和需求,同时传达自己的关心和期望,从而建立起基于信任和尊重的师生关系。

（2）提高解决问题的能力。当学生遇到问题或挑战时，非暴力沟通可以帮助老师与学生共同探讨问题的本质，找到满足双方需求的解决方案。

（3）减少冲突和缓和紧张气氛。通过非暴力沟通的技巧，老师可以有效地避免误解和对立，降低课堂和学校中的冲突和紧张气氛。

（4）增强学生的自我意识。老师通过非暴力沟通的实践，可以为学生树立榜样，教会他们如何识别和表达自己的情绪，以及如何尊重和倾听他人。

（5）促进情绪智力的发展。非暴力沟通鼓励个体认识和管理自己的情绪，这对于学生的情绪智力（EQ）发展至关重要。

（6）提升教育效果。了解学生的情感和心理需求有助于老师更有效地设计课程和教学方法，使学生在学习过程中更加投入和感到满足。

（7）培养和谐的学习环境。非暴力沟通有助于营造一个充满理解、接纳和支持的学习环境，这样的环境有利于学生的全面发展。

（8）作为角色模型。老师通过实践非暴力沟通，成为学生学习如何进行有效沟通的榜样，这对学生未来的人际关系和社会适应能力有深远影响。

总之，作为高情商的老师，学会非暴力沟通有助于提升教育质量，促进师生之间的和谐互动，以及帮助学生在情感和社交技能上的成长。

四、非暴力沟通是适合所有人之间的沟通

其实非暴力沟通，不但适合于老师对家长，对学生，也适合所有人之间的沟通。如果人人都学会用非暴力沟通的方法与其他人沟通，这样，世界将会变得更加和谐、美好！

（撰稿：冯结莲）

案例36

非暴力沟通，救活了……

我是一位五年级的英语老师，刚到新城一小时，是新城一小开办的第二年。2020年9月，在新城一小我有了自己的五年级学生，学校安排我担任五年级其中一个班英语。其实，我还是很担心，担心学生不听自己的教导，成绩不好；担心自己教不好，辜负学校领导对我的期望……

开学第一周是照常"习惯养成教育周",培养学生,尤其是新生的良好的行为习惯。第二周伊始,我马上来了一个课前小测——测试他们对四年级英语知识的掌握。结果大大出乎我的意料——全班45人,居然有10人是E,其中5人成绩差到令人难以置信。我不禁倒抽了几口冷气。这些孩子都是我们的户籍生,他们是符合本校校区才直接转过来升读五年级的,十个手指有长短,每人成绩有高低也很正常啊!我心里一边自我安慰自己,一边绞尽脑汁想办法。我想起了冯校长在给"新拍档的一封信"里面推荐的那本书,我认真看了,还做了笔记的《非暴力沟通》。对!我可以试试!

一、非暴力沟通发信息给家长,如实表达自己的真实感受

于是,我按照《非暴力沟通》书上讲的方法,给10个不及格的孩子的家长发了如下的信息:

"尊敬的×××家长,您好!我是您×××的英语老师,我叫黄×梅。开学第二周第一节英语课,我对全班同学进行了英语小测。您的小孩本次小测的英语成绩是E。看到这个成绩,我觉得很遗憾,也很难过。我很渴望近期能见到您一面,和您对于孩子英语科的学习和成长问题来一次促膝长谈。希望您能关注孩子的学习,希望我能得到您的支持!祝秋安!黄老师,2022年9月18日。"

令我意想不到的是,绝大部分的家长都用手机短信回复了我的信息:"收到,好的。谢谢老师。""谢谢老师!老师您辛苦了!"

第一单元小测,我继续用同样的方法发信息给那几位后进生(奇怪几乎是同一批孩子)的家长,同样收到他们的热情回复:"好的,老师。时间定好了请您通知我们。""老师听您通知,我们提前安排好。"

二、用非暴力沟通发信息给家长,邀请家长到校畅谈

我感到家长们是支持我的,于是我继续走出第二步。我分两批约家长到学校进行校访。第一批约的是5位成绩差到令人难以置信的学生的家长。我发信息如下:"尊敬的×××家长,您好!我是您×××的英语老师,我叫黄×梅。本周五下午5:00是否有空到学校一趟,到明志楼一楼'知识的海洋图书馆',我们促膝长谈。您能到来我和班主任将非常开心。希望我们能为孩子的进步找到方法。"没有想到家长比我还早到。于是我们坐下来,像老朋友一样促膝谈心:我把自己看到孩子成绩心里的难过,如何在家里督促孩子学习英语的方法都教给了他们,做到知无不言言无不尽。临了,家长握着我的手激动地对我说:"黄老

师，以前从来没有人这么客观、诚恳地跟我们谈孩子的学业成绩，也没有老师这样教我们。原来我们不懂英语也能督促孩子学好英语。我们一定回家试试您的方法……"

三、用非暴力沟通，成功召开本班第一次家长会

第九周，我们班召开了第一次家长会。我继续用非暴力沟通的方法与家长们保持畅顺沟通：第一，开学九周，本班孩子英语科学习总体情况；第二，我的心情如何，我的希望是什么；第三，家长该如何激发孩子英语的学习兴趣和帮助和激励孩子学好英语的几个小妙招。

四、孩子进步，家长感动

那几位后进生的家长在会后激动地跑过来说："黄老师，两个多月，孩子们的英语兴趣被激发，成绩也明显进步了！老师，您真有办法！"

我心里窃喜：莫非，家长夸我有方法，那方法就是非暴力沟通？

（撰稿：冯结莲）

43. 如何开好第一次家长会？

第一次家长会，作为家校沟通的重要起点，承载着开启双方合作、共筑孩子成长梦想的使命。它不仅为家长提供了一个深入了解学校、班级及孩子学习环境的窗口，也是教师展示教育理念、建立家校互信的关键时刻。成功举办第一次家长会，对开启家校合作的新篇章有重要意义。在新城一小，每学期都会举办一次家长会，家长会由德育处精心安排主题，通过会议讲解，把细节落实。那么我们作为一线教师该如何开好家长会？

一、充分准备，奠定良好的基础

在家长会之前，教师应进行周密的准备。新城一小要求老师会前准备"四有"：有看的、有听的、有想的、有做的，具体要求如下：

（1）有看的。

①把学生近期成果展示出来。学生的作业本、试卷、写字作品、绘画作品、小文章等是展示的主要内容。

②同时，精心制作教室后面的宣传板，展示学生风采。

③回放精彩班会、养成教育剪影、班级达人秀等。这些是家长最爱看的内容。此外，还可以看家庭教育资料、教师给学生的评语、教师给家长的寄语建议等。

（2）有听的。

①听学生讲。由班级干部汇报班级整体情况，请优秀学生做学习经验交流。

②听家长讲。利用典型引路。一些优秀家长的家教做法是最生动的教材，最易为其他家长学习仿效。同时也可让家长对班级的主要工作或存在的问题提出意见、建议，让家长参与班级管理。

③听老师讲。对支持自己工作的各位家长表示感谢，表扬各科任教师认真负责，讲学生的心理健康问题、学习、生活、纪律情况的反馈。以表扬为主，在那么多的表扬里如果没有你的孩子，家长自然就明白了自己孩子存在的不足。

（3）有想的。给家长布置一些"思考题"，引导家长严肃认真地思考孩子的教育问题。

（4）有做的。

①请家长写下自己对孩子的评语和本次家长会的感想。

②家长会后，班主任教给家长一些解决问题的方法，如如何提高孩子的学习效率，请家长尝试着去做，并反馈给老师。

充分的准备能提升家长对学校的好感度，同时也能提升家长的参与感和归属感。

二、有效沟通，建立信任桥梁

会议开始时，教师可以通过一段温馨而有力的开场白向家长表达欢迎和感谢之情，并简要介绍自己和团队，强调团队的专业性和对孩子的关爱。新城一小认为每位老师都重要，因此我们进行团队介绍时总会突出团队老师的闪光点，增强家长对老师的信心。随后，详细阐述学校及班级的教育理念，分享教学计划和学习方法，帮助家长更好地理解并认同学校的教育方向。

为了增强家长会的互动性和趣味性，教师可以展示学生在校的学习生活情况，通过视频或照片等形式，让家长看到孩子成长的点点滴滴。同时，鼓励学生代表发言，分享自己的学习体验和感受，进一步拉近家校之间的距离。

在会议过程中，教师应始终保持开放、包容的沟通态度，耐心解答家长的疑问，积极倾听家长的意见和建议。对于家长的提问，我们要做到温柔而坚定，同时对于班上的孩子，我们要做到如数家珍，不被家长问倒，这样能够让家长通过一场家长会感受到老师对自己孩子的关注与重视，这样通过有效的双向沟通，建立起家校之间的信任桥梁。

三、后续跟进，深化家校合作

家长会结束后，教师应及时整理家长的反馈意见，对合理建议进行采纳和改进。对于有特殊需求或关注点的家长，应进行个别沟通，进一步加深理解和信任。

为了保持家校联系畅通无阻，教师应建立家校联系机制，如微信群、家校联系本等，确保信息的及时传递和沟通渠道的畅通。同时，还应定期评估家长会的效果和家校合作的成果，不断优化工作方法，提升家校共育的质量。

开好第一次家长会是建立良好家校关系的重要一步。新城一小十分重视与家长们的第一次会面，学校会认真检查会前准备。另外，新城一小每学期都会在家长会前对新教师和新班主任进行培训，确保老师们有底气、有方法开好第一次家长会。

（撰稿：冯结莲、潘李露）

心得7

第一次家长会，班主任如何把握家校沟通突破区

于班主任而言，开好第一次家长会至关重要。第一次家长会是建立家校合作关系的起点，对于家校合作协同共育、促进孩子成长具有重要意义和深远影响。第一次家长会，我从树立班主任专业形象、多维展示班级成果、深入探讨教育方法三方面把握家校沟通突破区。

专业形象赢信任

第一次家长会是树立班主任的专业形象的窗口期，做好班主任的第一次自我介绍是家长会的重头戏。一身正式而不失随和的职业套装，面带亲切的微笑，我开始向家长进行自我介绍。为了突出班主任的专业态度和技能，树立深刻的专业印象，我向家长图文并茂详细地介绍了我的毕业院校、教育与管理经验、现任岗位、荣誉称号和获奖经历。自信大方的发言、满屏的获奖证书、扎实的管理经验等展示出的班主任专业素养，能够于无形之中搭建起家校信任的桥梁，有利于赢

得家长的信任和支持，为后续的教育教学奠定坚实的基础。

其次是通过生动的讲解展示班主任的带班育人理念，借传达教育理念明确教育方向。自我介绍之后，我向家长介绍我们"白兰班"的起名缘由、育人理念和育人路径，通过介绍白兰班来自佛山市市花白兰花、其花语蕴含的精神品质及白兰班的育人目标，系统介绍了白兰班的育人理念和本年段的班级特色活动。第一次家长会展示班主任的带班育人目标和理念，有助于家长明确教育方向，了解并支持班级的教育工作，促进家校之间的合作与协同。

班级成果可视化

为使家长更直观、更深入地了解学生的课程学习情况和学期成长轨迹，我收集学生两个月以来的成长瞬间，如快静齐的路队秩序、漂亮的书写作业、安静有序的就餐时段、团结一心的拔河比赛等，精心制作班级成长记录短视频，让家长更直观地了解孩子们两个月以来的成长和变化，在观看视频的同时感受良好的班风班貌，提升对班级管理的认同度和美誉度。

另外，在第一次家长会前，我将每位同学的各科作业练习本、作业登记本、单元考试卷、学生特色作品、德行评价记录表、本学期个人及班级所获得的奖状、教师评语、孩子们的成长感悟、写给父母的一封信等装进"小白兰"成长档案袋放于每位同学的桌面。在介绍完班级成长状况后，我邀请各位家长打开桌面的"小白兰"成长档案袋，了解孩子的成长轨迹。在静静无声的翻阅中，家长们的脸上或是露出欣慰的笑容，或是悄悄地红了眼眶。而这无声之中，不也是一种具体、关切而生动的家校沟通吗？

教育方法齐探讨

在家长会的家长学校环节，我精选案例开展以"怎样与孩子聊天"为题的家长学校案例教学活动，与家长共同探讨教育方法。首先，我展示豆豆妈妈常常以批判、指责、控诉等"伪批评"的方式讲述豆豆身上的不良习惯，不久后豆豆渐渐不愿上台展现自己的案例，引导家长思考与讨论：案例中豆豆的妈妈以怎样的方式与豆豆沟通？为什么豆豆会缺乏自信心？

在家长们讨论之后，进一步引导家长们结合自己的育人方式深入思考：你是否像案例中的豆豆妈妈那样，经常指责孩子？"你看你又……"为开头的指责话语，可能会有什么不好的影响？对于孩子的不良行为，我们该怎样纠正？三分钟的小组讨论和汇报发言后，进行观点小结和引导至在生活中如何践行的探讨——

纠正孩子的不良习惯应当运用温和理性、正面积极、简明易懂的语言，并且家长应当身体力行，以自身为模范，一言一行都要为孩子树立好榜样。

通过案例展示、分析探讨、组织反思、引导践行四个环环相扣、层层深入的教学环节，引导家长学习善用非暴力沟通法进行有效沟通的教育方法和策略，在提升家长教育水平的同时加强家校合作、促进学生全面发展，为家校协同营造良好教育环境。

抓住第一次家长会家校协同育人契机，树立班主任专业形象、可视化展示学生成长和班级成果、通过家长学校平台深入探讨教育方法，从而把握家校沟通突破区。家校齐携手，为孩子们的成长、成才与发展创造更优成长环境！

（撰稿：江蕾）

44. 一个好的班主任，应该具备怎样的素养？

有人说："教师像百合，展开是一朵花，凝结是一枚果。"班主任就像农夫种地，一路辛苦，一路收获。在教育的广阔天地中，班主任扮演着至关重要的角色。他们不仅是学生知识的传授者，更是学生品德的塑造者、心灵的引路人。因此，一位好的班主任需要具备多方面的素养，以更好地履行其职责，促进学生的全面发展。新城一小一直致力于打造优秀德育队伍，通过不断的实践打磨，本文将探讨一位好的班主任应具备的素养，以期为班主任队伍的建设提供参考。

（1）良好的师德修养。师德是教师的灵魂，是教育的基石。一位好的班主任首先必须热爱教育事业，关爱每一个学生，关注学生的全面发展，尊重学生的个性差异，时刻关注自己的言行举止，做到言行一致，为学生树立诚信、正直、勤奋、拼搏的榜样。

（2）丰富的知识储备。知识是班主任工作的基础。作为学科教师，班主任需掌握扎实的学科知识，为学生提供有效的学习指导。同时，他们还应具备广泛的人文素养，从而提供更加全面、深入的教育。

（3）出色的组织管理能力。班主任是班级的管理者，需要出色的组织管理能力。他们需要制定并执行班级规章制度，维护班级秩序。同时，班主任还应有效协调家校关系，形成教育合力。出色的组织管理能力将使班主任在工作中更加游刃有余，为班级创造一个良好的学习和生活环境。

（4）敏锐的洞察力和沟通能力。一位好的班主任还应具备敏锐的洞察力和沟通能力。他们应善于观察学生的言行举止,及时发现学生的问题并给予指导。同时,班主任还应具备良好的沟通能力,能够与学生、家长、同事等各方进行有效沟通,为学生的成长提供支持和帮助。

(5)创新精神和学习能力。随着时代的发展和教育的变革,班主任需要不断更新自己的教育观念和方法。他们应勇于尝试新的教育方法和手段,不断提高自己的教育水平。同时,班主任还应关注教育动态和前沿理论,学习新的教育理念和技术,为学生的成长提供更好的引领和示范。

综上所述,一位好的班主任需要具备多方面综合素养。这些素养将使班主任在工作中更加得心应手,为学生的成长提供更好的支持和帮助。同时,我们也应看到,这些素养不是一蹴而就的,需要班主任在日常工作中不断学习和积累。因此,我们应加强对班主任队伍的建设和培训,提高他们的专业素养和综合能力,为培养更多优秀人才做出更大的贡献。

(撰稿:潘李露)

一流班主任的自我修养

有一种教育叫陪伴,有一个动人的身份叫班主任。他们是学生心灵上的伙伴,学业上的导师。正是他们的陪伴使教育有了温度。在新城一小工作的6个年头,我看到班主任工作的努力付出,他们所做的每一件事都体现了他们对教育事业的付出与贡献,在他们身上,我也体会到了作为班主任的自我修养。接下来,我们跟着时间轴一起沉浸式体验班主任的一天。

7:20 的教室

当冬天的太阳还没露脸,班主任们已经在教室为孩子们的到来做准备,他们提前打开窗户,通风透气,只为孩子们精心营造一个洁净、舒适的学习环境。随后,他们布置好早读的任务,静静等待着孩子们的到来。

7:50 早读

一日之计在于晨,早读时间到了,班主任使出浑身技法,学生领读、教师范读、全班齐读,多种方式朗读只为让孩子们领略诵读的魅力。

8:05—8:35 大课间

生命在于运动。班主任另一项重要的日常工作是组织大课间。每天的活动课时间，班主任带领学生们做操，活动活动筋骨，给身体"加加油"。班主任们也会加入到锻炼身体的行列中。班主任们的参与，让孩子们感受到榜样的力量，跟着韵律，一起动起来了。

8:55—11:30 上课与日常工作

上课铃声响起，老师们激情澎湃地讲解，循循善诱地指导，孩子们自信大方、勇敢展示，在思考中拓宽思维，在交流中收获进步。不上课的时候班主任们也没有休息，他们要利用这个空档时间完成备课、批改作业、教研磨课、班级工作、家校沟通……休息时间的间隙，他们与学生交流谈心，处理突发事件，从讲话到谈心，耐心教导，陪伴孩子们成长。

11:40—2:00 就餐、午休

放学的时间到了，班主任们组织孩子们集队放学，确保将每个孩子都安全地交到家长手中。紧接着奔赴另一战场：饭堂。午餐时间到，班主任提前到食堂陪伴和指导孩子就餐。在孩子们就餐时，班主任们认真观察孩子们的用餐情况，保证每个孩子都能好好吃饭。

2:00—5:10 上课与日常工作

上课铃声响起，下午课程又开始了。除了上课，还有科组会议、备课组会议、班主任会议、青蓝结对听课等教研活动，周一至周五不重样，在忙碌且有序地开展着。

5:10—6:00 晚托

托管时间，班主任还需要留在学校为孩子们辅导练习功课，解答他们的疑惑，面谈家长，等等。

6:00—6:15 放学

又到了放学时间。观察孩子们今天在校学习是否心满意足，有问题和困难及时化解。送走了孩子，班主任终于可以暂时卸下一天的安全重担。

随着晚托的结束,教室的灯火熄灭,但班主任们还要坚守自己的岗位。有的在打扫教室,有的返回办公室伏案备课,有的在批改作业,有的在跟家长沟通……一切为明天的工作继续做准备。

从曙光初现到夜幕降临,从春日的繁花似锦到秋日的落叶缤纷,班主任们默默守护着每一天的曙光与星辰。你所见的,不过是他们漫长教育生涯中平凡无奇的一日剪影。他们用每一天的默默付出、用真挚的关怀为教育注入温暖的力量。他们以平凡中的不凡,诠释着教育的深刻内涵与崇高使命。

在新城一小这样的教育环境中,班主任们以实际行动践行着"好老师"素养要求。他们不仅传授知识,更在学生的品德塑造和心灵成长上倾注了大量心血。这种平凡中的不凡,正是教育工作的深刻内涵与崇高使命的体现。班主任早已把有理想信念、有道德情操、有扎实学识、有仁爱之心这"四有"深深刻在骨子里。相信这也是新城一小开办六年成为人们口中"好学校"的重要原因,因为在这里,每个班主任都有一流班主任的修养。

(撰稿:潘李露)

45. 写好期末班主任评语需要遵循什么原则?

期末评语是对学生一学期学习、行为、态度等方面的综合评价,是学校教育工作中不可或缺的一部分。期末评语在学生的学习和成长过程中具有极其重要的意义。

一份好的期末评语不仅能够准确反映学生的表现,还能够为学生提供有针对性的指导。正面的评语能够激励学生继续努力,增强他们的自信心和学习动力。当学生看到自己在某些方面取得的成绩被认可时,他们更有可能在这些领域持续努力。其次,期末评语是家长了解孩子在校表现的重要途径,有助于家长更好地配合学校的教育工作。通过评语,家长可以了解孩子的优点和不足,从而在家中进行有针对性的辅导。再次,教师在评语中表达对学生的关心和鼓励,能够让学生感受到教师的关爱和支持,从而增强师生之间的情感联系;这种情感联系有助于建立良好的师生关系,为学生的学习和成长提供有力保障。最后,评语是对学生成长过程的记录,有助于学生在未来回顾自己的成长历程,发现自己的进步和变化。这些记录还可以作为学生升学、就业等场合的重要参考。

因此,撰写小学期末评语需要遵循一定的原则,以确保评语客观、公正、全面和有效。

一、客观性原则

客观性原则是小学期末评语撰写的首要原则。评语应该基于学生的实际表现，真实反映学生的优点和不足，避免主观臆断和偏见。在撰写评语时，教师应该充分了解学生的实际情况，包括学习成绩、课堂表现、行为习惯、情感态度等，确保评语的客观性和准确性。

二、公正性原则

公正性原则要求教师在撰写评语时，对每个学生都持有公正的态度，不偏袒、不歧视。教师应该根据学生的实际表现，公正地评价每个学生的优点和不足，避免因为个人喜好或偏见而对学生做出不公正的评价。同时，教师还应该注意评语的措辞，避免使用过于严厉或过于宽容的语言，以确保评语的公正性和合理性。

三、全面性原则

全面性原则要求教师在撰写评语时，要全面考虑学生的各个方面，包括学习成绩、行为习惯、情感态度等。教师不应该只关注学生的学业成绩，忽略学生的其他表现。在评语中，教师应该对学生的优点和不足进行全面的评价，并提出具体的建议和指导，以促进学生的全面发展。

四、针对性原则

针对性原则要求教师在撰写评语时，要针对每个学生的实际情况提出有针对性的建议和指导。每个学生的情况都是不同的，因此教师在撰写评语时应该根据每个学生的特点，提出具体的、有针对性的建议。这些建议应该具有可操作性和针对性，能够帮助学生明确自己的发展方向，提升自己的能力和素质。

五、激励性原则

激励性原则要求教师在撰写评语时要注重对学生的激励和鼓舞。评语中应该充分肯定学生的优点和进步，同时指出需要改进的地方。教师可以使用积极的语言和措辞鼓励学生继续努力提高自己的能力和素质。通过激励和鼓舞，学生可以更加积极地面对学习和生活中的挑战，促进自己的全面发展。

小学期末评语撰写是一项重要的工作，需要遵循客观、公正、全面、针对性和激励性等原则，以保证评语的客观性和准确性，同时为学生提供有针对性的指导和激励。在实践中，教师应该注重这些原则的运用，不断提升自己的评语撰写能力，为学生的全面发展提供有力的支持。

（撰稿：潘李露）

心得9

写好期末评语，我们这样做

每当学期末的钟声响起，班主任们总是深感责任重大。因为除了日常的教学任务外，他们还需要为学生们撰写期末评语。这不仅仅是一份简单的书面评价，更是对学生一学期来努力与成长的认可和鼓励。在多年的教学实践中，我们逐渐领悟到，写好期末评语，学生和家长爱你不止一点点。因此，新城一小自开办以来一直非常重视期末评语的撰写工作。写好期末评语，我们是这样做的：

一、高度重视，有计划，有安排

2019年1月，新城一小开办的第一个学期即将接近尾声，在学校工作行事历上，"落实期末评语的撰写"位列班主任工作之首。期末工作班主任会议上，冯结莲校长亲自做"如何写好期末评语"讲座分享，从小处着手，告诉班主任们针对不同的学生该如何措辞，如何激励，如何把期末评语写到学生和家长的心坎上。

在校长领导下，从第二学期开始，培训班主任如何写好期末评语的任务就交给了德育部门。我们雷打不动地做好了每个学期的培训，并且成了一个固定的期末德育工作。

二、检查反馈，专人负责，确保质量

期末评语撰写完毕，德育处牵头，安排好检查小组对评语进行查阅。级长作为级部负责人，对新班主任评语撰写进行指导以及检查反馈。经过第一层检查后，抓级领导对新班主任的评语进行抽查，发现问题及时反馈改进。那对有经验年长的班主任是否免检呢？德育处主任会随时查阅他们的评语，对评语进行把关；而德育处副校长也会随时抽检。这样就像产品过海关一样，经过层层的质检，相信最后出来的都是精品。相信这也是我们备受家长赞誉的原因之一。

三、优秀分享，共促提升

在我们审阅期末评语的同时，我们会把优秀的评语通过班主任群、班主任会议、班主任沙龙等形式分享出来，还会邀请评语撰写优秀的老师进行心得经验交流分享。老师之间分享优秀评语，可以互相学习如何更有效地评价学生的表现，激励学生继续努力。通过阅读和学习他人的优秀评语，班主任们可以学习到如何更具体、更准确地描述和评估某个事物或个人的表现，从而提高自己的评价能力，也可以从评语中了解到自己的优点和不足，明确改进方向。

结语

期末评语撰写的好坏与学校办学的质量和学校的美誉度是息息相关的。好的正能量的评语能让孩子和家长在假期里面传播，孩子开心，家长舒心；不当的负能量的评语会在一个假期发酵，影响家庭和谐。因此，对待期末评语不能马虎，要客观公正全面地评价学生的表现，认真对待评语撰写工作，为学生的未来发展提供有力的支持和指导。

（撰稿：冯结莲、潘李露）

46. 国风校服，如何成为教师形象的文化表达？

新城一小女教师的校服选择紫色国风旗袍。这一选择不仅体现了对中国传统文化的尊重和传承，也反映了教育者对于审美教育的重视。原因如下：

一、文化传承的需要

传统服饰的文化价值。旗袍作为中国传统服饰之一，承载着丰富的文化内涵和历史记忆。民国时期，旗袍曾是女性日常服装的主流选择，其优雅的线条和含蓄的美感，成为中国女性特有的风情象征。

校服与文化认同。校服不仅是学生的日常着装，也是一种文化符号，它能够在无形中培养学生的文化认同感和民族自豪感。通过穿着具有传统文化特征的校服，学生可以更加直观地感受到中国传统文化的魅力。

文化自信的展示。要把文化自信融入全民族的精神气质与文化品格中，养成昂扬向上的风貌和理性平和的心态。新城一小自从开办之初语文科就设立了国学经典课程。当我们的老师穿着紫色旗袍和孩子们上国学课，吟诵经典，这是多么美妙的国风画卷啊！希望润泽宝贝在《论语》《孟子》经典名篇的耳濡目染中，学会温良恭俭，彬彬有礼，积极向上。

二、审美教育的需要

审美意识的培养：紫色国风旗袍的选用，体现了学校对师生审美教育的注重。与传统的西式校服相比，旗袍更能展现女教师的身形美和礼仪美，有助于培养师生的审美意识和美的鉴赏能力。席勒说："从美的事物中找到美，这就是审美教育的任务。"身穿紫色旗袍的女教师行走在校园，便是校园里最美的风景线……

校服的审美功能：校服不仅仅是为了统一着装，更是一种美学教育的手段。美观的校服能够提升教师的自信心和自尊心，营造良好的校园文化氛围。

三、性别意识的需要

性别差异的体现。传统校服往往忽视男女的性别差异，而旗袍的设计则充分考虑到女性的身材特点，更加注重展现女性的温柔与优雅。

性别平等的促进。通过为女教师特别设计的校服，展现了学校在性别平等方面的考虑，促进性别教育公平。

四、润泽教育理念的物化

教育的传统与现代相结合。采用传统旗袍作为校服，是将传统教育理念与现代教育实践相结合的尝试。这种设计既保留了中国传统文化的精髓，又符合现代教育对于个性和美的追求。

教育的独特性：独特的校服设计，能够展示我校"润泽教育"办学理念的独特性，吸引更多家长和学生的关注，提升学校的品牌形象。

五、社会影响的角度

社会文化的反映。校服的选择和设计反映了社会文化的变迁和发展。紫色国风旗袍的选用，不仅是对传统文化的一种传承，也是对社会多元文化包容性的体现。

社会价值观的传递。通过校服这一载体，学校可以向社会传递尊重传统、注重审美、提倡性别平等等价值观，对周边社会产生积极的影响。

综上所述，新城一小女教师的校服选择紫色国风旗袍，不仅是对传统文化的传承和对审美教育的重视，也是对性别意识的关注和教育理念的实践。这种独特的校服设计，不仅能够提升学生的审美情趣和文化素养，还能够促进学校教育的独特性和创新，对周边社会产生深远的影响。因此，这种校服设计值得更多学校借鉴和推广，以期在全社会形成尊重传统、注重审美、提倡性别平等的良好风尚。

（撰稿：冯结莲）

案例37

润德泽智，扬帆起航
——2018年9月2日西江新城第一小学开学典礼

2018年9月2日，在高明区政府、区教育局、荷城街道办和荷城街道教育局的大力支持与关怀下，佛山市高明区西江新城第一小学隆重举行落成揭牌仪式暨2018—2019学年度开学典礼、一年级新生入泮仪式。

早上7点50分，在校门口进行了简单而隆重的开校门仪式，迎接学校第一批学生进校。

早上8点整，新生们和家长们整齐有序地走过启智门进入开学典礼主会场，寓意着开明启智，聪明伶俐，学业有成。

在活动正式开始之前，全体奏唱国歌。

主持人宣布活动正式开始，并隆重介绍高明区副区长孙先莉、西江新城管委会书记欧德坚、荷城街道办事处主任蔡子强、高明区教育局局长胡琦华、荷城街道党工委委员麦嫦玲、街道教育科研培训中心副主任廖成广等领导与嘉宾。

首先是领导致辞环节，分别是西江新城第一小学校长冯结莲女士致欢迎词，荷城街道办主任蔡子强先生致辞，高明区副区长孙先莉女士致辞并宣布西江新城第一小学正式揭牌！

在揭牌仪式结束之后，紧接着进行2018—2019学年度一年级新生入泮仪式：端正衣冠、参拜孔子、点砂开智、启蒙开笔、入泮宣誓。

入泮仪式之后，新生在家长的带领下，把自己的心愿卡贴到学校特色心愿墙上，向大家展现了自己对未来的美好希望。同时，主持人带领全校师生诵读《论语》经典。书声琅琅，翰墨飘香，国学氛围溢满校园。

早上10点，西江新城第一小学落成揭牌仪式暨2018—2019学年度开学典礼、一年级新生入泮仪式圆满结束！

一所人人被看见的学校
——"润泽教育"实践100问

西江新城第一小学正式开学,家长们对学校的办学特色充满了好奇和期待,现在就让我们一起来了解一下学校的办学特色。西江新城第一小学以"润德泽智,明志致善"为校训,致力于为孩子健康与幸福的人生奠基,努力把学校办成珠三角地区基础教育的标杆学校。

学校润泽课程体系包含润德课程、泽智课程、明志课程和致善课程四大板块,致力于激发孩子的学习兴趣和学习潜能,培养创新能力,使孩子成为全面发展的人才。学校的特色五微(味)课堂包含朗诵与演讲、古韵新唱、润心练字课、泽智主题阅读课、舒展放松操。

活动结束后,家长和孩子们都离场了,辛勤忙碌了近一周的老师们自发留下来。他们希望留下这见证历史的时刻,留下自己的美好形象。右图是西江新城第一小学第一届全体教师的合照。

润有根之中国人,泽博学之雅君子。西江新城第一小学将以"春风化雨,布德仁教"的教风,影响和唤醒每一位孩子,绝不辜负上级部门和社会各界的殷切期望!

(撰稿:冯结莲。转自西江新城第一小学微信公众号,发布时间:2018 - 09 - 02,网址:https://mp.weixin.qq.com/s/PElii5rLHOAQ8E8Ugy0n4w。)

47. 教师的着装艺术：如何适应职场不同场合？

《左传》有言："中国有礼仪之大，故称夏；有服章之美，谓之华。"华夏儿女举手投足、服饰装扮间无不体现温文尔雅、谦恭礼让的气质，展现着泱泱五千年文明的气度。而为人师表的教师们，是莘莘学子效仿的对象，在仪容上更不可懈怠，当以规范言行、良好的形象为学生树立表率。

教师的着装是一门艺术，最为通用的就是"三色原则"。教师着装"三色原则"指的是全身上下的衣着应当保持在三种色彩之内。这一原则强调服装的色彩搭配应简洁、协调，避免过多的颜色造成视觉上的混乱或花哨感。"三色原则"是一种通用的着装标准，旨在通过色彩的合理搭配来展现教师的专业形象，同时避免过于花哨的装扮分散学生的注意力，影响教学质量。这一原则适用于各种场合的教师着装，无论是正式场合还是日常教学活动中，都应遵循此原则，以保持专业形象和良好的视觉效果。

一、会议、活动着装要求

随着时代的发展和活动的不断丰富多样化，越来越多的活动有了特定的要求。

（1）党员会议、活动着装要求。党员活动服装的选择不仅代表着个人形象，更体现党员对党组织的尊重和支持。对于正式的党员活动，要求着装正式、庄重，最好标配当属白衬衫搭配过膝裙子或西裤、佩戴党徽以展现党员的风范和精神面貌。

（2）教师会议、活动着装要求。教师会议、活动场合着装要展现教师的专业形象，尊重会议场合，并与教育环境相协调。首先，服装应保持整洁干净，无褶皱、破损或明显污渍。这不仅体现了对会议的重视，也展现了良好的个人形象。根据会议的重要性和正式程度选择合适的着装。一般而言，正式会议、活动可能需要更为正式的着装，如西装、衬衫、套装等。而较为轻松的会议、活动场合，可以选择较为休闲但仍不失专业的端庄、大方的着装。如，学校运动会可以穿运动服，开学典礼可以穿礼服或者黑白配，即白色衬衣、黑色裙子或裤子等。

二、比赛、公开课、录制课、家长会主讲人的着装要求

出席工作的场合，教师不仅代表个人，还代表自己所在学校的形象——你就是学校的形象代言人！作为一名教师，在比赛、公开课、录制课、家长会等场合，穿着得体至关重要。它不仅是展示教学能力的机会，也是塑造专业形象的时刻。教师的着装应展现出专业、稳重、得体的形象，避免穿着过于时尚、暴露或分散学生注意力的服装。正式的连衣裙、裤子和平整的单色衬衫、清洁的鞋子将提升你的整体外观，并向学生传达你对专业的奉献。当然，简单适当的刘海、挺直的身板、和蔼的笑容、炯炯有神的眼睛——这些都能为你的形象加分。人的精气神很重要哦！

提醒：公开课如果LED屏幕较大是蓝色或者黑色，建议不要穿蓝色系或者深色系的衣服，否则教师个人形象不明显，效果不佳。

三、教师日常着装要求

教师着装，旨在为学生树立一个积极、专业且平易近人的形象，除了特定场合有着装要求外，平时着装也得注意"四不得"。

（1）男教师不得穿无袖衫、背心；女教师不得穿无袖装、低胸衫、吊带和过于紧身过于透明的衣服。

（2）女教师不得穿超短裙（建议裙子过膝）、低腰裤、短裤；男教师不得穿短裤进校园。

（3）不得穿拖鞋、凉拖鞋、光脚穿鞋上班。

（4）教师的着装应避免过于暴露、紧身、异类，以及脏、露、透、短、紧、异的服装。

这些规定旨在确保教师在学生面前的形象得体，能够为学生树立良好的榜样，同时也反映了教育部门对教师职业形象的重视。教师在校园内的着装应当符合教育职业的特殊要求，避免可能分散学生注意力的装扮。

总的来说，教师的着装，既要保持一定的正式感，以体现教师的专业性和权威性，又要有实用性、审美性，不影响教学工作，根据学科特点注意舒适度，确保能够自如进行教学活动，并时刻保持着装整洁、利落、大方、得体、知性。

（撰稿：谢宝珍、王瑾瑶）

心得10

礼润师德，仪以修身

孔子说："不学礼，无以立。"教师形象在教书育人过程中起着关键作用。"学高为师，身正为范。"教师工作的示范性和学生所特有的"向师性"决定了教师仪容仪表、服饰着装对学生的引导作用。为此，西江新城第一小学在开学前，冯结莲校长专门聘请礼仪邓老师对全校着装、仪态等进行专业培训，对教师着装有了明确要求。

谦谦有礼，婉婉有仪；学为人师，行为世范。这次培训不仅是一次知识的普及，更是一次精神的洗礼。我们深刻了解了着装在工作和生活中的重要性，认识到教师着装不仅影响到自身形象，还对学生健康成长产生潜移默化的影响，并将之融入日常的教育教学实践中。

俗话说：亲其师，才能信其道。在新城一小的日常，我们经常听到这样的赞美："老师，您今天好漂亮啊！"这是学生们对老师们自然流露出的喜爱，得体的着装，不仅润泽学生的审美，还能激发学生的学习热情，让教育变得愉悦、有效。

在教育领域中教师形象不仅代表着个人，更是学校文化和教育理念的传递者。因此，在公众场合，如家长会、学校活动、教育研讨等，穿着统一浅紫色旗袍的老师们成了新城一小一道亮丽的风景。得体的着装不仅展现了新城一小教师的专业素养，还提升了学校的信任感与家长的尊重。

在比赛中，一件得体的"战袍"能够立刻让评委和观众感受到我们的专业素养和对教育的热爱，展现良好的礼仪风范，增添自信，从而在比赛中表现得更加从容不迫，有利于发挥出最佳水平。提升我们个人形象的同时，为我们在比赛中取得好成绩增添一份助力。在新城一小，冯校长总是亲自指导参加比赛的老师们着装，邀请专业的化妆师为她们化淡妆，得体的妆容成了赛场上一道道耀眼的风景。

润泽教育，春风化雨。在今后的教育教学中，西江新城第一小学的教师还会不断提升自身的礼仪修养，提升个人的职业形象，有效地教育和影响学生，为社会培养出更多有道德、有文化、有纪律的建设者和接班人。礼润师德，仪以修身。

（撰稿：谢宝珍）

48. 谨防"野马效应"：教师要如何先打理好自己，才走向学生和课堂？

相传，在非洲原始草原上，有一种体形很小的吸血蝙蝠，吸血蝙蝠是野马最大的天敌。每天都会有无数匹野马在吸血蝙蝠的袭击下丧生。实际上，一点儿血对野马来说根本就是微不足道的。那么，究竟是什么原因导致野马丧生的呢？经过专家的研究发现，蝙蝠在袭击野马的时候，首先会附在野马的大腿上，接着再用尖尖的嘴巴缓缓地吸取血液。野马出于对外界攻击最本能的反抗意识，便疯狂地甩尾、蹦跳，甚至狂奔。野马的任何动作对蝙蝠来说都是徒劳的。然而，在这些盛怒、盛恐的动作下，野马葬送了它自己的性命。野马因一些小刺激而盛怒，最终失去生命，心理学家将这一现象称为"野马效应"。

在教师的现实教学工作中，不是也有很多这样的"野马"吗？学生打架、流鼻血、不小心摔伤、家长对工作的误解、家校沟通不足、学校布置的突击任务……因此，教师一定要学会控制自己的情绪，保持笑容面对学生、同事、家长，这是教师"授业解惑"的基本要求。

千万不要因为一些小事情就发脾气，给自己造成不必要的困扰，严重时甚至会影响到身体健康，长此以往，对人的心理和生理都有极为严重的危害。

作为一名教师，课堂教学时必须做到"胸中有书，目中有人"。

教师要从以下四个层次打理好自己，才走向学生，这样能让自己的课堂教学事半功倍。

第一层次是成竹在胸，肚子有料。教师必须做好课前（建议提前一天）备课。我们强调老师要备好课，才能去上课，做到胸中有教案，心中有学生。给学生上课，就是知识的输出，课前检视一下自己是否有足够的输入，问问自己备课做好了吗，下水作业做了吗？备课不但要备自己，备学情，还要提前做下水作业：老师把布置给孩子们的作业自己先做一次，看一下哪道题目特别难，然后在授课的时候有意突破重难点……如此，课堂教学才会更加高效。

第二层次是晨起梳妆，精心打扮，端庄大方地出现在学生面前。老师上班面对学生和家长的时候首先要打理好自己的外貌，着装要端庄大方得体。建议颜色尽量不超过三种，尽可能用三原色（当然，幼儿园和小学老师可以穿得活泼一些），穿有领子的衣服，女老师穿及膝的裙子，端庄大方地走进教室。

第三层次是眉开眼笑，笑容可掬地面对学生。你一定要打理好自己的心情才面对学生，可以在进入教室门前闭目静养2分钟，深呼吸三下，让自己的情绪平复下来，一定要放下所有的情绪。即使你昨天晚上跟你先生、跟你的家人拌嘴，心情很不好，但是当你走进教室面对学生的时候，一定要放下所有的负面情绪，笑脸相迎面对你的学生，把一天学习的好情绪、积极的状态带给他们。这样孩子们才愿意悦纳并投入听你的课。

第四个层次就是你的精神面貌。你要神采奕奕、双眼炯炯有神地出现在孩子面前。当然，这前提是老师要注意休息，做到劳逸结合。

老师当精神抖擞、笑容满面地走进教室的时候，是有感染力的，带给孩子们的是满满的正能量，以及非常愉悦的、积极向上的情绪。这样，为孩子开启一天或者一节课的学习之旅，何愁不高效呢？

（撰稿：冯结莲）

案例38

一张奖状的故事

在2021年9月中旬，我接到一个家长很特别的电话，说他的小孩很不喜欢班上的语文老师，很害怕上语文课，甚至想转学，希望校长能到该班上听听这位语文老师的课。我答应家长深入了解，并希望家长不用急于下判断和决定。于是，我对这位语文老师的课堂进行了一年多细心跟进。前6个月跟进主要是了解原因，后6个月的跟进是帮助她改正缺点。

接下来的前三个月，我总有意无意地到这位老师的课堂进行巡课、观课、听课。经过一段时间的观察，我发现这个老师的课前有一个很明显的坏习惯：她喜欢带着她的情绪上课，而且只要上课她都会一开始就批评学生，有时是批评一位学生，有时是批评一组学生，有时是批评全班学生。记得有一次课前批评就用了20分钟，一节课的一半。我发现只要是上她的语文课，孩子们都垂头丧气、毫无神采，个别孩子甚至是出现嘟起嘴（不满）和恐惧的表情。我再翻阅她的一些单元检测的成绩，和同年级进行一个横向比较，我发现该班不及格的居然有15个之多，而其他班级只有3～5个……我意识到了问题的严重性。

于是，我约她到我的办公室来聊天。向她了解班上孩子的情况、她的家庭情况，同时也知道了她的一些不愉快的恋爱经历……我开始慢慢地引导她，建议她把班上的孩子看做是自己的弟弟妹妹，并且提出三个立行立改的要求：第一，以后上课，不要带着任何自己的情绪，一定要微笑着走进教室，和学生有眼神的交流。第二，课前发现学生的闪光点，可以上课用2～3分钟去表扬好作业、好书写、好预习、好作文、学生的好人好事。第三，上课期间尽量不要批评学生和整顿纪律，除非很严重的错、很紧急的安全问题。学生的其他问题，要学会先"冷处理"，课后再细致、耐心教育。

她接受了我的建议，并要求给她三个月时间。我当然答应了。

四个月后我再去观课，发现孩子们上课前的表情也开始有所放松，开始微笑着期待她来上课。最近几次的单元小测，不及格的人数只有3～7人。

而那位要求转学的家长，期末却让他的小孩把一张"语文润泽之星"的奖状，放在了我的办公桌上……

（撰稿：冯结莲）

49. 聪慧自荐：新教师如何向同事、向学生、向家长做好自我介绍？

对于一名刚刚走上教学岗位的新教师来说，做好自我介绍非常重要，其重要性不仅体现在能够有效地与学生、家长、同事建立联系，还包括对个人职业发展和教学效果的积极影响。

对于新岗位的同事来说，一个专业的自我介绍是展示自己教育背景和专业知识的机会，有助于在教师团队中建立尊重和合作的关系。

对于新班级的学生来说，新教师的自我介绍会在学生心中形成第一印象。小学生对新事物充满好奇，他们更容易基于第一印象来形成对教师的看法。一个积极、热情的自我介绍可以让学生感到亲近和兴奋，为建立良好的师生关系打下基础。同样，教师的行为对学生有着潜移默化的影响。通过一个积极、自信的自我介绍，教师可以为学生提供一个良好的榜样，教会他们如何自信地表达自己。

对于新班级的家长而言，新教师的自我介绍是家长对一个新教师的初步了解。小学阶段的家长对孩子的教育非常关注，他们希望把孩子托付给值得信赖的老师，新老师的到来可能伴随着不确定性和担忧。一个清晰、友好的自我介绍可以减少他们的疑虑。通过自我介绍，教师可以展示自己的专业性和责任心，从而获得家长的信任。自我介绍也是开启家校沟通的第一步。通过介绍，教师可以向家长展示自己的沟通意愿和方式，鼓励家长在有需要时与自己联系，为日后的沟通和合作奠定基础。

总之，对于小学新教师来说，做好自我介绍是建立信任、促进沟通、展现专业性、减少不确定性和促进个人发展的关键步骤。通过一个有效的自我介绍，教师可以为自己的教学生涯开启一个良好的开端，并为未来的成功奠定基础。

请大家认真阅读以下三个范例，或许对大家有所启发。如果您能做到多练习，您说话会更有气场，会更自信。

（撰稿：董博翰）

心得11

做好自我介绍，留下最美初印象：
新教师的三场自我介绍范例

一、自我介绍一：面向新同事的自我介绍

新教师向同事做自我介绍是一个很好的展示你的专业性、友好性和合作意愿的机会。以下是一些步骤和提示，可以帮助你进行有效的自我介绍。

1. 准备。在介绍之前，想好你要传达的关键信息，比如你的教学科目、教育背景、教学理念以及你对加入新团队的期待。

2. 选择合适的时机。找一个合适的时机进行自我介绍，比如在新教师培训会上、部门会议中或者在非正式的茶歇时间。

3. 开场白。用一句简单的问候开始，比如"大家好"或"很高兴见到大家"。

4. 基本信息。简要介绍你的基本信息，包括姓名、教授的科目和年级。

5. 教育背景。简要说明你的教育背景，比如你在哪里获得的学位，以及你在教育领域的任何特殊经验或成就。

6. 教学理念。分享你的教学理念或你对教育的热情，这有助于同事们了解你的工作方式和目标。

7. 个人兴趣。可以简单提及一些个人兴趣或爱好，这有助于建立更个人化的联系。

8. 表达感激和期待。感谢同事们的欢迎，并表达你对成为团队一员的期待和兴奋。

9. 开放性。表示你愿意与同事们合作，并且对于建议和反馈持开放态度。

10. 结尾。以一句友好的结束语结束你的介绍，比如"我期待与大家一起工作"或"请大家随时找我交流"。

以下是一个简单的自我介绍示例：

"大家好！我是董××，是新来的语文老师。这学期将负责四年级4班的语文教学工作。我毕业于佛山大学，曾在佛山同济小学实习一学期。我对教育充满热情，相信每个学生都有潜力，我致力于创造一个既迎接挑战又互相支持的学习环境。在业余时间，我喜欢阅读和徒步旅行。我非常高兴能加入新城一小这个大家庭，并有机会向大家学习。希望大家不吝赐教。"

二、自我介绍二：面向学生的自我介绍

新教师向学生做好自我介绍是建立师生关系和树立教师形象的重要一步。相较于面对新同事的自我介绍，面对学生的介绍应更多的侧重于自己的教学理念、班级管理要求和对学生的期望。

1. 准备。在介绍之前，想好你想传达的关键信息，比如你的教学科目、教育背景、教学风格以及对学生的期望。

2. 选择合适的时机。通常在第一节课的开始或者在课程介绍环节进行自我介绍是最合适的。

3. 基本信息。简要介绍你的基本信息，包括姓名、教授的科目和年级。

4. 教学理念。分享你的教学理念或你对教育的热情，这可以帮助学生们了解你的工作方式和目标。

5. 规则和期望。清晰地说明你对课堂的规则和对学生的期望，这有助于建立相互尊重的学习环境。

6. 个人兴趣。如果适当，可以简单提及一些个人兴趣或爱好，这有助于学生感觉到你是一个真实的人，而不仅仅是一个教师。

7. 互动。鼓励学生提问或分享他们的想法，这可以促进师生之间的互动和

沟通。

8. 结尾。以一句友好的结束语结束你的介绍，比如"我期待与大家一起度过一个充满学习和成长的学期"。

以下是一个简单的自我介绍示例：

"各位同学们，大家好！我姓董，大家可以叫我董老师。本学期由我担任本班的语文老师。在我的课堂上，我鼓励大家积极参与和提问，因为我相信学习是一个互动的过程。我对课堂的要求是尊重和责任感，我期望每个人都能尽力而为。在业余时间，我喜欢阅读和打篮球。最近老师在看《明朝那些事儿》，对历史感兴趣的同学也可以和老师一起交流。我非常期待与大家一起在语文的知识海洋遨游，并希望大家能在这门课中获得知识和乐趣。现在，有没有什么问题想知道的？"

三、自我介绍三：面向家长的自我介绍

新教师向家长做好自我介绍是建立家校沟通和合作的重要一步。同样，新教师的自我介绍决定了家长对你的初印象和信任程度，面对几十位年长于你的成年人，打消他们的顾虑，建立信任是自我介绍的主要目的。

1. 准备。与前两个自我介绍相同，在介绍之前，都要认真准备好想传达的信息。

2. 选择合适的时机。通常在家长会的开始、开学初的见面会或者初入班群时。

3. 开场白。用一句简单的问候开始，比如"尊敬的家长们，大家好"或"感谢各位家长于百忙之中参加本次家长会"。

4. 基本信息。简要介绍你的基本信息，包括姓名、教授的科目和联系方式。

5. 教学理念。分享你的教学理念或你对教育的热情，这可以帮助家长们了解你的工作方式和目标。

6. 家校合作。强调家校合作的重要性，表明你期待与家长共同努力，为学生的学习和成长创造良好的环境。

7. 沟通渠道。告知家长你的联系方式和办公时间，鼓励他们在有需要时与你联系。

8. 结尾。以一句友好的结束语结束你的介绍，比如"我期待与各位家长合作，共同促进孩子们的成长"。

以下是一个简单的自我介绍示例：

"尊敬的家长们，大家好！我是董老师，从这个学期开始，我将是您孩子的语文老师。我热爱教育事业，并相信通过合作和共同努力，可以为孩子们提供最佳的学习环境。我非常重视家校之间的沟通和合作，这是我的联系方式，希望大

家能随时与我分享您孩子的进步和遇到的挑战。我非常期待与各位家长合作，共同为孩子们的未来打下坚实的基础。如果您有任何问题或建议，请随时告诉我。"

做好一个自我介绍除了要充分准备介绍内容，还需注意着装、介绍时表达清晰流畅、介绍过程中关注听众的反应适时调整，不可生搬硬套。通过以上的心得分享，希望可以帮助每一位新教师做好自我介绍。

（撰稿：董博翰）

50. 习惯养成：开学第一周，我们为什么把它定为"习惯养成教育周"？

"少若成天性，习惯成自然"。即少时养成的习惯将伴随着孩子的一生。每年9月是开学的第一个月，是新城一小的"习惯养成教育月"，而开学第一周则是"习惯养成教育周"。"习惯养成教育周"是"习惯养成教育月"的良好开端，良好的开端就是成功的一半。因此在开学的一周时间里，班主任和配班教师应携手并进，从学生的日常行为方式入手，培养孩子优良品质和良好的学习习惯。希望新城一小学子在我校"润泽"教育下成为行为习惯好、礼貌礼仪好、思想品德好的"三好"臻雅学子。

有很多老师不解，为什么要浪费一周的时间去培养孩子的各项行为习惯：入校习惯、课堂习惯、课间行为习惯、就餐习惯、集队习惯、午休习惯、上课课堂行为习惯……新城一小2018年从一间新创办学校至今，一直坚守"习惯养成周"的底线，因为我们清楚磨刀不误砍柴工，习惯养成好了，能够帮助学生提高学习效率，减少学习压力，从而更加自信地面对接下来的学习挑战，使其一生受益匪浅。习惯养成很重要。

一、为新学期奠定良好基础

开学第一周是学生们适应新学期、新环境的关键一周。在这一周内，一年级的学生从幼儿园升上小学，对于小学一切规章制度认知度为"0"，而二至六年级的学生虽然经过学校日常行为习惯的教育，但是经过一个假期，也要重新接受学校的规章制度，还需要时间去唤醒，去适应。因此，开学第一周习惯养成周通过强调和培养一年级新生的良好学习习惯，可以为他们整个学期的学习奠定坚实的基础。而二至六年级学生在习惯养成周可以唤醒自主自律意识，迅速用良好的学习习惯投入学校学习生活，能够帮助学生提高学习效率，减少学习压力，从而更加自信地面对接下来的学习挑战。

二、促进学生自律意识的提升

学习习惯的养成不仅有益于学习能力的提升,更有利于学生综合素质的培养。通过习惯养成周的活动,我们可以引导新生树立正确的价值观、人生观和世界观,培养他们的自律性、责任感和团队合作精神。这些品质对学生未来的成长和发展产生深远的影响。通过习惯养成周的活动,学生能够更加深刻地认识到良好学习习惯的重要性,从而自觉养成并维护这些习惯。这有助于提高学生的自律意识和自我管理能力,为班级的稳定运行提供有力保障。

三、助力班级管理,提升工作效能

新城一小习惯养成周,由德育处制定本周课程要点。习惯养成周课程设立使得班主任的工作重点更加明确,细化到每节课要训练的行为习惯以及跟班老师,点对点落实到人。这有助于班主任更加有针对性地开展工作,提高工作效率和效果。

此外,习惯养成教育周也为班主任提供了丰富的工作方法,我们会把上一届优秀的班级展示,按类别整理成视频资源,让新生、新老师可模范,可操作,可创新;同时也让有经验的班主任或级长进行带班展示,老师观摩,尽可能优化习惯养成周课堂教学模式。习惯养成周,低年级以游戏化为主,中高年级以合作化竞赛比拼类为主,发挥最大的效能助力班级管理,让学生和老师在最短的时间形成好习惯,也为班主任老师赋能,减轻工作负担。

四、考核评价,强化班级凝聚力,给家长留下美好第一印象

新城一小习惯养成周最后一天是各班正副班主任带班展示,由德育处领导、级长以及年级家委进行考核评比。展示活动通常需要全班同学共同参与,这有助于增强班级内部的凝聚力和团队精神。学生在共同追求良好学习习惯的过程中,能够形成更加紧密的联系和互助合作的关系。而这些良好的行为习惯也会延伸到家庭生活,无疑也给家长留下了开学美好的第一印象。

正是因为新城一小人的坚守,习惯养成周得以传承和延续。新城一小的学生也在我校"润泽教育"下一步步成为行为习惯好、

礼貌礼仪好、思想品德好的"三好"臻雅学子。每每听到外来的老师、护畅的家长说:"新城一小的学生真是有礼貌!""新城一小的学生课堂习惯真好!"我们的自豪感油然而生。希望在习惯养成教育的路上,我们坚守的并非一周、一月,而是落实到每一天。

（撰稿：潘李露）

案例39

习惯养成，"育"见更美好和优秀的自己

2021年9月，伴随着"老师早""同学们好"的声声问候和甜蜜的笑容，西江新城第一小学迎来了醒狮入校门。"雄狮们"眨着炯炯有神的大眼睛，迈着神气的步伐，摇头晃尾地走进教室，给新入学的孩子们送来了一份"大惊喜"。这是每年开学我们给学生的仪式感，让学生在欢愉的氛围下开启新一学期的学习生活。

接下来的一周是习惯养成周，我和大家一起分享一下习惯养成周的剪影。

习惯养成教育周之课堂常规训练

习惯养成教育周的开篇之笔，落在教师对学生进行课堂常规的训练。好习惯的养成，要从细节做起，不论是上课前向老师问好，还是举手发言，亦或是坐姿，都要时刻规范孩子。我们通过课堂上让学生看，学指令，听指令做，让孩子明晰课堂礼仪，做到尊师重道，了然于心，付诸于行。通过课堂常规训练，学生能做到"安安静静候课—端端正正起立—认认真真听课—整整齐齐读书"。

习惯养成教育周之集队训练

作为"习惯养成教育周"的生花之笔，集队训练在于培养学生们的纪律性和团结性，并保障了早晨出操、午间就餐、放学回家等一系列集队活动的有序性和安全性。这几天，在带队老师和班干的加训下，嘹亮的口号声响遍校园。"立正!""一二!"，虽然只是一个个简单的动作，但要做到全班整齐一致也是一门学问。同学们以队伍整齐为目标，站如松，行如风，展现新时代好少年的飒爽英姿。

习惯养成教育周之放学感恩礼

放学感恩礼是"习惯养成教育周"的点睛之笔。作为我们学校润泽教育的特色名片，放学感恩礼旨在让润泽学子学会感恩，将来能成为一名知恩、感恩、

念恩、报恩的人。为此，润泽学子们会在放学时，对辛苦操劳一天的老师三鞠躬，感念师恩。一鞠躬："谢谢老师！"二鞠躬："老师您辛苦了！"三鞠躬："老师再见，回家注意安全！"

习惯养成教育周之成果展示

"台上一分钟，台下十年功。"一周下来，润泽学子们经受了习惯上和身体上的历练，艰苦的训练让他们认识了更好的自己。现在，他们齐聚一堂，整装待发且斗志昂扬，个个摩拳擦掌、跃跃欲试，准备在这里展示训练成果，接受来自学校和家委代表们的考评。通过课堂常规展示，让家长实地考察了孩子们的学习环境，同时也让家长、老师和学生有了更深入的沟通与交流，家长对"润泽教育"的了解、对学校文化的认可，使他们对孩子日后的学习生活充满信心。

"教育即润泽，教育即习惯。"一个好的习惯一经形成，就会成为孩子们终生受用的宝贵财富。"习惯养成教育周"的圆满结束，为"习惯养成教育月"拉开美好篇章，但奋斗仍在路上。新城一小的老师们将用"守正创新，精益求精"的精神去引导润泽学子们养成良好习惯，做一个有礼、有序、有爱、有心、有德的"五有"学子。希望各位家长能与老师们并肩努力，培养和引导孩子养成良好习惯，为孩子健康与幸福的人生奠基！

（撰稿：林泽亮。转自西江新城第一小学微信公众号，发布时间：2021-09-11，网址：https：//mp.weixin.qq.com/s/h1jAosvCofcH08Zy_GOO9Q）

51. 教育艺术：教师为什么要特别关注孩子放学前的个人情绪？

情绪是心灵的晴雨表，家长能敏锐感知孩子情绪变化。在一天的教育教学活动结束，学生们即将踏上归家之路的放学之时，教师的目光与关怀不应有丝毫的松懈，反而应当更加细致入微地关注学生的个人情绪状态。这不仅是教育责任感的体现，更是促进学生身心健康、构建和谐校园文化的重要一环。老师要特别关注孩子放学前的情绪，主要有以下几方面：

（1）安全考虑。放学时孩子情绪不稳定会影响他们的安全。例如，愤怒或激动的孩子可能更容易出现意外事故，而焦虑或悲伤的孩子可能也无法集中注意力在安全上。确保孩子们在良好的情绪状态下离开学校有助于保护他们的安全。

（2）家庭关系。孩子放学后回到家庭环境，他们的情绪状态会直接影响与家人的互动。如果孩子带着负面情绪回家，可能会导致家庭紧张和冲突。老师通过关注和调整孩子的情绪，可以帮助他们创造一个更和谐的家庭环境。

（3）情感支持。老师关注孩子的情绪可以提供必要的情感支持。孩子可能因为学校里发生的各种事情（如学习压力、同伴关系等）而感到压力或不安。老师的关心和干预可以帮助孩子处理这些情绪，促进他们的情感健康。

（4）教育连贯性。了解孩子放学时的情绪状态可以帮助老师评估一天中的教育活动是否成功，以及是否需要调整教学方法或课堂管理策略。

（5）预防行为问题。孩子如果带着负面情绪离开学校，可能会在校外展现不良行为。因此教师如能通过及时识别和解决孩子的情绪问题，可以及时帮助预防潜在的行为问题。这点很是关键！

（6）促进正面发展。积极的情绪状态有助于孩子更好地适应环境、培养积极的人际关系，并促进身心健康发展。

总之，小学老师关注孩子放学时的情绪是出于对孩子整体福祉的考虑，包括安全、心理健康、家庭和社会关系以及学习成效。通过关注和支持孩子的情绪需求，老师可以为孩子的健康成长和正面发展打下坚实的基础。同时，当家长接到放学回家欢天喜地的孩子时，就明白孩子今天在学校一定过得开心又充实，因此家长对老师会更加信任和放心，对学校的教育会更加认同，家校关系会更加和谐融洽！

（撰稿：冯结莲）

案例40

老师，请您帮孩子拭去眼角的泪水

放学时间快要到了，还有十分钟。我赶紧放下手头上的东西，快步走下楼梯准备到校门口送孩子们放学。走到一楼的时候，看到一（5）班的孩子正在排队，班长用他稚嫩但是有点威严的声音在提醒孩子们：大家要拿好自己的作业，整理好书包，准备排队出校门了。我看到教室里面还有一个小男孩磨磨蹭蹭老是出不来，班长和老师都在外面提醒他，同桌也在提醒他：快点啦，我们要走了。那男孩泣涕连连，一边擦眼泪一边收书包。我赶紧走上前去问他："宝贝，你怎么了？怎么哭了呀？"他看见是我来了，就说："校长，我今天被人家欺负了。"我说："怎么了？""我的笔不见了，我怀疑我的同学拿了。我把这个事情告诉老师了。老师说明天再查。"小男孩一边啜泣一边说……"哦，我明白了。"于是我问他："你有证据吗？你为什么说你的笔是别人拿的呢？""我有证据，旁边的小米同学也可以作证。我的笔用了1/3了，只剩下2/3。中华牌铅笔。"于是我就走出教室门口，让老师把那两位同学一起留下来。

然后我让老师通知这三位家长，告知他们您的小孩今天会推迟放学，让他们在校门外稍微等一下。

我还让另外一位副班主任帮忙带班，把其他孩子带出去交给家长，我就和这位班主任回来和孩子们一起处理他们的铅笔问题。后来经过班主任细心调查，结果正如这位小男孩所说，是他的同学在昨天开始爱上了他那支新的画着小熊头像的铅笔，昨天已经偷偷拿过来用了一次，今天终于忍不住，还是把它放到自己的笔盒里。旁边的同桌小米同学也为此事作了证。这件事总算完结了，小男孩停止了哭泣，露出了笑容。

我们从这件事情得到了启示，学校学生发展中心的负责老师每逢周一就会在群里温馨提示老师们：在下课和放学前一定要关注、看看班上每一位孩子的情绪，看看他们语言、动作、表情、神态和平常有什么异样。如发现班上某位同学情绪和表情与以往不一样，老师一定要想办法和孩子单独沟通、了解，及时排解学生的情绪，化解学生之间的矛盾，帮孩子拭去眼角的泪水，不要让孩子带着泪痕回家，让家长放心把孩子交给我们。

从 2019 年 12 月 1 日开始，这成了新城一小的一条不成文的规定。从那一天起，我们的润泽宝贝放学都是欢天喜地的，而在校门口接到孩子的家长，都眉开眼笑。

迎接每一个身心健康的孩子回家，是每一位家长的质朴愿望；教育好每一位孩子，让润泽教育下的每一位宝贝身心健康成长，更是每一位老师的责任！

（撰稿：冯结莲）

52. 管理艺术："扬善于公庭，规过于私室"，在工作中如何体现？

"扬善于公庭，规过于私室"出自《曾国藩家书》。曾国藩强调，在公开场合要多表扬一个人的优点，在公庭凸显他的能力和声名；对于他的缺点和过失，要私下里去纠正规劝。

这里面包含四点内涵：

（1）扬善是激励机制，规过是防范机制。规过是基础，扬善是核心。一个团队要创造价值，只有通过科学的扬善激励机制，才会产生最大的创新动力和创业热情。

（2）扬善有利于社会进步，规过有利于个人进步。

（3）规过要讲究方式方法，对于一个人的过错进行规劝，要恰当得法，仔细考察比对当时的性情背景，分析事件发生的原因和复杂隐情，综合考量然后采取合适的方式进行规劝，既要达到规过的目的，也要尊重当事人面子。

（4）扬善对个人来说是修行，是为成大事者的胸怀。

这也是中国古代教育思想中的一种观点，意思是在公共场合表扬学生的优点和长处，而在私下里指出学生的过错和不足。这种教育方法有助于保护学生的自尊心，同时鼓励他们改正错误和不断进步。在现代教育教学管理中，这一思想可以体现在以下几个方面：

（1）公开表扬。教师可以在课堂上、学校集会或者通过学校的公告板、公众号、网站等渠道公开表扬学生的优秀表现、特殊才能或者良好的行为习惯，以此激励学生的积极性和自信心。

（2）私下指导。当学生犯错或者有需要改进的地方时，教师应该选择合适的时机和私密的环境与学生进行一对一的交流，避免在同学面前直接批评，减少学生的尴尬和抵触情绪。

（3）建立反馈机制。教师可以通过作业批改、个别辅导、家长会等多种形式给予学生个性化的反馈和建议，帮助他们认识到自己的不足并鼓励他们努力改进。

（4）培养正面文化。学校和教师应该共同努力营造一个积极向上的学习氛围，鼓励学生之间相互尊重和支持，而不是相互比较和竞争。

（5）关注个体差异。每个学生都有自己的特点和成长节奏，教师应该关注每个学生的个体差异，因材施教，既表扬其优点也帮助其克服困难。

（6）家校合作。教师应该与家长保持良好的沟通，共同关注学生的成长。家长也可以在家中采用类似的方法，即在公共场合表扬孩子，在私下里指出并帮助孩子改正错误。在外人（他人）面前公开批评孩子或指出孩子的缺点是大忌。

通过这种方式，教师可以在保护学生自尊心的同时，有效地促进学生的个性发展和自我提升。这样的教育和管理方式，对学校教师的管理也同样适用。

（撰稿：冯结莲）

案例41

一个匿名电话，一次推心置腹谈话

2021年6月下旬一个星期四的下午，我刚听完一位入职不到一年的新老师的课回到办公室，办公室的电话就响了起来。原来是某社区的一位部门负责人的来电，他说他今天收到了一个投诉，有一位家长投诉咱们学校五年级的班主任严老师，说期末考试在即，还组织六月份和七月份生日的孩子搞生日小晚会。这不，还在群里面发动家长，让家长为孩子们的生日捐钱买蛋糕，买零食。家长认为严老师这种行为是不对的。第一，班主任不应该在群里面发动学生家长给孩子们买东西；第二，期末检测在即，学生学习紧锣密鼓非常紧张，班主任不应该做这些事情分散孩子们复习迎检测的心，而应该专注地和孩子们一起复习，迎接期末的检测。

听到这个电话之后，我跟他说，我会好好了解这件事情，然后晚点再回复您。

放下这个电话不久，大约半小时之后，我又听到了关于这个班的另一个电话。给我来电的是五（3）班的一位家长，家长姓李。电话里他诚恳地跟我说："冯校长，一个学年快过去了，很快孩子们就要升到六年级，咱们班的孩子就要由五（3）班变成六（3）班了。我恳求您不要换我们的班主任严老师好吗？"我问他，为什么呢？他说："严老师是个很好的班主任，他很用心地对待我们的孩子。他善于观察我们班上的孩子，懂得如何给我们的孩子心理调节。比如说他知道期末检测在即，孩子们复习过于紧张，他就提议我们六七月份的孩子一起过生日，让孩子们自己组合表演节目，这样孩子们就得到放松。虽然只有星期五下午最后一节课40分钟，但是我女儿和我邻居的小孩听到这个消息后，他们都很兴奋，都愿意抽出一点点时间来排练放松。其实我觉得孩子心理健康、健康成长才是最重要的，孩子心理健康，学得快乐，学业成绩自然不会差。所以我希望李老师能继续留到六年级带我的孩子，一直到毕业。"

真巧，同一个人，在同一天下午，我听到了关于对他评价的两种不同声音。

我怎么做呢？明天刚好是星期五，全校教师集中开例会。按照新城一小的会议惯例，第一环节就是表扬本周正能量的好人好事。于是在例会一开始的时候，我就讲了第二个电话的家长诉求故事，并大力表扬这位老师一直关注孩子的身心健康，用心做好班主任工作，得到了家长的认可，家长们还希望她一直能把孩子带到毕业班。台下，掌声如潮，我看见了严老师自信的笑眯眯表情……

散会之后，我叫他到我办公室小坐。他就把给6、7月出生的孩子集体过生日这件事情的来龙去脉细细地向我娓娓道来……

末了他跟我说："其实校长，这件事我也有做得不对的地方。"他继续说："其实发动家长买蛋糕，买零食，这个发动人不应该是我。"我问，那应该是谁？他回答："应该是家委主任。这件事情让我明白了，以后班上想搞什么活动，首先得征求学生的意见，再征求家长意见。很多事情，只有家长大力支持我们才能做得成。但是只要是为孩子们好的，我都愿意去做。以后我要学会跟家委们商量，让家委们和我坐同一条船，站同一条战线，这样我们的工作开展会更加顺利，家校的关系就能更和谐。"我说："您能这么想，这样识大体顾大局，真棒！"最后他还表决心说："我会一如既往地做一个很用心的、很细心的、很有爱心的、很有责任心的班主任。不会再有家长投诉的了。请校长放心。"

我握着他的手说："有你这番话，足够了！"

无论是对待老师还是学生，我们要懂得扬善于公庭，规过于私室，学会急于表扬，慢于寻错。

（撰稿：冯结莲）

53. 平衡艺术：教师如何优化一天的工作和生活节奏？

小学教师的一天忙碌充实，因为教师的工作不仅要承担教学任务，还要照顾学生的生活和情感需求，还得及时与家长沟通。因此，合理安排工作与生活对于保持教师的身心健康和提高工作效率至关重要。建议如下：

一、在校一天的工作安排

（1）合理制定一天的课程计划。早读一定要读出学生的精气神。一般来说，学生上午注意力较为集中，所以通常会把新授课安排在上午，下午上复习课或习题评讲课，教师还可进行随堂练习，兼少量的听写和默写。

（2）安排好空课的工作内容。

原则：张弛有度。切记，拖堂的教师不受学生欢迎！下课10分钟教师要"眼观六路，耳听八方"，时刻关注学生的情况，不时解答或处理学生的问题。因此空课的头5～10分钟要放松一下，用温热的茶水温润一下身心，晒晒太阳吸收阳光的力量，做扩胸运动，多走动活动筋骨。

运用番茄时间管理法，"要事优先，先急后缓"。"番茄管理法"指25分钟工作，5分钟休息，周而复始。"要事优先，先急后缓"，以提高工作效率和减少干扰。空课可以边喝点热茶边改待会上课要用的作业本。在这25分钟内只专注于批改当前作业，避免与之无关的干扰。

如有学生事情需要处理，要先安抚学生的情绪，必要时与家长及时进行沟通。所有的工作安排以学生的利益为先。

二、一天的生活节奏如何安排？

（1）做"晨起型人格"的人。早睡早起身体好。教师要保持至少7小时睡眠才能精神饱满开启一天的工作。

（2）早起规划好一天的工作安排。根据当天的工作安排制定一份详细不失灵活的计划和清单,包括要完成的任务和活动的优先级。最好在工作日历或工作本上写上较为详细的一周工作计划,推荐 App"印象笔记"。

王老师周三的工作计划表

时间	节次	课程	工作安排
上午	早读	语文课	读、背、听默、改
	第一节	语文课	新授课
	第二节	空课	备课、改作业、做好新授课的准备
	第三节	语文课	上新授课
中午	午休(约30分钟)		
下午	第四节	空课	备课、批改作业
	第五节	语文课	习题评讲、复习
	第六节	空课	批改作业
	整理与反思		辅导学生
	晚托		(1)轮值到晚托值班,就到班上辅导学生作业,跟进放学。(2)不需要晚托值班,就运用"番茄时间管理法"进行备课、撰写教案、反思、修改课件、批改作业、跟家长沟通、发布学校相关信息等
6:20	下班,晚餐		
7:30	餐后1小时运动		可以适当散步、跳舞、打八段锦等
8:30	备课		
9:15	专业加餐		看优秀的课堂实录,并做听课笔记
10:00	休息		可以听舒缓的音乐辅助睡眠

冯结莲校长经常说:人与人之间的差别,其实就在八小时以外。

八小时以外你打麻将,你的麻将术就精进;八小时以外你看优秀教学录像,你的教学水平就不断精进。所以她总是建议我们有空就做与自己专业相关的事情。

(3)睡前反思。睡前用"过电影"的方法简单回顾一天的工作,"吾日三省吾身",有不足则改之,无则加勉。

张弛有度,事半功倍。小学教师的工作与生活安排需要充分考虑到教学、辅导、自我提升和休闲等多个方面。通过合理规划,教师可以在繁忙的工作中找到平衡,确保自己的身心健康,能为学生提供高质量的教育服务。

(撰稿:冯结莲、王瑾瑶)

案例 42

我的周末，我主导
—— 一位 25 岁的语文教师的周末安排

弗朗西斯·培根曾说过："合理地安排时间，就等于节约时间。"我认为，一位优秀的教师最大的优点就在于他会合理地安排时间。作为一个新教师，我希望自己能够尽快地成为一位优秀的教师，所以在时间管理方面，我是花了心思的。在这里，我想和大家分享一下我的周末时间是如何利用及安排的。

一、凡事预则立，不预则废

首先，为了更好地规划时间，我以效率时间管理术完美计划每一天。每周五晚上，我还将本周的工作内容进行总结与反思，同时将周末及下周已确定的日程写进计划清单里。

二、勤学向上，专业提升

（1）苦练内功——读好书。读一本好书，就像和许多高尚的人谈话。想要真正提升自己，阅读是捷

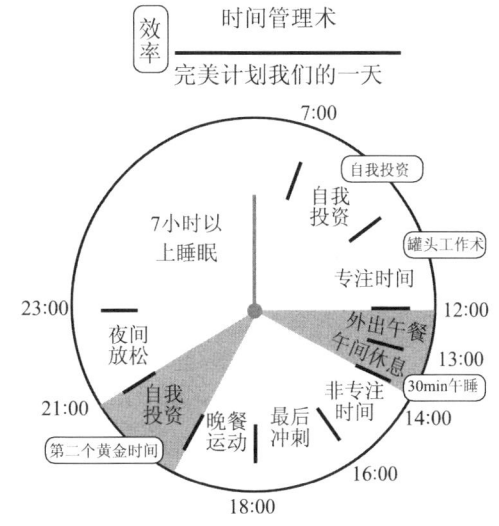

径，我们可以根据自己的需要进行有目的的阅读。我平时会利用碎片时间和睡前的时间进行阅读，还会在周日的上午利用大段时间阅览一些教育类书籍与报刊汲取优秀教师的智慧养分。如《听窦桂梅老师讲课》《教与学的秘密》等，书中的一些观点和教学方法给我的教学带来了很大的帮助。我慢慢学会了怎么去分析教材，怎么去把控课堂的节奏，怎么去培养学生自主解决的能力……只有教师自身得到了充分的发展，学生才有可能得到正确的引领和取得长足的进步。

（2）苦练内功——写好字。字乃人之衣冠。作为语文老师，写得一手好字，实在是太重要了。我大学就读于师范专业，学校对于我们师范生的基本技能"三笔一话"（粉笔字、钢笔字、毛笔字和普通话）抓得非常严。我也明白，学为人师，行为世范。特别是低年段的孩子，他们喜欢临摹老师的粉笔字、硬笔字，所以我们在教学的过程中就更应该注意自己板书规范和美观，给学生留下良好的印象。所以在周日的晚上，我会选择静下心来练字、摹帖。

（3）苦练内功——观摩好课。金庸老先生笔下的太极张三丰，最后把太极拳耍到出神入化，化有形于无形，成功地完成了从建模到创模的过程。初入教坛的新老师建模功夫从何而来？——答案是观摩。所以我会在周六的早上观看全国青优课比赛特等奖和一等奖的课例，并做好听课笔记，观察他们在课堂上运用了哪些方法去调动学生学习的主动性，课堂教学亮点有哪些、教学思路是否清晰，再结合自身的教学实际，做到举一反三。

（4）苦练内功——适度备课或批改。周六下午，我会花大概两个小时去备课或批改周五学生的作业（主要是作文。批改学生的作文的确费劲），我还有批改作业记笔记的习惯，这让我可以及时掌握学生学习情况，以便于我下周的评讲，做到有依有据。

进行以上活动，我会用到"番茄管理时间"法。例如我会先阅读25分钟，当计时器响起，我会停止阅读并且休息5分钟，活动一下或是去喝口水。休息结束后，继续进行下一个番茄时间，直到完成四个番茄时间，我会休息20到30分钟，再继续进行下一个任务。这个方法可以让我更好地提高工作或学习效率。

四、陪伴家人与适度放松

周六晚上是我们一家团聚的快乐时光。与家人共进晚餐，随后会和家人各自聊聊这一周的见闻，分享一下自己的事情，这也有利于创造良好温馨的家庭氛围。

周日下午或晚上我则会选择去游泳或者和朋友打羽毛球。运动可以增加脑部血液流量，让人体产生一种叫做"内啡肽"的物质，能够让人觉得很快乐、很充实。锻炼也可以消除疲劳、强身健体。

高效的时间管理能力决定了你能不能把每一天过成自己想要的样子。合理地安排时间之后，我发现我的时间似乎比别人"多"了，工作、生活开始变得井然有序，同时我也拥有了更多个人的自由时间，个人还得到了成长。希望你我都能够主导自己的周末，做自己人生的主人！

（撰稿：刘曦瞳）

54. 平衡之道：女教师如何协调工作与家庭？

在现代社会，女教师作为多重角色的承担者，面临着工作与家庭之间的巨大挑战。她们不仅是知识的传授者，更是家庭的支柱。如何在繁忙的教学工作中找到与家庭生活的平衡点，成了许多女教师需要解决的难题。本文将从几个方面探讨女教师如何有效地协调工作和家庭，以实现个人与职业的双重发展。

一、认识挑战，调整心态

女教师在工作中常常需要投入大量的时间和精力，备课、上课、批改作业、管理班级等任务繁重。同时，家庭责任也不容忽视，照顾子女、料理家务等琐事同样需要时间和精力。面对这样的双重压力，女教师首先需要调整心态，认识到协调工作和家庭是一项长期而艰巨的任务，保持积极、乐观的心态至关重要。

二、合理规划，高效利用时间

（1）制订计划。女教师应学会利用时间管理工具，如日历、待办事项列表等，"先急后缓"，帮助自己更好地安排时间，制定合理的工作和家庭计划，确保各项工作有序进行。

（2）优先级排序。在处理多项任务时，要学会根据重要性和紧急性进行优先级排序。这样既能提高工作效率，又能减少因拖延带来的压力。

（3）高效利用碎片时间。在日常生活中，女教师可以利用碎片时间完成一些简单的任务，如阅读教育资料、回复家长信息等，从而提高整体时间利用效率。

三、寻求支持，建立支持系统

支持系统

（1）家庭支持：
①与伴侣、家人保持良好的沟通，让他们了解自己的工作情况和需求，共同分担家庭责任。
②通过协商，制定家务分工计划，减轻自己的负担。
（2）同事支持：
①与同事建立良好的关系，互相支持、互相学习。
②遇到困难和挑战时，可以向同事寻求帮助和建议，共同应对难题互相提供专业支持。
（3）心理支持：
①工作压力过大或家庭矛盾难以解决，女教师可以寻求专业心理咨询或家庭治疗师的帮助。加入社群或组织。
②与同行交流经验和心得，互相鼓励和支持。

四、提升自我，增强应对能力

（1）学习新技术和工具。利用现代技术工具提高教学效率和质量，减少课后工作负担。同时，学习使用家务自动化工具减轻家务负担，为自己腾出更多时间。

（2）培养兴趣爱好。在工作之余，培养一些与工作无关的兴趣爱好，如阅读、运动、旅行等。这些活动不仅可以丰富生活，还能缓解工作压力，保持身心健康。

（3）保持学习和成长。不断学习和成长是提升自我应对能力的关键。教师可以通过参加培训课程、阅读专业书籍等方式提升专业素养和教学能力。同时，也可以学习家庭管理、亲子关系等方面的知识，以更好地应对家庭挑战。

五、定期放松，保持身心健康

在繁忙的工作和生活中，教师需要学会定期放松自己，保持身心健康。可以通过运动、冥想、瑜伽等方式缓解压力；也可以与家人一起参与一些有共同兴趣的活动，增进亲子关系和家庭和谐。此外，保持充足的睡眠和合理的饮食也是保持身心健康的重要因素。

总之，女教师在协调工作和家庭方面需要付出更多的努力和智慧。女教师可以找到工作与家庭之间的平衡点，实现个人与职业的双重发展。希望每一位女教师都能在追求职业发展的同时享受幸福的家庭生活。

（撰稿：潘李露）

心得 12

耐繁耐烦耐凡，努力做一个很"哇塞"的女教师

作为一名女教师，我深感自己在工作和家庭之间需要找到一种微妙的平衡。在这个过程中，我逐渐认识到耐繁、耐烦、耐凡这三个品质对于平衡家庭与工作的重要性。以下是我从这三个维度出发，分享一些个人的心得和体会。

一、耐繁：在琐碎与繁忙中保持高效

作为一名教师，日常工作琐碎而繁忙，备课、上课、批改作业、与家长沟通等任务层出不穷。

我作为一名小学英语教师，还是一位两个孩子的母亲。我会通过制定详细的时间表和计划表，将工作与家庭的事务合理分配到每一天的每一个时间段。例如，早上送孩子上学后，我会利用这段时间备课或阅读专业书籍；晚上孩子入睡

后，我会处理一些工作邮件或完成教学日志。通过这样的时间管理，我既保证了教学质量，又能够充分陪伴孩子，享受家庭时光。同时，我们利用现代科技手段，如在线教育平台、智能批改系统等，提高工作效率，减少重复劳动。

在家庭中，我也尽量做到耐繁。我合理安排家务事务，与家人共同分担家庭责任。特别是有孩子的家庭，我们要学会当一个"懒妈"，这样你轻松之余，还能培养劳动小能手。我很喜欢和我的孩子制定家务分工表减轻家务负担，同时我也会使用智能家居设备等，以减少了家务劳动的时间，从而有更多的精力投入到工作和与家人的相处中。

二、耐烦：在沟通中保持耐心与理解

作为教师，我们需要与学生、家长进行频繁的沟通。在这个过程中，耐烦是不可或缺的品质。我时刻保持耐心倾听学生的想法和需求，给予他们积极的回应和建议。在与家长沟通时，我也尽量理解他们的立场和期望，与他们建立良好的合作关系。

在家庭中，耐烦同样重要。如今的社会，当家长很"卷"。很多时候，面对孩子的各种问题，我们都会感到有一种"卷不赢，躺不平"的无力感。因此，面对家庭出现矛盾，作为女教师的我们很容易上纲上线，这样很容易导致家庭不和谐、亲子关系破裂等。

在家庭中保持耐烦是一个需要持续努力和实践的过程。以下是我的一些具体的方法和建议，可以帮助教师在家庭中保持耐烦，凡而不烦。

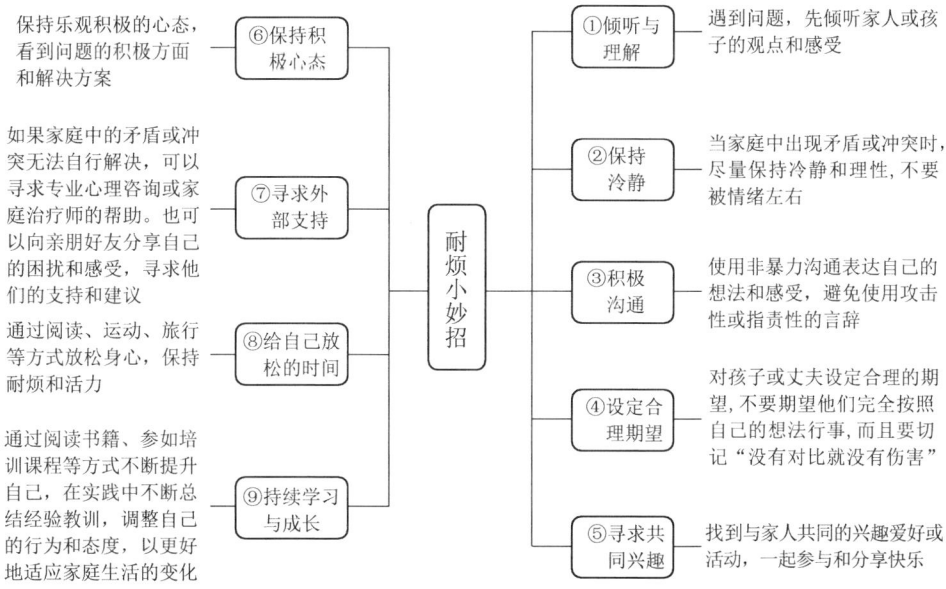

三、耐凡：在平凡中坚守初心，拒绝精神内耗

作为一名教师，我们的教育工作看似平凡，但实则充满意义。我时刻提醒自己保持耐凡的品质，坚守教育初心和使命。面对评职称、评优评先等，相信大家十分重视并暗自较劲，有时甚至会因为一个评比而影响了同事之间的感情，又或者因为各式各样的评比，我们已经偏离了教育教学的轨道，变得功利。希望女教师们在教学路上耐得住平凡，不因一时的不如意否定自己；也不因片面的利益而忘却教育的本质：一切为了孩子，为了一切孩子。

在家庭中，我们可能是第一次当妈妈，也可能是第二次……无论第几次，我们永远是在成长的路上，不苛求自己成为最优秀的妻子，也不苛求成为最厉害的妈妈，减少精神内耗，尽量保持耐凡的心态。活在当下，用"正念"享受当下的工作与生活。珍惜与家人相处的时光，关注他们的需求和感受。在平凡的家庭生活中，寻找和创造幸福和快乐，让家庭成为心灵的港湾。

每个女教师的情况都是独特的，希望我们在耐繁耐烦耐凡的路上，把自己变成教学很"哇塞"、心态很"哇塞"、气质很"哇塞"以及心情很"哇塞"的女教师。

（撰稿：潘李露）

55. 心灵鸡汤：幸福教师的五大法宝，你做到了吗？

幸福教师的五大法宝是什么？一爱读书，二在线"时间商"，三掌握正确的教学教育方法，四良好的师生关系，五保持热爱与包容的心。

一、爱读书

读书是站在巨人的肩膀上看世界。当人们问马斯克是如何建造火箭时，他的回答是："阅读"。沃伦·巴菲特认为自己成功的关键在于，每周阅读500页书。阅读是最公平的，不论你处于什么年龄，处于什么圈层，你都可以轻而易举地通过阅读获得想要得到的知识。你不懂教育教学方法，你就看《教与学的秘密》，它能让你获得教育教学方法和规律；你不懂得人际交往，不懂如何与家长沟通，你就看《非暴力沟通》，它能让你掌握人际交往的方法；你不懂怎么上好公开课，不懂怎样听评课，你就读《听王荣生教授听评课》《听窦桂梅老师上课》，你不懂如何进行合作学习，就去阅读《为了学习的合作》和《为了合作的学习》

……你碰到的所有困难，书都能帮你一一解决。所以，当老师要做到"学为人师，行为世范"。首先，在读书上，你要成为孩子们的好榜样，身正为范。

二、在线"时间商"

2003年，学者斯蒂文·赫尔提出了一个概念——"时间商"。所谓时间商，就是一个人对待自己时间的态度，对待他人时间的态度，以及运用时间创造价值的能力。"时间商"是一个人的核心能力之一，它的高低决定着我们在有限的人生里能够做好什么，做成什么。教师必须学会时间管理：合理规划在线和离线时间，确保工作和休息的平衡。

（1）学会处事轻重缓急。一个高时间商的人，他对时间抱持谨慎态度，善于做出最优选择，总是会主动把时间用在最重要的事情上。在《卓有成效的管理者》中强调："要事优先，先急后缓"这个处事原则我们必须要懂。

（2）用好八小时之外。我经常跟我的年轻老师说，其实人与人之间的差别，就在"八小时工作之外"。八小时工作之外你去打麻将，去掼蛋，你打麻将、掼蛋的水平会越来越高超；八小时工作之外你去练习打羽毛球、游泳，你打羽毛球、游泳的技术就精进；八小时工作之外，你刻苦练习硬笔和软笔书法，认真观看你所在学科全国评优课特等和一等的教学录像，并做好记录，持之以恒，你就会成为教学上的佼佼者、领头羊。（推荐阅读本书问题《57. 平衡艺术：教师如何优化一天的工作和生活节奏？》）

三、掌握正确的教学教育方法

身为教师掌握正确的教育教学方法非常重要。就是我们常说的"事半功倍"和"事倍功半"的问题，确保我们不误人子弟。王阳明先生说"事上炼"，稻盛和夫说"现场有神灵"——其实，这个"事"和"现场"就是教师的课室、课堂！所以，我们各个学科的老师都要认真学习，掌握自己本学科学习的好方法，在自己的课堂教学下真功夫，给学生授之以渔，让你的学科教学做到寓教于乐。这样，你的学生就会爱上你，爱上你的学科，你所教的学科成绩就会越来越好。给出三点建议：

（1）持续学习。参加教师培训，学习最新的教学理念和方法，多听有经验教师的课堂教学。

（2）反思实践。课后反思教学效果，根据学生的反馈调整教学策略。

（3）创新尝试。勇于尝试新的教学方法和技术，如翻转课堂、项目式学习等。

当你的教学方法好，善于给学生授之以渔，你所教导的班级学生学业成绩

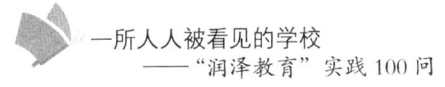

好，你才会真正得到家长、同行的认可，你才会觉得教有尊严，活有价值。

四、良好的师生关系

北京十一学校校长李希贵认为："教育是人对人的影响，教育学首先是关系学。学生的成长、教学的效益，是从师生关系里来的。学校教育的关键、基础就在于怎样增加师生相处的时间，怎样在师生相处时产生最大的教学效益。只要有良好的师生关系，就会产生好的教学效果。"

中国古语有云"亲其师，信其道"。建立良好的师生关系关键是：一是教师要完善自我：内外兼修，让自己在各方面成为学生的榜样，从而获得学生的尊敬与信赖；二是修正理念：与时俱进，重视师生关系的教育价值和学生心理健康的维护价值；三是提升智慧：主动研习和使用有助于改善师生关系的工作方法。如教师放下身段与学生平等对话，公平、公正对待每一个学生、关注每一个学生，面批辅导后进生，尤其是特别关注学习困难和家庭困难的孩子，真诚地帮助他们；让学习困难和家庭困难的孩子成为你的得力亲信；他们会真切地体验到"老师在教我做人做事""老师在鼓励我保持独立思考"，在对成长的感受中，慢慢建立对老师的信任，与老师亦师亦友，学生们才会更愿意亲近老师，更愿意去学老师所教的这门学科，这样你的这门学科成绩才会越来越好。当你和孩子的家长、儿子的同事建立了良好的人际关系，你就会发现，你做事一呼百应，幸福无比。

五、保持热爱与包容的心

热爱可抵岁月漫长。如今当老师可真的不容易！首先要学习不断更新的课程标准、教学大纲和新教材，提升自身专业能力。然后是面对活生生的教育个体——我们的学生，学习如何教书育人，因材施教。还要和学生背后的孩子父母等沟通，为孩子的健康成长保驾护航。教师还要处理好与家长、同事、领导的关系。最后还有非教学对教学的冲击，教师要应对的社会杂务还不少……凡此种种，稍一处理不好，教师就会觉得烦躁，进而影响教师的教育教学工作。因此我们要保持对教育工作的热爱，时刻控制自己的情绪，视学生如同己出，把学校看成是人生的修炼场，以仁爱之心、包容的心，从容、温和地面对遇到的种种困难和不确定性。保持热爱，耐得住寂寞，才能守得住教育的初心。

稻盛和夫先生说："工作即修炼。"成为一名幸福的教师是一个持续修炼的过程，需要不断学习、实践和调整。通过上述五个法宝，教师可以提升自己的专业素养，同时建立积极的师生关系，从而提高教学效果和个人职业满意度，成为一名幸福且有尊严的教师，让自己享有幸福的教育职业生涯。

（撰稿：冯结莲）

案例 43

促膝聊书，我们与合作学习有个约会（一）

课堂教学改革进入深水区，课堂中生生之间、师生之间的合作学习成为了最有效的学习方式之一。根据西江新城第一小学"润德以立，致善行远"为核心价值观追求的润泽教育办学理念，确立了"规范、自主、合作、探究、共生"的"泽智课堂"文化，即我们的课堂教学，变以前的"教"为中心为现在的"学"为中心。以学生为主体，以学习为中心，以学情为依据，以思维发展为目标。而学习的主要形式是小组合作学习。

为了让老师深刻地了解合作学习的来龙去脉以及实际的操作方法。2019年寒假，新城一小组织老师们共读郑杰校长著的《为了合作的学习》和《为了学习的合作》两本书。

2019年3月15日星期五下午，老师们在润华堂促膝而坐，一起与《为了学习的合作》约会。

让我们聚焦镜头，听听老师们的感言吧！

冯结莲校长金句：合作，从心开始。学习，就是把人带离舒适区，然后才能成长！要让学生成长，老师要做到精准教学。要做到精准教学，学科的评价对象应该是学生本身，所以在目标陈述本身要更加精准。教师们在给每一个教案编写教学目标的时候一定要学会拟定精准的目标。

老师要做一个十分客观和理性的人，"一把钥匙开一把锁"就属于这样的一种理性的态度。在遇到学生行为问题时，冷静地对这些行为从多个方面进行深入了解，然后再做出总结，并寻找到最优的策略。其实，这就是真正的因材施教。比如，班中有学生成绩老是无法提上来，老师要关注成绩背后的故事、了解真正的原因。而后老师可以用"罗森塔尔效应"的方法激励这些孩子,鼓励后进的孩子:你很优秀!

诚如《台湾两位才女三毛与席慕蓉的成长故事》给我们的启发:好老师,看学生优点,扬长避短;差老师,让学生失去学习的兴趣,失去信心,甚至失去自信,失去对人生的希望,给学生造成阴影,甚至一辈子无法走出那个阴影,导致轻生。其实,学生的幸福人生,是托付在我们每一位教师身上的。所以,我们学校的办学使命是:为健康与幸福的人生奠基。这个健康,包含老师和孩子们的心理健康!人的问题,归根究底是思想问题。思想问题解决了,心好了,一切都好!让我们用阿瑟.克拉克墓志铭共勉:我永远没有长大,但我永远没有停止生长。

最后冯校长还提醒老师们,在接手一个新班级的时候,老师不能尽听原来带班老师对学生的评价,应该用自己的眼睛自己的心去观察、去发现。

邓少能副校长金句

学历不等于能力,我是谁并不重要,最重要的是我跟谁在一起。人的"三观"是否正确会直接影响一个人的一生。同样正确的学习观会影响一名老师的教育生涯。正如郑杰校长所言,学校要让学生学习真正重要的东西,而真正重要的是人的能力,特别是决策能力、问题解决能力和探究能力。这将是我以后教育教学工作中努力追求的方向。让学生在学习的过程中,最终发展并形成能力。人总是要跟别人交往的,并在交往中选择某种自己认同的行为去同化自己的行为。因此,团队中的成长是我们成长中关键的一环。我们只有在合作的团队中才能互勉共进。所以你所在的团队怎么样,将决定你的高度和宽度。

傅慧霞老师金句

教学路漫漫,且教且学习,且学且思考。在课堂中,教师控制学生的注意力可以采用如下的有效方法。

(1) 事先预告。课堂活动之前,教师应提示学生注意什么,告诉学生应将注意力投向哪里,投向哪里取到什么样的成效或达到什么样的结果。郑杰校长还提到,作为成功的教师要像背后长了眼睛一般,能提前预知课堂即将发生什么事,并恰到好处对可能出现的意外做出反应。

(2) 学会抓大放小。忽略哪些细小无关紧要和转瞬即逝的不良行为。比如:孩子的铅笔盒掉到地上,同桌子的两个同学发生一些小小的争执,教师不必停下课来干预,学生会在你的暗示下处理好问题。对小问题采用忽略的方法可以保证课堂教学连续性。但对那些持续发生的不良行为要制止和干预,以免不良行为重复发生或变本加厉,造成混乱。

(3) 实时干预。对不集中注意力的学生可使用"眼光接触"。老师要像京剧演员一样多练习眼神。用"身体靠近""触摸""要求回答"等方法实施干预,并倡导我们向"注意力经济"中成功者"网红"和大腕们学习,以增强课堂吸引力。

谭敏华老师金句

喜欢和好奇心比什么都重要。关于如何激发学生学习兴趣,郑杰校长谈到四点:
(1) 学习内容要与学生的生活相关。
(2) 如果学习内容本身无味又无用,那只能靠教师本人对知识的热情、精神饱满状态来弥补了。
(3) 如果教师本人也不太热情,那就搞点竞争性活动来激发学生的热情。
(4) 利用奖励和惩罚激发。

想要获得课堂里与学生之间良好的互动关系,要先让孩子们喜欢学习你教的东西。

让阅读像呼吸一样自然,我相信一群爱读书的老师教出来的学生也会是一群爱读书的学生。

分享会的结尾,小编想用"西江新城第一小学办学行动纲领"的金句与大家共勉:

老师好好学习,学生天天向上。

读书是让你站在巨人的肩膀上看世界,看得更加真切……

(撰稿:区家碧、冯结莲。转自西江新城第一小学微信公众号,时间:2019-03-17,网址:https://mp.weixin.qq.com/s/ss9g5Iyo1BAKkF-R0hWVlQ)

扫码阅读全文

56. 入职关怀:初来乍到,校长为何要给新学年报到的教师一封信?

新城一小自从开办第二年(2019年8月)开始,每当暑假新老师到校报到,冯校长都会亲自给新教师写一封信,并殷殷嘱托。这非常有意义,这样做可以达到以下几个目的:

一、欢迎与鼓励,增强归属感。信件作为对新教师加入学校团队的正式欢迎，表达校方对他们到来的期待和鼓励，增强新教师的归属感。

二、了解新学校，明确期望。冯校长在信中阐明学校润泽教育的教学理念、办学目标及对新教师的期望，帮助新教师更好地理解他们的角色和职责。

三、了解学校文化，传达价值观。通过信件，冯校长还向新教师传达学校的文化、价值观和行为准则。如润泽团队"五诚"文化指：坦诚待人、真诚沟通、精诚合作、竭诚扶持、至诚包容……引导他们尽快融入学校环境。

四、提供指导，展示支持。信中还包含冯校长对新教师在教学和职业发展上的建议，以及暑假阅读推荐，帮助他们适应新环境和面对挑战的策略。表明学校管理层的支持态度，让新教师感到校方将为他们提供必要的资源和帮助，以便他们顺利开展教学工作。

五、建立沟通桥梁。信件可作为开启对话的契机，鼓励新教师与更多学校领导进行交流，建立起直接沟通的渠道。

六、感受被看见，增强信心。一封个人化的信件显示了冯校长对新教师个体的关注和关心，我——被校长看见了！这会让他们内心感动并对未来充满希望。信里通过肯定新教师的能力，并提醒他们学校对他们的信任，可以帮助他们增强自信，积极面对新的工作挑战。

七、共读好书，增进了解。冯校长最喜欢做的事情，就是推荐书目与大家共读。这样，新学期回到学校，她和新老师之间就可以聊书、聊教育、聊苏东坡，可以无话不谈，互相增进了解……

总之，开学前校长给新教师的一封信冯校长已经坚持多年，它不仅有助于新教师更好地了解学校和自身的定位，还能促进新教师与学校之间的良好关系，让新老师尽快融入学校新学年的工作与生活，为新学年的工作打下积极的基础。

（撰稿：冯结莲）

案例44

给新拍档的一封信

亲爱的小米老师：

您好！欢迎您加入西江新城第一小学润泽温暖大家庭！

佛山市高明区西江新城第一小学位于佛山市高明区荷城街道明湖南路338号，是高明区在西江新城片区的第一间公办小学。学校工程建设项目占地面积2 6376平方米，建筑规模3 1051.53平方米，总投资约2亿元人民币。在高明区委、区政府、区教育局、荷城街道办、西江新城产业新城办事处等上级各部门以及社会各界的大力支持与关怀下，西江新城第一小学于2018年9月顺利开学。开办两年，已经成功承办区级以上活动20多场，并得到主办单位及社会各界的高度评价！学校社会声誉日隆！

我们学校的办学理念和"一训三风"。我校是以"润德以立，致善行远"为核心价值观追求的润泽教育作为统领学校的办学理念，"泽被全体"是它的核心价值。学校致力于为孩子健康与幸福的人生奠基，平等对待每一种天赋与才能。学校的特色校训是"润德泽智，明志致善"；校风：温良志恒，臻雅致善；教风：春风化雨，布德仁教；学风：乐思好学，博达弘毅；教师形象：从容、亲和、合作、乐观；学生形象：自信、温和、友善、向上；学校铭言：润心有爱，泽德无疆；办学使命：为健康与幸福的人生奠基；办学目标：努力把西江新城第一小学办成高品质、现代化的标杆名校；办学愿景：办一所安静而丰富的学校；育人目标：培养"五育"并举、人格健全，具有家国情怀、世界眼光的博雅君子。润泽"六好"臻雅学子培养目标：学养"三好"（第一好，读好书；第二好，写好字；第三好，说好话），品行"三好"（第一好，礼貌礼仪好；第二好，行为习惯好；第三好，品德修养好）。

这里环境优美，设备设施先进完备，学风、教风、校风俱佳。这里的学校领导，爱生如子，工作尽心尽责，勇于担当，守正创新，率先垂范；体恤教师，同时也喜欢倾听每一位老师的心声。我们润泽团队"五诚"文化是：坦诚待人，真诚沟通，精诚合作，竭诚扶持，至诚包容。所以这里的老师，从容、亲和、合作、乐观，他们勤于工作，善于合作，精于业务，团结和谐，办公室、教室里全是满满的正能量。所以我们的老师有"四想"：想到上班就开心，想到同事就舒心，想到学生会开心，想到学校就安心。这里的学生自信、温和、友善、向上，他们特别懂礼仪，讲礼貌，习惯好，爱运动，爱学习，爱老师，爱学校，爱家乡，爱祖国。所以我们的学生也有"四想"：想到学校就开心，想到课堂就轻松，想到老师就温馨，想到校长就微笑。孩子们待师如至亲，入校如归家。

我们学校的办学目标：努力把西江新城第一小学办成高品质、现代化的标杆名校。因为您优秀，所以我们今天有缘在这里相聚。2020年秋是我校开办的第三个年头，是我校的特色建设年，更是我们学校不断发展壮大、努力提升的奋斗和拼搏之年！希望因为您的勤勉和刻苦，西江新城第一小学将您的名字载入史册——感谢您为高明教育、为"优学高明，优教高明"辛勤付出！感谢您为西江新城第一小学、为高明教育写下勤勉奋进之笔！寄望在西江新城第一小学这个大舞台、大熔炉的锻造之下，优秀的您能成为卓越非凡的您！

北京师范大学的校训是"学为人师，行为世范"。高尚的师风师德，是为人师表最美丽和持久的风景。希望您在入职第一天开始，就扣好为师的第一颗人生的扣子。愿你以习近平总书记提出的"四有"好老师"有理想信念、有道德情操、有扎实学识、有仁爱之心"为目标,为发展具有中国特色、世界水平的现代教育培养社会主义事业建设者和接班人作出更大贡献!

　　有人说:要么读书,要么旅游,灵魂和身体总有一个在路上。推荐您阅读五本书:[美]戴尔·卡耐基《处世的艺术》或者《人性的弱点》、朱永新著的《过一种幸福完整的教育生活》、王荣生著的《听王荣生教授评课》、林语堂著的《苏轼传》、茨威格的《人类群星闪耀时》。愿您与他们为伍,愿您成为一位闪闪发光、灵魂有趣的"四有"好老师!

　　期待在2020年8月25日(星期二)早上9点,在学校三楼善思堂遇见优秀的您!在那里,将开启我们学校2010—2021学年度第一次为期4天的校本培训。请您务必提前10分钟签到哦!校长室电话:0757-8861××16,校长电话1339××××88,微信同号,欢迎多沟通联系。如您在工作和生活上碰到任何困难,学校必定会给于帮助与支持!

　　请利用暑假好好充实自己、陪伴家人哦!

　　祝:

夏安!暑假充实,愉快!

校长:冯结莲

2019年8月3日

(撰稿:冯结莲)

扫二维码,阅读《凡心所向,素履可往》。

57. 成长关怀之一:培养新老师为什么从备课和批改作业开始?

　　西江新城第一小学成立于2018年9月,此后的六年,这间学校几乎以每年增加500名学生的速度增长,到2023年9月,学生人数已经达到2800人。在新学校学生不断扩容的同时,老师也在不断增加,新老师占了这间学校很大的比例。如何让新老师尽快熟悉业务,对教育教学工作尽快上手,是我们行政领导迫切要考虑和解决的问题。

　　窃以为,当老师如同当汽车司机,没有试错的机会,一旦上路,就要认真,不能有半点马虎,不能有半点差错。正如祖冲之所说:"亲量圭尺,躬察遗仪漏，目尽毫厘，心穷筹策"。学生不是白老鼠，不是新老师的试验品。正如："小学教师专业标准（试行）"在专业知识方面强调：了解不同年龄小学生学习的特点，掌握小学生良好行为习惯养成的知识；要合理制定小学生个体与集体的教育教学计划，合理利用教学资源，科学编写教学方案，引导小学生学会学习，养成良好学习习惯。

图为冯结莲校长指导新入职的老师如何批改作业

我们行政团队一致认为：无规矩不成方圆。新学校，尤其是新老师多的学校，教育教学规范应该早早建立，并且慢慢形成习惯。于是我们就有了每月的教学常规检查：主要检查教师的作业批改和备课教案，重点是指导新教师，目的是让老师慢慢地规范和熟悉自己的业务，尽快走上教育教学工作的正轨。通常是学科负责的主任、主管教学的副校长和校长全程跟进语文、数学、英语学科的作业批改和教案常规检查工作，对刚入职一到两年的教师（不管是在编教师还是临聘教师，我们都一视同仁），采取一对一的跟踪辅导。每位行政都做到悉心指导，循循善诱。细致到如作业各个年段如何打勾，备课教案的每一个环节，入课激趣应该如何激发，过渡语该怎样写，甚至对不同年段学生的表扬语和表扬的符号该怎样写、学科教学计划的书写格式规范等，我们都手把手亲自指导。同时，我们还会让新老师们现场观摩作业批改、教案设计和书写比较好的老师的作品，让他们说说自己下一个月立刻可以改正的地方以及未来努力的方向。老师们立刻醍醐灌顶，学有方向，收获满满。

经过四年的探索，成效显著，不少和新城一小一起茁壮成长起来的新老师，如今第六年已经成为学校的中层领导。如冯志惠老师如今是新城一小的语文科组长，黄俊杰老师是数学科组长，李漫锶老师是高明一中附属小学的语文科组长。

（撰稿：冯结莲）

心得 13

师道匠心，感恩有您

每个人成长的路上，都有老师的引领和相伴。老师，拉着我们的手，引领着懵懂的我们，去探索这个美好的世界。出生时，父母是我们的第一任老师；上学时，讲台上的老师为我们答疑解惑；如今，当我成为一名西江新城第一小学的教师时，也有自己的老师——冯结莲校长和严燕梅主任。

时光飞逝，岁月如梭，转眼间来到西江新城第一小学已经三年了。从初为人师站上讲台的紧张到现在课堂上的游刃有余，点滴的改变和成长都得益于师父冯结莲校长的谆谆教导和严燕梅主任等学校领导的悉心关怀。得遇良师，何其有幸！师父冯校长和严燕梅主任扎实的专业基础知识、丰富的教学经验和认真严谨的工作态度，一直影响着我，鞭策着我。

教学有智慧，听课有收获

在日常教学中，时常会遇到许多意想不到的问题，需要教师具备随机应变的能力。每当我迷茫困惑的时候，都非常感谢有师傅冯校长和严燕梅主任的陪伴与帮助。

每天西江新城第一小学的早读都会进行国学经典诵读。一年级的学生朗读的是《弟子规》。冯校长来到我所执教的班级，亲自示范如何有节奏地朗读《弟子规》，激发学生对于国学经典的兴趣。冯校长一边带领着学生们有感情地朗读，一边让学生拍手打节奏，整个早读都变得非常高效，学生们也从中爱上了国学经典。冯校长指导我将每天的早读内容都清晰明确地写在黑板上，一方面可以让教师对教学内容有计划性，另一方面也可以让学生更加清晰了解自己在整个早读过程中是否掌握了知识点。

对于语文课堂教学过程中的学生朗读，师父冯校长也向我传授了宝贵的朗读方法，如在课堂上通过设计多种朗读方式，教师示范读、全班集体读、男女生对比读，读后让学生进行朗读评价，最后老师进行朗读评价，使学生在课堂上的朗读达到最佳效果。冯校长对于教学方法灵活有智慧，我收获颇丰！

师父冯校长有很好的课堂把控能力，有自己独特的教学方法，每次听冯校长的课，总能给我这种"小白老师"带来非常多启发与收获。在课堂上要把复杂的问题简单化，让学生容易理解课文内容，冯校长引导学生学会发散思维，化繁为简，升华主题。每一节课，冯校长的板书工整美观，教学有创新，每一点都可以让我学习很久。冯校长会无私地跟我分享她的教学方法和教学思路等，还经常将优秀的教育文章分享给我，很感恩！

还记得新教师培训时，严燕梅主任对我们循循善诱，手把手教我们如何写好备课教案；常规检查时教我们如何写好表扬语和表扬的符号……三年过去了，这些情景依然历历在目。

冯校长和严燕梅主任对待学生和老师亲切温暖，对待工作严谨认真，在我工作的路上给予了我很多的建议，让我少走很多弯路。

实践中成长，感恩陪伴

在备课过程中，每当我在教学设计上有一些不确定的疑问时，严燕梅主任和师父冯校长都会耐心细致地为我解答，面对面地指导我要关注教学设计的导语、过渡语和总结，一字一句地为我修改教案。冯校长也特别关注班级学生的作业情况，指导我作业要全批全改，抓好学生作业的书写工整，同时指导我作业要二次批改，对于学生易错的题型要进行归纳。冯校长对待教学精益求精的态度，让我十分钦佩。

同时，师父冯校长每次都能帮助我发现自己教学中难以注意到的问题，并提出建议。比如会指出我在课堂上哪些话说得不够严谨，哪些语气词不要多次出现，帮助我扬长避短，不断进步。冯校长也会帮助我关注班级学生的学习态度，教会我许多管理班级和调动学生学习积极性的好方法，让我受益匪浅。每节课结束，冯校长都会建议我做好教学反思。反思是进步的基础。

心怀感恩，以爱育爱

在向师父冯校长学习的过程中，我学会了用爱心对待每一位学生，发现每一个学生的闪光点。西江新城第一小学有三张名片：第一张，眉开眼笑鞠躬礼；第二张，放学感恩礼；第三张，夸夸你，竖起大拇指！这三张名片潜移默化地形成了学校尊师重教的学风，也培养了学生的感恩之心。很荣幸参与了西江新城第一小学的首届毕业生典礼。在那场毕业典礼中，最让我震撼和感动的是冯校长对学生们的寄语："以书为挚友，与善结良伴，永葆你的好奇心与悲悯心！"冯校长以爱育人，言传身教，用心呵护每一位学生，用爱感化每一位学生。师父冯校长爱生如子的教育精神，值得我去践行，用爱心和责任浇灌每一位学生。

明灯标尺，指引前进

我学生生涯的每个阶段都有老师的陪伴支持，进入工作岗位，非常感谢还能有师父冯校长的陪伴和帮助。冯校长的教学理念和师德修养对我产生深刻的影响，每当困惑时候，冯校长对我及时提点，每当进步时候，冯校长对我及时鼓励，都让我心存感激。

师父冯校长不仅像工作中的一束光、一盏灯，更像标尺，引导、鼓励和支持我前进，告诉我教师工作的可贵与责任，潜移默化地影响我。我深知，作为青年教师，只有不断学习才能以全新的思想、观点指导自己的教育实践。今后我会继续努力，更加主动地、虚心地向师父学习，多请教，积极创新，不断地提高自身的素质，而且会将师父冯校长对我的关心和帮助转化为教育教学上的动力，争取在工作中更快地成长，向更高的目标迈进，争取早日成长为一名更优秀的教师。

感恩在西江新城第一小学，感恩每一位辅导和指点我的师长。

（撰稿：何旭雁）

58. 成长关怀之二：为什么每位新老师都要做个人"五年发展规划"？

作为新入行的教师，制定个人发展的五年规划有以下几个好处：

（1）明确目标。凡事预则立，不预则废。新教师通过制定"个人发展的五年规划"，可以为自己设定清晰的职业和个人发展目标。这有助于他们保持动力和方向感，清晰知道自己每个阶段该做什么，该怎样做。

（2）规划职业路径。教育行业提供了多种职业发展路径，包括教学、管理、研究等。五年规划可以帮助教师思考并决定他们想要追求的职业方向。

（3）提升自己的知识和技能。教师可以通过规划确定需要提升或学习的技能和知识，以便更好地适应教育领域的变化和满足学生的需求。

（4）助力个人成长。除了职业技能外，五年规划还可以涵盖个人兴趣和生活目标，帮助教师在工作之外实现个人成长，实现个人增值。

（5）评估和调整。有了明确的五年规划，教师可以在每个学年末，定期评估自己的进展，并在必要时进行调整，以确保始终朝着目标前进。

（6）合理资源分配。规划可以帮助教师合理分配时间和资源，确保他们在追求长期目标的同时，也能处理日常的教学任务。

（7）增强自信心。当教师看到自己按照规划取得进展，达成了阶段目标时，他们的自信心会得到增强。这对于应对教育领域的挑战至关重要。

（8）争取更多机会与支持。有了明确的规划，教师会更加主动从学校领导、活动中获得支持和资源，主动表现自己。

对于新教师来说，制定个人发展的五年规划是一个有助于他们明确方向、提升能力、实现个人和职业目标的重要过程。新城一小一向对此十分重视。请读者认真阅读以下案例。

（撰稿：冯结莲）

案例 45

重新出发，五年规划你做好了吗？
——记新城一小新教师座谈会暨"润泽新教师成长之家"成立仪式

我们的润泽愿景：我们努力，让学校的每一个角落都能充满向上、向善的精神与爱的润泽；我们努力，让学生的每一个时刻都能享受学习的收获与成长的快乐！

润泽教师誓词：我是"新城一小"人，努力用学高厚德，敬业仁爱，大气儒雅成就每一个学生，把每一个学生的成长当作我们的最高荣誉！

"凡事预则立，不预则废。"这是《礼记·中庸》中为人熟知的一句话。新教师是一间学校的新生力量，是学校发展的澎湃动力。为了帮助新教师更好地规划未来的职业道路，尽快度过职业迷惘期，找到前行的方向，2020年7月2日下午，西江新城第一小学举行主题为"志在云中走，脚在泥里行——新教师'五年职业规划座谈会'暨'润泽新教师成长之家'成立仪式"。

会议伊始，冯校长就为我们解释了何为"志在云中走，脚在泥里行"：作为一名新教师，不仅要树立远大的志向，并且要脚踏实地，做好追梦路上有很多荆棘泥泞的准备，要对"理想和现实"有清晰的认知，并且拥有战胜困难的强大信心。正如前总理朱镕基所说，我们既要抬头看天，又要低头拉车！更加要清晰哲学三问：我是谁？我在哪里？我将要往哪里去？带着这"三问"去思考，去制订你的五年个人发展规划。

一、新教师"润泽"剪影

会议伊始，冯校长展示了新进教师们的工作日常剪影：从课堂到课外，从校内到校外——对新进教师们认真负责，积极进取的工作态度给予了很大的肯定，并暖心鼓励大家不忘初心，继续前行。

二、畅谈个人五年发展规划

座谈会第二项内容是新进教师分享自己的"五年发展规划"，冯结莲校长、严志荣副校长、严燕梅主任以及吴允霞副主任悉心听取新教师们的发言并给出贴心的建议。

三、校长寄语

在听取了各位新教师的五年发展规划后，冯结莲校长提出，新教师应该具备以下"五好"和"四有"。"五好"：第一礼貌礼仪好——彬彬有礼；第二态度好——诚恳谦逊；第三眼光好——目标高远；第四责任心好——勇诚担当；第五品德修养好。还通过讲述苏格拉底《最大的麦穗》的故事，温馨提醒伙伴们：人的一生仿佛是在麦田中行走，在寻找那最大的一穗。有的人见了那颗粒饱满的"麦穗"，就不失时机地摘下它；有的人则东张西望，一再错失良机。当然，追求应该是最大的，但把眼前的麦穗拿在手中，才是实实在在的。提醒年轻的伙伴们要及时把握幸福，不要让幸福悄悄溜走。

  同时冯校长对新教师寄予厚望：希望我们的新教师能做一名习近平总书记提出的"四有"教师：有理想信念、有道德情操、有扎实知识、有仁爱之心。冯校长提出，希望我们的新教师能够在自己的职业发展道路中，慢慢从"精师"成长到"能师"，从"能师"成长到"仁师"。最后，冯校长暖心推荐了一份书单，相信这份书单对新教师的成长成熟一定大有裨益！

  7月2日下午的教师例会，冯校长还将刘丽、谭敏华、陈嘉怡、朱秀丽、谢美仪五位老师撰写得非常详细的"教师个人五年发展规划"，和全校教师分享。希望每一位老师都能为自己职业的未来五年发展再深入思考，重新规划，再出发。

  伴随"润泽新教师成长之家"的成立，相信在上级领导部门和学校领导、教师发展中心的引领下，我们西江新城第一小学的新进教师一定能日就月将，竿头日上！也希望因为这些新鲜血液的存在，西江新城第一小学教师团队活力无限，生气勃勃！元气满满！更开心、和谐、团结！

（撰稿：陈龙凡。转自西江新城第一小学微信公众号，发布时间：2020－07－04，网址：https：//mp. weixin. qq. com/s/eg8SSQT_8rNIve-OLNpw5g）

附件：语文小冯老师的五年发展规划表

范例：新城一小新教师个人成长五年规划表

时间	名称	具体目标	行动计划	备注
第一年	成长与适应	（1）熟悉学校文化和教学环境。 （2）掌握教学大纲和课程标准。 （3）熟悉语文教学常规的环节和步骤。 （4）初步懂得班级管理，建立良好的班级管理和师生关系	（1）积极参与学校组织的各类培训和研讨。 （2）开始尝试使用多媒体和信息技术辅助教学。 （3）经常观摩师傅和经验丰富的老师的课堂，学习好的教学方法，做到不耻下问。 （4）注意收集学生反馈，调整教学策略。 （5）组织上安静的班会课	（1）职业成长期，第一年必须站稳讲台。 （2）学会做班主任

续上表

时间	名称	具体目标	行动计划	备注
第二年	巩固与提升	（1）语文教学常规环节和步骤越做越细，越做越好。 （2）研究提升课堂教学技能，学习好的课堂教学模式和方法。 （3）开发创新教学活动。 （4）加强与家长的沟通与合作，建立良好的家校关系。 （5）所管理的班级，班风良好	（1）设计多样化的教学活动，提高学生参与度。 （2）多媒体和信息技术辅助教学做到恰到好处。 （3）定期与家长沟通学生的学习情况。 （4）组织上有效果的班会课。 （5）根据自己的教学研究，开始撰写教育教学论文。 （6）保持做到不耻下问	（1）两年内必须熟悉业务。 （2）可以考虑谈恋爱
第三年	专业成长	（1）深化对教育理论的理解和应用。 （2）开始参与课题研究或教研活动。 （3）开始构建自己的教学风格，形成自己的教学模式。争取成为年级语文备课组长。 （4）所管理的班级，班风、学风良好，并形成自己独特的班级管理模式和风格	（1）参加更高级的专业发展课程。 （2）与其他老师合作，共同开展课题研究。 （3）反思教学实践，形成个人教学案例集。 （4）积极参与课题研究或教研活动，撰写班主任（德育）和语文教学论文	（1）三年得到同仁和家长认同。 （2）可以考虑结婚
第四年	拓展与创新	（1）成为学科领域的知识领导者。争取成为语文科组长。 （2）发表教学论文或参与学术交流。 （3）探索跨学科的教学项目。 （4）成为校、区级优秀班主任	（1）在教研活动中担任主讲或组织者角色。 （2）撰写并提交教学论文至相关刊物。 （3）实施跨学科的教学计划，如结合艺术、科学等。 （4）代表年级或者学校在校级或者区级做班级管理或者学科教学的经验发言	（1）四年走向优秀。 （2）可以考虑要小孩

续上表

时间	名称	具体目标	行动计划	备注
第五年	领导与发展	（1）成为骨干教师，争取成为学校教导处副主任，主管语文教学。 （2）指导和培养新教师。 （3）完善个人的教学理念和方法。 （4）申报区级"优秀班主任"或者"学科优秀教师"	（1）申请或接受学校提供的后备干部和领导培训。 （2）作为导师，帮助新教师适应教学或班主任工作。 （3）继续参与高水平的教育研究和交流。 （4）代表学校在区级以上的平台上做经验（学科或班主任工作）介绍	（1）五年成为骨干教师。 （2）家庭和工作两不误

这是小冯老师2019年9月刚入职新城一小时，我和她一起制定并不断修订的"新城一小新教师个人成长五年规划表"。当时她还是一名临聘老师，修订本规划表的时候她一直不是很自信，不是很相信自己能走得那么高，那么远。后来，她经过自己的不懈努力，重要的是她一直保持积极的学习和成长的心态，珍惜平台，积极参与各种专业发展的活动，谦虚好学，不耻下问。2022年9月，她终于成为高明区的在职在编语文教师。如今，工作第四年她已经成为高明区某小学的语文科组长，终于如愿以偿！

她的规划、她的付出没有白费！我和她一起不断完善的这份"新城一小新教师个人成长五年规划表"具有一定的借鉴意义，所以示之以飨读者。

（撰稿：冯结莲）

59. 成长关怀之三："润青展翅营"为年轻教师的成长带来了什么？

2018年9月，刚开办的新城一小只有23位老师，500名学生。到2022年9月，新城一小已经是一间拥有130多位教师，学生2800名的相对比较大的学校。学生人数以每年500人不等的速度扩张，带来的是新教师每年较大量的递增。教师专业素质也要快速提升，怎么办？经过行政会一致商议决定，成立"润青展翅营"。

"润青展翅营"为入职新城一小的新教师提供了一个全面、系统的成长平台，旨在帮助新教师快速适应教育行业的要求，提升教学质量和专业素养。新城一小的"润青展翅营"对新教师成长带来以下几个方面的积极影响：

一、职业理念塑造

（1）教育理念内化。通过参与"润青展翅营"，新教师能够更加深入地理解和内化学校的教学理念和教育目标，形成正确的教育价值观。

（2）专业责任感培养。冯结莲校长在开营仪式上强调了新教师在教育中的重要使命和责任，激励新教师树立起强烈的职业责任感和使命感。

二、专业技能提升

提升教学技能。通过诗歌朗诵、案例分析等形式，新教师能够学习到如何更有效地传授知识，提升课堂教学的吸引力和效果。

提升班级管理技巧。资深教师通过分享自己的经验，帮助新教师学习掌握班级管理的有效策略，懂得如何与学生建立良好的师生关系。

支持专业成长。定期的研讨和分享会为新教师提供了不断学习和进步的机会，促进其教育教学技能的持续提升。

三、交流与合作能力

"润青展翅营"为年轻教师提供了一个与同行交流和合作的平台，让他们能够分享经验，互相学习，共同成长。

通过参与各种团建活动和项目，新教师学习了如何与他人有效合作，建立团队协作的意识。

共享资源和经验。定期的学科知识、班主任工作、教师赛课沙龙和交流会让新教师有机会与其他教师共享教学资源和经验，增强团队之间的相互支持和学习。

四、个人成长与发展

自我反思与提升。通过参与演讲比赛和教学案例分享，新教师被鼓励进行自我反思，识别自身的不足并制定改进计划。

职业规划指导。冯结莲校长和学校教师发展中心提供了关于职业发展的指导，为他们提供职业规划指导，帮助他们明确自己的职业目标和发展方向，指导和完善他们的"教师个人五年发展规划"。

五、教育创新与研究

创新教学方法。鼓励新教师探索和尝试新的教学方法和技术,以适应不断变化的教育需求和学生特点。

参与教育研究。通过参与教育研究和项目,新教师能够提升自己的研究能力,为教育实践提供科学依据。

六、情感与心理支持

情感激励。通过分享会和互动活动,新教师能够在情感上得到激励和支持,减少职业初期可能面临的孤独感和挫败感。

心理健康关怀。学校提供心理健康的辅导和讲座,帮助新教师应对工作中的压力,保持良好的心理状态。

资源支持。"润青展翅营"为年轻教师提供了丰富的教育资源,包括教材、教具、教学软件等,帮助他们更好地开展教育教学工作。

七、文化与价值观传承

学校文化融入。通过入职就收到校长给新老师的一封信,通过参与学校的各种文化和传统的活动,新教师能够快速融入学校文化,建立起对学校的认同感和归属感。

核心价值观内化。学校的核心价值观如"润德以立,致善行远"等,通过日常教育和实践逐渐被新教师内化,成为其行为的指南。

总的来说,新城一小的"润青展翅营"为新教师提供了一个全方位的成长平台,不仅提升了他们的专业技能,还促进了其职业理念的塑造,加深了对学校办学理念"润泽教育"的了解,合作与交流能力的增强,个人成长与发展、教育创新与研究、情感与心理支持、技术与信息素养的提升以及文化与价值观的传承。通过这些综合性的培养和支持,帮助他们在教育教学工作中不断成长和进步,使新教师能够快速成长为合格甚至优秀的教育工作者,为教育事业的发展做出积极贡献。

(撰稿:冯结莲)

案例 46

以梦为马,不负韶华
——2020—2021学年度高明区西江新城第一小学"润青展翅营"开营仪式暨第一次团建活动

鲜花无语,却散发出芬芳;青春无语,却焕发活力。为焕发新城一小青年教师活力,促成新城一小大家庭和谐,12月18日,西江新城第一小学举行"润青展翅营"开营仪式暨第一次团建活动。

活动伊始,主持人董博翰老师向大家介绍了高明区友爱历奇中心的程伟华老师,并代表西江新城第一小学向程老师表示热烈的欢迎。

金玉良言,寄君行远

新教师代表林泽亮老师发言。林泽亮老师作为新城一小的新教师,他分享了三句勉励自己的话:"捧着一颗心来,不带半根草去",要常怀年轻的心;"胸藏笔墨虚若谷,腹有诗书气自华",要提升自己;"海阔凭鱼跃,天高任鸟飞",要积极向上。

青年教师代表李文彬老师分享心得

一个人可以走得很快,一群人可以走得很远。李文彬老师是我校"走出高明"的第一人,去到佛山市石门实验小学展示优秀课例的经历,令他获益良多。

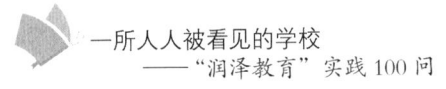

他赞赏新城一小的领导是有格局的,也感谢老师们的热情帮助,并鼓励青年教师们要时刻做好准备,不断提升自己,机会是留给有准备的人。

青年教师代表朱秀丽老师分享心得

梯山航海,静待花开。朱秀丽老师今年在区小学数学优质课评比中荣获特等奖。回顾从教 11 年历程,她从"四个学会"阐述成长之路:学会做人,学会快乐,学会学习,学会反思。

冯结莲校长发言

良言似春,润泽身心。团建活动中,冯结莲校长鼓励青年教师们应做"六有"青年,"四有"教师,具有"三精神"(创新精神、独立精神、合作精神),所有教师要团结一致,乘风破浪,共迎挑战。随后,冯校长分享了丽江华坪女子高中张桂梅校长的故事,启发青年教师做有格局、有大局观、有情怀的教师。

"世界是你们的,也是我们的,但是归根结底是你们的。"冯校长希望新城一小能以黄埔军校为榜样,出更多人才,出更多名教师、名校长,为高明教育做出贡献。

破冰除障,团体争胜

一花独放不是春,万紫千红春满园。活动环节,在程老师的组织下,本来略显生疏的青年教师们开始拉近距离,相互沟通,通力合作去完成任务。活动现场热闹非凡,到处欢送笑语,丝毫不觉腊月已至。

接下来是游戏环节,分别是"幸福花开""I AM HAPPY""PK 王大赛"。随机分组"沟通十三章""成长足迹"……

荏苒岁月,勿忘初心

未来就像是一幅画,它美丽,五彩缤纷。青年教师们在程老师的指导下,我手画我心,彩笔绘未来,绘下自己未来的三年成长阶梯。

伴随着阵阵美妙轻快的音乐,青年教师们带上眼罩,倾听程老师关于职业的导语,思考着自己的初心,等待着"惊喜"——左捧"初心":无论走得多远,都不要忘记来时的路;右拿"玫瑰":世间美好,皆赠于你。

庆有所遇,幸有所聚

当青年教师们还沉浸在对未来的思索时,新城一小的领导们已悄悄走进现场,他们为青年教师们系上红丝带,并发放纪念品。

小小红丝带,是学校领导们对青年教师们传承好学校办学理念、师德师风、教学方法的深厚寄望,系上的不仅是一种祝福与希望,还是一种责任与使命,更是一种传承与展望。

恩藏于心,情表于行。青年教师们纷纷为领导们系上表示感谢的黄丝带。小小的红黄丝带,联结着两代教育工作者的情谊,将青年教师们的心与学校紧紧联系。"一群人一条路,坚持一直走下去,在一起不容易,相守更加了不起;一群人一条心,再苦再累也愿意,在一起不容易,点亮生命不放弃……"

以梦为马,不负韶华

润泽青年,展翅翱翔。活动最后,严志荣副校长领誓,在庄严的宣誓声中,西江新城第一小学"润青展翅营"正式开营,而第一次团建活动也圆满结束。润泽教育"泽被全体",将继续泽被青年教师们,提供机会和平台,不断提高新城一小青年教师们的教学水平和管理能力,让青年教师们"聚是一团火,散是满天星"。

"及时当勉励,岁月不待人。"青年之"青",在于青春活力,在于敢拼敢闯。愿我辈青年,以梦为马,不负韶华,只争朝夕;愿我辈青年历经半生,回看向来萧瑟,能静观过往云烟,笑看夕拾朝华。

(撰稿:林泽亮。转自西江新城第一小学微信公众号,时间:2020-12-20,网址:https://mp.weixin.qq.com/s/_iXX7UHh4lrnN79ibYh54A)

60. 新校开办四年就培养出3位市区级"学科教学大赛一等奖(一位是市级教学能手)和6位区级"三名人才",新城一小这个名师"孵化器",为老师们做了些什么?

有人说:"一个人能走多远,要看他与谁同行;一个人有多成功,要看他与谁相伴。"与优秀的人在一起,才能在时光的溪水中欣赏波纹,从细碎的日常中理出头绪。与优秀者同行,才能让自己成为更优秀的人。

"每位孩子都成长,每位老师都重要",是润泽教育的管理理念。在新城一小流传着这样的一段话:与优秀同行,领路靠贵人,进步靠团队,发展靠平台,上进靠自己,认可靠社会。其实,我们的"三名人才",市级"教学能手"，就是这样培养出来的。

一、与优秀同行

冯校长经常和老师们说，来新城一小任教的老师都是优秀的老师。那些优秀的人，他们端正的品行、善良的人格、自律的习惯，都会让你耳濡目染、深受鼓舞，忍不住默默努力，见贤思齐。

二、领路靠贵人

学校领导常告诉老师们，学校领导和你的师傅就是你的贵人。学校的领导团队具有较强的领导力和远见，能够制定合理的发展规划，鼓励和引导教师朝着成为"三名人才"的目标努力。按照国家和学校的政策去发展你的专业，按照师傅的指引去磨砺自己的专业能力，肯定没有错。

新城一小实施了系统的教师培训计划，关注个体发展，包括"新教师的五年规划指导"、定期的内部研修、外部培训、学术交流等，以提高教师的专业技能和教学水平，帮助教师实现个人价值和职业目标。

实施教师"一三五十教师进阶工程"（即一年站稳讲坛，三年胜任工作，五年成骨干，十年成名师）发展规划的阶段目标和内容指引，加强教师个人专业发展的自觉规划意识。以面向全体教师，促进教师发展性素养提升为队伍建设的总体目标和行动纲领，将学习培训、教学展示、课题研究、评价考核有机结合，结合教师"一三五十教师进阶工程"，促进教师专业素养的形成与可持续提升。

在新城一小，学校每学期开学第一个月都举行"行政骨干示范课"，为全校的教学教研工作率先垂范。如果新教师不知道怎样上新课，也可以到随时随地师傅那里听完课再回本班上新课。

三、进步靠团队

我们常说：一人计短，二人计长；一个人走得快，一群人走得远。我们主要做好以下两点：

（1）运用"六备课三反思"模式，汇聚集体智慧，加强年级学科集体备课。

（2）学术智囊团队，群策群力，智慧备赛。在新城一小，每一门学科我们都组成自己的学术智囊团队，人数6~10人不等，由该学科经验丰富的骨干教师和教学能手组成。每当有区级或以上的赛课时，学校教师发展中心就会组织相关学科"智囊团"为赛课老师磨课，建言献策，各抒己见，做到知无不言，言无不尽。一人上公开课，6~10人的智囊团队帮你打磨、提升，哪有不进步的道理？因此，新城一小开校4年，教师个人专业发展、各学科赛课成绩斐然。

四、发展靠平台

（1）学校为教师成长搭建大舞台。新城一小定期组织教研活动，如教学观摩、研讨会、工作坊等，促进教师之间的交流与合作，共同探讨教学方法和策略。如，每年举行一次"润泽教育课程文化展示日"，与省内外的骨干和精英老师同台比课。学校还为教师提供学术研究的机会和支持，包括资金支持、时间安排等，鼓励教师进行教育科研，外出培训学习，提升学术水平。

（2）名师工作室，教师成长的摇篮。学校开设了"严燕梅名教师工作室""廖金文名教师工作室"。工作室研修模式体现的最基本特征即"在工作中学习，在学习中工作"。名师名校长工作室研修模式的最大价值与功效便在于"实践育人，实践创新"。真正的人才都是在实践中培育出来的，真正的好教师、好校长也是在实践中成长起来的。由此，我们得出这样一个结论：名师名校长工作室能够成为好教师好校长成长发展的摇篮。

（3）资源整合，扩大平台。学校有效地整合了校内外资源，包括与其他学校的合作交流、利用社会资源等，为教师提供更多的学习和成长机会。例如，新城一小的各学科老师经常被区教师发展中心委派到帮扶的云城市、信宜市学校进行学科教学交流。

（4）激励机制，持续有效。学校建立了有效的激励和评价机制，如每学年的"致善教师评选"，鼓励教师积极参与教育教学创新，提升教学质量，并对表现突出的教师给予奖励和表彰。

（5）宣传正能量。注重校园文化的建设，营造积极向上、尊重创新的氛围，使教师能够在良好的环境中成长和发展。如，每学年新教师入职，学校微信公众号都会以"凡心所向，素履可往"为题，为每位新老师的专业特色、特长、成绩等作专门介绍……

五、上进靠自己

一个人能否成才，关键不在于其在实践岗位上的学习与反思，正如王阳明所说的要"事上练"。美国心理学家波斯纳得出了著名的教师成长公式：教师成长＝经验＋反思。学校要求年轻教师每学年做好"六个一"：

（1）主动写好自己的成长规划。

（2）制定一份每学年阅读书目，并践行。

（3）认真备好每一节课。

(4) 自觉写好每一篇课后反思。

(5) 每学期至少上好一节公开课。

(6) 每学年至少写好一篇论文。虚心请教，学会主动听师傅的"推门课"，教育无小事，处处皆学习。

六、认可靠社会

学校通过各种渠道如新城一小微信公众号、高明教育公众号和视频号，家长会、家委会的宣传等，提升自身的社会影响力和认可度，使得教师的成就能够得到社会的广泛认可和赞誉。

由于区委、区政府、区教育局和新城一小学校领导的高度重视、明确规划和持续投入，新城一小的行政领导率先垂范，以身作则，上行下效，教师皆积极参与和不懈努力，形成了你追我赶、积极向上的教学教研氛围，形成良好的教风和学风，大大提升了学校课堂教学实效，教育质量明显提升。学校在教师培养、学校管理等方面成效显著。所以，新校开办短短四年就培养出一位市级"教学能手"和六位区级"三名人才"。

（撰稿：冯结莲）

案例47

高光时刻：热烈祝贺我校六位老师荣获高明区名校长、名教师称号

习近平总书记说："一个人遇到好老师是人生的幸运，一个学校拥有好老师是学校的光荣，一个民族源源不断涌现出一批又一批好老师则是民族的希望。""百年大计，教育为本。教育大计，教师为本。"

学校的教学工作离不开教师，教师的成长离不开学校的培养。只有一流的教师队伍才能打造一流的学校。西江新城第一小学严要求高标准打造教师队伍，打造智慧型、学习型教师团队。学校开办四年，通过强化师德建设、强化师资队伍建设，坚持"五育"并举，打造了一支政治素质过硬、业务能力精湛、具有创新精神的新时代教师队伍，为助推学校实现办学目标注入了活力。

2021年下半年按照相关文件要求，学校组织老师参加高明区基础教育"三名人才"评选。经过专家材料评审、现场答辩等环节，新城一小以下六位教师

脱颖而出：其中首任校长冯结莲被评为高明区"名校长"；严燕梅、区凤谊、廖金文、王小凤、蒙燕芬五位老师被评为高明区"名教师"。

"所谓大学者，非谓有大楼之谓也，有大师之谓也。"名校之所以名，非谓有名楼之谓也，有名师之谓也。我校这六位名师潜心教研，用心育人，踏实工作，培养了一批又一批优秀学生；用四年时间讲好了"润泽教育"故事，深得广大家长和群众的认可！展望未来，任重道远，希望其他老师以他们为榜样，做到牢记使命，不忘初心，踔厉奋发，笃行不息！继续讲好和传播"润泽教育"故事。也希望"润泽教育"培养出更多的名师、大师……

（撰稿：严燕梅。转自西江新城第一小学微信公众号，时间：2022-06-28，网址：https://mp.weixin.qq.com/s/HqB-DcPTf7f1re1-8jj2ueA）

扫码阅读："润泽教育·高光时刻"教学能手展"英"姿，凝心聚力共成长——热烈祝贺我校潘李露老师荣获"佛山市小学英语学科十大教学能手"称号。

"春风化雨·布德仁教"金牌引领，砥砺奋进——润泽致善名师风采之"班格金牌教师"。

61. 青蓝工程：如何激发中年教师的内驱力，实现教育热情的再次绽放？

马克斯·韦伯有一句名言："人是悬挂在自己编织的意义之网上的动物。"如果我们对自己"编织"没有觉察，也就只能活在"意义之网"的范围之内了。所以，"向内求"的关键是自我觉察和超越。激发中年教师的内驱力，实现教育热情的再次绽放，就是让中年教师向内求，激发中年教师自我觉察和对教育教学的再次自我超越。

"青蓝工程"通常是指一种以老带新、师徒结对形式的教师培养和激励机制，旨在通过有经验的老教师（蓝方）对年轻教师（青方）的指导与帮助，促进青年教师的成长，并在此过程中实现老教师的自我超越与发展。要实现中年教师教育热情的再次绽放，可以采取以下措施：

（1）角色转变。鼓励中年骨干教师由学习者转变为指导者，参与到"青蓝工程"中，成为蓝方教师。这不仅能让他们传授自己的教学经验和理念，还能在教学实践中不断反思和提升自己。

（2）专业成长，向内提升，向外输出。

向内输入、提升。为中年骨干教师提供进一步的专业发展机会，如参加高级研修班、访问学者项目、省内外学术交流等，以此更新他们的知识和教学方法，激发新的教育热情。

向外输出——做报告、讲座、上公开课。新城一小曾外派冯结莲校长、朱志雯、朱秀丽等经验丰富的骨干教师到贵州黄平新洲镇中心小学作办学理念交流、数学合作学习课程指导、扎染课程指导等，再次激发中年骨干教师的教学和学习热情。

（3）课题研究。鼓励中年骨干教师开展或参与教育教学课题研究，通过科研活动深化专业知识，提升解决实际问题的能力。在新城一小，学校提倡中年骨干教师积极参与区级以上教育教学课题研究，从如何策划选题到如何撰写开题报告，到如何写与课题相关的论文、如何结题等，带领年轻的教师撸起袖子加油干。

（4）教学创新。激励中年教师尝试新的教学手段和技术，如利用信息技术进行教学改革，开发线上课程等，以适应新时代教育的需求。在2020年疫情期间，新城一小的线上教学没有停滞，反而在严志荣、严燕梅、吴允霞、罗彩霞等一批中年骨干的带领和带动下，老师们人人自己录制教学视频，自创了一套直播批改作业的做法，让新城一小的教育教学成绩即使遇到疫情仍然保持高质量发展态势，质量检测连续四年名列全区小学前茅。

（5）定期举办读书活动。如举办共同读一本书活动，推荐阅读《为了合作的学习》《为了学习的合作》《活着》《教与学的秘密》，然后举办读书分享会。

（6）举办互相听评课和教学展示活动。学校要求每年师傅和徒弟互相听评课不少于20节（每学期至少10节），互相听课、评课、互相学习。同时，师傅和徒弟每学期均举行一节校级展示课，供全校教师听课学习。优秀课例可以在学校每年的课程文化展示周进行展示。

（7）横向联合。鼓励中年骨干教师与其他学校的同行建立联系，形成专业社群，共享资源，相互启发，拓展视野。如，新城一小与佛山元甲学校、环湖小学、张槎中心小学、顺德梁季彝学校、南海儒林二小、区内沧中附小等建立了教育联盟，互相交流和学习，共同进步。每年学校的"课程文化展示周"活动，我校教师都会和以上学校骨干教师同台献课，展示才华和风采。

（8）评价激励。建立公正的评价体系，对中年骨干教师在"青蓝工程"中的表现给予物质和精神上的奖励，提高其积极性和满足感。

（9）人文关怀。心理支持。关注中年骨干教师的心理健康，定期组织交流座谈、心理咨询等活动，帮助他们解决职业发展中遇到的困惑和压力。

定时体检。体检的内容因年龄而做微调。

通过上述措施，可以有效地促进中年骨干教师的内在动力，使他们在职业生涯中焕发新的活力，更好地发挥其在教育系统中的核心作用，实现教育教学的再次自我超越。

（撰稿：冯结莲）

案例 48

青蓝传承·静待花开
——西江新城第一小学举行 2021—2022 学年度"惠泽工程"师徒结对仪式

"润泽教育，春风化雨"。学校的中心工作是教学，教学质量的高低关键在于教师，只有一流的教师队伍，才能打造一流的学校。"青蓝"结对，师道传承，为有效地提高学校教育教学质量，充分发挥学科带头人、骨干教师的示范辐射作用与经验丰富的老教师的"传、帮、带"作用，促进新青年教师专业成长，进一步打造西江新城第一小学优质教师团队。九月，西江新城第一小学各科组举行 2021—2022 年度"青蓝传承·静待花开"师徒结对仪式。

聘书在手，责任在心

各科为"青蓝传承"的师傅教师颁发聘书，师傅们接过一纸聘书。一纸聘书，不仅仅是一份荣光，更承载一肩责任，映照一份希冀。

徒弟敬茶，青蓝情浓

"徒弟"行拜师礼，给"师傅"敬茶，"师傅，请上座！请喝茶！"向师傅表示崇高的敬意。徒弟们敬上一杯清茶，饱含浓浓的感恩之情。敬您一杯香茗，师徒结下真情谊；深深一鞠躬，感恩之情铭于心。

师徒发言，寄望未来

各科师傅代表深情回忆了曾经的师徒情谊，并把这次师徒结对定义为"又一次美好的遇见"。他们郑重承诺：严于律己，言传身教，愿意与徒弟同舟共济，教学相长，共谱华章。

各科徒弟代表发言，表达了对学校以及师父的感激。作为新教师，"传承的不仅是教育知识，更是传递学校未来发展的希望"。我们坚信在师父的指导下，每一位徒弟都将在教学之路上越走越稳，不负众望；在专业上敦品励学，在工作中严谨求实，追求卓越。

合影留念，留住感恩

"惠泽工程"所有的新青年教师进行合影留念。师徒情，高山不能测其远，海水不能量其深。

热血宣誓，誓表决心

一片冰心育桃李芬芳，满腔热情为杏坛耕耘。其中语文科组还组织所有新青年教师进行上岗宣誓。数学科组师徒签下师徒协议书，签下的不仅是一份承诺，更是一份责任。成长路上，师徒相伴，薪火相传。相信在未来的专业发展道路上，西江新城第一小学的青年教师在师父的引领下，必将快速提升教育教学能力，争做新时代好老师。

润德以立，致善行远。"惠泽工程"师徒结对是一种匠心育人的薪火相传，饱含着师徒们同心戮力、共育桃李的拳拳真心，于学海中乘风破浪，为教育事业直挂云帆。师徒携手，砥砺前行，本年度的"惠泽工程"师徒结对一定能取得更好的成绩，共创西江新城第一小学的美好新篇章！

（撰稿：谢美仪、何旭雁。转自西江新城第一小学微信公众号，时间：2021 - 10 - 09，网址：https：//mp. weixin. qq. com/s/aXrlMMkqhrCt6z1854UASQ）

62. 新学校，教师来自五湖四海，如何用"五诚"文化凝聚人心？

"一支粉笔两袖清风，三尺讲台四季晴雨，滴滴汗水诚滋桃李芳天下。这是新城一小教师自编自导自演的2024春晚节目《影子舞——致敬老师》的真情告白，也是新城一小开办六年的真实写照:我们来自佛山、江门、中山、惠州、梅州、南宁、黄冈、河南……虽然我们来自不同的城市,但是现在我们拥有一个共同的家:新城一小……在这里,我们一起奋斗,一同谱写属于我们的教育故事!在这里,我们把"五诚"文化根植心中,将教育理念播撒,将教育理想实现……"

现代管理学之父彼得·德鲁克曾说过一句绝对的"狠话":"在文化面前,战略不值一提"。这说明了文化在一个单位或企业的重要性。的确,文化极像有巨大吸引力的磁铁,以一件件事情为纽带,把人心凝聚在一起。——新城一小的"五诚"文化就是磁铁,把来自五湖四海的老师们的人心凝聚在一起。新城一小的"五诚"文化分别是坦诚待人、真诚沟通、精诚合作、竭诚扶持、至诚包容。

"五诚"文化之坦诚待人

坦诚待人指的是人与人之间交往时敞开心扉,坦诚地表达自己的想法和感受,以真诚的态度对待他人。冯结莲校长非常注重润泽文化"家"的理念和概念营造,要求老师们做到坦诚待人。我们如同家人一样相处,面对学校、学生问题,大家一起解决;有"家人"犯错误,大家直言不讳地提出建议;年轻老师在工作中遇到困难,有经验的老师倾囊相授。坦诚待人让大家建立和维护健康、信任的人际关系。老师们专心教书育人,精神不内耗。

"五诚"文化之真诚沟通

真诚沟通指的是在"坦诚待人"基础上,沟通时要真心实意、态度诚恳。真诚沟通不仅仅是在言语上的真实表达,更体现在行动上。以真诚的态度对待别人,学会换位思考,理解、尊重他人的感受,关心、了解他人的需求,必要时及时给予帮助与支持。新城一小刚建校时,任务多,教师职数少,不少老师身兼数职,一人干三人的活那是常见的事。为了让老师们尽快融入学校,学校领导经常和老师们谈心,了解老师们生活、工作上的困难,接受老师们的建议。在良好的沟通与理解中,老师们很快拧成一股绳,建立了深厚的友谊和亲密的关系。

"五诚"文化之精诚合作

精诚合作强调的是,要以真诚的态度互相尊重、互相理解、互相支持。万事开头难。2018年9月建校之初,冯校长、邓副校长等行政领导每天早早到校,指挥交通、巡视早读、关注每一位学生……老师们各司其职,各项工作有序地开展,"幼小衔接""入泮仪式""百日礼"……各项大型活动成功举办,一间新学校以高调的姿态让所有人都看见它的优秀。"哪里需要我,我就出现在哪里",哪里缺位,自动补位,大家没有怨言,没有计较,把"精诚合作"

的精神诠释得淋漓尽致。

"五诚"文化之竭诚扶持

竭诚扶持的意思是全心全意地给予帮助和支持，指的是新城一小的行政团队、学科智囊团队、级组队友就是老师们坚实的后盾，让老师们能在需要的时候得到依靠。冯校长经常说"一个人走得快，一群人走得远"。这不，12月的南方，晚上11点已经瞎灯黑火了，可新城一小依然灯火明亮。原来，刘丽老师要参加区第二届教学能手大赛，语文智囊团的老师们正和她一起磨课呢！在新城一小，从来没有一个人的战斗！不管谁承担任务，他们的身后都站着一群人；不管走到哪，总有人在背后默默付出，竭诚扶持。赛后，刘老师感慨道："本次赛课，我感动于事无巨细亲自指挥的领导，无论有多忙，熬夜有多晚都陪着我们的行政领导；感动精益求精的团队，他们放下家庭，放弃休息时间，熬到凌晨为了我做全方位的准备。伙伴们默默支持，毫无怨言……我突然明白了邓少能副校长常说的一句话：你是谁不重要，重要的是你和谁在一起。感恩新城一小，感恩遇见优秀的团队，一起加油向未来！"

"五诚"文化之至诚包容

君子和而不同。至诚包容是一种高尚的品质和道德境界，它要求个人在内心保持真诚和纯净的同时，也要对外界的不同声音和行为保持宽容和理解。这种精神对一间新学校尤为重要。冯校长经常说："每个人身上都有优、缺点，我们要多发现和放大别人身上的优点，不要只盯着别人身上的缺点。"确实，来自五湖四海的我们本着教育初心，在自己的岗位上默默耕耘。多挖掘别人身上的闪光点，包容其缺点，彼此温暖与感动，我们更有前行的动力。

人人为我，我为人人；人人付出，人人被看见；团结、有爱、温暖、和谐的文化氛围正是新城一小教师的"五诚文化"最直观的体现。坦诚待人是人际交往的前提，因为心扉打开才能真诚沟通；沟通到位才能精诚合作，有了合作机会才能竭诚扶持；合作、扶持过程中可能有摩擦、甚至产生矛盾，这就需要至诚包容。这"五诚"文化是环环相扣，层次递进，缺一不可。

正是润泽教育的"五诚文化"给予新城一小老师们家一样的安全感和温暖，滋养着教师的身心，陪伴着教师们温暖成长。

如今，"五诚文化"已深入新城一小人的人心，已成为学校的文化自觉。在"五诚文化"推动和影响下，新城一小人披星戴月，翻山越岭，攻坚克难，奔山赴海，捷报频传，硕果累累。

（撰稿：谢宝珍）

心得 14

吾心安处是吾家——难忘的办公室评比

入芝兰之室，久而自芳也。懂得品味生活的教师方能传递更为精彩的教育。为构筑良好的育人环境，丰富办公室文化内涵，凝聚办公室精神，彰显校园办学特色，2021年4月西江新城第一小学举行了最美办公室评比活动。

活动方案颁布后，全校老师齐动员，在级长的带领下精心策划、共同打造，温馨、和谐、卫生、文明的办公室成了老师们心灵休憩的港湾，成了老师们上好下一课的"加油站"，更成为了老师们温暖的"家"。

一、盈一室馨香

"斯是陋室，惟吾德馨"。推门而入，窗明几净。办公桌上，摆放着年轻老师精心准备的绿植，满目绿意。清新的空气、生机盎然的花草让办公室充盈着无限生机。老师们用自己的细腻情思展示出"家"的温馨。

二、传递"家"的温暖

俯身是书案，抬眸是生活，一墙一案彰显老师们的个性风采。年级家庭成员的风采照组成一个大大的"心"形图案，每个人脸上洋溢着灿烂的微笑，传递的都是温情友爱、"家"的温暖。

三、润泽"家"的文化

居兰芷之室，润泽三好学子。办公室不仅是老师们工作的地方，也是学校文化建设的一面镜子。办公室正面书法展示墙上，美术廖老师亲自书写的12个毛笔书法大字"坦诚待人、真诚沟通、精诚合作、竭诚扶持、至诚包容"彰显了学校的"五诚"文化，滋养着教师的身心，陪伴着教师的成长，鞭策着老师们携手构造新城一小这个温暖有爱的大家庭。

室之兰馨，师之慧心。在这次评比中，我们充分发挥了集体的智慧和力量。每位教师都是新城一小大家庭不可或缺的一部分，大家的共同努力让办公室焕然一新，展示教师团队精神面貌的同时也增强了团队的凝聚力和向心力。在温馨的办公环境中，老师们舒心工作，暖心守护，用心育人，"吾心安处是吾家"，带着对教育事业的一片热忱，我们在这里遇见最好的自己，成就最优秀的学生。

（撰稿：谢宝珍）

63. 情绪价值一：教师"补休单"老师为啥特别喜欢？

近几年，"情绪价值"成了一个热门词语。知乎上，有个高赞回答是这样定义的：情绪价值＝情绪收益（积极的情绪体验）－情绪成本（消极的情绪体验）。也就是说，只要情绪收益大于情绪成本，就能为对方提供"情绪价值"。一个人越能给别人带来舒服、愉悦、稳定的情绪，他的情绪价值就越高；一个人总让他人产生别扭、生气和难堪的情绪，他的情绪价值就越低。其实这点在管理上有巧妙的共通之处。

2020年9月，是西江新城第一小学开学的第三个年头，学校各方面工作已经进入正轨，如一列完成测试的"复兴号"动车，进入了良性的、平稳且高效的一个运行轨道，正式进入高速运行阶段……这时候我看到老师们每天早上满怀激情地上班，爱心满满、笑意盈盈地上课，用心对待每一位学生，我心里有说不出的感激，同时我也明白：一间新学校，老师经过两年多的打拼——开办第一年几乎没有寒暑假，学校承接区级以上的活动、比赛越多，老师们付出的时间、精力就越多——他们的辛勤付出应该被看到、被珍视。

管理的本质，就是最大限度地激发和释放他人的善意和潜能。我们的管理制度在规范师生行为的同时，更应激发师生的向上力量。此时如果学校"补偿性制度及时到位，这样就能让教师感受到如果自己奉献了、牺牲了，会得到学校领导多种形式的鼓励和补偿，教师才会乐于有机会更多地去奉献，才会有动力持久地奉献，进而让这种行为扩大到更多人的身上。"这样教师和学校才能有更可持续的长远发展。正如李希贵校长所说："以制度最大限度撬动人性中的天使"。

于是从2021年3月8号开始，新城一小诞生了第一个补偿性制度："教师补休单"。原因是以前的"三·八"妇女节，不少学校都是规定用当天上下午的时间让女老师调休，不少担任双班教学的女老师难以在规定时限内休假，于是只能把半天的"三八"妇女节假期奉献了。这是常态。

因此我们出台了这张补休单，让老师们可以弹性调休假，在一月之内完成。到2022年9月学校开办第四年，学生已经达到2200人，老师120多人，我们就可以让老师们在3、4两个月之内完成调休。我们既希望教师上班上课的时候，认真负责，保证课堂教学质量；也希望老师们可以很好地休息，因为休息是为了可以更好地工作。这样的弹性调休无疑为老师们的专注认真工作、放心快乐玩耍，提供了很好的一个时间和方法，甚受老师们的欢迎。我们欣喜地看到很多年级组的老师发出来的朋友圈，在"三·八"妇女节前后的时间，她们集中调休，然后三五知己聚在一起赏花、游玩,是多么快乐多么美好的事情啊!

老师们快乐度假,愉悦工作,得益的就是我们的学生啊!学校的各种关系因此变得越来越好了,润泽大家庭更加和谐融洽了。从那时候,学校开始进入了柔性管理,开启了人性化人文管理新阶段,并逐渐发展完善了更多利师利校的管理制度。

(撰稿:冯结莲)

案例49

"五一"劳动节感谢信

各位亲爱的伙伴:

鲜花为劳动者绽放,颂歌为奋斗者高唱!值此"五一"国际劳动节来临之际,西江新城第一小学向全校最美劳动者——全体教职员工致敬!

本周我们学校完成了两大事。第一件大事是:润心启智·乐学善思——高明区小学教学改革区域交流及新城一小首届"润泽教育"课程文化展示活动顺利、高效举办,为高明区的小学教师提供了一个课堂教学学习与交流的大平台,开创了高明公办小学课堂公开教学先河,得到了专家及同行们很高的评价。第二件事是学校顺利通过了高明区现代化学校的评估!感谢大家以主人翁的精神,只争朝夕,不负韶华,砥砺奋进,守正创新,精益求精,把两项工作做到完美极致。在此,本人代表学校对各位教职员工的辛勤付出再次表示衷心的感谢!感谢我们很有示范引领和先锋模范精神的行政团队、科长和级长们,感谢你们冲锋在前,守土有责,为校争光!感谢每一位台前幕后新城一小人的辛勤付出!

每位孩子都成长,每位老师都重要!新城一小因为有你们,我们学生才得以健康快乐成长;新城一小因为有你们,家长的认可度、满意度、社会的美誉度才越来越高;新城一小因为有你们,老百姓才对家门口的教育越来越感到信赖和满意!感恩有您!

假期温馨提醒如下,请查收:

2021年劳动节放假时间为5月1日—5日(共5天),5月6日、7日、8日(周六)正常上班。

外出购物、旅游请注意个人人身安全、财产安全、交通安全,禁止酒驾、疲劳驾驶。错峰出行,尽量佩戴口罩。

严守师风师德红线和底线,严禁参与黄、赌、毒等一切违法行为。

假期期间,请抽空多陪家人和孩子,到外面走走,参与劳动,保持身心舒畅和身心健康!

最后,祝回家路途比较遥远的伙伴回家注意安全一路顺风,平平安安回家去,平平安安返校来。同时祝我们全体老师也要注意做到平安出行,过一个愉快的、平安的、健康的有意义的"五一"劳动节!再次衷心感谢大家!

向大家行眉开眼笑鞠躬礼!

祝:顺利!安康!

西江新城第一小学校长室

2021年5月1日

(撰稿:冯结莲)

附件:"西江新城第一小学补休证明"扫码阅读

64. 情绪价值二:教师节全校近100位教师都收到校长亲手书写的祝福贺卡,每年迎新晚会每位教职工都有机会上台表演,是真的吗?

"润泽教育"是新城一小的办学理念,"泽被全体"是它的核心价值,题述两件事情都在新城一小真实发生。

其一

2020年09月10日,新城一小全校近100位教师都收到了冯结莲校长亲手书写的真切祝福。工整的小楷带着墨迹和温度,字字句句温暖动人。冯校长的寄语既有领导的关怀,又饱含对老师们的深情祝福,还有对全体教师的殷切期望。

谭颜玲老师:

你的亲切笑容能融化坚冰。记住你,是因为第一次与你通电话,便感受到你的率真与尽责。孩子们需要你这样的好老师——热情、和蔼,严而有爱,用心待人。感谢你!

祝节日快乐!

校长:冯结莲老师

2020年9月10日

第三章 治校方略，每位老师都重要

下午，每个办公室的老师都收到精心特制的蛋糕，是由学校领导送的暖心节日祝福，祝老师们节日快乐！办公室里洋溢着温情、甜蜜的气息……在每一个人的生命历程中，老师都是最值得尊重和感恩的人之一。今年又有一群朝气蓬勃、爱岗敬业的新老师加入到我们新城一小的大家庭，我们将朝着"培养五育并举、人格健全、具有家国情怀和世界眼光的润泽君子"的培养目标，以高度的责任感，严谨、务实、勤奋的态度对待教学工作，春风化雨，布德仁教，努力把学生培养成为德、智、体、美、劳全面发展的人才。最后衷心祝愿各位领导、老师身体健康，工作顺利，家庭美满，节日快乐！

以上，是新城一小2020年09月10日教师节的真实场景……

其二

新城一小润泽教育的管理理念是"每位老师都重要，每个孩子都成长"。学校的迎新晚会不仅是一场庆祝活动，更是学校文化和精神的集中展现。迎新晚会上让每位教职工都有机会上台展示，原因主要有以下几点：

（1）增强教师归属感。迎新晚会是新教师融入学校大家庭的桥梁。通过展示学校的传统与文化，我们不仅增强了他们的自豪感和认同感，更让他们感受到强烈的归属感。

（2）展现才华，被看见。晚会为全体教职员工提供了一个展示自我的平台，无论是新老教师还是不同岗位的员工，都能在这里展示才华，实现"每位老师都重要"的教育理念，促进团队精神的建立。

（3）展示校园文化。通过精心准备的文艺节目，教师们展现了自己的才艺和校园文化的多样性。这些节目不仅丰富了校园生活，也体现了学校的活力和艺术水平。

（4）营造和谐氛围。迎新晚会传递了积极向上的青春能量，营造了一个良好的文化氛围。教师们在排练和合作中增进了了解，促进了人际关系的和谐。

（5）庆祝新年到来。迎新晚会标志着新学年的开始，为教师们带来了新的希望和动力，激励着大家以饱满的热情迎接新的挑战。

（6）表彰优秀教师。晚会中的表彰环节，不仅是对过去一年优秀教师工作的肯定，也是对未来工作的激励，鼓励大家在新学年中继续努力。

（7）传承学校传统。对于有着悠久历史的学校，迎新晚会是传统的一种延续，它保持了学校文化的连续性，让历史与现代教育相融合。

（8）提升学校形象。高质量的迎新晚会向外界展示了学校的教育资源和学术氛围，提升了学校的整体形象，使学校在社会中的地位更加显著。

通过举行迎新晚会，我们不仅庆祝了新年的到来，更是为了让新老师更好地融入学校大家庭，展示了教师们的才华，更加强了教师之间的联系，提升了教师的归属感，展示了学校的教育理念和文化传统，营造积极向上的教育环境，为未来新一年的工作开始注入了活力和希望。

（撰稿：冯结莲）

案例50

迎新晚会，让每个新城一小人被看见

"仪式感是什么？"小王子问道。

"这也是经常被遗忘的事情。"狐狸说，"它就是使某一天与其他日子不同，使某一时刻与其他时刻不同。"

总是要有一些仪式感，提醒我们新的一年已经悄然来到。2020年1月17日晚，西江新城第一小学"不忘初心奋力前进，润泽新城不负韶华"2020年教职员工迎新晚会在润华堂隆重举行。下面让我们一起来回顾这场温暖而有趣、颜值与才华并全的晚会吧。

主持人是我们美美哒张慧琳老师、陈龙凡老师，帅帅哒林广明老师、李建鸿老师。晚会由我校少先队大队辅导员黄敏霞老师的一曲《不忘初心》拉开序幕。

过去一学期的风雨兼程，我们共同走过，创造了一个又一个卓越的成绩。冯结莲校长穿着喜庆的中国红外套进行年终总结。冯校长先给各位来宾和老师送来了新年的祝福，随后对各位老师进行颁奖。回顾过去一学期在师生共同努力下学校取得的优异成绩，并感谢全体教职员工的辛勤付出！

第一个奖项是"最具慧眼及发展潜力"奖。冯校长说，90后一代的老师朝气蓬勃，在最美的年华用自己的行动向我们诠释了青春无悔、用心授业的教育梦想。这个奖项不仅是对他们个人潜力的认可，也是对年轻教师在教育事业中不断探索和成长精神的鼓励。

第二个奖项是"最具教育情怀"奖。有一群人，他们追求卓越，心怀教育。无论是寒风中的校门口，还是烈日下的操场上；无论是清晨曙光的教室里，还是星辰夜幕下的办公桌前，我们总能看到他们的身影。感谢他们以身作则，润泽后辈，传递教育正能量。

第三个奖项是"创校功臣"奖。冯校长用两张照片诉说着这段奋斗岁月。一年前的新城一小还是一片荒芜、泥泞的路，周围堆满了施工留下的一地凌乱。而如今，校园内外绿草如茵，干净美好，有朗朗的读书声，有欢声笑语，一片生机。有一群务实敬业、任劳任怨、无私奉献的老师见证了她这一年多以来的蜕变，他们就是新城一小的创校元老。23个人，一条心，使她从无到有，从一片荒芜到如今在高明享有较高社会美誉度的学校。其中经历的种种，他们最清楚。感谢你们，让新城一小破茧成蝶，未来让我们继续守护她展翅飞翔……

我们还沉浸在冯校长的动情讲话之中，一群可爱的小朋友活泼灵动的身影拉回了我们的思绪。

随后，我校曾获得佛山市"课文与经典"小学师生朗诵比赛市级特等奖的节目《祖国母亲是儿女们的太阳》再现舞台。

采莲南塘秋，莲花过人头；低头弄莲子，莲子清如水。高明区语言艺术家协会严剑锴会长给我们带来了一场不一样的《荷塘月色》粤语方言朗诵。

在这场充满欢声笑语的迎新晚会上，一个意想不到的节目让全场观众眼前一亮。她，就是学校后勤组的邓淑琼阿姨，平日里默默无闻地为我们的校园生活提供着无微不至的关怀。今晚，她将化身为一位武术大师，给大家带来一段令人震撼的武术表演——《石狮十字》。

随着《男儿当自强》激昂的音乐响起，邓阿姨的身影在舞台上跃动，每一个动作都充满了力量与美感。她的动作精准而有力,每一次出拳、踢腿都似乎在诉说着不屈不挠的精神。观众们被她的表现深深吸引,仿佛看到了一位真正的武术高手在舞台上展现着中华武术的博大精深。

这一刻,邓淑琼阿姨不仅是后勤组的骄傲,更是整个学校的英雄。她用自己的方式告诉我们:无论身处何地,无论年龄大小,每个人都有展示自己才华的舞台,每个人都有追求梦想的权利。这与新城一小"每位老师都重要,每位孩子都成长"的管理理念不谋而合。

二年级组给我们带来了一首喜气洋洋《好日子》,把晚会推向了高潮。人美声甜,舞姿绚丽,果然是站得了三尺讲台,hold 得住灯光舞台的魅力老师。五年级组携手冯校长一起,身穿华美的汉服为我们演绎了一场动人的《女儿情》。《如果感到幸福你就拍拍手》,三年级组的老师边跳边唱,还给观众们发起了幸福糖果,引来一大群孩子的实力追捧。开心极了!

在这场充满欢声笑语的晚会中,我们共同见证了新城一小大家庭的温暖与和谐。随着晚会的圆满落幕,我们心怀感激之情,向每一位新城一小的成员致以最诚挚的感谢。

你们以艺术的力量,为我们的晚会增添了无限的文化魅力,彰显了社会对教育的支持与重视。你们是家长与学校沟通的桥梁,是孩子们成长路上的坚强后盾。

告别 2019,2020 遇见更好的自己。新的一年里,西江新城第一小学祝愿各位"所求皆如愿,所行皆坦途。愿喜乐、安宁皆'鼠'于您,愿新年胜旧年!"

(撰文:谢美仪。转自西江新城第一小学微信公众号,时间:2020-01-19,网址:https://mp.weixin.qq.com/s/tgdX8kIIgLɪgpypkJK-dwQ)

扫码阅读:润心有爱·感念师恩——新城一小举行第三十六个教师节庆祝活动

65. 价值认同:我们为什么要给每一位退休老师举办荣休仪式?

"一个人遇到好老师是人生的幸运,一个学校拥有好老师是学校的光荣,一个民族源源不断涌现出一批又一批好老师则是民族的希望。"在新城一小,有许许多多这样的好老师,无论是新到岗的年青老师,还是为教育默默耕耘了三十多年的老师，每天他们都干劲十足，笑迎孩子，循循善诱，诲人不倦。所以，当岁月催人，他们要离开自己深爱的育人岗位的时候，新城一小都会给每位荣休的老师一个既体面又有尊严的荣休仪式。这既是向每一位新城一小的老师深情告白：在新城一小，你值得被看见，被认同，你的优秀做法值得被传承；也是告诉我们的长辈老师，您的付出，我辈铭记！新城一小铭记！高明教育铭记！

给每一位退休老师举办荣休仪式，是一种深情的告别，一场温馨的庆典，更是一曲赞颂教育人生华章的颂歌。在这个特别的时刻，我们不仅仅是在向一位教育者的职业生涯致敬，更是在向那些年复一年默默耕耘在知识田野上的辛勤园丁们表达最深的敬意和最诚挚的感激。

这是一场仪式，却又不仅仅是仪式，它是一场心灵的交汇，是过去与未来的对话，是智慧与情感的融合。在这里，每一段教鞭下的故事，每一次黑板前的思考，每一次讲台上的激情，都化作了回忆的珍珠，串联成一个个教育生涯的宝贵瞬间。

荣休仪式，是对老师们春风化雨、润物无声的教诲的最好回应。它如同一幅精心绘制的画卷，将老师们的点点滴滴，细细描绘，让每一位老师在金色的岁月里感受到来自学生、同事和社会的温暖拥抱。

这不仅是对个人职业生涯的庆祝，更是对教育这一神圣事业的颂扬。每一位退休老师，都是那座知识的灯塔，照亮了无数学子的前行之路。他们的退休不是结束，而是另一种形式的传承，他们的智慧和精神，将在新一代的教育者身上继续闪耀。

因此，让我们以一场荣休仪式，为这些可敬的教育者们绘上教育事业最美的句点。让他们在转身离去的背影中，感受到来自我们每个人的深深敬意和不尽感激。这是对他们最真挚的赞美，也是对学校未来教育之路最美好的祝愿。

（撰稿：谢美仪）

案例51

李少珍老师荣休大会

2021年7月12日，西江新城第一小学全体教职工为李少珍老师举行了简单而隆重的荣休仪式。

李少珍老师从教三十七年如一日，把美好的青春年华奉献给了教育事业。她对待工作极端负责，一丝不苟的作业批改、生动有趣的高效课堂、细致入微的班级管理，几乎是她的标配；对任教班级孩子严而有爱，爱且有法，所以很受孩子们的欢迎，是孩子们的"大笑妈妈"；在平时和同事的相处时，也爽朗大方，温柔可亲，诸多老师经常被她积极乐观的态度所感染，让办公室氛围十分和谐。在李老师荣休之际，三年级的小伙伴们非常用心地录制了视频为李老师送上祝福："李老师，您还记得您第一次手把手教我备课的情形吗？您还告诉我，一年级的数学课一定要有趣，首先入课就要先想办法激发学生学习的兴趣……"；"李老师您告诉我，一年级的小孩做事细心的习惯，要从老师的批改作业开始，老师要身正为范。你一条一条给他们批改、打勾，他们就会一条一条地认真计算、回答。非常感谢您，我的好师傅……"此刻，视频里说话的人儿哭了，视频外看的李少珍老师也早已热泪盈眶……

接着冯结莲校长对李少珍老师的光荣退休表示祝贺，充分肯定了李老师对这所新学校、对高明教育所做出的贡献；对李老师几十年来的辛勤工作与无私奉献表示诚挚的感谢，并代表西江新城第一小学为李少珍老师送上鲜花和纪念品，祝愿她身体健康，生活幸福。

李少珍老师在发表感言时深情回顾了在三尺讲台上的点点滴滴，心中感慨万千。她由衷地抒发了对教育事业的深厚感情和对学校的感激、眷恋之情，同时表达了对学校未来发展的美好祝愿。

最后我们衷心祝愿李少珍老师退休生活多姿多彩，心情舒畅，健康快乐，在人生的又一个旅程中开启新的篇章。也希望如李老师所愿新城一小永远年轻，永远温暖，越办越好，桃李满天下！

（撰稿：冯结莲）

第四章 五育融合 学为中心

导 语

课堂教学是学校教育的主阵地；教学质量是学校的生命线。千千万万节老师们的随堂课，就是我们的教学质量！在五育融合的课堂，师生教学相长，丰盈绽放。

66. "六备课三反思"具体指的是什么？

"六备课三反思"是西江新城第一小学集体备课的主要流程及做法。具体如下。

"六备课"可见下表。

集体备课"六步"流程表

序号	步骤名称	主责人	主要任务及内容	时长
①	复盘上周	主备老师及全年级科组老师	复盘上周的教学效果及作业设计。	10～15分钟
②	定进度，说教学	主备老师	①确定下周教学进度。②结合备课教案做好每课PPT。对下周上课课时——说课，重点说清楚重点、难点与关键环节。说设计意图、学生对知识点的掌握。	100～110分钟
③	修设计	全年级科组老师	修改教案、课件	30分钟
④	说作业	主备老师	分享交流下周作业设计题目，主备老师说设计意图、思路与目的	20分钟

续上表

序号	步骤名称	主责人	主要任务及内容	时长
⑤	做作业	全年级科组老师	要求全年级的科组老师亲自做完下周作业。重点是校本作业题设置的科学性、合理性，且组内要充分交流作业设计的目标价值和分层布置要求	60分钟
⑥	修作业	全年级科组老师	结合本班学生的实际情况，复盘下周作业设计。要求全年级科组老师在做题的基础上达成修改共识，并直接完成	10分钟

"三反思"可见下表：

序号	步骤名称	主责人	主要任务及内容	完成形式	时长
①	课前反思（上课前一晚）	全年级科组、上课老师	看看明天上课的内容，结合学情反思是否还有修改的地方	个人自主安排	15分钟
②	课后反思	全年级科组、上课老师	完成上课内容当天，立马写反思	个人自主安排	15分钟
③	集体备课说反思	全年级科组、上课老师	在集体备课时间，先由主备人复盘后，觉得需要补充反思的老师，现场补充	集体	主备人讲5分钟，其他1～2分钟

（撰稿：冯结莲）

案例52

小学信息科技科"六备课三反思"案例：四年级学生利用项目式学习探索"学校身边的数字与编码"

一、背景与目标

根据信息科技义务教育课程标准（2022年版），四年级"数据与编码"模块中第一部分内容"数字与编码"的实施要求。同时，在信息化高速发展的今天，数字与编码已深入学生生活的方方面面。引导学生从学校身边关注并理解"数字与编码"，不仅有助于培养他们的学科核心素养，还能激发他们对身边世界的探索欲。因此，我们科组设计了一项面向四年级学生的项目式学习活动，旨在通过实践活动，让学生发现、理解并应用学校环境中的数字与编码知识。

二、"六备课"具体实施

（1）复盘上周。深入分析信息科技课程标准后，明确"学校身边的数字与编码"相关知识点的教学目标，从识别校园中的编码实例（如门牌号、学号、图书编码、校园植物等）着手，授课老师通过问卷调查、访谈等方式，了解了四年级学生对"学校身边的数字与编码"的认知水平和兴趣点。科组对调查结果进行内容的分析和总结，列出学生感兴趣的点和疑惑的点，及时了解学情，确保备课内容既符合学生实际又能激发他们的学习热情。

（2）定进度，说教学。

①设计项目任务。确定整个项目任务贯穿6个学时。第1课时，指导学生理解编码的基本原理及其在实际应用中的作用，启发学生从身边寻找素材。布置整个任务的时间点和具体的要求，让学生有一个前置预知。第2课时，设定项目主题"解码校园"，要求学生分组进行，围绕"学校身边的数字与编码"展开探索。明确目标后，小组制定计划和预备资源。第3课时，探索与研究，具体任务包括：学生需要通过各种渠道收集与项目主题相关的资料和信息，如阅读书籍、上网搜索、实地调查等，对收集到的资料进行分析和讨论，形成对编码原理的深入理解。第4课时，设计与制作，动手来编码（对身边的物品进行编码，如校园植物编码、班级物品资产管理编码等），可以重新管理或在原基础上增加优化，加深对编码规则的理解。第5课时，测试与优化编码，将编码运用于实际中，以验证其可行性和有效性，再根据测试结果进行必要的优化和改进，确保能够满足预期的目标和要求，同时还能做到分析解码过程，帮助学生深刻领会编码的目的是建立数据间的内在联系。第6课时，成果展示与分享经验。通过口头报告、海报、视频、PPT汇报等混合形式向同学、老师或家长展示项目成果。各个小组分享项目实施过程中的经验、教训和收获，促进交流和学习。学生对自己在项目中的表现进行反思，总结经验教训，接受来自其他同学、老师或家长的反馈，了解自己的优点和不足。

②为学生准备教学资源。整合多媒体教学资料（如PPT、视频案例等），直观展示编码在生活中的应用；准备实地考察工具（如相机、记录本等），方便学生收集资料；提供免费的在线交流平台（如腾讯在线文档、金山文档等多人协

作编辑的在线文档工具），促进学生之间的信息共享与协作。

③说教学，明意图。授课教师备好项目中各课时的教案和课件，对每一课时的教案重难点进行说课，讲明意图，突出每个课时环节需要向学生提醒的地方以及指导的方法并一一列举。

（3）修设计。授课教师将本次项目式教学的教案、课件，在学生进行项目过程中优化，并密切关注学生的参与度和合作情况，及时调整教学策略以适应学生的学习需求；鼓励学生提出问题、分享见解，促进思维的碰撞与融合；在学生遇到难题时给予适当的指导和支持，防止学生遇到困难就懈怠，导致项目"卡脖"，打消学生的学习和探索热情，产生畏难情绪。

（4）说项目。在项目进行过程中，预设学习问题与挑战。预设一系列问题引导学生深入思考，如"为什么我们的学号是这样编排的？""图书编码是如何帮助我们快速找到书籍的？""如何设计一个既实用又有趣的校园植物编码系统？"，以激发学生的探索欲望和创造力。

（5）做项目。在项目进行过程中，授课教师做好"总厨师"，以支持、引导和促进学生的主动学习和问题解决能力。

（6）修项目。确保在项目实施过程中给予不同主题的小组及时、具体的反馈，帮助他们不断完善和优化作品。

及时制定详细的评价标准，包括项目计划的合理性、资料收集的完整性、创意应用的创新性等方面。

采用多元化的评价方式，包括自我评价、同伴评价和教师评价。

三、"三反思"具体实施

（1）课前反思。反思项目任务的设计是否充分考虑到学生的认知规律，是否贴近学生生活，情境设置能否有效激发学生的兴趣；检查教学资源是否充足且易于获取，能否满足项目实施的需求。

（2）课后反思。总结项目实施过程中的成效与不足，分析学生在项目中的成长与收获，如学生是否通过此次项目感受到生活中编码的作用，是否丰富了对编码的认知，是否真正理解编码和解码的规则，拓宽学生对数字与编码的理解。

反思教学过程中的得失与改进空间，为今后的备课提供宝贵经验；鼓励学生将所学知识应用于日常生活，实现知识的迁移与内化，利用数字与编码解决生活实际问题。

（3）集体备课说反思。正所谓"旁观者清"。先由主要授课教师总结本次项目式教学在整个过程的得与失，将自己不足的、疑惑的部分在集体备课中托出，寻求科组其他老师的帮助和指导，进一步改善自己不足的部分。科组其他老师肯定授课老师在项目教学期间值得学习的地方，同时也应该及时发现问题，真诚互助，共同解决问题。

由于四年级学生的认知局限，学生直接利用数字、字母或文字编码进行排序和分类编码是比较容易的，但假如提出"编码要便于计算机管理和识别"时学生会感到困难，所以授课教师还要从校园外的生活实例出发，拓宽学生的视野，从具体到抽象，帮助学生理解编码和解码的算法思想，理解数据校验和安全，为下一部分内容"数据与数据安全"作铺垫。

四、结语

通过本次项目式学习备课与实施，我们不仅帮助四年级学生深入理解了数字与编码，还培养了他们的观察能力、分析能力、创新能力以及团队协作精神。作为备课组长，我将继续探索和实践更多创新的教学方法，为学生的全面发展贡献力量。

（撰稿：黄韵）

67. 泽智课堂"五环"教学模式，创新点在哪里？

西江新城第一小学泽智课堂"五环"教学模式见下图。

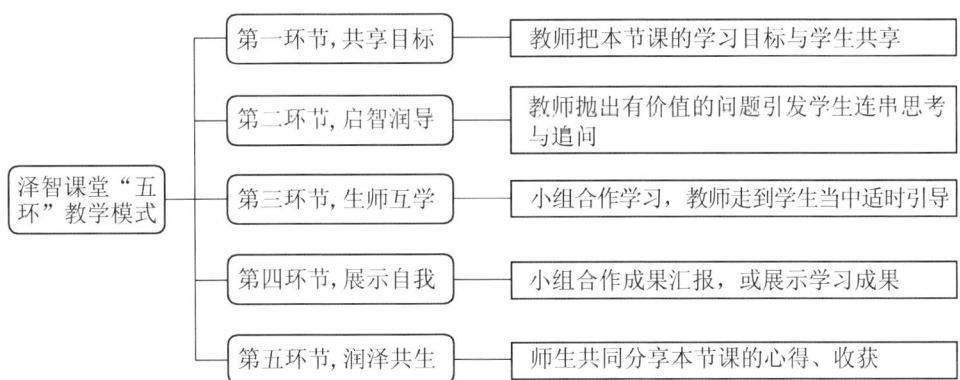

学校各学科的老师，根据泽智课堂"五环"教学模式，结合自己学科教材的特点和本校学生的学情，构建了各学科科学的课堂教学模式。学校语文科组研发并构建了泽智课堂"朗诵与演讲"的微课堂"五环"教学模式。下面以董博翰老师"朗诵与演讲"课例"朗诵的基调"为例，阐述操作的方法。第一环节，共享目标。教师把本节课的学习目标与学生共享并朗诵；坚持每节课进行口部操训练和复习。第二环节，启智润导。教师抛出有价值的问题引发学生连串思考与追问，激发学生探究的兴趣。如：你知道如何把握一首革命烈士诗歌的情感基调吗？第三环节，生师互学。按照学习单的要求，学生进行合作学习探究新课文或者诗歌的朗读节奏、基调等，本节课重点学习叶挺的《囚歌》，老师走到学生当中适时引导。第四环节，展示自我。小组合作学习成果汇报，轮流上台展示朗诵《囚歌》，师生点评。第五环节，润泽共生。师生共同分享本节"朗诵与演讲"之"朗诵的基调"的感悟和收获；愿意表现或者表现优秀的孩子可以继续在班级舞台展示。

西江新城第一小学泽智课堂"五环"教学模式创新点有四：

第一环节，共享目标。师生学习目标清晰，有目标，有奔头。

第二环节，启智润导。教师抛出有价值的问题，建议问题宜少、要精炼，能提纲挈领、统领全文或者统领整堂课，主要问题不要超过两个）。明确规定老师要深入钻研教材，认真备课。严禁碎片化提问。

第三环节，生师互学。小组合作学习，教师走到学生当中适时引导。合作学习是课堂的重要组织形式，生师互学、生生互学，营造平等、合作的学习环境。

第四环节，展示自我。小组合作学习成果汇报，轮流上台展示，力争让每一位孩子都被看见，每一位孩子、每一节课都有上台展示的机会。

六年的实践证明，践行泽智课堂"五环"教学模式后，老师们上课更加有章法，更有创新思维；课堂上，学生主动参与课堂学习的积极性大增，发言踊跃，大胆展示自己，积极评价同学；课堂呈现出气氛活跃、积极向上的课堂学习样态，成效十分显著。

（撰稿：冯结莲）

案例 53

"双减"，我们在践行
——泽智课堂减负提质教学研讨与行政骨干示范课

人间最美深秋始，研讨学习正浓时。以研促教、示范引领的课堂教学活动是学校教学质量的灵魂，也是实施素质教育的主要途径。

"双减"政策，是党中央、国务院从为党育人、为国育才的战略高度，为落实立德树人教育根本任务，保障每个孩子健康成长、全面发展做出的重大决策。为全面贯彻党的教育方针，落实立德树人根本任务，构建学科育人的教学体系，西江新城第一小学立足于"双减政策"的要求，开展各种形式的研讨示范课，努力落实"减负提质"的目标。

学校通过"三个聚焦"提质减负：聚焦集体备课、聚焦课堂教学、聚焦作业设计。新城一小倡导不增加学习负担，不落下一个孩子，学校教师竭尽所能地为每一位孩子提供全方位的关爱和支持。

西江新城第一小学润泽教育课堂教学模式：第一环节，共享目标；第二环节，启智润导；第三环节，生师互学；第四环节，展示自我；第五环节，润泽共生。高效课堂是提高学校教学质量的关键，也是落实"双减"政策的要义所在。这样才能在"减量"背景下确保学校教学质量稳步提升。行政骨干示范课是我校的传统，既能展现行政骨干教师个人教学特色，又能对青年教师起到示范引领的作用。

2021年10月15日，冯结莲校长在佛山市元甲小学用泽智课堂"五环"模式为元甲小学的语文老师上语文国学经典示范课"孝为根本"，得到该校广东省名校长梁颂青校长及语文老师们的一致好评。2021年10月19日，冯结莲校长在学校录播室上了一节国学示范课"安贫乐道"，这是一节饱含浓郁国学氛围和人文情怀的高质量示范课，让听课的老师受益匪浅。

本节国学课冯校长非常注重古文的学法指导，课堂中还以新型的"小组合作"课堂模式，循循善诱，留白式地引导学生主动学习、探索学习。在孩子输出、拓展部分，学生能够以真挚的语言表达讲述本节课的核心价值。最后还结合当下热点时事和人物，让学生去发现和了解现实生活中存在的具有"安贫乐道"这种品格的人物，让中国传统美德，让这种美好的精神真正回归生活实际和家国情怀，达到了情感态度价值感的升华。

2021年9月18日，严志荣副校长在六（3）班上示范课"分数乘法解决问题"。在教学过程中，严副校长采用了非线性小组合作的课堂模式开展教学，预习单设计精准，把本节课的内容拆分成多个问题，让学生有能力突破本节课的重难点。他让学生通过小组合作的形式，放手让学生运用分组讨论、组内汇报、班级汇报等多种方式，以此培养学生的分析能力、合作能力和表达能力，真正把学生放在主体地位，培养学生交流合作的能力。同时，他设计的提问简

图为严志荣副校长在上行政（数学科）示范课

练，层层推进，把思考的时间和空间留给学生，从而实现以学定教。

2021年9月28日，梁锦开副校长在二（3）班上行政公开课"恐龙回来了"。梁副校长的课充分利用多媒体资源，让学生直观形象地了解远古恐龙的形状和生活的状态，有助于拓展学生的创作思维，取得了很好的教学效果。

2021年11月2日，严燕梅副主任在六（2）班上习作示范课"_____让生活更美好"。严老师从"发现美好，分享选材""聚焦事情，分享美好""关注镜头，构建美好""锦囊指引，修改片段"这四大板块进行教学，引导学生由说到写，小组合作学习贯穿于整节课，以任务单为抓手，激发学生表现、表达、参与、合作、多边互动与交流的愿望和热情，促进写作水平的提高。

2021年9月16日，吴允霞副主任带四（9）班的孩子为英语科组展示了一节优秀的课例。她执教的听说课"Unit 2 My Schoolbag—A let's talk"，对教材进行重构文本，教学方法新颖多样，学生参与率高，教学重难点突出，课堂把控能力强，能关注到每一位学生，学生学习英语兴趣浓厚。

2021年10月28日，黄纯果老师带五（5）班的孩子为英语科组展示了一节优秀的课例。她执教的阅读写作课"Unit3 What would you like—Read and write"，采用了任务型教学，整节课主线清晰，教学环节层层递进，环节与环节之间过渡自然，学生开口的机会多，并能根据学生水平的差异，进行分层教学，收到了较好的教学效果。

2021年10月15日，廖金文老师在元甲小学为元甲小学的美术老师展示了一节创意美术示范课"圆圆、方方、尖尖"，让学生在开心快乐的氛围中掌握知识，寓教于乐，很好地达到了教学预期的目标，得到元甲小学梁颂青校长（广东省名校长）以及美术老师们的一致好评。

2021年10月14日，区英杰老师到高明区更合中心小学展示了一节生动有趣的生态示范课，他执教的水平一"篮球原地运球"，本节课的设计思路清晰、由简到难，符合低年段学生的认知水平。他语言幽默，动作示范到位，深受学生喜爱和听课老师的一致好评。

2021年10月21日，谢宝珍老师在二（2）班上"寒号鸟"。谢老师的课精彩有趣，采用字源识字、图片识字、字理识字、创编小儿歌识字以及猜字谜的方法，多种形式结合，给我们呈现了一节精彩纷呈、扎实高效的识字课。谢老师还把字带回句子和段落，以此疏通文章脉络，串联故事内容。整节课下来学生不仅学会了生字，还能简单地复述故事内容，实在令人拍案叫绝。

课后，各科组老师进行集中评课学习，大家认真探讨，深入学习，畅所欲言。

新政策、新使命、新起点、新征程，"减负提质"的课改号角已吹响，美好蓝图已开始描绘。在此次活动中，新城一小的行政骨干老师率先垂范、示范引领，青年教师边学边思、汲取营养，教研活动扎实而富有成效。教研无止境，西江新城第一小学一直在教研的路上！

（撰稿：严燕梅。转自西江新城第一小学微信公众号，时间：2021-11-04，网址：https://mp.weixin.qq.com/s/Dtfqg2TjwplY_jG9OfKLmQ）

68. 为什么合作学习是润泽课堂教学的主要组织形式？

西江新城第一小学于 2018 年 9 月开办。作为高明区西江新城片区第一间公办小学，从政府到家长都对其寄予很大的期望。如何办好这一所新校，教学质量是关键，而教学质量取决于课堂教学，高品质的课堂教学是学校所追求的目标。

西江新城第一小学以"润德以立，致善行远"为核心价值观追求的润泽教育作为统领学校的办学理念。确立了"规范、自主、合作、探究、共生"的"泽智课堂"文化，变以前的以"教"为中心为现在的以"学"为中心，而合作学习正有效地促使这种教与学的转变。班级上老师根据学生的学业成绩、能力、性别、性格、兴趣爱好、日常学习态度及行为表现将学生分为 A、B、C、D 若干个合作学习小组。小组内每个成员都担当特定的角色，每个小组由具有不同专长的学生组成，以形成互补和协作的氛围。课堂上，根据不同的学习任务选择不同的合作策略，每小组成员都要思考，都要做好发言准备，通过成员间的互动互助和责任分担完成学习任务，或达成共同的学习目标。

合作学习创新之处就是"特别关注学困生"，消除课堂"搭便车"的顽症：①让学困生承担小组管理的职责；②让学困生先发言；③加强对学困生的个别辅导。合作学习要关注每个孩子的进步和发展，尤其是学困生的进步与发展。如此，合作学习的课堂上所有的学生都能够被老师看见，避免了有的学生没有参与到问题的思考和讨论当中，没有进行思维能力的训练，避免了有些学生受冷落从而失去学习的热情与信心。学困生往往是合作学习当中进步最快

的孩子。

另外，合作学习既是同学之间互教互学、彼此交流知识的过程，也是相互沟通情感的过程。在与同伴或老师的交流中，体会视野开阔与思想提高的喜悦，并在这一交往过程中理解懂得尊重他人、懂得平等、协作的重要性。通过倾听，促成深层次的沟通和交流，通过赞美赢得彼此的认同与尊重。合作学习既促进了人际关系，也满足了每个学生归属方面的情感诉求。小组开展合作学习，不仅使学生"学会""会学"，而且使学生"乐学""好学"，从而更好地适应学习与生活。学生的整体成绩得到提升。

经过四年多的实践和探讨，学校初步形成以合作学习为课堂教学主要组织形式的润泽教育泽智课堂"五环"教学模式：第一环节，共享目标；第二环节，启智润导；第三环节，合作学习；第四环节，展示自我；第五环节，润泽共生。

在合作学习引领和驱动下，学校开办的第三年，就联动市内外学校举办了"高明区小学教学改革区域交流暨西江新城第一小学'润泽教育'第一届课程文化展示日活动"，第四年就联动省内外举办了"落实'双减'，合作赋能，提质增效——记2022粤黔沪三地'合作学习工作坊'线上教研暨新城一小第二届课程文化展示周活动"，以合作学习为特色的润泽教育课程文化得到家长以及同行们很高的评价。学校每年举办一次大型的课堂教学展示活动，积极搭建平台，为教师的专业成长和学校教育教学高质量发展竭尽全力，从2020年起，学校连续三年荣获高明区"教学质量优秀奖"……

合作学习已成为新城一小的一个教学特色。

（撰稿：严志荣）

案例54

隔空合作学习
—— 与黔东南结对兄弟校探索"双减"

"双减"政策实施以来，新城一小在有效落实政策的基础上创新特色做法，获得显著效果。为更好地将先进经验与结对帮扶学校分享、探讨，将结对帮扶精细化落地，5月24—25日，一场粤黔沪三地"合作学习工作坊"线上教研活动在新城一小举行。本次活动融合学校第二届课程文化展示周，采用线上与线下相结合的方式进行，同步进行了语文、数学、英语、综合、体育等十二个学科的课堂教学，两天累计超1.2万人次隔空"上课"。

为加强示范课作用，评课环节由新城一小各学科组长介绍学科特色，特邀新州镇中心小学教师、上海乐好教育专家对课例进行点评,在交流中碰撞出更贴合两校结对实际的教学策略与意见,促进两校教师专业水平的提升。

活动开幕当天,我区教师发展中心、学校代表与贵州省黔东南州黄平县新州镇中心小学代表透过网络进行了一场隔空捐赠。由新城一小向新州镇中心小学葫芦丝社团捐赠一批乐器。

未来三年,高明和黄平县将聚焦教学改革、特色发展、师资交流、教研培训、资源共享、信息化建设等重点工作,努力实施好"教育奋进之笔",定能收获共育未来的成长果实,谱写出东西部教育互学互促、协作发展的新篇章。

(撰稿:高明区教育局。转自高明教育微信公众号,时间:2022-05-27,网址:https://mp.weixin.qq.com/s/Y5jkmh6gjZXrpZrB45x-w)

扫码阅读:落实"双减",合作赋能,提质增效。

论文3

当国学经典爱上"合作学习"
——基于合作学习的小学国学经典"五环"课堂教学模式实践探索

摘要: 2018年我校开设"国学经典"校本课程,为了创新形式,提高课堂教学实效,采取以"合作学习"为课堂主要组织形式。老师们通过上研、评、试、改,初步探索出了一种适合我校的国学经典"五环"课堂教学模式,"五环"是：启智润导—合作学习—心领神会—乐诵巧记—学以致用；以及用"国学经典课堂教学评价表"，以评带教，以评促教。经过四年多的实践，师生的诵读水平大大提高，积累丰厚，成效显著。

关键词：合作学习、"五环"课堂教学模式、完善评价、实践探索

一、引 言

2017年，中共中央办公厅、国务院办公厅印发《关于实施中华优秀传统文化传承发展工程的意见》，在第三点重点任务中强调：把中华优秀传统文化全方位融入思想道德教育、文化知识教育、艺术体育教育、社会实践教育各环节，贯穿于启蒙教育、基础教育、职业教育、高等教育、继续教育各领域。以幼儿、小学、中学教材为重点，构建中华文化课程和教材体系……加强面向全体教师的中华优秀传统文化教育培训，全面提升师资队伍水平。

2021年1月8日，为深入贯彻习近平总书记关于教育的重要论述和全国教育大会精神，全面贯彻党的教育方针，教育部制定印发了《中华优秀传统文化进中小学课程教材指南》（下称《指南》），指导中小学课程教材系统、全面落实中华优秀传统文化教育。其重要意义：开展中小学中华优秀传统文化教育，对于永续中华民族的根与魂，坚守中华民族的共同理想信念，筑牢民族文化自信、价值自信的根基，维护国家文化安全，增强国家文化软实力，培养青少年做堂堂正正的中国人，具有重要意义。中华优秀传统文化进中小学课程教材，是强化中华优秀传统文化铸魂育人功能，落实以中华优秀传统文化涵养社会主义核心价值观，实现中华优秀传统文化传承发展系统化、长效化、制度化的重要举措。

《义务教育语文课程标准（2022）》在"第二点课程基本理念"中强调，积极倡导自主、合作、探究的学习方式，学生是学习的主体。语文课程必须根据学生身心发展和语文学习的特点，爱护学生的好奇心、求知欲，鼓励自主阅读、自由表达，充分激发他们的问题意识和进取精神，关注个体差异和不同的学习需求，积极倡导自主、合作、探究的学习方式。

二、学校概况及办学理念

佛山市高明区西江新城第一小学是位于高明西江新城片区的第一间公办小学，于2018年9月创办。学校以"润德以立，致善行远"为核心价值观追求的润泽教育作为统领学校的办学理念。"泽被全体"是它的核心价值，这与孔子的有教无类一脉相承。学校致力于为孩子健康与幸福的人生奠基，平等对待每一种天赋与才能。

第四章　五育融合　学为中心

学校的特色校训是："润德泽智，明志致善"。学校根据2016年颁布的中国学生发展核心素养的三大板块：（文化基础、自主发展、社会参与），制订了具有我校2018－2022"润泽教育"特色的课程框架。根据校训我们把课程分为"润德""泽智""明志""致善"四大板块。其中，"润德"板块是立德树人的课程，旨在从小培养学生的仁、义、礼、智、信、孝；"泽智"板块则按照国家课标开齐开足课程，语文还开设主题阅读、国学经典，数学还开设趣味数学，英语科还有英语话剧；"明志"板块拓展类课程有STEAM、天使梦工场——蜡染、话剧、国乐团、数学与理财等；"致善"板块有健康幸福课、致善公益实践课等多元课程，发展学生的多元智能，以实际行动落实五育并举！

《指南》在总体目标中指出：小学阶段，以培育学生对中华优秀传统文化的亲切感和感受力为重点。通过识字写字、诵读诗文、听闻典故、亲近先贤、关注习俗等学习活动设计，引导学生在日常生活中增进对中华文化的认识，培养孝老敬亲、礼貌待人、勤俭节约、吃苦耐劳、言行一致等传统美德，体认中华优秀传统文化，培养对国家、民族的感情。《义务教育语文课程标准（2022）》在"前言"中指出：语文课程对继承和弘扬中华民族优秀文化传统和革命传统，增强

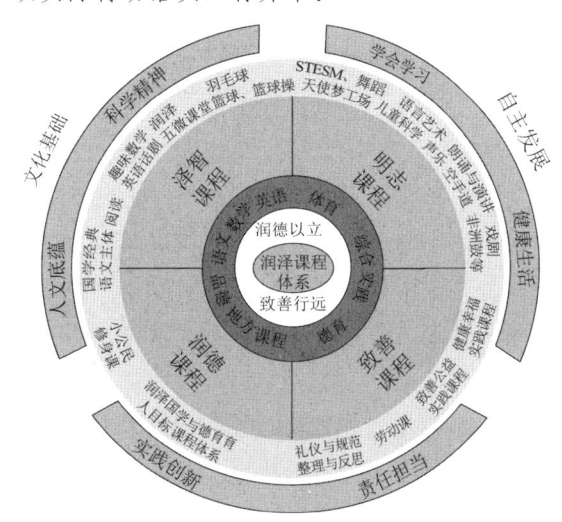

西江新城第一小学2021－2022
学年度课程框架

民族文化认同感，增强民族凝聚力和创造力，具有不可替代的优势。

因此，无论从历史的责任感还是从时代的需要出发，继承与发扬传统都是我们必然的选择。而开展"国学经典文化教育，传承中华优秀文化"的中华传统文化课题活动，则是继承与发扬传统文化的有效方式之一，及早让儿童接受传统优良文化熏陶的教育，可在他幼小的心灵中起到潜移默化的作用，并且可作为他一生去不断消化、理解、受益的文化根基。

每一位中国的语文教师，都有责任和义务传承中华优秀传统文化。因此，西江新城第一小学开设了每班每周一节的国学经典课程，涵养润泽学子国学素养。2019年1月，学校语文国学经典课题组的老师经过多次筛选，确定选用国家985工程项目子项目中小学国学经典教育课程与教学研究总课题组审核通过的，由北

京育灵童教育研究院编著的小学国学经典教材《国学》作为新城一小的"国学经典"的教材，并推荐全校师生使用。

2019年9月，佛山市高明区西江新城第一小学尝试通过课程以及课堂的改变，打造高效课堂，把"合作学习"作为课堂教学的主要组织形式，并着手研究实施。合作学习既促进了人际关系，也满足了每个学生"归属"方面的情感诉求。小组开展合作学习，不仅使学生"学会""会学"，而且使学生"乐学"，从而更好地适应学习与生活。为了提升课堂教学实效，让孩子们有健康的心理参与到学习与生活中，于是，经学校研究决定，"合作学习"的课堂组织形式在全校铺开。

三、确立"润泽"国学，"五环"模式

经过四年多的实践和探讨，学校确立了"润泽教育"泽智课堂"五环"教学模式：第一环节是共享目标；第二环节是启智润导；第三环节是合作学习；第四环节是展示自我；第五环节是润泽共生。在泽智课堂"五环"教学模式基础上，学校语文科组经过四年多的实践和探讨，通过上研讨课、评课、修改，不断地研修改进，结合我校"合作学习"的课堂组织形成，初步探索出了一种适合我校的国学经典诵读课"五环"课堂教学模式：共享目标，启智润导——师生共读，读通读准——合作学习，乐诵巧记——心悟墨动，润泽共生——积累拓展，学以致用。下面以《国学》第五册《孝为根本》《安贫乐道》《乐多贤友》为例，对这种课堂教学模式进行诠释。

（一）共享目标，启智润导

对"共享目标，启智润导"第一个环节，我们可以分三个小步子走：

（1）激趣导入。指的是老师根据上课的内容，复习我们已经学习过的旧教材或联系生活常识，以此为切入口，引入新课。以老师执教《孝为根本》为例，老师可以以《游子吟》的诵读引入或者《卧冰求鲤》故事引入本课。

（2）学生自读课文，画出重点字和难懂字，告诉老师你想知道什么，需要大家帮你解决什么。

（3）梳理问题，共享目标。老师梳理了学生的疑问，并出示本课教学目标：

①正确、流利地朗诵、背诵课文和古诗，读出文言文和诗歌的节奏、韵味。

②能结合老师讲解和课文注释，理解"犯""劳"等重点字词的意思及原文的大意。

③对《论语》中的孝"为仁之本""事父母几谏"和对父母之年"一则以喜，一则以惧"等观念形成初步认知，并与现实生活相结合，从身边的小事做起，做到孝顺父母、尊敬长辈。

教学重点：①学会有感情朗诵课文，读出节奏和情感。

②引导学生在今后的生活实践中从身边的小事做起,做到孝敬父母、尊敬长辈。

教学难点:理解对父母之年"一则以喜,一则以惧"的复杂情感。

(二)师生共读,读通读准

这个环节关键点是读通顺和读准确,还有指导孩子们读出古诗文的韵律感。如,老师和孩子们一起读《孝为根本》。

师:下面我们都一起来读课文,自己读,根据理解和感觉用"/"画出节奏。

第一次节奏感知读:学生自己读,根据理解和感觉断句、画出节奏。

子曰:"事父母几谏,见志不从,又敬不违,劳而不怨。"(《里仁》)

子曰:"父母之年,不可不知也。一则以喜,一则以惧。"(《里仁》)

指名一生读第一句,全班同学当评委,目的是师生共同纠错,教会学生准确地画节奏。

子曰:"事父母/几谏,见志/不从,又敬/不违,劳/而不怨。"(《里仁》)

子曰:"父母/之年,不可/不知也。一则/以喜,一则/以惧。"(《里仁》)

第二次读:师生共读,读中感悟。

第一次、第二次朗读,都是老师示范朗读,老师读一句,学生跟读一句;第三次让朗诵特别好的学生当小老师,小老师带学生读;第四次,全班学生当小老师,老师角色转换当起学生,由学生带着老师读。这个环节通常都会让学生觉得惊艳——厉害,我的老师竟然当了我的学生!因此,学生会越读越自豪。这样读着读着,孩子们会越读悦读,悦读越有感觉。老师趁机表扬并过渡:"果然是读得一次比一次有进步。老师更相信,当你们带着理解去读,会读得更好!"

如此,在师生一次又一次的共读共学当中,孩子们对古文的断句能力、语感、悟性都会在读中提高。

(三)合作学习,乐诵巧记

本环节是突破教学重难点的重要环节,而合作学习是重要的形式和手段。设计恰当,往往会成为一节经典诵读课的亮点。美酒佳茗,"味虽美,不亲偿者不甘也。""文字之佳胜,正贵读者之自得。"经典名篇语言凝练,往往一个字就能传达出丰富的内涵。因此只有潜藏文字背后,读懂文字背后的意思,走进作者心灵,含英咀华,与作者、与书中人产生共鸣,才能深得个中滋味。

"合作学习不仅是一种教学方法,而且是一种区别于传统教学的新的课堂文化和生态系统。我心里真正的愿望是让合作学习为学生创造更美好的未来,将来他们能有一技之长,同时还能学会与他人建立良好的合作关系。"所以本环节的主要的学习组织形式,我们用了小组合作学习的方法。学习的方法就是抓住关键字,让孩子们通过社会调查,然后结合生活常识,深刻理解并融会贯通文章的两个关键字"喜"和"惧"。

1. 如何让学生合作学习,心领神会?我们授之以渔

《义务教育语文课程标准(2022)》在"总体目标与内容"中强调:培育热爱祖国语言文字的情感,增强学习语文的自信心,养成良好的语文学习习惯,初步掌握学习语文的基本方法。

授之以渔,我们主要引导学生用三种方法学习国学古诗文:第一,借助文本后面的注释;第二,联系上下文;第三,抓住关键词和关键句。老师指引学生运用以上三种方法学习理解文中句子的意思。

如何通过合作学习突破重难点?

案例1:《孝为根本》

子曰:"父母/之年,不可/不知也。一则/以喜,一则/以惧。"是本文学习的难点,我是这样想办法去突破这个学习难点的:

(1)让学生以四人合作小组的形式,共同合作完成一份社会调查表"中老年人常见疾病",回来进行小组交流。

(2)让学生在字面上理解"子曰:'父母/之年,不可/不知也。一则/以喜,一则/以惧。'的意思:孔子说:"父母的年纪,不可不知道并且要常常记在心里。一方面为他们的长寿而高兴,一方面又为他们的衰老而恐惧。"

(3)让学生结合"中老年人常见病社会调查表"和自己的理解,自学完成学习单:"一,父母之年,不可不知也。一则以喜,一则以惧。喜,是因为_____;惧,是因为_____。"完成后,小组合作学习,先是组内交流,谈谈自己对这句话的领悟,再请两个小组上来全班交流。

(4)观看《最好的教育是言传身教》孝顺教育短片——短片讲的是一名教小学的男教师,因唯一的亲人母亲患有阿尔茨默症,为防母亲不测,就把她带回学校上课。他上课,他母亲坐在教室后面(他母亲经常会在后面打瞌睡)。家长们觉得长此以往会影响学生学业,纷纷上书校长要求开除该老师。某天校长正在给男老师谈话,突然发现原来坐在门外的男老师的母亲不见了。男老师就发疯一样去找母亲,他的学生和家长也自发一起帮他找母亲,他的学生甚至当场向父母表白"以后会像老师一样好好孝顺父母"。最后在学生及家长的帮助下,母子得以团聚的感人故事……看完短片,学生的眼泪和情感一下子迸发而出,有的眼眶全红红的,有的当场落泪,有的早已泣不成声……

(5)师乘势追问:短片中的男老师,喜是因为什么?惧是因为什么?学生回答:短片中的中年男子喜是因为把妈妈带回学校,天天可以见到妈妈;惧是因为害怕有一天,有阿尔茨默症的妈妈突然丢了,找不着她……感情配合朗读,老

师马上调动学生的情绪进行适时引读(师生配合读):

师:是啊!老母亲80多岁了,虽然行动灵活,可是我怕她有一天会找不到回家的路。所以——生读:"父母/之年,不可/不知也。一则/以喜,一则/以惧。"

师:是啊!我的老父亲身子骨还硬朗,可是我怕他有一天走路不小心会摔倒,所以——生读:"父母/之年,不可/不知也。一则/以喜,一则/以惧。"

师:我的老父亲已经不认得我了,吃拉都不能自理了,我真的很害怕他会突然离开我们,所以——生读:"父母/之年,不可/不知也。一则/以喜,一则/以惧。"

师:"同学们,这就是——孝!让我们带着理解,带着这种情感,我们把全文再读一遍!"这样,通过合作学习与教师引导,把整篇文章的学习推向高潮!

案例2《乐多贤友》

读通读懂文本后,老师就提出:

问题一:孔子认为什么样的人可以称之为"贤友"?

问题二:你认为什么样的人可以称之为"贤友"?说说你身边两个贤友的名字及他们身上的5个优点。

合作学习要求:

(1)自学。从文中寻找依据,并说出理由,写在学习单上。

(2)小组学。组内运用接力法交流,组内明确答案。

(3)小组展示,班级交流。分享自己读过的、生活中经历过的交友故事。

教师提醒学生组内交流时,运用接力法有序交流,适时使用合作技能、规范的合作学习语言进行交流与分享,最后小结时提醒学生:我们交友应该多交贤友,但是看到自己身边的亲人、朋友如果有缺点,也应该提出来帮助他们改正,不能置之不理……以此突破教学的重难点。

2. 乐诵巧记

一堂高效的经典诵读课,在完成了以上的环节后,剩下大约5~6分钟的时间,我们应该留给学生背诵,让学生通过背诵,加深对诗文的理解,更好地理解作者的写作意图,读懂文字背后蕴含的意思,这才算是一节高效的、成功的课。"乐诵巧记"顾名思义,就是老师想办法巧设计,让学生在心领神会理解的基础上,能轻松愉快地背出来。有以下四种方法,此四法环环相扣,由易到难,层层推进,让学生在不知不觉中逐级上阶梯,最后达到熟读成诵的效果。

(1)节奏诵读法。老师把画上节奏的课文,配上适当的音乐,让学生看着屏幕朗诵。可以读一到两次,看时间和学生的熟悉程度而定。

有子曰:"其/为人也/孝弟,而好/犯上者,鲜矣;不好/犯上,而好/作乱

者，未之有也。君子/务本，本立/而道生。孝弟/也者，其为/仁之本与！"(《学而》)

子曰："事父母/几谏，见志/不从，又敬/不违，劳/而不怨。"(《里仁》)

子曰："父母/之年，不可/不知也。一则/以喜，一则/以惧。"(《里仁》)

子曰：乐多贤友。

（2）态势语诵读法。本方法目的是加深学生对文本的印象，记忆更牢。即一边诵读，语气和动作一边配合。教师要根据儿童的年龄特点加以指导。比如让他们背诵时，加上适当的语气和动作，边背诵边表演，这样会增加学生对诗文的理解，从而与诗文的情感产生共鸣。例如，学生背诵"一则/以喜，一则/以惧"时，我们可以让学生动作加表情来读。又如《安贫乐道》一课，当背到"子曰：'饭疏食饮水，曲肱而枕之，乐亦在其中矣。不义而富且贵，于我如浮云。'"这些词语时，老师除了指导他们背诵的语气外，还可以引导学生用（手弯曲在后脑勺后面枕着）的动作表示"曲肱而枕之"的悠闲自在和"于我如浮云（潇洒摆手）"的恬淡，来表现出孔子安贫乐道的从容。态势语诵读法可以让学生站起来读，学生兴致盎然，更有实效。

（3）提升难度：隔字诵读法。老师将课文的重要字眼去掉，用括号代替，配上适当的音乐，让学生看着屏幕朗诵。

有子曰："其（　　）也（　　），而好（　　）者，（　　）矣；不好（　　），而好（　　），未之（　　）。君子（　　），本立/而（　　）。（　　）也者，其为（　　）之（　　）与！"(《学而》)

子曰：（　　）/几谏，见志/（　　），又敬/（　　），（　　）而（　　）。"(《里仁》)

子曰："（　　）之年，不可（　　）也。一则（　　），一则/（　　）。"(《里仁》)

（4）1+1+1+N，全文背诵法。难度逐步增大。具体做法是首先请能背诵第一、二句的同学站起来背诵，然后是请能背诵第三、四句的同学站起来背诵；最后能背诵全文的同学全部站起来背诵。用此法重复背诵一次、两次、三次，老师们将会发现，全文都能背诵的学生的人数和站起来的学生人数成正比增长，很快全班同学就能全文背诵完毕。本环节上课教师要确保有5~6分钟时间落实，不能走过场。

长此以往，不断积累，孩子们对于古文的学习兴趣会越来越浓厚，对古文的学习会越来越自信。

（四）心悟墨动，润泽共生

其实，这个环节是让学生经过读、悟、诵三个环节之后，停下来想一想、思一思、写一写。实现教学从语言输入到输出……

1. 心悟墨动，我手写我心

《孝为根本》课堂学习单

心悟墨动：

学习《孝为根本》此刻，我想对自己说：_____。今天放学回家我立刻想做的事情是：_____。

《乐多贤友》课堂学习单

心悟墨动：

从"交友之道"到"为人之道"，回顾课堂，整节课我们都在学习如何辨别朋友的损益，你在交友的同时你也是别人的朋友。作为别人的朋友，你准备成为一个怎样的人呢？请你写下来_____。

2. 润泽共生

通过小组合作学习的方式，可以运用"接力法"，学生先在组内交流，再在全班交流。孩子们的思潮澎湃，一泻千里，文思泉涌，请看"《孝为根本》课堂学习单"学生感悟：

生1：此刻，我想对自己说：珍惜与父母待在一起的每分每秒吧！就像名句中"子欲养而亲不待"所说的，不要让自己的人生留下无法挽回的遗憾。今天放学回家我立刻想做的事情是：孝敬父母，做些力所能及的家务，尽量帮他们分担家务。

生2：此刻，我想对自己说：今后你无论什么原因都别再和父母生气了。父母给予我们生命，我们要珍惜与父母在一起的日子。今天放学回家我立刻想做的事情是：把学习做好，不让父母伤心，在家多帮父母做家务。给妈妈一个拥抱，并说："妈妈对不起！您辛苦了，之前惹你生气，是我不孝。"

请看"《乐多贤友》课堂学习单"学生感悟：

生1：作为别人的朋友，我准备成为一个勤劳学习、心地善良、乐观向上、温厚包容的人。

生2：作为别人的朋友，我准备成为一个积极向上、好学上进、诚实勇敢、正直善良的人。所以，当我发现好朋友有缺点的时候，我会好言相劝；我也告诉我的好朋友，如果我有不对的地方可以直言相谏。

（五）积累拓展，学以致用

《义务教育语文课程标准（2022）》在"阶段目标"中更明确要求背诵优秀诗文240篇（段）。九年课外阅读总量应在400万字以上。其核心就是要增加学生的原始积累。

积累的主要形式有背诵和摘抄。

背诵:"熟读唐诗三百首,不会作诗也会吟。"无论低年段还是高年段的学生,我们都应该安排孩子在理解诗文后进行背诵,因为这是孩子在积累自己一生的文学底蕴,为他们的一生奠定基础。

摘抄:聪明在于勤奋,天才在于积累。吴晗老先生曾经说过"一个人要想在事业上有所建树,一定得坚持这样做卡片摘记,一发现有价值的资料,就要如获至宝,准确地摘记下来"。"好记性不如烂笔头"对于一些经典的名句,老师除了让学生背诵,更佳的做法是把精彩的文段、优美的句段抄下来。通过摘抄,也可以增加学生的记忆。摘抄后熟读成诵,将来在孩子们写作时就能做到引经据典、出口成章。

拓展的主要形式有下列四种。

拓展形式一:成语和诗文的整合拓展运用。成语也是中华传统文化的精粹,能正确地运用成语是我们小学生应该逐渐掌握的一种能力。在高年级的经典诵读课,我们可以用这种方法,如"《孝为根本》课堂学习单"之积累运用:

(一)我知道关于孝顺的典故或者成语有:_____。

(二)关于孝顺的名句:

1. 父母在,不远游,游必有方。

2. _____。

拓展形式二:出示相关的人和事。如老师和孩子们学习完《满江红》,拓展部分就把学习的眼睛吸引到讲岳飞墓前的对联——"青山有幸埋忠骨,白铁无辜铸佞臣"。并适当引导学生结合诗歌理解对联的含义。

拓展形式三:适当进行德育渗透。如老师和孩子们学习完《乐多贤友》,课堂最后让学生作总结:的确,生活中我们应该擦亮眼睛,多父贤友;但同时,当我们发现身边的亲人和朋友有缺点是,也要真诚地提出改进的意见,共同进步!

拓展形式四:情景教育。如,一大早,如果老师您看到一名学生衣衫不整地回到学校,你会用《弟子规》的哪句话提醒他?(回答:"冠必正,纽必结,袜与履,须紧切")

学以致用。作为教师,我们深知:学是为了可以更好地运用。"学以致用"其实就是训练孩子积累后对经典诗文运用的能力,让他们在日后的说与写中能做到出口成章、引经据典。例如我教孩子们学完《安贫乐道》及《忠》之后,我让他们按情景语用填空。

例一 假如你问你的爸爸:"爸爸,您知道奶奶是什么时候生日的吗?"如果爸爸说:"不好意思,我一下子忘记了。"你就可以这样跟他说:"父母之年,不可不知也，一则一喜，一则以惧。"

例二 暑假你和一群朋友外出游玩。在游玩的路上看到有人掉了一大堆卖的一些旅游产品，你的朋友说："我们不如把它分了吧，卖了我们也有钱。"你怎么回复他呢？我说："不义而富且贵，于我如浮云。"

例三 老师问小华："小华，有没有每日做反思的习惯呢？"小华回答说："吾日三省吾身，为人谋而不忠乎，与朋友交而不信乎，传不习乎。"以上这些例子都是很好的一个学以致用的例子。

学生学习任何一样新的事物，教师都应该发挥孩子主动学习的能动性。在学习之初，我们应该让学生自主阅读，学生通过自读感悟，初步读懂，带着自己的感受和体验，然后自己质疑、合作、探究，当有不懂之处时可请教师适度点拨，或者写上批注，或者进行小组共学，逐渐从"读得懂"过渡到"懂得读"；到最后"我能读好，我能读懂！"

四、完善课堂评价，指导国学课堂教学

2019年10月，经过一年多的研讨和修改，学校语文科组出台了"西江新城第一小学国学经典课堂教学评价表"（下表）。此评价表设计的初衷，是作为老师们上国学经典课的指南针，达到以评促教、以评促改、以评导法的作用。经过四年多的实践探索，此评价表越发完善，方向和指导的意义更大。

西江新城第一小学国学经典课堂教学评价表

执教者		学科		年级	
课题		课题		上课时间	
项 目	评分标准细则			分值	得分
教学目标10分	（1）符合课程标准，落实立德树人			5分	
	（2）目标明确，符合学生所在学段国学经典认知水平			5分	
教学内容20分	（1）教学内容恰当、适度、合理			5分	
	（2）教材处理得当，重点突出，突破了难点，并且有适度拓展			5分	
	（3）重视学生课堂生成，一课一得，学生学有所获			10分	

续上表

教学过程 40 分	（1）第一环节：共享目标，启智润导。导入有趣，有效，做到温故知新	8 分	
	（2）第二环节：生师共读，读通读懂。学生对文本的诵读有明显进步	8 分	
	（3）第三环节：合作学习，乐诵巧记。老师提问有价值的问题，激发学生独立思考、合作学习，学习有效	8 分	
	（4）第四环节：心悟墨动，润泽共生。我手写我心，学生课堂生成效果好	8 分	
	（5）第五环节：积累运用，学以致用。教师当堂抽背学生100%过关，90%以上的学生能背诵今天所学内容，学有所获并懂得运用	8 分	
学生活动 10 分	（1）全部学生积极参与合作学习，从自学到共学，合作探究，都认真、积极投入	5 分	
	（2）知识、情感、技能、人文、学科素养全面发展	5 分	
教师素养 15 分	（1）语文素养好。教态自然，有精气神，普通话清晰、流畅；能范读，朗诵有感情；能调动学生学习的积极性；语文知识面广，教态亲切，教师能熟背（熟读）教材内容，能自如驾驭和调控课堂	5 分	
	（2）板书设计合理，板书字体清晰、端正、整洁，对学生起到很好的榜样和示范作用；教学逻辑清晰，体现国学经典浓浓的语文味	5 分	
教学效果 15 分	（1）学生对文本的诵读明显由不通顺到流畅，对经典名句能当堂熟读成诵；合作学习氛围浓郁	5 分	
	（2）对课文重难点能通过合作学习突破，能理解文本大意；对文本诵读与积累、运用方面有明显收获；学生的合作能力、创新思维、情感态度价值观方面得到相应发展	5 分	
	（3）落实"一课一得"，不留课外作业，轻负高效	5 分	
给上课教师的建议			

五、结语：一路艰辛，成绩斐然

经过近四年多的实践、沉淀和积累，老师和学生的语文素养都得到长足的进步。首先是老师方面：新学校，年轻教师多，我们先建模，让老师们有章可循，有拐杖指引，再让他们慢慢熟悉国学经典课堂。然后在此基础上创模，逐步形成自己的教学特色和风格，有效提高课堂实效。新城一小的教师形象从容、亲和、合作、乐观逐步建立。

国学经典课堂教研示范引领

冯结莲校长、谢宝珍和董博翰三位老师在高明区 2021、2022、2023 年，由高明区教师发展中心主办，西江新城第一小学承办的"高明区小学教学改革区域交流暨新城一小'润泽教育'首届、第二届、第三届课程文化展示日活动"中，他们做的国学经典示范课"孝为根本""笠翁对韵：一东""乐多贤友"均受到区教师发展中心的领导和教研员以及同行们的好评，为高明区的国学经典课堂教学研究打开了一扇窗户。冯结莲校长作为高明区名校长代表，2022 年 9 月在佛山元甲学校所做的国学经典示范课"孝为根本"得到专家和同行们的高度赞赏！

语言及表演类比赛成绩斐然

学生方面：孩子们由原来的害怕上国学经典课变成现在的爱上国学经典课；他们勤于积累，巧于运用，他们的"国学经典进阶证明"上的进阶数据越来越好看，积极上进；再加上我校每天的"朗诵与演讲"微课堂训练，如今在平常的说话和表达中很多孩子（尤其是高年段）都能够做到出口成章，引经据典。

学生获奖：在 2023 广东省"少年讲书人"（第五季）电视展评活动中，我校获得"阅读之星"荣誉称号的有 10 人，获得"写作之星"荣誉称号的有 18 人，获得"阅读之星与写作之星"荣誉称号的有 5 人，获得"优秀讲书人"荣誉称号的有 8 人。其中何梓璐同学经过重重考验，获得"王牌讲书人"称号，裴翊如获得最高奖项"五星小讲师"。朱瑾萱获"三星小讲师"，黄露瑶获"现场人气最佳小讲师"等；在 2023 年高明区中华经典诵写讲"诵读中国"大赛中，邓楚琳等四位同学分别获得一、三等奖。

教师获奖：在高明区 2022 年教师经典诵读比赛中，冯结莲老师的作品《延安，我把你追寻》，谢宝珍、董博翰两位老师的作品《强国有我》均荣获特等奖。其中谢宝珍、董博翰两位老师的作品《强国有我》还获得了"十佳作品"称号。

学校荣誉：我校在高明区和佛山市 2019 年"课文与经典"小学师生朗诵展示交流活动中均荣获特等奖；我校的古装戏剧《少年英才区大相》《草船借箭》

连续两年（2019、2020）蝉联"高明区中小学生戏剧节"金奖（特等奖）；2019年12月，我校师生朗诵的作品《母亲就是儿女们的太阳》在参加"2020快乐列车湾区童梦——第二届佛山市少儿春晚"节目征集活动中，荣获优秀节目二等奖；2021年12月，我校荣获佛山市高明区"经典诗词诵读"线上比赛"优秀组织单位"称号；在2023广东省"少年讲书人"（第五季）电视展评活动中取得优异成绩，新城一小荣获省"优秀组织奖"。

小荷尖尖，崭露头角。新城一小学生形象"自信、温和、友善、向上"在社会上享有良好声誉……

我们诚挚希望从小将中华传统文化国学经典的种子播种到孩子的心田，经过老师们的辛勤浇灌，让它们慢慢地生根，发芽，开花，结果……

一路走来是艰辛，汗水流尽是甘甜。当我们坚定信念，躬身实践，在经典诵读中默默前行，摸索中不断前进时，经典已经向我们遥遥地招手，学生文化素养的提高也指日可待……

（撰稿：冯结莲。本论文荣获高明区2023年教育教学论文评比一等奖）

69. 关注的力量：做"目中有人"的老师，课堂教学"六关注"你都做到了吗？

当老师，课堂教学时必须做到"胸中有书，目中有人"。"胸中有书"就是对教材要做到烂熟于心；"目中有人"就是要从学生的实际出发，理解他们的接受能力、追求与向往。

"其实在教学中，学习者是第一要素，没有学习者就没有教学。"所以，要做目中有人的老师。课堂教学"六关注"我们必须了如指掌，它是指在教学过程中教师需要关注的六个重要方面。这些关注点体现了教师在教学中应具备的综合素质和教学策略，旨在促进学生的全面发展和提高教学质量。具体来说，这"六关注"包括：

第一方面浅层"三关注"

（1）关注学生整体的精神状态。上课铃响，师生回礼后，老师就要观察学生今天的精神状态：学生的眼神是否炯炯有神？嘴角有无笑意？是否很期待老师来上课？如果学生状态不佳，教师必须及时调整课堂导入的策略，以激发学生的听课兴趣。

（2）关注个体差异，尤其是个别学生的听课（回答问题的）状态。关注、认识到每个学生的个体差异，提供个性化的教学支持，使每个学生在课堂学习上都能得到老师的关注。例如：老师提问的时候，学生的眼神是否跟随着老师？还是游离于老师的眼神之外？如果老师提问的难度不大，可以找眼神游离的学生直接提问，然后温和而坚定地提醒他该专心听课了。

（3）关注坐在四个角落的孩子，以及教室最后一排的孩子。教室四个角落的孩子以及教室最后一排的孩子，是最容易被老师遗忘的孩子。所以建议教师上课的时候，一定要有自己的"提问地图"，提问了教室四个角落的学生和后排学生一定要做记号或者记录（详见本书第78问）。

第二方面深层"三关注"

（1）关注教法创新和专业成长。教法和策略：教师要不断探索和尝试新的教学方法，想方设法使自己的课堂教学更生动有趣，提升自身课堂教学调控能力，提高学生的学习兴趣和参与度；灵活运用多种教学策略，满足不同学生的学习需求。

专业成长：每一节课后，教师应不断反思自己的教学实践，找出不足之处，不断提高自己的教学水平；并持续进行专业知识和技能的学习，保持对教育新理念、新技术的敏感性和开放性。

（2）关注学科知识与生活、现实世界的联系。教育即生活。作为教师我们必须注意将我们的教学、教材与生活相联系。

知识应用：将学科知识与现实世界联系起来，让学生了解学习内容的实际应用价值，增加学习的目的性和实用性。

跨学科融合：鼓励跨学科的学习方式，促进学生综合运用不同学科的知识解决问题。如六年级语文《骑鹅旅行记》，可以让学生在理解课文后，画简单的连环画，并在图画下面配上文字说明。这样语文加美术的夸学科学习方式学生会觉得很有趣，学习效果会更好。

（3）关注学生情绪背后的真正原因，读懂学生迷惘的眼神。其实就是关注学生的情感和心理需求。如果老师发现某位孩子整节课一脸迷惘，或者回答老师问题的时候情绪不够稳定，带有撇嘴、不开心等表情，老师一定要想办法课后留下孩子，关心学生的情感状态，了解他们的心理需求，清楚原因，必要时帮孩子进行一对一补课，为他们的学习提供支持。

总的来说，这"六关注"不仅是教师在教学过程中应遵循的原则，也是提升教育质量、促进学生全面发展的重要途径。通过实施这"六关注"，教师可以

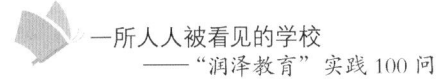

更好地理解和满足学生的学习需求，创造一个积极、有效的学习环境，同时也能够促进自身的专业成长和发展。

（撰稿：冯结莲）

案例55

课堂"六关注"，让朱老师过关斩将
——朱秀丽老师在2021年佛山市小学数学优质课观摩暨优质教学资源展示活动中荣获一等奖

2021年4月9日，我校数学科党员朱秀丽老师在"2021年佛山市小学数学优质课观摩暨优质教学资源展示活动"中荣获一等奖。

4月8日，"2021年佛山市小学数学优质课观摩暨优质教学资源展示活动"在黄岐中心小学举行。来自全市五区的小数专家、参赛选手、数学教师代表齐聚一堂。我校的数学科组朱秀丽老师代表高明区参加了此次展示活动。朱秀丽老师凭借巧妙的教学设计、精彩的课堂呈现荣获一等奖，展示了我校浓厚高效的教研氛围，以及教师良好的精神风貌、扎实的专业功底、精湛的教学技艺！

本次大赛分七个赛场进行优质课展示，佛山市五区数百所学校经过层层遴选推出46位优秀选手参赛。赛场上，选手们立足新课标理念，彰显个人教学风采，使课堂精彩不断，朱秀丽老师执教的"集合"一课从设疑到猜想到游戏验证贯穿新课讲授，以参观长隆乐园串连练习，让学生在合作学习中学会合作探究……让学生在玩中学数学，爱上数学，学会在生活中解决数学问题。

好课是从实践中反复磨炼出来的。从在高明区优质课比赛中荣获特等奖，到参加佛山市优质课荣获一等奖，整个备赛过程，不仅朱秀丽老师全身心投入，区级和校级备赛团队的每一位成员也积极参与。每一句话字斟句酌，每一个细节反复推敲，经过数次磨课、反复研讨，最终呈现给大家一节独具特色的精彩课。一次次磨课，磨出了团队成员交流合作的默契，磨出了整个集体的强大凝聚力，磨出了一个优秀科组所应具备的团队协作能力及浓厚的教研氛围。朱秀丽老师展示的，既是她个人的专业能力和教学素养，更是团队的教研能力和集体智慧。

朱秀丽获奖感言

这个荣誉不单是我一个人的，也属于团队。这次参加优质课比赛，我最大的感受是感恩。感谢数学团队的支持与指导，没有你们，就没有我今天的荣誉。

图为朱秀丽老师（右3）和区教师发展中心数学教研员梁维民
以及新城一小的智囊团老师在一起

感谢参与每一次磨课的老师，你们的意见让我更上一层楼。正是一次次的修改，一次次的完善，才会有如此棒的设计；感谢四年级数学备课组包揽了我该做的备课任务，让我专心备课；感谢冯校长亲自指导我的教学语言与教学智慧，她特意提醒我要做到课堂教学"六关注"，做到眼里有学生，心中有学生。珍惜孩子点点滴滴的进步——让我全方位提升；感谢所有支持我和帮助过我的伙伴们。

比赛已经结束，成绩已经属于过去。接下来我将带着比赛过程中所获得的宝贵经验，用创新的教学思维育人，为教育事业的发展作出自己应有的努力。

（撰稿：罗允仪、高怡。转自西江新城第一小学微信公众号，时间：2021-04-10，网址：https://mp.weixin.qq.com/s/T4WFHEk2ZsQqvXBPN2LmZw）

70. 表扬的力量：教师如何用赞美激发学生潜能？

在教育中，表扬语是一种非常有效的激励手段，它能够增强学生的自信心，激发学习兴趣，鼓励积极行为，并促进学生的个人成长。

一、从心理学角度深入剖析，表扬具有诸多显著好处

一是增强学生的自尊心。通过认可和肯定，让个体深切感受到自身的价值与重要性，从而全面提升自我肯定的程度；二是激发学生学习积极性和主动性。让学生以饱满的热情和动力，去奋力追求目标，以加倍的努力去追求那个更加出色的自己，显著提升自信心。三是积极改善情绪。表扬带来愉悦、满足等正向情绪体验，极大地增强了生活中的幸福感，同时带来源源不断的快乐与满足，让幸福指数直线飙升。四是有力强化的行为：表扬对良好行为起到巩固和加强的作用，促使其更频繁地出现，使其成为习惯，让优秀在不知不觉中融入日常。五是人际关系更优。表扬行为在人际间构筑起坚实的信任基石，增进亲密感，打造更和谐的关系，拉近心与心的距离，让人与人之间充满温暖。六是明晰自我认知。辅助人们更清晰、准确地认识自身的优点和潜力，提高自我认知，发掘出自身更多隐藏的闪光点。

二、恰当使用表扬语的小建议

（1）具体性。表扬时要具体指出学生做得好的地方，比如具体的行为或成果，而不要泛泛而谈。根据每个学生的特点和需求，给予个性化的表扬。

（2）真诚性。表扬应该是真诚的，避免过度或不真诚的赞美。这样学生才会相信并珍视你的表扬。有时候，一个微笑、点头或者拍拍肩膀等非语言的表扬也能起到很好的效果。

（3）及时性。在学生表现出色时及时给予表扬，可以加强正面行为的正向反馈。通过表扬正面行为，强化学生继续这种行为的意愿。

（4）鼓励性。表扬学生的努力和进步，而不仅仅是成果。这样可以鼓励学生持续努力。除了表扬结果，也要表扬学生在学习过程中的探索、尝试和创新。

（5）平衡性。既要表扬他们已经做得好的地方，也要指出学生需要改进的地方，教会学生如何自我表扬，培养他们的自我肯定和自我激励能力。在表扬个人的同时，也不要忽视对团队合作和集体成就的表扬。

（6）避免条件性表扬。避免使用"如果你……我就表扬你"这样的条件性语句，这可能会给学生带来压力。使用不同的表扬方式，避免单一的表扬形式，以保持新鲜感和激励效果。

总之，恰如其分地使用表扬语可以极大地提升教育的效果，帮助学生建立积极的自我形象，激发他们的潜能，促进他们的全面发展。

（撰稿：吴允霞）

案例 56

恰到好处的表扬

——以"润泽教育"泽智课堂"五环"教学模式为例

课堂是学校教育教学工作的主阵地，守好主阵地才能打好"润泽教育"主动仗。经过一年研究和探索实践，2019 年 9 月，学校构建了"润泽教育"泽智课堂"五环"教学模式：共享目标—启智润导—生师互学—展示自我—润泽共生。针对学生在润泽教育泽智课堂"五环"教学模式中的各个环节表现，我们可以给予以下相应的表扬：

第一环节，共享目标。教师把本节课的学习目标与学生共享后，随即进行表扬，调动上课积极性："同学们，你们都非常认真地倾听了老师分享的学习目标，这种专注和明确的学习态度，正是我们实现目标的第一步，你们做得非常棒！"

第二环节，启智润导。教师抛出有价值的问题，引发学生连串思考与追问，激发了学生探究的兴趣。点评几个积极发问的同学："在老师抛出的问题面前，小文能展现出极高的思考能力和探究精神。你的一连串思考与追问，让课堂充满了活力。真是智慧的火花在碰撞！你们真是太出色了！""小明，你在老师抛出问题后，不仅快速思考，还提出了几个非常有深度的追问。你的这种深入探究的精神，真的让老师看到了你对于知识的渴望和热爱。你的思考活跃了整个课堂的氛围，你真是我们班级中的思考小达人！"

第三环节，生师互学。按照学习单的要求，学生进行合作学习探究，老师走到学生当中适时引导，对某个积极讨论的小组进行表扬鼓励："在合作学习探究的过程中，你们相互帮助、共同进步，充分展现了团队合作的力量。老师看到你们积极参与、勇于尝试，真的很为你们骄傲！你们做得非常好！"

第四环节，展示自我。小组合作学习成果汇报展示。针对不同亮点，进行花式表扬。如：

①突出团队合作。"你们小组在展示过程中，每个人都发挥了自己的长处，配合得如此默契，真正体现了团队合作的力量。你们一起攻克难题，共同创造精彩，这种团队精神让人赞叹！"

②强调创新和创意。"你们小组在展示中融入了很多创新的元素，不仅内容充实，形式也非常新颖。这种敢于尝试、勇于创新的精神，是我们每个人都应该学习的！"

③表扬具体的技能和表现。"小丽，你在展示中的语言表达非常流畅，逻辑清晰，让人一听就懂。你的演讲技巧真是让人佩服！""小刚，你制作的展示材料非常精美，图片、文字、数据都恰到好处，让人一目了然。你的设计才华真是让人惊叹！"

④强调自信和风度。"你们在展示中展现出了极高的自信心，不仅敢于站在大家面前表达自己的观点，还能从容应对各种突发情况。你们的风度真是让人

赞叹!"

⑤鼓励继续努力。"今天的展示非常成功,但老师也相信你们还有更大的潜力可以挖掘。希望你们继续保持这种积极向上的态度,继续努力,创造更多的精彩!"

⑥总体表现。"在小组合作学习成果汇报展示中,你们自信地表达了自己的观点,展示了你们的成果。你们的展示不仅精彩,而且充满了创意和深度。你们真是太棒了,继续加油!"

第五环节,润泽共生。师生共同分享本节课的感悟和收获,根据不同学生的具体表现进行灵活调整,旨在让学生感受到自己的努力和成果得到了认可和鼓励。"在分享本节课的感悟和收获时,小聪不仅回顾了所学内容,还表达了自己的思考和体会。这种深入思考和积极分享的精神,让我们的课堂更加丰富多彩。你真是太有智慧了,为你点赞!"

通过这样具体的表扬,我们可以更好地激励学生,让他们在每个环节都能感受到自己的进步和成长,从而更加积极地参与到课堂中来。

(撰稿:吴允霞)

71. 老师,您有"学生发言地图"吗?

"学生发言地图"?那是什么?到底有什么用?可能很多老师会追问,且听我娓娓道来。

"学生发言地图"我觉得可能是我的个人发明(因为之前没听任何人说过)。"学生发言地图"指的是授课老师和听课老师手里或者心里必须有一张该班学生的座位表,然后在你上课或者听课的过程中,每一位起来发言或者与你互动的学生,你都要把他打勾。谁今天举手发言、谁今天积极思考,老师都做到心中有数。这样上一节课或者听一节课下来,你就能够有效地统计出这堂课有多少个学生被你关注到,你又忽略了哪些学生。忽略的学生,上课的老师可以在下一节补充再关注。

使用"学生发言地图"最大的好处是什么?它让老师在课堂上关注每一个孩子,让每一个孩子在课堂都被看见。更重要的是,你的课堂不会有一个孩子掉队,你的学科一个孩子都不能少。这样的课堂教学学生才更有收获,才更加有实效,学生肯定会喜欢。

亲其师，信其道。当学生了解授课老师有绘制"学生发言地图"的习惯的时候，学生上课的注意力往往会更加集中。也就是说，这门学科的学业成绩也是可期的，效果会水到渠成的好。自从2010年9月开始，无论听课还是上课我开始使用学生课堂发言地图，同时推荐给身边的老师，不但我自己任教的班级学生的学业成绩越来越好，凡是上课的时候会做"学生发言地图"的老师，他们所带的班级，班风、学风以及学业成绩也变得越来越好。

作为一名老师，尤其是小学老师，我认为绘制"学生发言地图"的确是一种有效的教学方法。它可以帮助我更好地了解学生的参与度和互动模式。以下谈谈我的一些做法：

一、收集数据

课前，我会准备该班的一张学生座位表或者自己绘制简单的学生座位表。记录发言情况：在课堂上，我会注意记录哪些学生积极举手发言，以及他们的发言内容。这包括他们回答问题的情况，以及他们是否主动提出问题或发表见解。

关注参与模式。我还会观察学生在小组活动中的互动，比如谁在小组讨论中起主导作用，以及谁不太愿意发言。

多样化的收集方式。除了传统的笔记记录，有时候听课我也利用多媒体工具进行录像或录制音频，以便帮助自己在课后更准确地回顾和分析学生的发言情况。

二、数据整理

创建发言地图。根据收集的数据，我会绘制一张"学生发言地图"，将学生划分为不同的群体，比如"常发言者""偶尔发言者"和"很少发言者"。这能帮助我直观地看到各类学生的分布和他们的参与程度。

定期更新。随着课程的进展，我会定期更新这张发言地图。这对于识别学生参与度的变化非常有帮助，尤其是在采取新的教学策略后，可以非常方便地观察这些变化对学生的学习态度和行为的影响。当然，我还会适时调整学生座位。

三、分析发言模式

发现积极参与者。通过分析记录，我能够识别出哪些学生是课堂上的活跃分子，他们经常发言，积极参与课堂讨论。

关注沉默学生。同样重要的是识别那些鲜少发言的学生，理解他们沉默的原因可能是害羞、不自信或是对课程内容理解有困难。

四、分析与行动

针对性策略。基于发言地图,我会为不同类别的学生设计不同的教学策略。

鼓励沉默学生。对于较少发言的学生,我会采取一些措施鼓励他们参与进来,例如通过让他们在小组中担任特定的角色,或者在课堂上提问时给予他们更多的鼓励和支持。或者可能通过一对一的交流去了解他们沉默的原因,并提供相应的支持和鼓励。

促进公平参与。在课堂上,我尽量给予每位学生平等的发言机会,特别是通过调整问题的难度和类型,以适应不同学生的能力水平,使每个人都有机会成功和被听见。

五、促进合作学习

小组分配。在合作学习小组活动中,有时我会根据发言地图调整学生的分组,使得活跃的学生和较为内向的学生在同一组,以促进他们之间的互动和学习。

角色轮换。让学生在小组内尝试不同的角色,比如发言人、记录员、组长等,这样每个人都有机会在不同的角色中学习和成长。

六、反馈与调整

提供正面反馈。给予学生正面的反馈,特别是当原来沉默的学生开始尝试更多地参与时,及时的正面反馈可以极大增强他们的自信心。

调整教学策略。根据发言地图和学生反馈,我不断调整教学计划和策略,以确保每个学生都能在课堂上获得最佳的学习体验和成长。

个人化目标。我会和学生一起设定个人化的参与目标,特别是对那些不太愿意发言的学生,和他们一起制定实现计划,并进行定期的回顾和调整。

简而言之,学生发言地图是一个非常有用、实用的工具,它帮助我更全面地理解学生的课堂参与情况,因材施教。这种方法不仅增强了生生、师生间的互动和学习,让老师在日常教学中更好地看见、关注和支持每个学生,尤其是那些需要额外鼓励和支持的学生,从而优化了学习效果,使我们能够更好地履行教师的职责,促进每个学生的积极参与和学习发展。

附：发言地图照片。

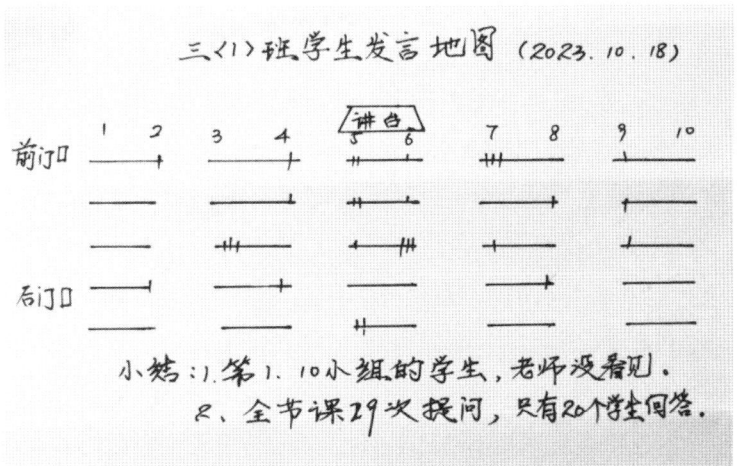

（撰稿：冯结莲）

案例57

李文彬老师带着"学生发言地图"，勇夺2020年佛山市第三届小学科学优秀课例暨创新实验展示活动一等奖

岁初将至，喜传捷报。2020年12月3日上午，新城一小的李文彬老师代表高明区参加佛山市第三届小学科学优秀课例暨创新实验展示活动，喜获一等奖。这评比结果，离不开李文彬老师善用"学生发言地图"和小组合作策略，以及学校、科学备战组的默默支持。

李老师执教"让小车运动起来"一课。课堂上他教态亲切自然，语言抑扬顿挫，精于点拨，善于指引，给参与观摩的老师们留下了深刻的印象。

课前，他首先向该班负责老师收集并准备了一张全班学生的座位及信息表，这是"学生发言地图"的基础，接着他与学生玩起互动游戏，让学生感受推力和拉力的同时，也拉近了师生间距离。在这个过程中，李老师密切注意哪些学生积极参与游戏，并迅速在"学生发言地图"上做好记录。

教学过程中，李老师为每组学生发放一套实验材料（如小车、绳子、滑轮等），通过两个探究活动，让学生尝试用不同方式使小车运动起来。在此过程中，仔细观察每个学生的参与情况，注意谁主导了小组讨论、谁提出了创新的想法，以及谁可能较为沉默。这些信息都被记录在"学生发言地图"上。紧接着，李老师引导学生进行第二个探究活动,即如何通过调整力量、方向等因素来改变小车的运动状态。在这个环节,特别关注那些在前一个活动中较少发言的学生,给予他们更多的发言机会和鼓励,并在"学生发言地图"上做好更新标注。为了进一步拓展学生的思维,最后播放了球王马拉多纳踢球的精彩瞬间,并引导学生思考如何改变足球的运动状态。鼓励学生将所学知识与实际生活相联系,大胆发表自己的见解,并将情况记录在"学生发言地图"上。

李老师调动了学生积极性,学生在参与小组合作的过程中,既培养了动手能力,也锻炼了沟通协作能力。课后,他根据课堂上的记录,更新并整理"学生发言地图",通过分析地图,给予积极参与的学生正面的反馈和表扬,鼓励那些较少发言的学生继续努力。通过这种方式,不断激发学生的学习热情,提高他们的课堂参与度。同时,根据"学生发言地图"的反馈,不断调整和优化教学策略,确保每个学生都能在课堂上获得最佳的学习体验和成长。李老师通过这种方法,不仅有效地关注了每个学生的课堂表现,还促进了学生之间的合作学习,提高了整体的教学效果。

本节课的"学生发言地图",李老师主要是在心里记录,并做到熟能生巧。因为,在磨课的时候,他已经熟练运用多次,追求精益求精。

千里始于足,高山起微尘。新城一小开办三年,李文彬老师作为学校"走出高明,走向佛山"第一人,取得如此喜人佳绩,为新城一小成为一所现代化标杆名校的漫漫长路迈出了第一步。秉持"守正创新,精益求精"的精神,相信李文彬老师开的好头,会给新城一小青年教师们带来极大的鼓舞,激励着他们奋发向前,一步一个脚印地前进,怀美好期望,创辉煌佳绩。

(撰稿:黄韵)

72. 老师，您会把控课堂教学节奏吗？

课堂节奏可以从动静、收放、曲直、起伏、点面、张弛六个角度来处理。作为一名教师，掌握和控制课堂教学节奏是一项基本而重要的技能。教学节奏不仅影响学生的学习效率，好的教学节奏还能提高课堂的互动性和学生的参与度。这种技能对于小学教师来说尤其重要，因为小学生的注意力集中时间较短，而且他们的学习兴趣和自控能力还在发展中。以下是一些帮助小学教师有效管理课堂节奏的策略。

一、用教学环节把控课堂节奏，让其张弛有度

（1）明确目标与关键点。在每堂课之前，教师需要清晰地定义课程的学习目标和教学的重难点、焦点的课程内容，确保教学内容既符合教学大纲，也能激发学生的兴趣。尤其是本节课要突破的重点和难点，一定要花心思，多想办法。

（2）明晰各个环节用时，合理分配时间。小学一堂课的时间通常是40分钟。课刚开始，学生的注意力容易分散，5分钟以后，他们的注意力就集中了，这个时候课堂会出现第一个注意力高峰；再过5分钟，他们又开始分心了；再过一段时间，第二个注意力高峰出现了；接着"唰"的一下，学生的注意力又开始分散了。学生的注意力呈现出这样一条曲线。不仅是注意力，在课堂里，学生的情绪也是有节奏的，智力和体能也是有节奏的。根据小学生的生理及认知特点，为每个教学活动预设时间，我们设计了新城一小润泽课堂"五环"教学模式，每个环节所需的时间在教学计划中明确。第一环节，共享目标（3分钟）轻松激趣入课；第二环节，启智润导（10～15分钟），渐进式进入第一个注意力高峰，突破教学重难点；第三环节，生师互学（10～12分钟），进入第二个注意力高峰，教师以此检测学生对所学知识的掌握程度，适时点拨；第四环节，展示自我（5分钟），轻松展示；第五环节，润泽共生（3分钟），师生轻松交流，共勉励，同成长。如此整节课张弛有度。同时，教师应预留一些"缓冲时间"，大约4分钟，来处理突发事件，如重难点的额外解释或突破可延长讨论，也可用来总结。

（3）灵活调整。教学计划需要有一定的灵活性，允许根据实际情况（如学生的学习状态和反应）进行调整。这要求教师在课堂上能敏锐地捕捉到学生的反馈，并据此微调教学节奏和内容。

二、用语言调控课堂节奏，既紧张又活泼

当教学语言的音高、音量、音速、音色所构成的"外节奏"与教学内容的

详略、主次、轻重、曲直所构成的"内节奏"相互协调时，教学就能紧扣学生的心弦，引发学生共鸣。因此，教学语言或教师语言的节奏，其实是课堂教学节奏的灵魂。因此，你的教学语言要尽可能地与学生的心理节奏相吻合。

我们还是以新城一小润泽课堂"五环"教学模式为例。第一环节共享目标，建议教师语言轻松、幽默、有趣，挑起学生的学习兴趣。第二环节启智润导，教师语调开始上扬，突破难点或者到达课堂高潮部分越发激昂。第三环节生师互学（10～12分钟），教师语调平和，适时点拨可幽默、可激动，音量可高可低，调节课堂气氛。第四环节，展示自我，教师语言温柔、亲和中带着鼓励。第五环节，润泽共生，教师（或师生）运用总结性语言，根据课文内容，可进行入境入情的深情总结，让人回味无穷；可以是学法小结，字字铿锵，让学生入心入肺；也可以是师生对话式交流总结，畅谈感受收获，言已尽，意无穷……

三、用适度师生互动，让学生感觉自己被关注，被看见

（1）对于学生的回答老师必须及时反应。老师的一个眼神，竖起的大拇指，老师的一句话："你真棒！""你是一个善于发现的孩子""你的见解很独特！"都会让学生整节课精神振奋，自信满满，深受鼓舞！

（2）个别关注。在课堂中注意每位孩子的表现，尤其要关注教室四个角落的孩子和坐在教室最后一排的孩子，关注他们的听课状态，对表现出困难或不安的学生给予个别指导和及时支持。如，看到一个孩子开小差，或者坐在座位上发呆，可以去提问。如果他能回答正确，说明他已经听懂，老师可以在他耳边小声说："你这么聪明，希望你能坐端正，做周边同学的榜样。我计划让你当小组长呢。"如果孩子回答不正确，老师可以在他耳边小声说："如果你专心听讲，相信这个问题你一定能回答出来的。"这种关注不仅能帮助学生克服学习障碍，还能增进师生间的信任和尊重。

（3）利用身体语言。教师的肢体语言、表情和语调可以显著影响课堂氛围和学生的学习状态。通过保持眼神接触、微笑和适当的手势如扶正学生的坐姿等，教师可以增强互动，提高学生的注意力和兴趣。

通过以上策略，小学教师可以有效地把控课堂教学节奏，创造一个既有序又充满活力的学习环境。这不仅有助于提升学生的学习效果，还能增强他们的学习动力和整体教学体验。

（撰稿：冯结莲）

案例 58

把控课堂节奏，提高教学效率
——热烈祝贺我校区嘉碧老师在 2024 年佛山市小学语文青年教师
教学展示活动中荣获一等奖

扫码阅读：把控课堂节奏，提高教学效率——热烈祝贺我校区嘉碧老师在 2024 年佛山市小学语文青年教师教学展示活动中荣获一等奖。

（撰稿：江蕾。转自西江新城第一小学微信公众号，时间：2024-03-17，网址：https：//mp.weixin.qq.com/s/XN0zZhZMekt3VBipHz6KHw）

73. 老师，您会自我观照式听评课吗？

自我观照式听课是一种教学策略，它要求教师在听课过程中关注自己的感受、思考和反应。这种听课方式有助于教师更好地理解课程内容，提升自身课堂教学质量。建议如下：

（1）保持开放的心态。在听课过程中，请尽量保持开放的心态，不要预设立场或偏见，尝试从不同的角度去理解和评价课程内容。

（2）记录自己的感受。在听课过程中，随时记录下自己的感受、想法和疑问。这些记录可以帮助您回顾和反思课程内容，以及自己在教学中的表现。

（3）关注老师"教什么"。在评价一堂课的教学方法好不好之前，首先要考虑它的教学内容对不对。在感受课堂教学的活跃气氛后，更要关心学生是不是驻留了与教学内容相关的相应的语文体验；我们还十分必要关注语文课程目标的有效达成问题。从教学内容角度观课评教，也就是审视反思这堂课老师教了什么，进而探寻、体察学生所驻留的学习经验，并考察教学内容与语文课程目标的关联及关联程度。

（4）分析课程结构。观察课程的结构安排，思考其优缺点。这有助于老师在自己的教学中更好地组织课程内容。

（5）关注教学方法。注意老师使用的教学方法和技巧，思考它们是否有效，以及如何将这些方法应用到自己的教学中。教学方法很重要，体现先进理念的教学方法应该被大力弘扬。然而，对教学方法的探索目的是为了更有效地进行教学。先进的理念首先关乎教学内容，首先要落实到"教什么"上。

（6）关注课堂生成。

提问。教师是否通过提问的方式，引导学生思考和表达自己的观点生成新的想法和观点。

观察。教师是否密切观察学生的反应和行为，以便及时发现学生的生成。例如，如果一个学生在讨论中提出了一个新的观点，教师应该立即给予反馈，鼓励他继续分享。

倾听。教师是否倾听学生的声音，尊重他们的观点。即使学生的观点与教师的观点不同，教师也应该给予足够的尊重，让学生有勇气表达自己的观点。

引导。教师是否通过引导的方式，帮助学生生成新的想法和观点。例如，教师可以提出一个问题，然后引导学生从不同的角度去思考这个问题，从而生成新的想法和观点。

反馈。学生的回答或者课堂练习等，教师是否有及时给予学生反馈，让他们知道自己的观点被重视。老师只有及时反馈，学生才会有动力继续生成新的想法和观点。

创新。教师是否有鼓励学生创新，不怕犯错误。只有在这样的环境下，学生才会有足够的勇气生成新的想法和观点。

进步。学生课前的表现与课程即将结束时学生的各种进步。

以上六点的课堂生成，是观课的关键！

（7）与他人交流。在听课结束后，与其他教师或同事交流自己的感受和看法。这有助于您从不同的角度去理解和评价课程内容，同时也能获得他人的反馈和建议。

（8）反思自己的教学。将听课过程中的观察和思考与自己的教学实践相结合，反思自己的教学方法和策略，寻找改进的空间。

自我观照式听课是一种教学反思方法，它要求教师在听课过程中关注自己的教学行为、教学策略和教学效果。通过自我观照，教师可以更好地了解自己的教学风格、优点和不足，从而有针对性地进行教学改进。同时，这种听课方式也有助于培养老师的批判性思维和创新能力。

自我观照式听课的主要步骤如下：

①选择听课对象。教师可以选择自己熟悉的课程或与自己教学内容相近的课程进行听课。

②准备听课材料。在听课前，教师需要了解所听课程的教学内容、教学目标和教学方法，以便更好地进行自我观照。

③记录听课过程。在听课过程中，教师要认真观察授课教师的教学行为、教

学策略和教学效果,并做好详细的记录。

④分析听课内容。听课结束后,教师要对所记录的内容进行分析,找出授课教师的优点和不足,以及自己在教学中可能存在的问题。

⑤制定改进计划。根据分析结果,教师要制定针对性的教学改进计划,以提高自己的教学质量。

⑥实施改进计划。教师要将改进计划付诸实践,不断调整和完善自己的教学方法,以达到更好的教学效果。

通过自我观照式听课,教师可以更好地了解自己的教学特点和不足,从而有针对性地进行教学改进,提高教学质量。同时,这种方法也有助于教师之间的交流和学习,共同提高教育教学水平。

(撰稿:冯结莲)

案例59

教师听评课时,关注点应该集中在哪几个方面?

(1)教学目标。评价课程是否明确了教学目标,以及这些目标是否符合学生的需求和能力水平,教学的重难点是否有所突破。

(2)教学内容。关注教师所讲授的知识点和技能是否准确、完整,以及是否符合学生的学习需求和水平;评价课程内容是否丰富、有针对性,能否激发学生的学习兴趣和积极性。

(3)教学方法。观察授课教师采用的教学方法是否多样化、灵活,能否激发学生的学习兴趣,学生是否积极参与。

(4)教学组织与管理。关注授课教师是否合理安排课堂时间,是否能够有效地组织学生的学习活动,以及是否能够及时调整教学策略。评价课堂的组织与管理是否有序,能否保证教学活动的顺利进行。

(5)教学过程。评价授课教师在教学过程中的表现,如语言表达、板书设计、提问技巧等。

(6)学生参与、师生互动。观察授课教师与学生之间的互动情况,包括授课教师是否能够积极引导学生参与讨论、提问和回答问题,以及是否能够给予学生充分的反馈和指导。评价学生在课堂上的参与程度,如回答问题、讨论、小组合作等。

(7)教学效果。评价课程的教学效果,如学生的学习成绩、学习兴趣、学习态度等。观察学生的学习情况，包括学生的参与度、理解程度和学习成果，以及授课教师是否能够根据学生的学习情况进行及时的调整和辅导。

（8）教学资源。关注教师是否合理利用教学资源，包括教材、多媒体设备等，以及其是否能够提供丰富的学习材料和案例，是否过度使用。

（9）反思与改进。评价授课教师对自身教学的反思与改进，如针对学生的反馈调整教学方法、提高教学质量等。

总之，教师评课时应关注课程的整体设计与实施，全面关注教与学的各个方面，以便对授课教师的教学进行评估和改进，从而为提高教学质量提供有益的建议和指导。

（撰稿：冯结莲）

74. 课堂应急处理那些事，你知道该如何应对吗？

课堂突发事件，指在课堂教学过程中突然发生的，由教师、学生或环境等因素引发，对教师教学和学生课堂学习产生一定影响，出乎教师意料的事件，具有不确定性、复杂性和突发性。掌握处理课堂突发事件的方法对教师来说十分重要。新城一小秉承"春风化雨，布德仁教"的教风，特别注重对老师应对课堂特殊情况的方法培训。我们在实际的课堂观察和课堂实践中，总结了以下5种课堂突发情况的处理方式，下面用思维导图和大家一一分享。

一、学生上课身体不舒服

处理原则：以学生生命健康安全至上为重要准则。

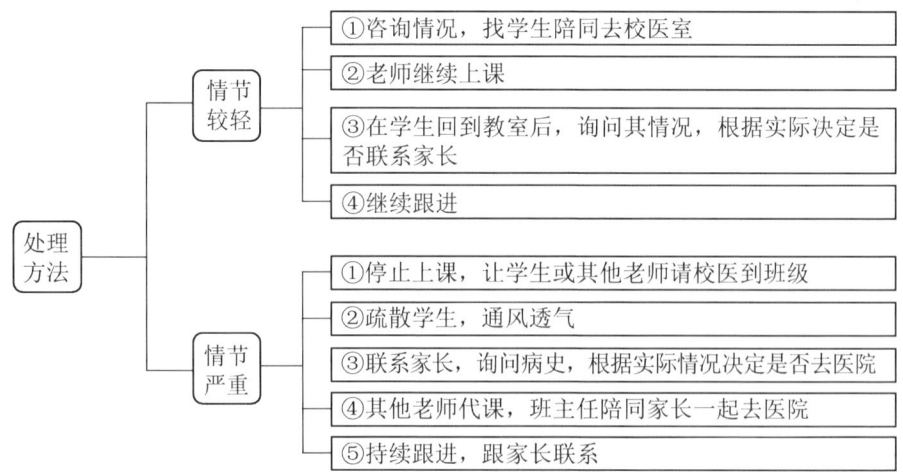

二、学生起哄恶搞

处理原则：及时处理，避免学生有样学样。

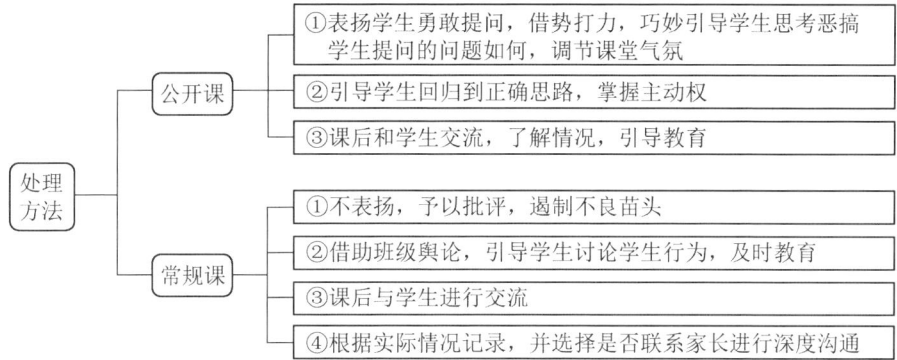

三、学生课堂中打架或吵架

处理原则：突发问题，要分析轻重缓急。

保持冷静，稳定情绪，停止讲课，以学生安全为重；立马将他们拉开，制止打架行为，以免学生受伤，让他们先坐下听课，"冷处理"。下课到办公室进行教育，维护好课堂纪律继续讲课，保证课堂教学顺利进行。

课后及时跟进，分别找两位同学单独了解事情原委，安抚学生情绪，分别针对双方所犯的错误进行教育，让学生认识到自己打架所带来的不良后果。了解事情原委，安抚学生情绪，分别针对双方所犯的错误进行教育，让学生认识到自己打架所带来的不良后果。

处理善后，引导打架学生进行良性沟通，握手言和。非班主任一定要告知班主任，让班主任了解事情前因后果。和好后，向班级公开道歉以儆效尤。了解事情原委，安抚学生情绪，分别针对双方所犯的错误进行教育，让学生认识到自己打架所带来的不良后果。

班会，进行政治纪律教育，告诉他们课上打架是不尊重老师和同学的行为，决不允许。了解事情原委，安抚学生情绪，分别针对双方所犯的错误进行教育，让学生认识到自己打架所带来的不良后果。

四、课堂上学生提问了自己不会回答的问题

处理原则：不要不懂装懂，实事求是，积极探讨。

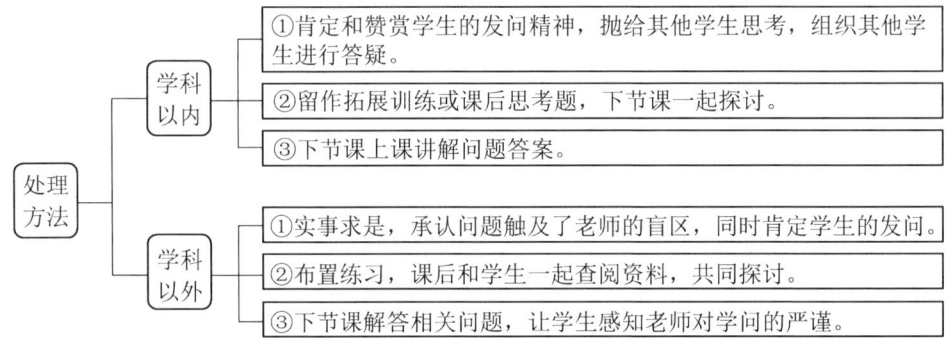

五、学生上课不专注

处理原则：不扩大问题处理，以完成授课为主要任务。

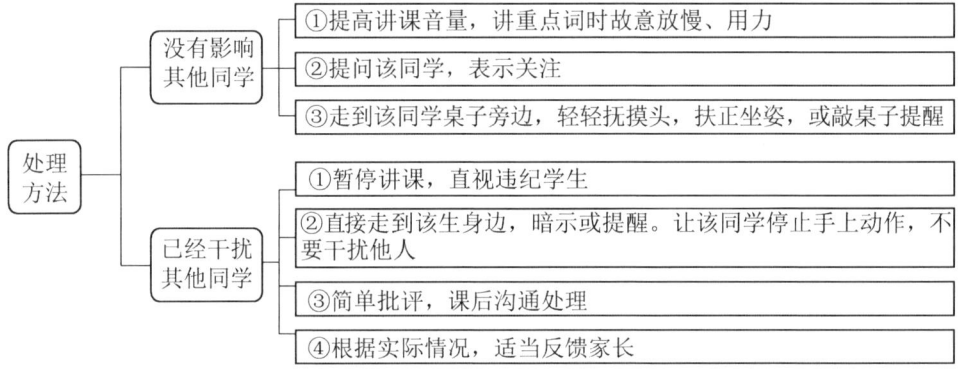

综上，课堂的突发情况千变万化，我们能做的是在大原则的指引下，及时处理突发情况。同时，在处理突发情况的时候，我们需要对事情有全面的了解，避免以偏概全。另外，遵循我们新城一小的管理理念，我们要求"每位孩子都成长"，尊重每一位学生，因此老师不能戴有色眼镜处理问题，更不能随意给学生贴标签。同时，西江新城第一小学十分重视学生安全，在学校成立第二学期，2019年2月我们出台了《西江新城第一小学学生意外伤害事故应急处理预案》《西江新城第一小学课堂教学事故处理办法》等文件规范课堂教学及学生在校安全。这些制度的设立不仅是为了保护学生，同时也是保护老师的职业安全和尊严。自制度设立后，每学年新教师培训教导处都会组织老师进行专题学习，每学期学校会邀请专业的律师、导师给我们全体老师进行专业培训。这给全体老师敲响了警钟，让老师守紧安全的底线，确保师生在校安全。

（撰稿：潘李露）

心得 15

难忘左眼上面的那九条缝线疤痕

在教育这片充满挑战与温情的土地上,每一位教师都可能遇到突如其来的紧急情况,这些经历不仅考验着我们的应变能力,更深刻影响着我们的教育理念与职业成长。在众多的突发情况中,我们新城一小一直强调安全底线,要求每一位教师都是学生安全的守护者。同时在日常教学中构建更加完善的安全防护网,确保学生安全无虞。

还记得,那是一个阳光明媚的早晨,我作为一年级英语老师兼德育处副主任,正在各班级走廊巡查学生早读情况,突然下课铃声响,各班都在走廊外有序集队。一个突如其来的意外打破了一(4)班教室走廊的宁静。一名平时活泼好动的学生在集队的过程中蹦蹦跳跳时不慎失去平衡,身体向前倾倒,头部撞到了走廊的栏杆。随着一声轻微的惊呼,鲜血从左眼上方迅速渗出,染红了他的额头和衣襟。周围的学生见状顿时惊慌失措,气氛瞬间紧张起来。学生和带班的老师一时间慌了。

面对突发紧急安全事故,我采取了以下紧急处理步骤。

一、即时反应,稳定局势

我立即意识到事态的严重性,迅速而冷静地示意学生们保持安静,让其他科任老师把班级带下去,避免进一步的恐慌和混乱。快步走到受伤学生身边,用温和而坚定的语气安抚他,告诉他老师会处理好一切,让他尽量放松,不要害怕。

二、初步评估与紧急止血

我仔细查看其伤口,发现伤口较深,且出血量较大。我迅速从教室急救箱中取出干净的纱布,轻轻按压在伤口上方,以压迫止血。同时,指导跟班老师用另一块干净的布轻轻托住受伤部位,以减少血液流动。安排一名沉稳的学生前往通知校医,并请其帮忙拨打 120 急救电话,详细说明情况,请求尽快派车。

三、保持沟通,安抚家长

班主任找到受伤学生家长的联系方式,立即拨打电话,简要说明孩子受伤的情况,并告知已采取的紧急措施。

在通话中,要求班主任尽量保持语气平和、稳定,努力安抚家长的焦虑情绪，承诺学校会全力以赴确保孩子的安全与健康。

随后，保持电话畅通，随时准备向家长报告最新进展。

四、配合医疗，安全送医

把学生及时送往校医室，并和校医交接情况，协助校医进行初步的伤口处理和包扎。

在确保受伤学生状况稳定后，我与班主任等待急救人员到来，并亲自陪同前往医院，以便随时向家长和学校领导汇报情况。

五、后续跟进与反思

在医院，班主任陪伴受伤学生完成了一系列检查和治疗，直到他成功接受缝合手术。其左眼上方的伤口被细心地缝上了九个针脚。

事后，我和班主任经过沟通，多次前往孩子家里探望学生，关注其恢复情况，并与家长保持密切联系，共同商讨后续的学习和康复计划。

同时，我组织召开了全校范围内的安全教育工作会议，深入剖析此次事件的原因和教训，制定了更加详细和实用的安全应急预案，加强了对学生的安全教育和演练。

案例反思

"难忘左眼上面的那九条缝线疤痕"，不仅是对那次突发事件的深刻记忆，更是对我教育生涯的一次重要洗礼。它让我更加深刻地认识到，作为教育工作者，我们肩负着保护学生安全的神圣使命。在未来的日子里，我们将继续致力于构建更加安全、和谐的学习环境，为学生的健康成长保驾护航。

正是因为对学生安全的重视，冯校长每次开会都提醒老师必须关注学生放学情绪以及状态，关注学生的头发、脸蛋、手脚、衣服等是否整洁，有时学生身上的一些血迹或表情就是一个个安全提醒，同时也希望我们一线老师也能养成关注学生放学时的状态或情绪的好习惯，真正做到为孩子幸福和健康的人生奠基。

75. 国学课程和进阶证明，到底带给孩子什么？

《义务教育语文课程标准（2022）》"课程的基本理念"里面指出：语文课程应激发和培育学生热爱祖国语文的思想感情，引导学生丰富语言的积累，培养语感，发展思维……同时，还应通过优秀文化的熏陶感染，提高学生的思想道德修养和审美情趣，使他们逐步形成良好的个性和健全的人格，促进德、智、体、美诸方面的和谐发展。

我校自从2018年9月开办以来就设置了"国学经典"课程，主要由语文老师担任国学经典的课程教学。但同时又希望老师们能跳出语文教学的藩篱，让孩子们在老师创设的轻松愉快的氛围中，快乐地、用自己喜欢的方式朗读、吟诵国学经典的课程内容，在不随意的记忆中，能记住一些国学经典的名句；在耳濡目染和潜移默化之中，用经典来约束自己日常的行为，锻造自己的修养，在不断的自省和改正的过程中，把经典的精髓逐步内化为自身行为，达到提高学生人文素养和自身修养的目的。

西江新城第一小学润泽"三、四、五、六特色"中就包含了国学元素，其中"四"——润泽新四书，包括《弟子规》《三字经》《论语》《孟子》，旨在从小培养学生的仁、义、礼、智、信、孝。在不断探索和实践中形成有我校特色的润泽国学与德育育人目标课程体系。

润泽国学与德育育人目标课程体系

年级	教材	习惯	重点培养美德
一年级	《弟子规》《诗三百》50首	礼仪、学习、生活、行为	礼、孝
二年级	《三字经》《诗三百》100首	礼仪、学习、生活、行为	礼、孝、信
三年级	《论语》（节选）、《诗三百》150首	礼仪、学习、沟通、生活	仁、义、礼、智、信、孝
四年级	《论语》（节选）、《诗三百》200首	己所不欲，勿施于人 克己复礼	仁、义、礼、智、信、孝
五年级	《孟子》（节选）、《诗三百》250首	乐学，吾日三省吾身	仁、义、礼、智、信、孝
六年级	《孟子》（节选）、《诗三百》300首	感恩与责任	仁、义、礼、智、信、孝

"五"——我们的五微(味)课堂:如甘露,润泽孩子们的智慧与心灵。一是朗诵与演讲(酸);二是润泽主题阅读(甜);三是润心练字课(苦);四是古韵新唱(辣);五是舒展放松操(咸)。

西江新城第一小学以"润泽教育"作为统领学校的办学理念,致力于为孩子健康与幸福的人生奠基。我们的培养目标是"润有根之中国人,泽博学之雅君子"。为了学生的发展,我校不仅出台了"西江新城第一小学'润泽新四书'进阶评价方案"课堂教学评价方案,还出台了"西江新城第一小学'古诗'进阶评价方案",让学生轻松愉快地学习国学,形成良好的国学氛围。学生每个学期要进行古诗文进阶,过关的同学颁发进阶证。

以一年级第一学期为例,开学第二周,学校布置本学期进阶内容,每天早读前5分钟,润泽宝贝们会认真进行经典诵读,经过一个学期的学习,孩子们已经能背诵《弟子规》("总叙""入则孝""出则悌")和古诗15首。语文老师对每一位学生进行考核,过关的同学在国学经典进阶活动中成功进阶一级,获颁发"进阶证明"!

一年级第一、二学期进阶内容见下表。

西江新城第一小学国学经典进阶进程表

年级	"新四书"背诵内容	古诗背诵内容
一年级第一学期	《弟子规》"总叙""入则孝""出则悌"	《金木水火土》《对韵歌》《咏鹅》《江南》《画》《悯农》《古朗月行》《风》《春晓》《敕勒歌》《游子吟》《元日》《登鹳雀楼》《咏柳》《静夜思》
一年级第二学期	《弟子规》"谨""信""泛爱众""亲仁""余力学文"	《池上》《小池》《长歌行》《回乡偶书》《凉州词》两首、《出塞》《芙蓉楼送辛渐》《鹿柴》《送元二使安西》《九月九日忆山东兄弟》《望庐山瀑布》《赠汪伦》《早发白帝城》《黄鹤楼送孟浩然之广陵》《望天门山》

国学究竟带给学生什么?《语文课程标准》(2022版)核心素养内涵是文化自信、语言运用、思维能力、审美能力。学习国学课程能够给孩子们带来多方面的积极影响,具体包括:

(1) 文化自信。继承和弘扬中华优秀传统文化。通过学习国学经典,孩子们能更好地了解中华文化的根基和传统价值观,增强民族自豪感和文化自信。

(2) 语言运用。国学课程往往涉及文言文的学习,这有助于提高孩子的语言理解能力和表达能力,对现代汉语学习也有促进作用。

(3) 思维能力。国学经典中包含许多哲学思考和逻辑推理,可以锻炼孩子的思辨能力和逻辑思维。

(4) 审美能力。国学经典中不乏优秀的文学作品,如《笠翁对韵》《诗经》等,通过学习可以提高孩子的文学鉴赏能力和审美情趣。国学中还蕴含着丰富的道德教育内容,如孝道、仁爱、礼仪、廉耻等,这些思想有助于培养孩子的品德和行为规范。

此外,国学中还包括一些日常生活习惯的教育,如早起、整洁、饮食健康等,有助于孩子养成良好的生活习惯。

综上所述,国学课程不仅能让孩子学习到知识,还能在品德、思维、情感等多方面对孩子进行全面的教育和熏陶。中华传统文化源远流长,博大精深,它是古老文化的精华,是中国文化和中华民族精神形成的基本根源。新城一小的孩子们能通过诵读经典,在耳濡目染中把好的习惯和品行内化于心,外化于行,成长为有根之中国人、博学之雅君子。

(撰稿:冯结莲、严燕梅)

案例60

校长为我们上国学课啦!

语文是一切学科的基础!培养学生听说读写的能力是我们的重要目标。学校在进行语文课堂教学改革的基础上,为进一步弘扬民族传统,传承国学经典文化,开设"国学"特色课程,引领全校师生通过诵读经典名著,感受祖国传统文化的博大精深,接受人文精神熏陶,培养热爱祖国、孝敬父母、尊敬师长、勤学自强等优良品质,教育和引导学生树立正确的世界观、人生观、价值观,努力营造浓郁的书香校园氛围,进一步推进校园文化建设。

学校开展国学教育，目的是塑造学生良好的思想品德、健全学生的人格修养，使中华民族的凝聚力不断增强，传统美德代代传承。让学生了解中华文明，充满自信、充满朝气地面向世界，面向未来。

在 2021 年 4 月 28 日，西江新城第一小学举办以"润心启智，乐学善思"为主题的首届"润泽教育"课程文化展示日活动。高明区教师中心的专家评课组、东莞市大朗镇宏育小学、禅城区环湖小学、禅城区张槎中心小学、禅城区怡东小学、顺德区梁季彝纪念学校、高明区各兄弟学校的教师代表们以及部分幼儿园的教师和家长代表们，一起参与学习、交流和分享课堂教学改革经验。国学经典课程是我校的特色课程，在此次活动中冯结莲校长亲自上国学示范课"孝为根本"。

冯结莲校长亲自执教国学课"孝为根本"，推动学校形成良好的国学教育氛围。

（撰稿：严燕梅。转自"南方+佛山大课堂"，时间：2019－06－27，网址：https://static.nfapp.southcn.com/content/201906/27/c2360267.html? date = NWY0ZDllZGMtODY5Ny00MWRkLTgwZTAtMzkxZTBjNDIwNzM3）

76. 从不敢开口到省"王牌讲书人","朗诵与演讲"微课堂如何成为孩子走向自信的小舞台?

如果文字能洋洋盈耳,那一定是朗诵的魅力;如果经典能浸润生命,那一定是朗诵的功绩。朗诵与演讲是学习语言、增强自信的重要方式之一,《语文课程标准》在阅读教学中明确指出:各个学段的阅读教学都要重视朗读,并指出"能用普通话正确、流利、有感情地朗诵课文"是对学生的要求。

西江新城第一小学从创校以来一直将"朗诵与演讲"作为学校的一个特色课程,"让每一个润泽学子说好话"是西江新城第一小学的"学养三好"目标之一。经过多年的探索研究,"朗诵与演讲"微课堂终于从课程规划到落地实施,让"朗诵与演讲"微课堂成为每一个润泽学子走向自信的小舞台。

(1)学校重视"朗诵与演讲"微课堂的落实,为每一个学生提供上台展示的机会。每天下午第一节课上课前的十五分钟就是各班开展"朗诵与演讲"微课堂教学的时间。各个年级每周确定一个朗诵与演讲主题,提前布置给学生准备。微课堂开始时,学生按照学号顺序上台展示,展示的时间或短或长,内容或多或少,但一周下来,班上大半的学生都能上台展示一次。为了保证每班切实开展微课堂,语文科组每天都会有检查老师对各年级开展情况进行巡视,以全校广播的形式进行总结。从创校至今,下午上课前的"朗诵与演讲"微课堂已经根植每位师生的心中,成为西江新城第一小学雷打不动的惯例。

(2)精心的课程设置与校本教材编写。创校第一年,冯结莲校长就带领语文科组全体教师编写了第一版《朗诵与演讲》校本教材,此后每年都对校本教材进行完善。目前学生在使用的第五版《朗诵与演讲》校本教材融合了不同学段的语文课程学习目标,梯度性设置了朗诵与演讲学习任务,穿插设置了朗诵与演讲相关专业知识和训练技巧。通过老师们的精心编写,将复杂的朗诵与演讲技能分解成一个个学习板块,让学生随着学段的提升逐步掌握,从而建立起信心和能力。

(3)参赛获奖的专业指导与正向反馈。西江新城第一小学重视每一个语言类比赛项目。创校至今,我校相继在第二届、第三届中小学生戏剧节比赛中蝉联特等奖,在多个朗诵比赛、演讲比赛中均取得优异成绩。一张张荣誉证书、一座座荣誉奖杯都化作激励学生进步的强心剂,激励着每一个润泽学子。

以下两个案例可以看到"朗诵与演讲"微课堂对学生自信心培养的显著成效。

案例 61

从不敢开口到侃侃而谈的成长
——小区和广东省"王牌讲书人"何梓璐的成长故事

在新城一小的朗诵与演讲课程中,同学们都像舞台上的明星,尽情地展现自己。然而,在这群闪闪发光的星星中,有一个小区同学特别引人注目,他的变化令人瞩目。

小区同学是新城一小 2018 年创校的第一批学生。他平时品学兼优,善良温和,但唯独对朗诵与演讲这门课程感到十分恐惧。每当轮到他上台,他总是以各种理由推脱逃避。前两次轮到他上台时他百般推辞,老师也没有勉强。最近他对在公众面前表达更加畏惧了,甚至打起了装病的主意。

然而,李老师和他的家长并没有放弃他。他们知道,一个人的恐惧往往来自于对未知的恐惧和对失败的恐惧。于是,李老师在课堂上多次鼓励他,告诉他每个人都有自己的闪光点,只要努力,就一定可以发光发热。同时,他的家长也给予他很大的支持和鼓励,经常带他去参加各种活动,帮助他增强自信。

在李老师和家长的鼓励下,小区同学开始努力克服自己的恐惧。他开始主动参加各种演讲比赛,不停地练习和改进自己的演讲技巧。经过一段时间的努力,他的表现开始有了明显的进步。他的演讲变得流畅和自然,台风也变得更加自信和从容。

现在,每当小区同学站在台上演讲时,他都能充分展现自己的才华和魅力。他的每一个字、每一个句子都充满了力量和感染力,赢得了同学们的阵阵掌声。他的变化不仅让他自己感到惊喜,也让身边的同学们感到非常欣喜和骄傲。

像小区这样的同学还有很多。最近在广东省"优秀讲书人"活动中荣获"王牌讲书人"的何梓璐同学就是一个典型例子。何梓璐同学是一个勤奋好学的孩子,与小区不同的是她对朗诵与演讲课程非常感兴趣,经常积极参加各种比赛,积累了大量的舞台表演经验。这也为她取得良好成绩打下了基础。

何梓璐同学的成功不仅仅是个人努力的结果,更是学校对学生全面发展的支持和鼓励的见证。新城一小一直致力于学生朗诵与演讲能力的培养。在"少年讲书人"活动中,学校的学生们表现出色,他们用自己的声音和情感,将书中的故事生动地呈现给观众,赢得了阵阵掌声。这种全方位的培养,不仅提升了学生的表达能力,更培养了他们的团队协作精神和创新意识。

崭露锋讲书添馨香,馥郁气朗诵自华芒!总的来说,朗诵与演讲不仅是一种表达方式，更是一种艺术。它能够帮助我们更好地理解和传递书中的精华，提升我们的个人魅力和社交能力。期待新城一小的同学们在下一季的活动中再创辉煌，展现出更高的艺术成就和更深的文化内涵。

区同学和何同学的成长经历是新城一小几千学子的缩影，每一个孩子都在润泽课程体系中受益匪浅。涓涓细流终将汇成大海，点点星光终将点亮银河。经过数年来的努力，朗诵与演讲课程早已通过各种形式在新城一小扎根成长，孕育出茂盛的"人才森林"。

（撰稿：董博翰）

案例62

厉害！佛山市特等奖！
——祝贺西江新城第一小学斩获2019佛山市"课文与经典"小学师生朗诵比赛特等奖

哇！市特等奖！

"耶！"孩子们激动得跳了起来，哇！我们获得了佛山市特等奖！特等奖！热烈祝贺西江新城第一小学的师生们斩获2019佛山市"课文与经典"小学师生朗诵比赛特等奖。

2019年9月26日下午，佛山市"课文与经典"小学师生朗诵展示交流活动（高明赛区）在西江新城第一小学隆重举行。本次交流活动由佛山市教育局教学研究室主办，佛山市高明区教师发展中心协办，佛山市高明区西江新城第一小学承办，共有8所学校近700人参加了角逐，八支参赛队伍，分别评选出二等奖4名，一等奖2名和特等奖2名。比赛精彩纷呈，朗诵风格或慷慨激昂、或深情动人、或柔和温婉，师生经典诵读字正腔圆、有板有眼，抑扬顿挫，将一段段优美的文字演绎为一幅幅生动优美的画卷，让评委和观众沉浸其中，领略到了朗读的魅力。

磨砺

根据活动的文件精神，我校参与交流评比的篇目主题是《母亲，就是儿女们的太阳》。新城一小的老师和同学们时而温情似水，娓娓道来母亲之深沉，时而慷慨激昂，抑扬顿挫诉说母爱之伟大。最终，获得了在场所有评委的一致好评，在8支参赛队伍中脱颖而出，再一次荣获特等奖！

虽然在9月20日高明区教师发展中心举行的初赛中，我校获得了特等奖，但是我们不骄不躁，努力训练，为迎接市级比赛做好充分准备：为了使集体朗诵的声音更和谐，更一致，老师们努力协调工作，不辞辛苦，利用休息时间进行排练；冯校长更是百忙中抽出宝贵的时间亲临指导，累了鼓励大家，错了一遍一遍地纠正，每一个动作、每一个表情……今天就要比赛了，中午时老师们和孩子们争分夺秒抓紧最后一分钟认真排练，力求做到至善至美。

午饭后，我们马不停蹄地化妆了。妆后的老师们端庄、优雅、精致，浑身散发着母性的慈爱；妆后的孩子们更加活泼可爱，聪明伶俐。

家长们更是全力支持学校工作，有时我们排练晚了些，家长们都毫无怨言，做我们最坚实的后盾。有了家长们的支持与理解，我们更加充满了信心。

听，孩子们的朗诵声仿佛从遥远的天籁响起，莺声燕语，愈发悦耳动听；

听，老师们的朗诵声仿佛从遥远的天籁响起，金声玉润，愈发抑扬顿挫。

一声声声情并茂的朗诵，一张张激动兴奋的小脸……

85名师生朗诵大合照

评委点评

评委如此点评我们的朗诵：

孩子们的声音稚嫩而有节奏，师生朗诵有委婉的深情，有澎湃的激情。特别表扬冯结莲校长、谢宝珍老师诵读的关键点把握得非常好。"是谁微微颤抖……"冯校长深情的朗诵，吸引了在场所有的观众，评委刘湘校长原来是低着头看文稿，一听这深情委婉的声音，马上抬头看看是谁，眼里充满了惊喜与赞美……

成长

今天新城一小的老师和孩子们能自信地站在舞台上如花般灵动绽放，如小草般自由伸展，这是与平日里我校坚持"五微课堂"之一"朗诵与演讲"是分不开的，我们的"六能工程"之一是"让每一位从西江新城毕业的孩子都能吟诗诵典"，这些一直给每一位新城一小的学子更丰富的成长养分，全体新城一小人扎实地耕耘，扎实地耕耘……终将让我们的老师和孩子们收获了不一样的风景。

冯结莲校长与师生同台朗诵

共诵中华经典，聆听古诗书韵；同读中华经典，对话亘古圣贤……再一次祝贺西江新城第一小学的师生们斩获2019佛山市"课文与经典"小学师生朗诵比赛特等奖。润泽教育，泽被全体，我校每天的"朗诵与演讲"微课堂，必将引领全校师生走向更灿烂的明天！

（撰稿：区家碧，转自西江新城第一小学微信公众号，发布时间：2019－09－26，网址：https：//mp.weixin.qq.com/s/MDz9o3_UOLBjZqap-dsEgQ）

77. 成为广东省中华优秀文化传承学校：非遗扎染课程，为何是我们的挚爱？

2022年底，新城一小被评为"广东省中小学中华传统文化（扎染）传承学校"。非遗扎染特色课程，成为新城一小的挚爱，主要有以下几个原因。

第一，国家重视，文化传承。习近平总书记指出"中华优秀传统文化是中华文明的智慧结晶和精华所在，是中华民族的根和魂，是我们在世界文化激荡中

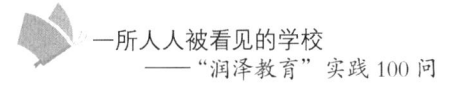

站稳脚跟的根基。"国家非常重视中华传统文化的传承与发扬。

第二，扎染与"润泽"高度契合。润泽如水，所以我们首先想到的是与水相融的课程——扎染。扎染是因水之浸润而形成的艺术，我校是以水文化为载体的润泽书香校园，这与我们学校的"润泽"理念高度契合；扎染又是中华非遗传统工艺，与我校重视中华传统文化（国学）教育一脉相承。

第三，本土创生，学校重视。扎染教学在新城一小、高明区乃至佛山市是首创。因此，扎染教学是学校领导班子结合本校实际情况高屋建瓴的决策，学校还组建了扎染教育特色项目领导小组，由冯结莲校长当组长，确保扎染教学按计划、按规划有序推进。

第四，名师引领，课程保障。开办第二年学校有 6 位专职美术老师，他们本科学历，教学经验丰富。其中佛山市优秀教师 1 名，高明区级名师 1 名，名师培养对象 1 名。扎染项目的主要负责人廖金文是佛山市优秀教师，高明区名教师。她在多年的社团教学中积累了丰富的社团教学经验。我校的扎染教学、天使梦工场染艺坊在她的带领与指导下，短短一年时间就已经在区里形成一定的影响力。她不光自己钻研扎染教学，还制作微课、录制视频给科组的美术老师学习，亲自示范指导其他美术老师如何进行扎染，如何给学生上扎染课。在她的培养下，我校美术老师都能够独自进行扎染教学，这就为新城一小普及扎染教学提供了师资保障。

学校除了开设天使梦工场（蜡染）社团进行扎染与蜡染教学，还在全校普及了扎染教学课程。根据学生的动手能力来安排课程：二年级开始学习纸染，每学期安排两节或以上纸染课，教学生学习折叠染色方法；三年级开始学习扎染，每学期用四五节课在三年级的班级里普及扎染教学。这样，在新城一小读书的孩子二到三年级就能在学校的美术课程里初步掌握扎染基础技术。

为营造全校学生人人爱扎染、人人学扎染的良好育人氛围，学校从开办第二年（2019 年）开始举办全校学生的"扎染节"，至今已经举办 5 届。如第二届扎染节增加了扎染服装秀表演，第四届扎染节是现场展示文创制作，第五届扎染节结合生肖做龙狮文创。由于不断在传承中创新，做出特色，因此得到参加活动的专家和同行的一致好评！

第五，美育熏陶，越学越爱。我校重视扎染教学，重视在教学区营造扎染、蜡染、灰缬染艺所营造美的艺术的氛围，让学生在学校里随处可感受到扎染的艺术美，感受中国非遗传统优秀工艺的魅力。孩子们把自己亲手制作的扎染围巾、扎染作品送给来校的嘉宾、家人、朋友，让更多人感知扎染艺术的美，孩子们的心里也觉得特别骄傲！因此，越来越多的老师和孩子爱上扎染。

2022 年，我校被评为"高明区特色学校""广东省优秀文化（扎染）传承学校"。如今，新城一小的孩子人人都掌握了扎染技艺，实现了润泽"六能工程"之人人掌握一种美术技能。

近年，来自省外的贵州，省内的南海、禅城、云浮等多地学校到我校取经学习并交流扎染教学心得，新城一小润泽扎染特色教育已声名远扬……

（撰稿：冯结莲）

案例63

爱扎染，爱艺术，爱劳动，爱创造
——"润泽童心，绚丽扎染"新城一小第二届扎染艺术节圆满完成

在秋风送爽天气宜人的金秋时节，我校迎来了第二届扎染节。

扎染是我国民间传统而独特的染色工艺，也是我校特色教学之一。

我校在创办第一年就开设了天使梦工场扎染、蜡染社团，并在全校普及了扎染的教学。时至今日，我校的扎染社团已有两年的历史。

出席我们今天扎染节的领导嘉宾有高明区教师发展中心邱志言和黄辉两位教研员以及2020年高明区义务教育阶段校长任职资格培训班跟岗实践第三组的9位校长们。

活动开场，高明区名教师廖金文老师担任主持人向大家介绍了我校润泽"四、五、六教育特色"的"六"——即润泽"六能工程"。

我们希望从西江新城第一小学毕业的孩子，人人能做到："人人能有一颗自尊、仁孝之心，人人能吟诗、诵典、演讲，人人能写一手好字好文章，人人能弹奏一种乐器，人人能掌握一种美术技能，人人能有一项健体专长。"其中就规定了学生人人都要掌握一项美术技能。

扎染就是我校要求所有学生都掌握的一项美术技能。本届扎染节展示的就是我校开设扎染、蜡染社团和扎染普及教学的成果。

活动开始，我校冯结莲校长致辞。她在讲话中提出"爱扎染爱艺术，爱扎染爱劳动，爱扎染爱创造"的观点。

扎染是已传承千年的中华传统艺术形式，色彩绚丽的纹样是千百年来历史文化的缩影，折射出当地的民情风俗与审美情趣，学习扎染就是让孩子们从多样的艺术形式中培养独特的审美意识。

扎染作为一种动手动脑的艺术活动，孩子们要通过对织物进行扎、缝、缚、缀、夹等多种形式组合后再进行染色，而染色后还要进行漂洗晾晒，这不仅锻炼

了孩子们的动手能力,也锻炼了孩子们发现美、创造美的能力。

本届扎染节现场展示活动分为扎染服装秀与现场扎染两个项目。

服装秀展示的服装都是学生自己利用学到的扎染技术,染制布料、设计、亲手缝制而成。

在扎染服装秀的过程中,还展示了天使梦工场扎染、蜡染社团制作的衍生作品:扎染围巾、扎染枕头、扎染手提袋、扎染布偶等扎染作品,体现了美术教学中设计与应用相结合的教学理念。

服装秀结束后,模特们还为我们的嘉宾领导送上他们扎染的围巾,表示对来宾的欢迎。

最后一个项目是四、五、六年级学生进行现场扎染展示活动。

学生们个个都会扎染,充满艺术美感的作品品种多样,花式层出不穷。随着扎染作品的晾晒,整个活动现场成了色彩的海洋。

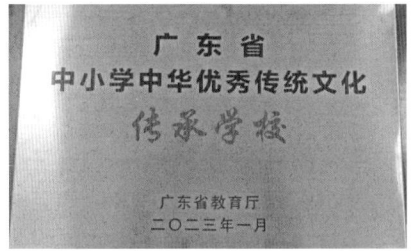

参加活动的嘉宾和跟岗校长们纷纷下场参与到孩子们的扎染过程中。漂亮的扎染作品得到了领导嘉宾们的高度认可,扎染也得到了参观的领导和跟岗校长们的一致赞扬:新城一小的扎染课程切实地把美育、德育、劳动教育落实到位,孩子们在劳动中学习,在劳动中创造,在劳动中茁壮成长;新城一小的素质教育课程做得很扎实。

本次扎染节活动取得了圆满成功,正如冯结莲校长总结的那样:"劳动创造美"!

(撰稿:廖金文。转自西江新城第一小学微信公众号,时间:2020-10-17. 网址:https://mp.weixin.qq.com/s/0PINwsjj6v64G63IJ7X1Xg)

扫码阅读:热烈祝贺我校入榜全省中小学第三批中华优秀文化传承学校!

78. 从创校就开设的 STEAM 课程，孩子们收获了什么？

在当今这个日新月异的时代，教育不再仅仅是知识的传授，更注重的是创新思维、解决问题和跨学科融合能力的培养。我们学校创立之初，就前瞻性地引入了 STEAM（Science，Technology，Engineering，Arts，Mathematics，STEAM）课程，开办第一年就全面成立了 STEAM 社团，还开展了创客课后素质托管班，旨在通过这一综合性的教育模式为孩子们打造一个全面发展的学习平台。经过开办 5 年的实践，我们欣喜地看到，STEAM 课程不仅激发了孩子们的学习兴趣，更在他们的成长道路上留下了深刻的印记。下面就让我们一同探索从创校就开设的 STEAM 课程，给孩子们带来了哪些宝贵的收获。

一、激发无限创意，培养创新思维

STEAM 课程的核心在于其跨学科性，它打破了传统学科之间的壁垒，鼓励学生在科学、技术、工程、艺术和数学的交汇处探索未知。这种教学模式极大地激发了孩子们的创造力和想象力。在项目中，孩子们不再是被动的知识接受者，而是主动的问题发现者和解决者。他们学会了从多个角度思考问题，运用不同领域的知识和技能，找出独一无二的解决方案。

二、强化动手实践，提升问题解决能力

STEAM 课程强调"做中学"，即通过动手操作、亲身体验来获取知识和技能。在项目中，孩子们不再是纸上谈兵，而是需要亲自动手制作模型、编写程序、进行实验等。这种实践性的学习方式不仅加深了他们对知识的理解，而且培养了他们解决问题的能力。在学校开展的素质社团"机器人编程"课程中，孩子们面对的是一个充满挑战的世界。在这个过程中，孩子们会遇到各种预料之外的问题，如机器人走偏、程序出错等。但正是这些问题和挑战，促使他们不断思考、尝试和反思，并最终找到解决问题的方法。这种经历让孩子们学会了如何在面对复杂问题时保持冷静、分析原因、制定策略并最终解决问题。

三、促进团队协作，增强社交技能

STEAM 课程往往采用小组合作的形式进行，这和新城一小的小组互作学习教学模式不谋而合，同时也为孩子们提供了一个良好的社交平台。在团队中，孩子们需要相互沟通、协作、分享资源和成果。这种互动不仅促进了彼此之间的了解和信任，还培养了他们的团队协作能力、领导力和沟通能力。

四、增强自信心，激发学习动力

STEAM 课程的成功实施，离不开孩子们的积极参与和不懈努力。当看到自己的创意变为现实、问题得到解决、团队取得成果时，孩子们会感受到前所未有的成就感和自豪感。这种正面的情绪体验，极大地增强了他们的自信心和学习动力。

五、培养全球视野，关注可持续发展

新城一小的育人目标是：培养"五育"并举、人格健全、具有家国情怀、世界眼光的博雅君子。这一目标落实在 STEAM 课程中，我们也十分注重培养学生的全球视野和可持续发展意识。通过引入案例、参与项目等方式，让孩子们了解不同文化背景下的科技发展和社会问题。同时，我们还鼓励学生关注环境保护、社会公益等议题，通过实际行动为可持续发展贡献自己的力量。

六、喜获佳绩

2023 年 7 月西江新城第一小学的 9 名学生出征广东省 NOC vex go 公开赛，9 名学生组成了 3 支比赛队伍，分别是由苏子乔、欧林峰、区启榆同学组成新城一队，由彭子瑜、彭俊宇、付峻祺同学组成新城二队，由梁蕴悦、梁皓蓝、李兆祥同学组成新城三队。经过激烈的角逐，最终新城二队获得了广东省 NOC vex go 公开赛的亚军，新城一队获得季军，新城三队也从众多的队伍中脱颖而出获得了二等奖的好成绩。众队员超越日常训练水平，最终获得广东省 NOC vex go 公开赛一等奖！

七、未来可期

自 2018 年 9 月建校以来，约有 1500 人次参加 STEAM 社团和创客课后素质托管班，也有不少同学在参加区、市、省级的比赛中获奖。STEAM 课程就是要给孩子表现机会，让他们在成功中寻找自信；放开孩子的手脚，让他们在活动中获得发展。我校润泽教育就是主张将教育还给学生，激发生命的自主发展性，促进生命创造性的发展。STEAM 课程与润泽教育的结合，将为孩子带来更优质的教育，让孩子得到更好的发展！

（撰稿：严燕梅）

案例 64

多彩社团欢乐多

——新城一小学子荣获省级一等奖。感谢润泽宝贝为佛山争光！

日前，广东省举行第二十三届学生信息素养提升实践活动。本次活动设置了"创客制作""人工智能应用""计算思维""数字创作""程序设计"等项目，面向广东省全日制小学、初中、高中在校学生开展。其中高明区共上报各类作品 232 件，经评审后推优报市 86 件，最终代表市参加省赛 14 件。

高明学子揽获 2 项全省第一。其中，西江新城第一小学戴芷萱、吴沛珊两名学生凭借电子板报《多彩社团欢乐多》斩获数字创作类项目省级一等奖并代表广东参加全国赛。

电子板报《多彩社团欢乐多》的创作是以学校扎染社团活动课为背景，学生围绕认识扎染、社团简介、学习扎染、展演展示四个板块，使用 wps 和 Photoshop 两个软件对内容进行编辑处理，图文并茂再现学校扎染教学的活动场景。

西江新城第一小学学子在比赛中获得殊荣，展现了学校扎染教育的成效。校长冯结莲介绍，扎染是我国非物质文化遗产项目，学校在创立初期便将其引进校园，不仅开设了"天使梦工场染艺坊"社团，还在全校普及扎染教学课程，并在每学年举办一届"绚丽扎染，润泽童心"扎染节，营造良好的扎染学习氛围。

一所人人被看见的学校
——"润泽教育"实践100问

此外，学校还专门成立了扎染教育特色项目领导小组，制定全流程跟踪制度，安排行政人员或教师对上课情况进行检查并做好记录。2022年，学校被评为高明区特色学校，同时被认定为佛山市第四批优秀文化艺术传承学校。广东省第三批非遗文化（扎染）传承学校。学校扎染活动在广东省第七届中小学生艺术展演活动中获二等奖。

（撰稿：严燕梅。转自西江新城第一小学微信公众号，发布时间：2022-06-23，网址：https://mp.weixin.qq.com/s/BWem1l0MFyhe5XGtieBoiQ）

扫码阅读：【润泽教育·春风化雨】渲"染"童年，"诵"读经典，"羽"你同行——我校迎接区特色学校创建现场评估暨广东中华优秀文化传承学校复评。

79. 玩转数学周，我们的孩子怎样玩？

2022年版数学新课标明确指出："注重培养学生的数学素养，使学生掌握数学基础知识、基本技能、基本思想、基本活动经验，发展运用数学知识和方法发现、提出、分析和解决问题的能力。"为此，我校数学科组精心策划，每学年举办数学周，涵盖多样活动，全方位展示数学魅力，旨在激发学生对数学的兴趣与好奇心，增强学习动力；同时促进学生数学能力的全面发展，认识数学在生活中的重要性，提升他们的数学素养及综合运用能力。

玩转数学周，要让孩子爱上数学，爱玩数学，关键在于活动的多样性和趣味性。在数学周可以设置游戏类、挑战类、表演类、竞赛类等丰富多样的活动，这些活动不仅益智好玩有趣，而且可以培养孩子的挑战与竞争精神，通过"玩中学，学中玩"，让孩子真正爱上数学，爱玩数学。

那数学周活动该如何设计呢？

第一，可以根据不同年龄段学生的认知特点和兴趣爱好设计丰富多彩的数学游戏和活动。比如，对于低年级的学生，可以设置"巧移火柴棒""逗猴王""数字华容道"等简单有趣的数学游戏，让孩子们在游戏中体验数学的乐趣；对于高年级的学生，则可以组织"趣味数独""巧算24点""魔方转转转""纸牌叠叠高"等更具挑战性的数学活动，激发他们的竞争意识和探索精神；对于全校学生，则可以组织"猜灯谜""生活大挑战"等与生活相关的游园活动，营造一种"全员参与，乐在其中"的氛围。

第二，可以结合学校特色设计相关主题活动。比如，我校有朗诵与演讲数学周专题，演讲的主题为数学小故事、生活中的数学、我和数学的故事、我喜欢的一本数学书等，目的是让学生了解数学的历史、文化和应用，拓宽他们的数学视野。

第三，面向全校学生还可以举办"计算能手大比拼"活动，这个活动不仅可以让学生在竞争中展现自己的才华，而且可以提高他们的计算能力。

第四，学生不仅可以是数学周活动的参与者，其实也可以是设计者。孩子们分成小组，分别上台介绍及演示自己小组设计的游戏，并组织进行比赛，评选出优秀小组。比如，"接力赛""贪吃的小朋友"都是在数学周我们孩子自己设计的游戏。举个例子，"接力赛"就是孩子参考算式流程图改编创新设计出来的，考验了合作能力、计算能力、心理素质等。通过这样的活动，孩子们摇身一变成为"游戏设计师"，设计出了许多好玩又新颖的游戏，并教同学们如何玩，尽可能地创造完美的游戏体验。

看，数学周活动不仅意义非凡，更是教育过程中不可或缺的一环。整个数学周活动明显提升了学生的数学兴趣、数学素养以及综合能力，让每位学生爱玩数学，爱上数学。

（撰稿：黄俊杰）

案例 65

"慧"玩数学，"数"说精彩
—— 记西江新城第一小学第六届"数学周"活动

数趣文韵随冬至，正是乐学启智时。2023 年 11 月 20 日西江新城第一小学举行了以"'慧'玩数学，'数'说精彩"为主题的数学周活动，全校掀起学数学、用数学、玩数学的热潮。

数学周开幕式

11 月 20 日星期一早上，学校升旗仪式过后，举行了简单而隆重的数学周启动仪式，严志荣副校长作开幕致辞，鼓励同学们积极参加活动。

系列活动一：全员参与，乐在其中

数学灯谜猜猜猜、数学与生活大挑战：数学周的每一天，教室走廊里总是那么热闹，因为班级的走廊里到处张贴着一张张有趣的灯谜，同学们利用课间时间热情高涨地猜猜猜。还有那数学与生活大挑战的题目，似乎一点都难不倒他们，他们积极思考，积极回答，争盖闯关印章。孩子们的数学思维真灵活！

朗诵与演讲：一位位小演说家站在讲台上分享着有关数学的小故事，有的同学介绍喜爱的数学家，有的同学分享数学史文化，有的同学分享生活中的数学……台上同学讲得生动多彩，台下同学听得津津有味！

计算能手大比拼：星期二下午的阅读时间进行计算能手大比拼。在这 15 分钟里，每位学生都全神贯注，以严谨的态度投入到计算中，他们细心地进行每一步运算，并耐心检查以确保无误，都怀揣着成为"计算小能手"的雄心壮志。这场比拼不仅展现了学生们良好的学习习惯，还看到了他们坚实的计算功底。

系列活动二：游乐数学

当数学与游戏巧妙融合，同学们对数学学习的热情瞬间被点燃。各年级根据年级特点，精心设计了丰富多彩的数学游戏。

一年级："逗猴王"。学生们从纸牌中（包含 1 至 10，每种数字各 4 张，共 40 张）随机抽取 5 张，随后挑战者需从中挑选 3 张牌，运用刚学会的加法技巧，力求这三张牌的和恰好为 10。游戏现场气氛热烈，孩子们灵活地将所学知识应用到游戏之中，做到了知识的活学活用，让人赞叹不已。

二年级："数字华容道"。这是一场智力与脑力的角逐，一场速度与激情的对抗。清脆响亮的撞击声响彻整间教室，同学们从中不断战胜自己，超越自己！

三年级："玩转 24 点"。24 点是我国传统的数字游戏，考的是同学们的随机应变和速算能力，可以锻炼同学们的数学思维能力，而且让原本枯燥无味的数学计算变得趣味盎然，提高了同学们对数学的学习兴趣。

四年级："魔方转转转"。在游戏现场，魔方在一双双小手中上下翻飞，整个课室只有"啪！啪！嚓！嚓！"的响声，一按一转一拨，魔方在指尖奏出美妙的乐曲。在课间，同学们也旋出了激情，转出了精彩。

五年级："纸牌叠叠高"。在规定的时间里将 54 张纸牌进行叠高，叠得最高者为胜。纸牌的高度与底座的宽窄有关，上轻下重才能保持平衡，想要在规定的时间里叠得最高也不是件容易的事。大家在"叠高、倒塌、再叠高"中享受锻炼耐心和思维游戏之乐。

系列活动三：特色作业设计

怎样让孩子在有玩有学的过程中展示思维风采、享受数学的魅力呢？就此，在数学周各年级组织设计了有趣的综合实践活动。

一年级：创意剪拼画。一年级小朋友各显神通，通过丰富的想象，把平面图形用剪贴的方法拼成喜欢的图案，丰富的色彩和可爱的背景使一个个图案都成了一幅幅有主题、有创意的精美拼图画。

二年级："乘法口诀表"手抄报。二年级同学用心设计，边画边记，在动手过程中不仅发现了口诀的规律性和有序性，而且提高了主动获取和总结知识的能力。真是受益颇多呀！

三年级：数学小报。三年级的同学们用数学小报的形式呈现自己生活当中的数学知识，从中体会到数学的美妙不仅体现在课堂里，也体现在生活中。

四年级："线与角"手抄报。四年级的同学们围绕"线与角"的知识点制作手抄报。每一份手抄报都跃动着孩子们数学的眼光、数学的思考、数学的表达。众多知识点的互相交融，提高了孩子们的空间想象能力和动手操作能力。

五年级：思维导图。五年级的同学们制作出一幅幅构思精巧、色彩鲜艳、富有创意的思维导图。通过绘画思维导图，大大提高了学生的逻辑思维以及建构知识体系的能力。

六年级："圆"手抄报或用圆设计美丽的图案。六年级学生设计出精美的作品，不仅提高了画圆的操作技能，也加深了对圆的特征的认识。

在本届数学周活动中，同学们用热情与智慧演绎着数学光辉绚烂的每一刻。今后新城一小会组织策划好每一届数学周活动，让每个同学爱玩数学，爱上数学！

（撰稿：黄俊杰）

80. 英语不只是学习：孩子们在英语周如何玩乐探索？

《英语新课程标准》（2022版）强调教学目标应从综合语言运用能力转向核心素养目标，这体现了全新的育人价值观。在这种目标下，开展英语活动不仅是学习语言的过程，更是培养学生综合素质的过程。核心素养的提高不仅是个人适应未来社会、实现自我价值的基础，也是推动社会进步和和谐发展的重要力量。因此，我们应该在教育体系中加强对核心素养的培养，为学生的未来发展奠定坚实的基础。

《英语新课程标准》（2022版）还强调了英语学习活动观的重要性，以及通过各类活动来促进学生的核心素养发展和课程育人目标的落实。它强调了要为学生创造丰富多样的语言实践环境和活动，强调"学思结合、学用结合、学创结合"。学习活动的设计与实施，旨在促进学生的核心素养发展和课程育人目标的落实。

新课标为开展英语活动提供了明确的指导，旨在通过多样化的活动形式，促进学生核心素养的全面提升。举办英语周这类活动是符合新课程标准理念的，它可以作为一种综合性的语言实践形式，为学生提供更多实际运用英语的机会。自开校六年以来，我校已成功举办四届英语周活动，孩子们通过英语周激发兴趣、提升能力、增强自信、拓展视野、培养合作精神。学生们爱玩的天性在这个活动中展现得淋漓尽致。从充满趣味的英语猜谜游戏，到紧张刺激的英语演讲比赛，他们那一张张充满期待与兴奋的脸庞，让人真切地感受到他们对活动的喜爱。

那么，众多的活动中，孩子们最喜欢玩什么项目呢？我们一起来看看吧！

（1）英语歌曲演唱比赛。在英语歌曲演唱环节，学生们毫不怯场，尽情展示着自己的歌喉，仿佛置身于属于自己的音乐舞台。还有自编自导自演的英语歌舞比赛，他们精心编排，融入了自己独特的创意，将歌曲和故事演绎得生动有趣。

（2）英语创作画比赛。英语周中的创作画比赛深受三、四年级的孩子们的喜爱。孩子们在准备作品的过程中，通过自己动手搜集自己感兴趣的资料设计自己风格的画面、自己编辑文字等，然后通过动手绘画将英语知识和绘画技能结合起来，最后的作品展示更加增强了孩子们的自豪感和荣誉感，增强了他们的自信心和积极性。孩子们通过结合英语学习和绘画技能，创新、实践、互动和展示，这种实践性强的活动让孩子们能够更深入地理解和运用所学知识。

（3）英语演讲比赛。五、六年级的孩子喜欢英语演讲比赛。英语演讲比赛激发了孩子们研究英语的兴趣和积极性，提高了他们口语表达能力和自信心。演讲比赛为他们提供了一个展示自己英语口语能力的舞台，能够让学生锻炼口才、提升自信，并且有机会获得认可和奖励。

（4）英语游园活动。当然，孩子们最爱玩的一项，肯定是英语周的压轴节目——英语游园活动。孩子们摇身一变，成为"游戏设计师"。他们的目标是为前来参加学校游戏嘉年华的玩家们设计好玩又新颖的游戏，并教会他们如何玩，尽可能地创造完美的游戏体验，如猜词游戏、角色扮演游戏、英语知识竞赛等。孩子们以个人或小组形式完成游戏，得到盖章，换取礼品。这类活动通过游戏和竞赛的形式，让孩子们在轻松愉快的氛围中学习英语知识，运用英语表达，提高英语技能。同时，游戏和竞赛还能够激发学生的竞争意识和团队合作精神，提高参与度和积极性。孩子们通过自己和团队的合作努力，最终换得自己喜欢的礼品，幸福感和成就感飙升。

整个英语周活动，就像一场盛大的派对，学生们在其中尽情享受着英语带来的乐趣，也在不知不觉中提高了自己的英语水平。这不仅是一次语言的交流，更是一次心灵的碰撞，让学生们在欢乐中成长，在参与中进步。

（撰稿：吴允霞）

案例 66

Wonderful English Colourful Life
——记西江新城第一小学第四届英语周活动

为了激发学生对英语的热爱，培养学生积极向上、乐观进取的精神，营造浓厚的英语氛围，丰富校园活动，西江新城第一小学在 2023 年 11 月 6 – 10 日开展了第四届以"Wonderful English Colourful Life"为主题的英语周活动。

11 月 6 日，英语周活动开幕式由英语科组黎巧媛和曾俊裕老师携手五年级陈琳琪和陈逸晞同学精彩配合，进行双语主持。紧接着严志荣副校长为英语周启动仪式进行精彩的致辞并隆重宣布"西江新城第一小学第四届英语周正式开始"。接下来，许淑莹和严颖琳老师带领叶君浩、陈祉颖、陆俊滔三名学生一起进行英语诗歌朗诵。最后，黄佩云副校长和学生代表彭美琪、林芷滢一起带领全校学生合唱英语歌曲《Your smile is so sweet and bright》。动听美妙的旋律在校园飘扬，迎接英语周的到来！

英语周的活动形式多样、精彩纷呈。每个孩子都参与其中，乐在其中。这里有英语歌唱比赛、"英语小报"制作比赛、"折叠画"制作比赛、"图配文"制作暨演讲比赛、"绘本思维导图"制作暨绘本表演比赛等。这些活动的开展，不仅丰富了孩子们的课余生活，也充实着孩子们的英语文化知识。

童声最是悦耳，童声最是动听。一、二年级的孩子们用稚嫩的声音唱响英语周，兴趣的种子也在孩子们的心中生根发芽。

三年级孩子们发挥自己的想象力和创造力，精心设置版面，动手设计制作"英语小报"，体会到学英语、用英语的乐趣，进一步增强了英语的学习兴趣。

四年级围绕 All about me 的主题进行"折叠画"制作比赛，孩子们在创作中更好地去了解自己，认识自己，学会爱自己。

五年级进行"图配文"写作暨演讲比赛，不仅可以提高孩子的英语写作能力、口语表达能力，还可以培养孩子的演讲表现力。

六年级的"绘本思维导图"制作暨绘本表演比赛活动，丰富了孩子的课外知识，提高了孩子对英语绘本的理解和欣赏能力，从而使他们的综合素质更上一层楼。

最后，英语周游园活动点燃了师生的英语学习热情，游园活动设计形式多样，内容丰富，各个同学积极参加，在英语游戏中大胆挑战，实现了让孩子们"在游戏中学，在实践中学"的目标。

活动最后，通过全体英语老师公平客观的评选，精选了一批优秀作品，并向获奖孩子们颁发了奖状。

丰富多彩的英语周活动激发了学生学习英语的热情，为学生提供了一个锻炼自我、展示自我的舞台。英语周活动虽已降下帷幕，但学生们学习英语的热情从此点燃。通过本次活动，学生们明白了世界文化是相通的，我们要以更开放的眼光、更开阔的胸襟去学英语，让未来多一种可能性。

（撰稿：邓晓华。转自西江新城第一小学微信公众号，发布时间：2023－11－14，网址：https://mp.weixin.qq.com/s/W4－HCbSnp8XB7NToSmgucg）

81. 润心书斋，如何为孩子阅读赋能？

苏霍姆林斯基指出："一所学校可以什么都没有，只要有了为教师和学生精神成长而提供的图书，那就是学校了。"新城一小努力将学校打造成一个书吧无处不在的校园，为师生将"润泽阅读空间"打造成为师生心灵休憩的港湾。

为了让学生与书本"零距离"接触，新城一小一共有"一大六小"7个书吧。"一大"指的是"知识的海洋图书馆"，近300平方米；"六小"分别是一到五楼的小书吧，其中一楼有两个"润心书斋"小书吧。"知识的海洋图书馆"是以海洋世界为主题，寓意学生像鱼儿一样在知识的海洋里畅游。而每个楼层"润心书斋"小书吧宽敞明亮，色彩柔和舒适，就像家里洒满阳光的书房，让人很想在此沉浸式读书。

学校书吧是一个促进学生阅读和学习的理想场所，可以让孩子随时随地阅读。为了有效地为孩子们的阅读赋能，学校采取了以下策略：

一、丰富图书资源

"知识的海洋图书馆"是学生阅读的主要阵地。图书馆藏书3万余册，科普类、历史类、艺术类、中外名著等书目繁多。不同楼层的书吧，安排了不同难度级别的书籍，以满足不同年龄段和阅读能力的学生需要。

学校每学年购进不少于10万元的书籍，定期更新图书资源，引进最新的书籍和经典文学作品，保证内容的现代性和相关性。

各楼层书吧书目定期交换，让同学们能接触到不同的书。

努力建设班级图书角。让学生把自己看过的书带回班级图书角，交换图书，分享阅读的快乐。并定期开展班级图书漂流活动。

二、营造舒适的阅读环境

营造读书氛围，让书香弥漫学生身边的每一个角落。"知识的海洋图书馆"、各楼层书吧的设计舒适、宽敞，明亮的阅读空间、配备舒适的座椅和合适的阅读灯光，为学生提供了舒适的阅读环境。

设立安静的阅读区，使学生能够专注于阅读。同时也设有讨论区供学生讨论交流。

三、多彩的活动促进学生阅读

定期举办阅读俱乐部、作家讲座和阅读交流会，激发学生的阅读兴趣。

每年4月23日到10月开展"读书节"活动，设置了"古诗词阅读大赛""讲故事大赛""跳蚤书市"等活动项目，鼓励学生阅读并分享他们的感想。

四、整合课程，引导阅读

安排语文老师进行阅读指导，帮助学生挑选合适的书籍，并提供阅读策略指导。语文教师根据"快乐读书吧"的书目，每学期都进行整本书阅读指导。

通过"整本书阅读指导课""整本书阅读推进课""整本书阅读分享课"，让学生学习阅读方法，分享阅读的快乐。

与课堂教学相结合，将书吧资源融入日常学习中。比如指定阅读作业或项目，促使学生利用书吧资源。

五、家校社合作

与家长合作，开设亲子阅读时光，鼓励家庭阅读习惯的建立。

通过家长会、通讯等方式向家长介绍书吧的资源和服务，鼓励家长参与孩子的阅读过程。

与高明图书馆合作，共建共享润心书吧。

六、阅读激励机制

设立阅读奖励制度，对积极参加阅读活动的学生予以表彰。

设立"读书这么好的事"读书争章表，定期予以奖励。创建阅读成就墙，展示学生的阅读成果和进步。

七、反馈和改进

利用问卷星、调查表等手段定期收集学生、教师和家长的反馈，评估书吧的服务和资源的有效性。

调整服务和资源，确保书吧能够满足学生的需求，并为学生提供最佳的阅读体验。

通过实施这些策略，学校书吧成为提高学生阅读兴趣、能力和习惯的有效场所，从而为他们的学术和个人成长赋能。为提升孩子的整体阅读素养，西江新城第一小学让书香在校园里、家里蔓延，让读书像呼吸一样自然。

（撰稿：罗彩霞）

案例 67

"423"共建共享润心书吧之校长寄语：你专注读书的样子真好看！

亲爱的同学们：

大家好！好久不见，冯老师可想你们了！很高兴在这最美的人间四月天，和大家相聚在云端，迎来第 20 届高明区读书节。最近有一首网红歌曲名字叫《你笑起来真好看》。我悄悄告诉你吧，其实你专注读书的样子才真好看！习近平总书记在接受俄罗斯著名主持人专访时谈到："现在，我经常能做到的是读书，读书已成了我的一种生活方式。读书可以让人保持思想活力，让人得到智慧启发，

图：冯结莲校长和孩子们在知识的海洋图书馆读书、交流

让人滋养浩然之气。"2020年新冠肺炎全球肆虐，全民宅家。这个时候，最适合做什么呢？当然是响应习近平总书记的号召：读书！这无疑是2020年最佳的打开方式。在2020年我们暂时无法行万里路，那就更加认真读万卷书！汉代刘向说"书犹药也，善读之可以医愚"，读书能把我们的愚昧去除，让我们变得越来越聪慧、能干；大作家曹文轩说"一本好书，就是一轮太阳"，读书，能让我们找到光明和前进的方向；歌德说："读一本好书，就是和许多高尚的人谈话"，读书能让我们见贤思齐；诗人金波先生常说"让经典润泽心灵"，就是说经典的好书能让我们的心灵得到滋养，思想更加强大，人生更加丰盈……特殊疫期下今年的读书节，我们主要通过"云分享一本好书""云亲子阅读，我和父母一起演""古诗词小达人""古韵文小达人"等活动激发学生读书、自觉读书的兴趣。同时希望更多的家长能主动积极参与其中，引导孩子能深刻明白读书的意义。阅读改变人生，文字温暖世界。书是世界上最珍贵的财富，它凝结着人类的智慧结晶。希望你们在老师和爸爸妈妈的指导下，小学低年段的同学选择好的绘本如《猜猜我有多爱你》《让路给小鸭子》《爷爷一定有办法》等来阅读；小学中高年级的同学可以尝试阅读中国四大名著，并力争小学阶段完成，还可涉猎国外的优秀儿童文学；养成读一本书绘一幅思维导图、读一本书摘抄一本读书笔记等良好的读书习惯。聪明在于勤奋，天才在于积累。日积月累，这些"读书笔记""思维导图"……便汇聚成为你一生的财富。孩子，爱书吧，它里面有你想要找到的答案；爱书吧，它能让你克服困难从而遇见更加优秀的自己；爱书吧，它能

帮你靠近你心中的英雄和榜样,长大后就能像他们一样优秀……如果你问我,你啥时候的样子是真好看?我还是告诉你:你专注读书的样子真好看!希望大家读的书等身高。祝夏安!

深爱你们的:冯老师
2020年4月23日
(撰稿:冯结莲)

推荐扫码阅读:【润泽教育·春风化雨】"423"共建共享润心书吧之校长寄语:你专注读书的样子真好看!

82. 区"四连冠",羽毛球队的孩子如何做到学习与球技同样出色?

背景简析:自2018年9月建校以来,新城一小就按照部颁标准,开齐开足体育课程,尽量配齐配足体育各专业的教师。学校自开办以来组建的体育训练队有羽毛球、篮球、排球、足球。其中羽毛球队组建及训练时间最长,从2018年9月开办之今,无论寒暑假、过年,近2200多天的训练从未停过,并在高明区及佛山市的羽毛球比赛中斩获佳绩。

区"四连冠",新城一小羽毛球队的孩子如何做到学习与球技同样出色?有以下几个原因。

(1)学校认真落实党和国家的教育方针政策,坚持立德树人,五育并举,重视体育学科和学生身体素质。学校不仅按照国家部颁标准开齐开足课程,还明确规定:第一,语、数、英学科教师不能随意挤占体艺类课程,不能用体艺类课程为学生进行任何学科的补课;第二,任何老师不能以任何理由对学生进行无法上体育课的任何惩罚,以免造成学生误解,造成学生对体艺类学科学习的不重视。

(2)运用皮格马力翁效应,给孩子心理暗示和鼓励。每学年羽毛球社团上课第一天,主教练邓锦雄就会对羽毛球社团的孩子们说:"我在选拔你们的时候,就发现我们这班同学不但身体棒、运动细胞优秀,智力还非常好!这意味着我们羽毛球队的孩子不但球技好,身体好,学习成绩也很好!大家一定要加油啊!今后,邓教练会持续跟进你们的学习情况,我们要做到学习和练球、锻炼身体三不误!"新学年伊始,教练老师一开始就给孩子们打鸡血,我们羽毛球队的孩子一进社团就知道自己是全面发展的好孩子：我羽毛球水平高、学业成绩优秀、身体棒棒！——这个心里暗示一直鼓励着他们直到完成小学学业，并且发挥了重要作用！

（3）全面发展的"润泽教育"理念。新城一小非常注重学生的全面发展，不仅关注体育技能、身体素质的培养，也重视学业成绩的提升。学校为学生提供平衡的学习和训练时间，确保两者都能得到充分的发展和提高。

（4）良好的时间管理指导。羽毛球队的学生在邓教练和老师的指导下学会了如何高效地管理时间，将学习和训练合理安排，从而在两方面都取得了优异的成绩。例如，周末上午自觉完成作业，下午自觉训练，他们已经习以为常。

（5）优秀的教练和教师团队。新城一小拥有一支高水平的教练和教师团队，他们能够提供专业的训练和教学，他们相互协调，自动补位，帮助学生在羽毛球技术和学术知识上都有所提升。尤其是学生参加重要赛事，学校领导和班级学科老师都会想方设法为他们做好服务工作。

（6）良好的身体素质、积极的学习态度和高度自律。羽毛球队的学生身体素质都特别好，这样能让他们比其他同学学习更加专注，课堂专心听讲、作业专注高效完成。他们具有积极向上的学习态度、高效的学习方法和较强的自律性，他们愿意在学习和训练上投入时间和精力。这种积极的态度和自律性有助于他们在两方面都取得好成绩。

（7）团队合作和竞争精神。羽毛球是一项需要团队合作的运动，通过参与羽毛球训练和比赛，孩子们培养了良好的团队合作精神和竞争意识，这些品质也能够转化为学习的动力和优势。

（8）家校协同，形成合力。学校和家庭为这些孩子提供了必要的支持和资源，包括优质的训练设施、良好的学习环境和心理辅导，帮助他们在学习和运动上都能够保持最佳状态。家长为孩子的成长提供了积极的帮助与支持。如，某位同学这段时间学习态度不够认真，表现不够优秀，邓教练就会主动和孩子的家长、班主任、学科教师一起协同教育：通过谈心谈话、课堂提问和提醒、课后作业指导跟进等形成合力，让孩子知道自己的不足，迎头赶上。

基于以上八点优秀做法，新城一小羽毛球社团自开办第一年只有80人，激增到2024年严选300多人。自2021年参加区羽毛球锦标赛至今，团体总成绩连续四年保持全区第一名，男单和女单成绩斐然，在高明和佛山享有盛誉。

（撰稿：邓锦雄）

案例 68

冲出区赛！历史的新突破

2022年6月9—10日，由区教育局主办的2022年高明区小学生羽毛球联赛在西江新城第一小学顺利举行。

本次比赛分组分为小学甲组和小学乙组，比赛项目包括小学甲组男、女子单打和男、女子双打，小学乙组男、女子单打等六项比赛。来自全区13支代表队在本届大赛中悉数亮相，新城一小积极迎战！

本着"友谊第一、比赛第二"和"积极拼搏、勇攀高峰"的原则，在我校邓锦雄主任以及彭文强科长、体育科组老师们的带领下，多位羽毛球运动员积极主动报名参加，以斗志昂扬的精神面目和强有力的姿态在大赛中勇创佳绩。他们分别是：小学甲组运动员代表陈健豪、刘焯昊、彭美淇、罗奕涵、李思远；小学乙组运动员代表：陈铭轩、区子轩、徐子尧、李慧然、吴芷瑶、何梓棋。

赛前，各校代表队在人员搭配、战术安排、技巧运用等方面斗智斗勇。我校邓锦雄主任以及彭文强科长、体育科组老师为小运动员们出谋划策，成为小运动员们最坚实的后盾。无言的支持和陪伴让他们敢打敢拼，全力合作，沉着应战，越战越勇！

一次次强力的扣杀，一串串挥洒的汗水，让整场羽毛球赛高潮迭起。选手们斗志昂扬、奋力拼搏，展现出最佳的竞技状态，快速劈杀、起跳扣球、灵活吊球，各种羽毛球技术在比赛中发挥得淋漓尽致。场上选手打得酣畅淋漓，场下观众看得惊心动魄，掌声、欢呼声此起彼伏，久久不散。

比赛中，运动员们充分展示了顽强拼搏的精神风貌，以饱满的状态、昂扬的斗志赛出了水平和风格。

经过为期两天的激烈角逐，我校的甲、乙组运动员均创佳绩：小学乙组团体第一名，小学甲组团体第二名，团体总分第一名。新城一小在团体赛中获得优异成绩的背后离不开勇于拼搏、奋发向上的运动员们。

我校羽毛球常态训练概况

自2018年9月建校以来，西江新城第一小学根据党的教育方针"教育必须为社会主义现代化建设服务，为人民服务，必须与生产劳动和社会实践相结合，培养德智体美劳全面发展的社会主义建设者和接班人"，践行"润泽教育"的办学理念，培养五育并举、人格健全、具有家国情怀和世界眼光的博雅君子。学校深入推进素质教育，牢牢把握学生社团活动是推进素质教育的重要阵地，认真组织开展各类学生社团活动。以社团活动为依托开展羽毛球训练，将羽毛球训练常态化，进一步提高了我校的羽毛球运动水平，丰富了学生课余生活，极大地燃起了学生对于体育运动的热情，为终身体育的养成奠定坚实的基础。

春来秋往，斗志昂扬、力争上游的运动员们日复一日地在邓锦雄主任等教练的专业指导下坚持不懈地进行羽毛球训练，挥汗如雨的他们如初升的朝阳一般神采飞扬、勇往直前。这些翩翩少年的风采离不开学校老师和领导们的悉心栽培。新城一小的润泽宝贝，就是好样的！新城一小的老师，就是好样的！新城一小的行政班子及团队，就是好样的！

《淮南子》有言道："用众人之力，则无不胜也。"此次羽毛球联赛之所以能取得喜人佳绩，是因为新城一小的全体师生从上到下齐心协力共奋进，不畏困难险阻迎难而上。凝心聚力、攻坚克难的新城一小人定能在未来的教学育人、成长成才的道路上再攀高峰，争创佳绩！

2024年6月7—9日，新城一小羽毛球代表队参加了佛山市2024中小学生羽毛球锦标赛。本次比赛有45间小学、一千多人参加。新城一小在45间学校中脱颖而出，成绩名列总分第七名，其中小学甲组双打第二，公开组丙组第四名，有三个前八名，而每个人进八强前必须要赢得四场比赛，实属不易。

（撰稿：邓锦雄）

83. "双减"下，如何设计学科特色作业？

2021年5月21日，习近平总书记主持召开了中央全面深化改革委员会第十九次会议，审议通过了《关于进一步减轻义务教育阶段学生作业负担和校外培训负担的意见》。那么学校如何既落实"双减"工作又达到"提质"的目的呢？西江新城第一小学在冯结莲校长的带领下，召开行政会、科组长会议等，重点学习"双减"文件精神，研讨落实"双减"工作的具体举措，促进校内服务质量"做加法"，推动"双减"落地见效。

作业，是"双减"政策下课程改革中不可忽视的关键领域，西江新城第一小学制订、完善作业管理办法，加强年级组学科组作业统筹，明确提出了作业习题设计要求：减少死记硬背机械重复作业，丰富作业类型，增强作业针对性，增强实践作业，控制作业量和作业难度。

一、系统化整理优化各年级作业

学校每学期都会着手收集各科各年级作业设计：每周周练习、每单元每课特色作业设计、每节课"堂堂清"、各科各年级备课组收齐后进行编排，周作业按周次顺序印制成学科"周练习作业本"，各单元特色作业编成学科年级"特色作业本"，每节课的堂堂清编成"堂堂清课堂练"。不断优化各学科作业设计。

二、基于学科特点创新作业设计

语文科精心策划了丰富多彩的润泽特色作业：配画写话、树叶贴画、生字转盘、生字开花、观察记录、思维导图、诗配画等，力求将知识内化为个性特色，不仅注意趣味性和实践性，更加注重层次性。

数学科作业设计好玩、有趣：小小眼睛会观察（观察身边的数字）、小小双手会拼搭、小小画笔会创造、小手绘数学大世界、知识网络细把脉、图形绘世界、编题展思维等，提高了孩子们的学习兴趣。

英语科作业的设计更追求质量：趣味性字母卡制作作品、丰富的配图小短文、发散性思维导图等，孩子们的动手能力、创造能力、绘画能力、英语资料搜集及整合能力在这些图文并茂的作品里体现得淋漓尽致。

三、注重传统文化的融合设计

为了落实"双减"政策，培育德智体美劳五育并举、人格健全、具有家国情怀和世界眼光的博雅君子，西江新城第一小学通过节假日，布置有节日特色的作业。如，端午节，通过特色作业——以手抄报形式展示端午节的来历、习俗，让同学们了解端午节；中秋节，通过巧手庆中秋、诗意中秋、画魅中秋活动，让学生制作手工作品、诗配画、制作手抄报思维导图的方式了解中秋节……

（撰稿：严燕梅）

案例 69

聚力"双减"促实效,创意作业展身手
——西江新城第一小学特色作业设计案例分享

"双减"政策,不仅是教育体制和结构的重大改革,也是学生学习方法和作业形式的一种调整。新城一小的老师们认真学习"双减"政策,积极开展研讨,结合统编教材以及根据不同年级的学生特点,设计了形式多样的分层作业,让新城一小的孩子们在学习中得到快乐。

特色作业设计之——乐享"双减","语"你同行

一份份凝聚着灵气与智慧的作品记录着孩子们的成长与进步,展示着我校润泽学子综合运用知识的能力和独特的创造力。书签、诗配画、手抄报、思维导图等作品充满创意,学生不仅能够以画促写、以文促思、学以致用,还能从中感受到了语文学习的快乐和阅读的魅力。

一年级特色作业设计:

(1) 诗韵书签——"小书签,大志向"。简明扼要的有关读书的名言警句在一张张精心自制、墨香留存的书签上呈现,汇聚孩子们对读书的向往和期许。

(2) 墨意诗配画——优美诗篇,古今传承。在纸上写诗作画,把自己对已学古诗的理解通过诗画传达出来。

(3) 趣味拼音卡。初学拼音,难辨难认。通过自制趣味的拼音卡来识记拼音字母,图文并茂,趣味盎然。

二年级特色作业设计:

读书"采蜜"卡。读书的时候碰到一切美妙的地方和话语及时记下来,增加优美词句的积累。

三年级特色作业设计:

读书手抄报、阅读积累卡,还有四季词语积累卡。一张张小小的读书作品,记录着孩子们汲取的智慧养料,获得的精神启迪。

四年级特色作业设计：

（1）阅读记录卡。孩子们通过读书记录卡，学会字词句的积累，写下自己的读书感想，促进语文综合学习能力的提高。

（2）思维导图。阅读时绘制思维导图，可以快速理清各种逻辑关系，构建知识框架，提升思维能力和学习效率，促进对书籍的理解、记忆和思考，从而有效提升阅读能力，达成学习效果。

五年级特色作业设计：

阅读记录卡和阅读主题手抄报。孩子们在书海中徜徉，边读书边将好词佳句及自己的读书感悟通过阅读记录卡以手抄报的形式保存了下来，为日后的习作积累素材。

六年级特色作业设计：

（1）结合"快乐读书吧名著阅读"制作思维导图，以直观的形式，鼓励多元化表达，触发学生的发散思维，提高学生的阅读能力，让学生真正走进文本，感受文学魅力。

(2) 制作玩具指南，充分调动学生对课文的学习积极性，体会传统玩具的乐趣。

特色作业设计之——乐享"双减"，"数"你最棒

为实现"减负增效"的目标，我校数学学科的作业设计坚持三个原则：趣味性、实践性、针对性（层次性），探索设计不同学习环节不同功能性作业，既面向全体又关注个体差异，既关注结果也关注过程，让作业成为促进学生全面发展、健康成长的重要一环。

各年级的数学教师深入剖析教材，紧密围绕学生不同年龄段的认知特点与教学内容的独特性，匠心独运地策划特色作业。我们数学科的特色作业主要分为六大类：单元整合类、实践探究类、游戏类、劳动制作类、分层类、趣味假日类。

（1）单元整合类。在设计作业时，全面整合了教材中各单元的核心教学内容，并巧妙地融入了思维导图与知识树等可视化工具。利用思维导图与知识树，学生能够自主构建单元知识的逻辑框架，实现知识的系统化整合，提高学习的效率与成效。

（2）实践探究类。我们尤为注重将数学问题的设置与学生的日常生活实际紧密融合，旨在让学生能够身临其境地体验生活中蕴含的数学奥秘。如五年级学生学习"解决问题——分段计费"这一课后，通过收集自己家里的三种账单，再对数据加以汇总，解决相关数学问题。

（3）游戏类。此类作业融合了趣味性、规范性、情感共鸣与内容丰富四大特点。在设计时，我们巧妙地将数学游戏作为桥梁，引领学生们投身于知识的探索之旅中。如一、二年级通过游戏闯关的形式让同学们在学中玩，玩中学。

（4）劳动制作类。此类作业的独特之处在于，它不仅仅是一个简单的复习工具，让学生得以通过动手实践——即劳动与手工制作的方式，将课堂内汲取的知识精髓进行深化与巩固，激发他们的创造力与想象力，使学习过程充满乐趣与成效。如一年级小朋友通过制作的学具进行实际操作，进一步掌握10以内各数的组成。

（5）分层类。分层类作业可以让每一位学生都能发挥自己的数学才能，完成适合自己学情的作业，从而树立学习的自信，在"减负"的同时提高学习质量。在作业布置时分别设计有基础类作业、提高类作业、拓展类作业。

（6）趣味假日类。趣味假日作业，是数学科组与时俱进，根据学生一周或一个阶段所学的数学知识，融合其他学科的知识，要求学生通过手抄报的形式，可以是个人完成，也可以几个同学合作，制作一份精美、趣味性与知识性的假日作业。

特色作业设计之——"减"而不简，落"英"缤纷

我校英语科组教师在作业设计方面尝试对传统书写作业进行改革，依据

《英语课程标准》要求，设计出具有实践性、应用性、趣味性、探索性和可操作性的作业。课堂效率明显提高。

（1）三年级。三年级是学生学习英语的初始阶段。根据学生的年龄特点，设计具有趣味性、巩固性与创新性的作业。如，在学完26个英文字母后，学生们头脑风暴，创作出各种各样有趣的字母王国，这既提高了学生学习英语的兴趣，又培养了学生的创新思维。

（2）四年级。四年级科组本学期在积极尝试制作类作业、设计类作业、调查类作业等各色各样的特色作业。如学了"classroom"主题后，让学生发挥想象力，设计一间自己最喜欢的教室，用图画的形式画下来，在每个地方标上相应的单词。在学完"schoolbag"主题后，让学生设计自己的"My schoolbag"，画一画自己喜欢的书包，并用"I have …"句型进行描述等。

（3）五年级。五年级英语科组精心设计特色分层作业，学生可以根据自己学习英语的实际情况、自身掌握英语知识的程度，选择自己能力范围内完成的作业。富有层次、阶梯性的作业设计，使同学们变被动为主动。

（4）六年级。制作思维导图。如，六年级的学生们以"My best friend""pen pal"以及"job"为主题，将单词、句型、课文以及语法进行整合，形成了系统的知识框架。

同学们经过精心设计、书写、绘画，创作出了丰富多彩的特色英语作业，让他们的"个性在作业中彰显，思维在作业中发展，知识在作业中升华"。同学们将跳动的思维音符、知识、绘画、板面设计、颜色搭配融为一体。

英语特色作业的开展，达到了"Happy English, happy homework"的目的，学生们纷纷表示喜欢这种作业形式。

"双减"政策大背景要求教师布置的作业要精炼的同时，还要新颖，以符合学生的知识能力水平和身心发展规律。按杜威的"做中学"理论来说，我们还在作业设计的路上……

（撰稿：严燕梅、黄俊杰、吴允霞）

84. 再上学习强国的"学玩大闯关"其乐无穷，你也想去探究一番吗？

2021年，教育部办公厅印发《关于加强义务教育学校考试管理的通知》，明确要求"小学一二年级不进行纸笔考试"，切实降低学生考试压力，促进学生全面发展健康成长。文件同时提出了"要注重学生综合素质、学习习惯与学习表现、学习能力与创新精神等方面的评价"。

一、二年级是小学生学习习惯和学习能力培养的关键时期，也是学生人格形成的黄金期。学生进入校园，在学校教育、家庭教育和社会教育三方共同努力下，初步形成自己的人格品质。一、二年级不进行纸笔考试，对老师和学生来说并不是降低了要求，而是将学习真正变成了一种自觉自愿的行为。

为了贯彻落实国家"双减"政策，推进我校"乐思好学，博达弘毅"的学风，促进学生的全面发展，提升学生的核心素养，西江新城第一小学一、二年级从2022—2023学年第一学期期末开始，以"学玩大闯关"的形式代替期末笔纸检测，以另一种形式检查、评价学生一个学期以来的学习表现。"学玩大闯关"活动，根据学生的年龄特点积极创设情境，通过多种游戏的方式，综合考虑科学性、趣味性和实践性，巧妙地把各学科知识和学生的核心素养融合起来，结合中国传统文化元素，寓教于乐、趣味盎然、形式丰富多样。

"学玩大闯关"活动打破了传统单一的评价方式，以多样化的评价方式给予了学生多样的乐趣，让学生在玩中学、学中玩，在游戏中激发学习的热情，在闯关中提升综合素养，从而展示自我，全面发展，真正将"双减"政策的减负增效落到实处。

（撰稿：严志荣）

案例70

佛山高明西江新城第一小学：游园闯关，期末考轻松又有趣

没有试卷，不用打分，还有各种"游园闯关卡"……期末考试变成了"游园活动"。6月下旬，一场别开生面的一、二年级无纸化测评活动在佛山市高明区西江新城第一小学校园内举行。

"请朗诵这首诗歌！""小朋友，请准确组合出这组成语。"在语文学科闯关现场，二年级的学生们依次排队在老师面前背诵古诗。词语测试环节，老师分别从语言建构与应用、成语的组合等方面考查学生对知识的掌握和灵活运用能力。

在英语学科闯关现场，老师对学生进行英语字母随机考查。

在数学学科闯关现场，学生们灵活运用数理思维，解决生活中遇到的数学问题。每一个"闯关游戏"完成后即可获得一枚印章。这种"闯关游戏"形式的测评，让学生们在轻松愉快的闯关中，感受学习的快乐，体验成功的喜悦。

从 2022 年开始,西江新城第一小学一、二年级便采取无纸化期末考试,全方位、多角度地对学生综合素养进行评价,让学生在游戏体验中感受学习的乐趣。西江新城第一小学副校长严志荣介绍,一、二年级的老师们制定了详细的测评方案,并根据方案要求精心设计无纸化

测评,紧扣学科核心素养及教材内容,设计了"闯关游戏"形式的综合素质评价方案。这种无纸化测评活动既检验了孩子们知识掌握情况,又锻炼了口语交际、随机应变和学以致用的能力。

西江新城第一小学老师将题目写在雪糕棒上,让学生抽签答题,增加"闯关游戏"的趣味性。

一直以来,西江新城一小结合"润泽教育"办学理念打造特色课堂,如通过朗诵演讲来提高学生的口头表达能力,通过合作学习培养学生的交往能力,等等,从而助力学生全面发展。

(撰稿:陆苗仪。转自"学习强国",时间:2024-07-03)

扫码阅读:"灵虎"闯关助"双减",趣味评价促成长——记西江新城第一小学一年级"灵虎"学玩大闯关活动

85. 我们的寒假托管,因何能登上《中国教育报》头版?

为深入贯彻落实中央"双减"政策,以办人民群众满意教育为根本宗旨,坚持以人为本、服务至上,竭诚为家长服务、为学生服务,认真解决学生放学后无人照管的难题,帮助学生家庭有效解决"接送不便、无人照顾"等现实问题,推动"双减"工作落实落细,切实减轻学生的校外培训负担,减轻学生过重课业负担,学校放学后托管服务实行全校学生全覆盖,让家长没有后顾之忧,促进学生健康成长,推动教育事业健康有序发展。广东省教育厅出台了《广东省教育厅关于进一步做好义务教育校外课后服务工作的通知》(粤教基函〔2021〕17

号)。佛山市高明区教育局制定了相应实施方案《关于印发佛山市高明区义务教育校内课后服务工作方案的通知》(明教一〔2021〕29号)。新城一小从2022年1月16日起,开展以"艺术修养、科学素养、体能提升、作业辅导、身心健康"为核心的寒假校内托管服务,让润泽宝贝们度过一个"健康、安全、有益、文明、充实、愉快"的假期生活。

校内课后服务内容和服务形式:

(1) 基本托管服务。基本托管服务是必须提供的,服务内容包括:辅导学生作业、轮流组织年级学生到"知识的海洋"图书馆看书、自主阅读、进行体育类训练等。严禁教师利用课后服务时间讲新授课或集体补课。学校采用学校教职工为主、引进第三方机构为辅的方式,开展基本托管服务。

(2) 素质拓展服务。素质拓展服务包括周一到周五下午17:00-18:00的课后素质托管和寒暑假的托管。学校根据实际开设STEAM、机器人、美术与书法、古筝、舞蹈(中国舞、芭蕾舞、儿童戏剧)、体育运动(篮球、足球、乒乓球)、益智与记忆、思维导图等素质拓展课程,学生根据自身需求自愿报名参加。学校采用引进第三方机构为主的方式开展素质拓展服务。

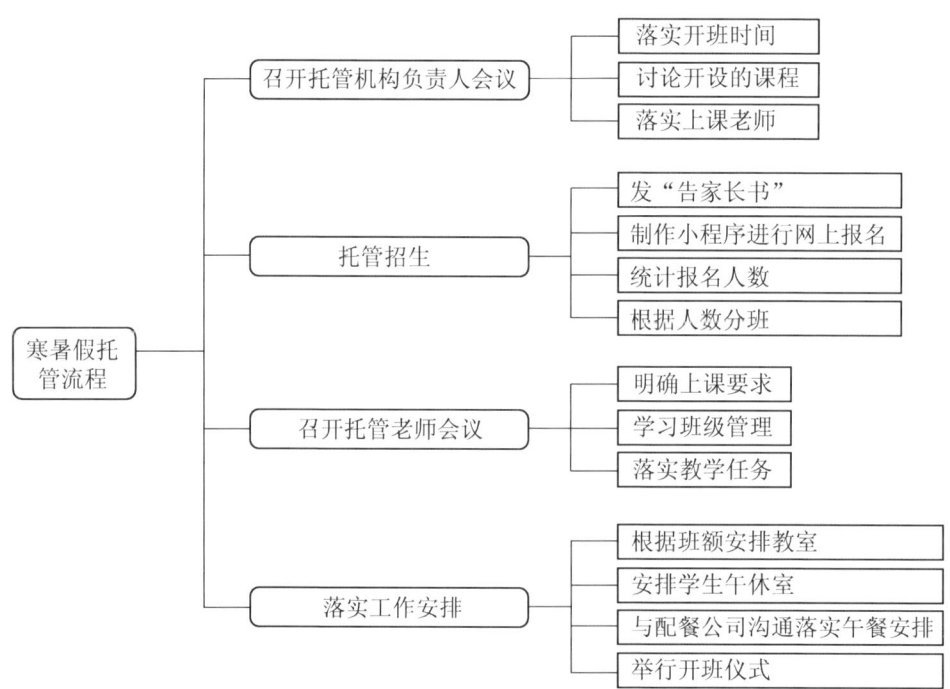

寒暑假托管的确解决了家长对孩子"无人照顾"的现实问题。为了做好寒暑假托管，学校做了大量的工作。

寒暑假托管服务为家长提供了便利，让孩子们足不出校就能学到各项才能。"润泽教育，泽被全体"，一直以来，西江新城第一小学致力于"为孩子们健康与幸福的人生奠基"的办学使命，寒暑假托管服务开展丰富多彩的德育、体育、美育、劳动教育和科学实践，满足学生个性化需求，扎扎实实为家长、学生服务！

（撰稿：严燕梅）

案例71

缤纷课程，不负所"托"
——新城一小寒暑假托管服务登上《中国教育报》

2022年2月12日，《中国教育报》头版登载了《广东多途径探索寒假托管服务——学生玩中学，暖心又放心》一文。我校立足学校特色和教师特长，开展丰富多彩的寒暑假托管服务，让学生在多元、自主、开放、快乐的活动中实现自我，培养兴趣，受到了学生和家长的高度认可。

"我很喜欢武术，在寒假托管班每天练武术操，学习了很多武术基本功。"佛山市高明区西江新城第一小学学生程皓然说。该校围绕快乐、品质两个关键词，根据自身特色，开设家国情怀和世界眼光两大类特色课程，其中包括书法、国学经典诵读、佛山功夫、咏春拳等。

我校寒假托管活动受同学们喜欢的个性化课程从学生的兴趣和爱好出发，给予学生和家长充分选择的空间。我校充分利用多媒体教室、信息教室、操场等场所，开设了美术、篮球、计算机编程、书法等有品质的课程。学生们身心愉悦地投入到活动中，在玩中增智，在学中养性。

如何让寒假托管服务既有质量，又有教育的温度？学校在保障师生生命安全与身体健康的基础上，努力为参与寒假托管的学生提供午餐午休，让孩子在寒假托管中不仅学得好，更能吃得好、睡得好。

豉油鸡翅根、红萝卜玉米蒸肉饼、菜花炒肉片……午餐时间，佛山市高明区西江新城一小孩子们的餐盘上每天都有两荤两素，还有水果。寒假托管班为孩子们准备了荤素搭配、营养均衡的午餐，让孩子们在托管班学得开心、吃得放心、玩得尽兴。

疫情防控不放松，寒假托管有保障。为了解决家长的后顾之忧，着力缓解学生假期看护难问题，推动"双减"工作落实落细，切实减轻学生的校外培训负担，减轻学生过重课业负担，根据高明区教育局文件精神和学校实际情况，新城一小从1月16日起，开展为期一周的寒假校内托管服务，为学生们开启丰富多彩的寒假生活。

为确保本次寒假托管工作顺利推进，学校领导高度重视，在前期工作铺排上，认真学习研究教育局相关文件精神，并分别召开了参与寒假托管教师及参与寒假托管的校外机构人员的专项工作布置会议，充分发挥学校主阵地作用，立足学校特色和教师特长，开展丰富多彩的寒假托管服务，让学生在多元、自主、开放、快乐的活动中实现自我，培养兴趣，受到了学生和家长的高度认可。

今后，新城一小将继续按照上级双减政策的相关要求，不遗余力地在"学生自愿、家长自愿"的基础上，坚定不移地做到"让学生满意、家长满意、社会满意"，让托管服务更有温度，让学生能在多彩的校园里快乐学习，全面发展，成为五育并举，人格健全的博雅君子！

（撰稿：严燕梅）

86. 打造多维立体空间：我们如何让小"沁园"用处大？

在新城一小，在润德楼和泽智楼之间有一方小领地：那里只有5个不锈钢花架，每个花架分三层，每层至少有5至6盆盆景，这里长期摆放着约50盆盆景，是教学区最别致的风景线。它除了是五年级三个中队的劳动小基地之外，它还有更大的作用。

对！这里就是"沁园"——也是新城一小的综合学习小基地。

别小看这小沁园，它的用处可大了！

在《中小学综合实践活动课程指南纲要》"课程内容与活动方式"的第三点"开放性"中，强调综合实践活动课程面向学生的整个生活世界，具体活动内容具有开放性。教师要基于学生经验和兴趣专长，打破学科界限，选择综合性活动内容，鼓励学生跨领域、跨学科学习，为学生自主活动留出余地。要引导学生把自己成长的环境作为学习场所，在与家庭、学校、社区的持续互动中不断拓展活动时空和活动内容，使自己的个性特长、实践能力、服务精神和社会责任感不断获得发展。

（1）语文的作文指导课——观察植物。这不，语文老师带着四年级的孩子来了。他们来干嘛？哦，原来老师在盆景花架前，指导孩子们如何观察不同植物的根、茎、叶和花朵；观察它们的颜色，是鲜绿、嫩绿，还是墨绿？观察每一棵盆景的形状像什么……孩子们边听，边观察，边记录，边发挥自己的想象力……可认真了。

（2）数学课，咱们来学数数。哎，二年级数学李老师也带着二年级的润泽宝贝来了。他们来干嘛？哦，原来李老师带他们通过数盆景学数数。李老师说："这种就是福建茶，大家数一数，这里有多少盆福建茶？""这种就是榆树。大家数一数，这里有多少盆榆树？""还有，大家观察一下，这种福建茶的盆子有几个角？种榆树的盆子又有几个角？"……孩子们边观察，边数数，觉得可好玩了。

（3）美术课来写生。周四下午，太阳公公躲进云里，比较凉快，许老师带着五年级的孩子们来干嘛？人人手里都拿着画夹子。哦，原来他们是来这里写生的。只见许老师先指导孩子们观察植物的颜色、形状、形态，然后指导孩子们如何构图……这不，五年级的孩子们拿起画夹，正专注地在写生呢。他们时而问问老师，时而跑过去仔细观察，时而安静思考……可认真了。

（4）综合实践课，我们合作学习。周五早上第三节，又是谁在这里上课啊？哦，原来是王老师带孩子们来上综合实践课了。王老师说："请同学们按照合作学习小组的分工，看清楚我们的"预学单"的问题。大家要认真观察，不同植物，它们的叶子是不一样的哦，有的是对生，有的是互生；还要观察叶子的形状，有的像扇形，有点像心形、披针形、针形、三角形，大家要区分开来，并做好纪录。等会我们分小组汇报哈！"综合实践课不但在室外实地上课，还用"合作学习"的组织形式，难怪同学们都那么喜欢啦……

哦，别忘了，它还是五年级的中队劳动实践基地哦！你说，这小小沁园，是不是用处大大！

新城一小非常善于打造多维的立体空间，并把这些空间的作用发挥到极致，让它们成为学生发展的最近区域，为师生成长服务。

（撰稿：冯结莲）

案例 72

身体和灵魂总有一个在路上
——祝贺西江新城第一小学教师在高明区首届研学旅行课程设计中获得佳绩

扫码阅读：

（撰稿：谢美仪。转自西江新城第一小学微信公众号，发布时间：2019-05-23，网址：https://mp.weixin.qq.com/s/pWyUNjLMjeps7hqfPfoIbQ。）

87. 这间小学的铃声好特别！

新城一小是一所以"润泽教育"为办学理念的学校，"泽被全体儿童"是我们的核心价值，这与孔子有教无类的教育思想一脉相承。

为此，学校开设了润泽国学课程，把"润泽新四书"纳入教学中。学校的润泽教育特色——润泽"四、五、六"特色。其中"四"指润泽四书：《弟子规》《三字经》《论语》《孟子》，旨在从小培养学生的仁、义、礼、智、信、孝。"五"指我们的五微（味）课堂，如甘露点润孩子们的智慧与心灵：一是朗诵与演讲（酸），二是润泽主题阅读（甜），三是润心练字课（苦）、四是古韵新唱（辣），五是舒展放松操（咸）。新城一小的润泽教育以"诗、礼、乐"为育人路径，以微课程为主线，从"铃声浸润""古韵新唱"微课堂进行语文与音乐的学科融合，以音韵之美浸润童心、唱响古韵以歌声减压。

一、铃声浸润

西江新城第一小学的上课铃声非常有特色：学生诵读经典名句＋铃声。学校首先将校园铃声更换成符合诗词韵律的吟诵音频，在进出校、上下课、早午读等场景反复播放。新城一小在三年分别制作了三个版本的铃声，铃声通过结合《弟子规》《三字经》《论语》以循序渐进的方式浸润孩子们的心灵，让孩子们在每天的耳濡目染中，不经意中习得中华传统文化精粹，进而做到内化于心，外化于行，成长为有根之中国人，博学之雅君子。

扫码聆听
原创铃声

入学以来，孩子们每天都浸润在"古韵新唱"和《弟子规》等铃声中，自然而然地习得中华传统文化的精粹。润泽教育的铃声不再是单调的一段旋律，而是作为学校润泽文化的一种载体。

二、"古韵新唱"微课堂

中国古代诗词是我们中华民族悠久灿烂文化中的瑰宝，千百年来放射着光彩夺目的光芒。为弘扬我国传统文化，让学生感受古代诗词中的独特韵味，我校开设了"古韵新唱"微课堂，让这稚气的童声，以绵长的古韵载着源远流长的中华文化唱响孩子们的童年。

随着"润泽下课铃声"的响起，"古韵新唱"微课堂的音乐响起。"古韵新唱"微课堂通过古诗词与现代旋律融合的方式进行。通过演唱古诗词歌曲能培养学生对音乐的审美能力，简单、清新、优美琅琅上口的旋律，能使学生深入感受古诗词的意境，增强学生的文化自信促进对传统文化的传承。在"古韵新唱"悠扬的音韵中，学生会情不自禁地跟着吟唱起来。老师们不拖堂了，通过欢唱古诗，学生直抒胸臆，身心舒畅，是一种释放！随着压力的释放，抒发了情感，唱完古诗也变得欢畅起来。

孩子们就在诗意校园的氛围中，潜移默化感受着诗歌声韵之美。每当上课铃声响起，孩子们往日的喧闹声就变成了优美的诗词吟唱声。配以进阶式的"古韵新唱"微课堂，每天在音韵美的浸润中孩子们渐渐喜欢上了古典诗词。在各种活动中，只要听到诗词吟唱，孩子们就会迅速形成此起彼伏的大合唱。这种自发的行为极具感染力，连老师和家长都为之动容。放学后，孩子们手牵手吟诵着诗词回家，耳濡目染中，慢慢地，家长们欣喜地发现孩子们经常"出口成诗"，为什么说润泽教育的音韵美是独一无二的，这便是在润物细无声中取得意想不到的效果。

西江新城第一小学国学经典古韵新唱安排表

年级	"新四书"背诵内容	古诗背诵内容
一年级第一学期	《弟子规》"总叙""入则孝""出则悌"	《金木水火土》《对韵歌》《咏鹅》
		《江南》《画》《悯农》《古朗月行》
		《风》《春晓》《敕勒歌》《游子吟》
		《元日》《登鹳雀楼》《咏柳》
		《静夜思》
一年级第二学期	《弟子规》"谨""信""泛爱众"	《池上》《小池》《长歌行》
	"亲仁""余力学文"	《回乡偶书》《凉州词》两首
		《出塞》《芙蓉楼送辛渐》《鹿柴》
		《送元二使安西》《九月九日忆山东兄弟》
		《望庐山瀑布》《赠汪伦》《早发白帝城》
		《黄鹤楼送孟浩然之广陵》《望天门山》
二年级上学期	《三字经》"人之初"—"名句读"	《夜宿山寺》《别董大》《绝句》（其三）
		《春夜喜雨》《绝句》（其一）《江畔独步寻花》
		《枫桥夜泊》《滁州西涧》《早春呈水部张十八员外》
		《渔歌子》《塞下曲》《望洞庭》《浪淘沙》（其一）
		《赋得古原草送别》《忆江南》《小儿垂钓》《悯农》
		《江雪》《寻隐者不遇》《山行》
二年级下学期	《三字经》"为学者"—"宜勉力"	《村居》《清明》《江南春》《蜂》《江上渔者》
		《泊船瓜洲》《书湖阴先生壁》《饮湖上初晴后雨》
		《六月二十七日望湖楼醉书》惠崇、《春江晚景》
		《题西林壁》《夏日绝句》《三衢道中》《示儿》
		《秋夜将晓出篱门迎凉有感》《四时田园杂兴》两首
		《晓出净慈寺送林子方》《观书有感》《题临安邸》
		《游园不值》《乡村四月》《墨梅》《石灰吟》
		《竹石》《所见》《己亥杂诗》

（撰稿：黄敏霞）

案例 73

佛山小强热线：这间小学的铃声好特别哦

背古诗在一些人心中
有可能是童年"阴影"
背不完的古诗，记不住的句子
常常念完上句
下句就歪楼了
一边在埋头背书，一边转头忘记
好好的一首古诗
硬是被背成了"段子"
不过在高明的一间新学校里
就连一年级学生
都不会闹出这种笑话

他们年纪轻轻就背完"三字经"，古诗词信手拈来。还将古诗写成了歌，学生每日必听，经常唱。就连课堂铃声都是国学经典。国学氛围浓厚到还以为自己穿越到古代。

高明西江新城第一小学，是一间新学校，去年9月份才正式开办，目前只有一年级的小豆丁，别看他们入学不够一年，却能对不少的古诗词朗朗上口。记者在现场随机考过他们，个个都对答如流，很厉害！

家长们对学校注重国学教育非常认同，通过学习国学，可以培养孩子的人生态度、品德修养。

"原来古诗三百首都不会，现在很多诗词朗朗上口。"有家长说。

通过国学的熏陶，让开办不到一年的学校充满生机和活力。而一间新学校，前四年的发展尤为重要，学校方面已经制定了长远的规划。西江新城第一小学校长冯结莲介绍，学校有四年的发展规划，第一年是基础规范年，开办样样都亟待完善，包括课程和文化制度都需要规范。第二年是课程建设年，第三年是特色建设年。

（图文转自"小强热线"微信公众号，发布时间：2018-05-02，网址：https://mp.weixin.qq.com/s/7DOLYuqwegUVV3OCXtUjew）

第五章　活动赋能，每位孩子都成长

> **导　语**
>
> 活动为舟，赋能扬帆，让每个孩子在活动中被看见，受关注，大胆探索，勇敢实践，自信成长。

88. 如何做好一年级的幼小衔接工作？

背上小书包，迈入小学的大门，对于六七岁的孩子来说，无疑是走进了一个全新的生活环境。古人云："千里之行，始于足下；合抱之木，生于毫末。"从幼儿园大班毕业进入小学，这是一个新的起点，是孩子走向成功的起始阶段。

在儿童的早期成长旅程中，从幼儿园过渡到小学是一个重要的转折点。为了确保这一教育过渡顺利进行，并促进孩子们的健康发展，教育部于 2021 年 3 月发布的《关于大力推进幼儿园与小学科学衔接的指导意见》强调"坚持以儿童为中心，教育过渡应聚焦于儿童发展的连贯性，尊重他们先前的经验和各自的成长差异。同时，关注儿童成长的全面性，确保他们在身心两方面均得到充分的准备和适应。此外，重视儿童发展的持久性。同时应坚持双向衔接，提高衔接意识，确保幼儿园与小学之间的紧密合作，科学地处理入学准备和适应阶段，以便儿童能够顺畅地从幼儿园过渡到小学。"

我校重视幼小衔接工作，切实做好幼小衔接工作，让一年级新生尽快愉悦地接受小学的学习和生活。《中共中央国务院关于深化教育教学改革全面提高义务教育质量的意见》中强调"严格按课程标准零起点教学，小学一年级设置过渡性活动课程，注重做好幼小衔接"。根据此年龄段的幼儿特点，为了让学生尽快从幼儿园向小学过渡，快速适应小学的生活和学习，我们尝试用游戏和小组合作的形式创新课程，设计适合此年龄段的衔接内容，将幼儿进入小学的身心准备、生活准备、社会准备和学习准备尽可能都融入到游戏，让幼儿在玩中、合作中自然而然过渡到小学的生活、学习中。我们的主要措施如下：

（1）培养自我管理，开展"习惯养成教育周"。进入小学后，儿童的生活条件和教育条件发生新的变化。在幼儿园，幼儿的一日生活多由老师提醒和引导；进入小学后，更多的是幼儿的自我管理，要控制冲动，不做小动作，坚持完成规定的任务。因此，从思想上让大班孩子知道自己马上要升入小学，需要不同于幼儿园的自我管理，加大力度培养大班幼儿的自我管理、自我控制、自我服务能力十分重要。开学第一周是一年级新生的养成教育周，根据幼儿特点开设课程，形成教育周课程教学体系。学校以"好习惯，好未来"养成教育周校本教材为抓手，通过小组合作游戏化学习方式，帮助学生规范化学习一年级衣食住行等行为习惯，培养学生的自我约束与管理能力，助力孩子的习惯养成。

（2）游戏化教学，顺利过渡"幼小衔接"。一年级新生对学校生活表现出不适应，具体表现为在接受和理解方面存在一定困难，有的孩子听不懂老师讲课的内容。学龄前儿童进行识字教育，能帮助孩子顺利渡过"幼小衔接"阶段，更快地适应小学生活。孩子的学习有一个循序渐进的过程，每个阶段该学什么，怎么学习都是有方式方法的。

初入小学的一年级新生，他们的认知水平处于"具体运算阶段"，思维离不开具体事物的支持。为了帮助儿童尽快适应小学学习生活，低年段的教学要寓于贴近小学生生活实际的事件和情景中，要让小学生在这样的情景和活动中主动地学习知识，培养情感，提高能力。为此，设计适合一年级新生刚入学的特色衔接课程非常重要。以下为新城一小一周课程安排简案。

习惯养成周一周课程安排

第一天：认识新环境，建立归属感——开学典礼。举行隆重的开学典礼，介绍学校历史、文化，增强学生对学校的认同感。

- 校园探险：在老师的带领下，分组进行校园探险，熟悉教室、操场、图书馆、洗手间等场所。
- 自我介绍会：每位学生上台做简短自我介绍，增进同学间的了解。

第二天：学习新规则，培养纪律性。

- 规则小课堂：通过故事、游戏等形式，讲解并实践校园规则和课堂纪律。
- 模拟课堂：模拟上课场景，让学生体验课堂秩序，学习举手发言、倾听他人说话等习惯。
- 时间管理小能手：教授学生如何规划时间，包括课间休息、午餐时间等。

第三天：增强社交能力，促进团队合作。

● 团队游戏：组织如"接力赛""寻宝游戏"等团队活动，增强团队协作能力。

● 分享日：设立"我的书籍分享日"，鼓励学生分享自己的物品，学会分享与感恩。

● 角色扮演：模拟不同社会角色，如扮演老师、医生、消防员等，增进对社会职业的理解与尊重。

第四天：激发学习兴趣，培养良好习惯

● 学科初探：各学科老师以趣味方式介绍课程内容，如数学通过游戏学数数，语文通过故事学拼音。

● 练习小能手：教授学生如何整理书包、规划作业时间，并设置首次家庭练习体验。

● 创意手工/绘画：通过创意手工或绘画活动激发学生的创造力和想象力，同时培养其耐心和专注力。

第五天：成果验收，总结表彰优秀。

● 班级"习惯养成周成果展示"。

● 总结表彰优秀班级与学生。

（3）家校合作，共创和谐教育环境。儿童的教育发生在家庭、学校和社会中，这些环境潜移默化地对儿童的教育产生影响。研究发现，父母双方的陪伴更有利于儿童的健康成长。作为家长，有责任让孩子在一个和谐积极的家庭中健康成长。基于此，家长的教育理念转变也是幼小衔接教育工作成功的关键之一。

（撰稿：严燕梅）

案例74

快乐启航·润泽成长
——西江新城第一小学开展幼小联动，助力衔接联合教研活动

幼小衔接，是童年生活的一种自然延伸和过渡，既是幼儿园教育的结束，又是小学教育的开始。幼小衔接不仅仅是知识的衔接，更是学习兴趣、学习习惯、社会适应能力的衔接以及生活经验的积累。幼小衔接是为了让幼儿了解即将面临的入学变化，初步体验小学的作息时间及课程模式，为孩子的成长快乐起航。幼小衔接是幼儿园和小学两个教育阶段的过渡，是孩子成长过程的一个重要转折点。

为加强各实验园、实验校之间的互动交流，有效助力项目课程建设，提升幼小衔接工作质量，2023年6月16日，西江新城第一小学联合高明区蓓蕾幼儿

园、西江新城第一幼儿园开展幼儿园学生、家长进校听课、听讲座活动。

携一缕夏日的芬芳，凝一份教育的真情，新城第一幼儿园、蓓蕾幼儿园大班孩子和家长带着迫切的心情如约来到西江新城第一小学的校门，共赴一场期待已久的衔接之约。

一、课程观摩体验

上午9点45分，孩子们在老师的引导下进入一年级的课室，开始了40分钟的课程观摩体验。

各科课堂上，孩子们与一年级的同学们一同参与课堂教学活动，孩子们都积极地投入到课堂当中，亲身体会小学与幼儿园课堂的区别。有趣生动的课堂内容、丰富的教学形式以及老师们亲切的语言让孩子们觉得学习是一件快乐而又富有挑战的事，进一步激发了孩子们对小学生活的期待，为将来顺利适应小学生活奠定良好的基础。

二、《做好幼小衔接，走好人生第一步》讲座分享

孩子们在认真观摩一年级课程的同时，家长们则在老师的指引下来到润华堂集中。一年级级长谢宝珍在润华堂进行了主题为"好习惯成就好未来"的经验分享讲话。她从重要性、未雨绸缪和准小学生习惯的养成等方面，进行幼小教育教学工作的有效沟通，也让大家认识到：幼儿转变成小学生，不仅仅是身份的转变，更重要的是学习能力、品质、兴趣、良好习惯的培养和衔接。

通过新城一小老师们的介绍和自己的亲身体验，新城第一幼儿园、蓓蕾幼儿园大班的孩子们在期盼、满足与希望中结束了小学发现之旅。本次活动在校、园双方的通力合作下开展，孩子们在活动中亲身体验了小学课堂，参观了校园的教学场所以及感受了校园的学校生活环境。家长们也深入了解了入学准备和注意事项。活动整体提升了幼儿对即将步入的小学生活的认识，为孩子们快乐、自信地迎接小学生活做好扎实准备，达到了幼小衔接的目的。

（撰稿：严燕梅）

89. 开学典礼，怎样为孩子新学期赋能？

开学典礼是新学期的开学仪式，由全体师生共同参加，极具教育意义，也是一项以育人为目标、能够触动心灵的德育活动。通过开学典礼为孩子新学期赋能，以营造浓厚的教育氛围，给予孩子们心理暗示，正面鼓励，或者信任的期待，让每个孩子都能找到成长的自信和前行的动力。

教育需要仪式感。我们努力让学校的每一个活动都能充满向上、向善的精神和爱的润泽，让孩子的每一个时刻都能享受学习的收获与成长的快乐。作为一学期的开始，开学典礼应该重点引导学生对新学期、新学习、新成长的思考，为孩子的新学期赋能。

一、用一个简单而隆重的开学典礼拉开新学期的序幕

在新城一小，每个学期都会举行隆重的开学典礼，带着仪式感和惊喜感的开学是孩子们的向往和期待，象征着新学期、新开始、新愿景，结合不同的节庆日，通过不同主题的开学典礼激励润泽宝贝们在新学期树立成长的目标和动力。如将新学期期望贴在飞龙身上的"齐乐龙龙"祝福墙，放飞承载着新学年愿景和奋斗目标的纸飞机，把写上新年愿景的梦想卡贴在梦想树上；戴上寓意着人人都可以争当冠军的学校金牌，摸摸由队员舞动的祥狮献瑞，寓意创造非凡、探索未来、追求卓越的冬奥"顶流"——冰墩墩和雪融融，激励新城一小学子以崭新的面貌面向新学期，面向未来，创造自己的无限可能；接过师长送上的祝福小红包，以传统"入泮礼"的形式开启新生学习生涯等特色活动。通过满满的仪式感泽被全体，让每位孩子都感受被看到、被重视，让每个孩子都有成长的自信和努力的方向。新城一小通过创新开学典礼的新形式，力求通过一种庄严、神圣而又不失活泼的仪式感，诠释润泽教育人的满怀深情，给师生隆重的仪式感，让润泽宝贝们深切感受到自己又站在新的起跑线上，既有追求新目标的激情和冲动，又有接受新考验的信心和决心。

二、用一场庄重严肃的升旗仪式让润泽宝贝懂敬畏，知责任

开学典礼上必不可少的就是升旗仪式。经历一个假期的休息调整，孩子们重新回归校园生活也需要经历一个适应期。在开学典礼的升旗仪式上，就会响起："润有根之中国人，泽博学之雅君子"学生宣誓词，代表着润泽教育的目标以及新时代教育工作者的使命。每次宣誓词响起，余音萦绕在操场，那一瞬间，感受到学生坚定的信念。

三、用校长致辞，指引新学期的方向

新学期开学，校长必致辞，《争当臻雅"品行三好"少年》《读好书，写好字，说好话，做"学养三好"臻雅学子》等，冯校长每学期的致辞（发言）都会给出清晰指引，让润泽宝贝们学有方向，激励大家不断向前！

好的开学仪式应该是借助活动的多彩和氛围的营造，促进润泽、融洽、真诚的教育关系，达到有启发性、教育性的教育效果。在激励全体师生锐意进取、积极向上的同时，明确新学期目标，同时营造浓厚愉悦的开学氛围，为孩子新学期赋能。

（撰稿：黄敏霞、冯结莲）

案例 75

努力拼搏，永不放弃，我就是冠军
——开学典礼校长致辞

各位领导、老师，亲爱的润泽宝贝们：

大家早上好！今天我讲话的题目是"努力拼搏，永不放弃，我就是冠军"。

相信在放寒假期间，大家都有关注祖国的两件大事——中国女足亚洲杯夺冠和冬季奥运会。而冬奥会是新冠肺炎疫情发生以来首次如期举办的全球综合性体育盛会，冬奥会的成功举办不仅标志着北京成为"双奥之城"，更展现着当今中国强大的综合国力和科技文化自信。习近平总书记说："成功举办北京冬奥会、冬残奥会，不仅可以增强我们实现中华民族伟大复兴的信心，而且有利于展示我们国家和民族致力于推动构建人类命运共同体，展现中国阳光、富强、开放的良好形象，增进各国人民对中国的了解和认识。"

今天是我们开学的第一天，也是冬奥会赛程的第十天，中国已经取得了4金3银2铜共9枚奖牌的成绩。或许，在赛场上让大家印象更深刻的是像谷爱凌首战告捷的张扬恣意，任子威实现奖牌零突破的一战成名以及高亭宇破纪录夺金的

意气风发。在电视上，我们经常会看到奥运健儿站在领奖台上喜极而泣的泪水，但很多人会忽略他们为了这块奖牌、这场比赛在背后默默付出的汗水。今天我就来跟大家讲一个平凡的运动员的故事，虽然他没有拿到奖牌，但他不懈拼搏、永不放弃的奥运精神值得我们所有人尊敬和学习。

他，就是年仅21岁的中国小将高宏博。在9日的北京冬奥会单板滑雪男子U型场地技巧资格赛中，高宏博第6个出场，成为率先亮相的中国选手。但出乎意料的是，他在赛场上仅仅完成了一次简单的滑行，在U型池上荡来荡去，就像一个刚刚学会单板滑雪的新手。低难度完赛的他只得到了15分，成绩垫底。

而站在等待成绩的位置，他却笑得像个孩子，排名垫底却仿佛比得了第一还开心……

这两天，在网络上有很多网友都在"致敬15分的幸福"。原来，笑容背后是身体的伤痛。高宏博赛前训练时不慎脚踝骨折，为了"不错过家门口的冬奥会"，他咬紧牙关，毅然上阵。有网友不由得感叹："你看到的平凡，很可能是别人用尽生命的全力一搏！"参加北京冬奥会一直是高宏博的梦想。高宏博勇于逐梦，永不言弃，"重要的在于参与"的精气神在五环赛场上光芒闪耀，值得点赞！

在奥运赛场上，运动健儿们淋漓尽致地诠释着"更快、更高、更强、更团结"的奥林匹克精神。奥林匹克运动的目标是实现人的全面发展，这不仅仅在赛场内，更在赛场外。奥运之父顾拜旦曾说："奥运最重要的不是胜利，而是参与。对于人生来说，重要的不是凯旋，而是战斗。"我们每一个人都可以通过努力，成为自己的冠军！这个冠军可以是实现自己设定的阶段小目标，可以是跨越自己眼前的困难，可以是超越过去的自己，成为自己人生中某条赛道的冠军。正如短道速滑运动员武大靖在2018年平昌冬奥会夺冠后所说"我真正的对手是我自己"。只要不懈努力，超越自我，我们每个人都可以是自己的冠军！

愿奥运"更快、更高、更强、更团结"的精神镌刻在每一个新城一小人的心中，成为我们的座右铭，时刻鞭策和激励我们：踔厉奋发，笃行不怠，努力拼搏，永不放弃，成为更好的自己，成为自己心中的冠军！

祝我们所有的嘉宾、老师们新学期身体健康、工作顺利！祝我们的润泽宝贝们在新的学期身体棒棒，龙精虎猛，学业进步，龙腾虎跃！

（撰稿：冯结莲）

扫码阅读：【润泽教育·春风化雨】与祖国同心 一起向未来——记西江新城第一小学2021—2022学年春季开学典礼。

90. 入泮仪式,如何让每位润泽宝贝被老师看见?

孔子曰:"不学礼,无以立。"西江新城第一小学的入泮仪式,是中国传统文化里学童入学时举行的一种严肃隆重的仪式,也是体现学校"布德仁教,春风化雨"教育理念的一种仪式。

因此,西江新城第一小学通过以下方式让每位润泽宝贝被看见:

(1) 个性化的欢迎。在古代,"泮"就是指学校,也称"泮宫"。凡是新入学的生员,都需要进行"入泮"仪式。每年西江新城第一小学都会专门为一年级新生举行隆重的"入泮"仪式,以个性化的欢迎方式,激励一年级学生珍惜读书机会、勤奋好学,同时弘扬中国优秀传统文化。

(2) 丰富的入泮活动。在西江新城第一小学的入泮仪式中,孩子们可以参加"跨壁桥""过启智门""端正衣冠""诵读经典""三拜师长""朱砂启智""击鼓明志""入泮宣誓"等活动,也是学校倡导的每一位孩子都成长,所有孩子都能参与到其中,让学生感受到求学之路的"路漫漫其修远兮,吾将上下而求索"。

(3) 庄重的汉服服饰。在入泮仪式中,一年级润泽宝贝们身着一袭汉服进行"换装"新体验。古人认为衣冠不仅仅是用来遮体,更要反映一个人的精神面貌。穿上汉服,步履千年时空记忆,沉浸式"穿越"入泮仪式,给孩子一种满满的仪式感。

(4) 家长的积极参与。西江新城第一小学通过邀请一年级新生家长参与入泮仪式,让家长陪伴孩子见证这一重要的入学时刻,祝贺自己的孩子即将成为一名真正的学童。有了学校老师和家长们的共同参与,入泮仪式成为令润泽宝贝们难忘的开学第一课。

一年级新生踏入学堂,对于学校、家庭、父母、孩子都是人生大事。在这至关重要的时刻,仪式感是珍贵和必要的。经历了入泮仪式之后,润泽宝贝们意识到自己如今正式成为了一名小学生,要踏上漫漫求学之路,此后需书山有路勤为径,学海无涯苦作舟,成为一名五育并举、人格健全、具有家国情怀、世界眼光的博雅君子。

(撰稿:何旭雁)

案例 76

击鼓明志，立志高远
—— 记新城一小 2020 级一年级新生入泮仪式

西江新城第一小学是一所注重传统文化浸润和熏陶的学校。"布德仁教，春风化雨"是学校追求的教育境界。在活动中教化，于无声处育人，通过举行系列传统文化育人仪式，让孩子们在儿童期播下文化种子，为学生的终身发展奠定基础。学校开办三年来，每年都会为一年级新生举行隆重的"入泮仪式"，举行入泮礼，意在让孩子们通过礼乐之教体会到：此刻起，你不再是不懂事的孩子，你开始接受圣贤的春风化雨，做一个有道德的人。这种体验，是人生阶段刻骨铭心的记忆。

2020 年 8 月 30 日上午，西江新城第一小学 2020 级新生入泮礼仪式，接近五百名一年级新生穿着汉服入校开启人生中的国学第一课。这是学校以传统的"入泮礼"的形式开启新生学习生涯的特色活动。仪式由"端正衣冠、敬拜孔子、朱砂启智、击鼓明志、入泮宣誓"五个环节组成。

击鼓明志

伴随着初升的朝阳，新生家长们紧紧地牵着孩子的小手进入活动会场。一进入会场，孩子们有序地击鼓，寓意击鼓明志，还表示共同抗疫，铭记白衣天使。这雄壮的鼓声表明孩子们的心声。

启智门：润泽启航

击鼓明志后，在冯结莲校长及诸位老师亲切的笑容中，我们的新同学朝气蓬勃地跨入了小学阶段，开启了人生的一段新旅程！

伴随着国歌声，西江新城第一小学 2020—2021 学年度第一学期开学典礼暨一年级新生入泮仪式正式开始了！参加入泮仪式的嘉宾有高明区教育局副局长陈仕光先生、西江新城纪工委书记李燕冰女士以及新城一小的领导班子成员，全体家长共同见证了孩子成长历程中这一重要时刻。

冯校长致辞

西江新城第一小学以"润德泽智，明志致善"为校训，确立"以心润心，致善行远"为核心价值观，追求润泽教育为办学理念，以"培养五育并举、人格健全、具有家国情怀和世界眼光的博雅君子"的育人目标为指导。在致辞中冯校长提到，润泽宝贝该如何实现自己的理想？需要做到以下四点：一是善于问为什么；二是善于思考；三是学会创造；四是每天进步一点点。冯校长在致辞中饱含着对新生的美好期望与真切祝愿。

在校长致辞时，我们的张老师和梓珊同学在一旁挥毫书写我校的办学理念"润泽"二字，寄望我们的学生在"润泽"教育下，健康幸福地成长。

入泮仪式第一项：端正衣冠

"礼仪之始，在于正容体。童蒙之学，始于衣冠。先正衣冠，后明事理。"衣冠反映的是孩子们个人涵养的外在表现，是让孩子们传承先祖优秀品德的最好载体，更是孩子们修身懂礼，知书明理的关键一步。

入泮仪式第二项：拜师礼

华夏文明延绵五千年，得益于历代圣贤的教诲。孔老夫子被尊誉为："万世师表""世界十大文化名人"之首。学子们向至圣先师行拜礼。正衣冠后，所有一年级新生"参拜孔子"，重现了勤奋好学、谆谆教诲、满满敬意的拜师场景。

拜师礼毕，进入诵读《论语》环节。《论语》是儒家学派的经典著作之一，汉语文章的典范性也发源于此。《论语》一书比较忠实地记述了孔子及其弟子的言行，也比较集中地反映了孔子的思想。

入泮仪式第三项：朱砂启智

领导们和班主任老师为每一名新生"点砂开智"。启蒙老师手执蘸着朱砂的笔，点在每位孩子的额头中央，象征着老师对孩子的美好祝愿，祝愿孩子们从此心明眼亮，爱读书，好读书。

入泮仪式第四项：三击鼓，明志向

首先请出两位学生代表说出自己的理想，长大以后想做什么。然后学生代表击鼓明志，鼓声越响，寓意志向越大！

冯校长手持鼓槌，为新生击鼓明志，三声雄壮的鼓声表示新生们从今启蒙，从此耳聪目明，茅塞顿开！

入泮仪式第五项：入泮宣誓

入泮宣誓分为两部分，首先是新生宣誓。在学生代表带领下，新生们高举右手，清脆的声音飘扬在场馆上空，稚嫩的脸庞写满对未来的期盼。第二部分是家长宣誓。在家长代表的带领下，新生家长语调铿锵、声音响亮地完成了宣誓。

入泮仪式第六项：感恩谢礼

父爱和母爱从我们出生那一刻起，就一直伴随着我们。不管父母身在何方，爱从未缺席。在润泽宝贝们入学初始，家长们为孩子精心准备了一份开学礼物，并且对孩子说上几句叮嘱寄语。父母恩，应相报，孩子们致以父母深深一鞠躬，以表谢意！

潜移默化的入泮礼是学校将传统文化教育渗透拓展的有力抓手，让孩子们深刻感受到中国优秀传统文化的博大精深，并通过仪式感熏陶他们幼小的心灵，在孩子心里播下一颗潜心向学的种子。此次活动学校邀请家长全程陪同参与，家校携手，一起普及传统礼仪文化，一起感受国学的博大精深，一起汲取传统文化的养分，为每一位学生的成功奠基，让每一位孩子在西江新城第一小学这片沃土上生命得以自由舒展！

（撰稿：区嘉碧。转自西江新城第一小学微信公众号，发布时间：2020－09－01，网址：https：//mp.weixin.qq.com/s/VD3FEr8G_WcvI4wnamHUrw）

91. 百日礼之"护蛋行动"，我们想教给孩子们怎样的价值观？

西江新城第一小学致力于为孩子健康与幸福的人生奠基，倡导"泽被全体"。中国自古有诞育之礼，而百天则是一个重要的节点。"百"意味着延绵恒久，也承载着人们对未来的寄托和祝福。为了庆祝一百天以来一年级润泽宝贝们在学校取得的进步，让孩子们懂得感恩，西江新城第一小学举行了一年级百日礼系列活动。

"夫天者，人之始也；父母者，人之本。"学校开展百日礼之"爱心护蛋"活动，目的在于培养学生的爱心、责任心，让学生感受去保护一个代表生命的蛋，借此机会感受时刻挂念的滋味，体会母亲十月怀胎的不易，感谢父母的养育之恩。庆祝这一百天以来，孩子们养成了良好的学习习惯，成为更好的自己。

因此，我们想教孩子们学会：

（1）感恩父母。生命之初就像一颗蛋宝宝，珍贵而脆弱。"护蛋"行动让润泽宝贝们体验到照顾蛋宝宝并不是一件容易的事情，孩子们感受到了脆弱的生命需要精心呵护和照顾，也体会到父母对自己的养育与付出并不容易，应该要懂得感恩父母。

（2）尊重生命。在护蛋行动中，润泽宝贝们为蛋宝宝装饰上美丽的图案，准备温馨的小家，以防蛋宝宝破损。每天与蛋宝宝形影不离，感受着生命的重量。

（3）爱护同伴。为了能时刻保护好蛋宝宝，孩子们像照顾自己的好朋友一样小心地呵护着"蛋宝宝"，游戏、盥洗、进餐、早操、午睡都不忘把它带在身边，一刻也不离开，尽心尽力地完成"护蛋"任务。和蛋宝宝在一起的点滴时间，都让人难忘。

（4）责任感，成为健全的人。"护蛋行动"有欢笑也有泪水。对润泽宝贝们而言，这不仅是一枚鸡蛋，而是自己的宝贝。"护蛋行动"不仅锻炼了孩子的责任感和担当意识，也是一次心灵的洗礼和成长的体验。

（5）孝顺。护蛋行动中，孩子们通过保护"蛋宝宝"，懂得父母照顾自己的艰辛，懂得感谢父母的养育之恩，也体会了成长的不易。"护蛋行动"引导润泽宝贝成为一名知恩懂孝的好学生。

一颗小小的鸡蛋，是生命的象征。百日礼之"护蛋行动"，给孩子们留下了深刻而又美好的回忆，在护蛋的过程中，孩子们感受到了时刻照顾蛋宝宝的辛苦，明白了责任与担当的意义，从而培养孩子懂得感恩、尊重、友善、孝顺。

（撰稿：冯结莲、何旭雁）

案例77

润泽百日·爱的守护·感恩成长
——西江新城第一小学一年级学生"百日礼"系列活动

心怀感恩，践于行动。"润泽教育"致力于为润泽宝贝健康幸福的人生奠基。转眼间，润泽宝贝们入学已经一百天。圆圆满满为百。新的一年级，是刚刚升起的冉冉新星，是人生启航的新起点。

第一环节　家长开放课堂

为进一步落实"双减"政策，加强家校沟通，12月17日上午，一年级各班的教学常规课堂全方位向家长开放，开放的课堂涵盖了语文、数学、英语、音乐、美术等学科。新城一小的老师们尽展各自风采，润泽宝贝们积极回答问题，置身课堂的家长们看在眼里，喜在心头。

第二环节　"双减进行时，悦学越好玩"闯关活动

润泽宝贝们在家长和老师们的见证下，通过闯关的形式展现百日习得的成果。闯关成功的孩子可兑换自己心爱的奖品，分别是胡萝卜、蒜头、白菜、西红柿。胡萝卜寓意"大展宏图"，蒜头寓意"神机妙算"，白菜寓意"清清白白"，西红柿寓意"事事如意"。收获满满的润泽宝贝们，将永远铭记这有意义的一天。

第三环节　家长入校陪餐

孩子在学校的膳食一直是家长们最关心的问题。润泽宝贝们注重礼貌礼仪，亲手将香喷喷的午餐递给自己的家长。进餐时孩子和家长都洋溢着幸福灿烂的笑容，纷纷竖起大拇指为新城一小美味可口的午餐点赞。

第四环节　百日礼仪式

伴随着甜美的歌声，润泽宝贝们走进"我们百日啦"的彩色气球拱门，准备迎接润泽宝贝们最重要的百日礼仪式。

出席本次百日礼的领导冯结莲校长、邓志冲书记、梁锦开副校长一同见证了润泽宝贝们的成长变化与进步。

冯结莲校长致辞

冯结莲校长为本次一年级学生的"百日礼"仪式开场致辞。冯校长寄语：做团结友爱、勇敢善良的润泽宝贝！

冯结莲校长先请了几位小朋友上台分享他们在新城一小里勇敢善良和读好书的小故事。冯结莲校长讲到，希望我们的润泽宝贝们都能做到品行"三好"：礼貌礼仪好、行为习惯好和品德修养好；做到读好书、写好字、说好话、做好人。祝所有一年级的润泽宝贝们身体健康！学业棒棒！

齐诵《西江新城第一小学赋》

《西江新城第一小学赋》由冯结莲校长撰写，熔铸了西江新城第一小学的办学理念和对新城一小学子的殷切期望。冯结莲校长带领全体一年级润泽宝贝们在优美悦耳的音乐中合作朗诵《西江新城第一小学赋》。

自理能力比赛

良好的生活习惯会伴随宝贝的一生。一年级各班的两名学生代表开始按照比赛规则，用自己最熟练的方法迅速整理午休用品并穿好校服。每一项比赛项目的完成，都是孩子的高光时刻。十位优秀的"自理能力小能手"夺得了本次自理能力比赛的最高荣耀。

古韵新唱

西江新城第一小学开设了"古韵新唱"微课堂。全体一年级学生一边用稚嫩好听的童声吟唱古诗，一边面带微笑做出可爱的手势动作。

爱心护蛋活动

为期一周的"爱心护蛋"活动结束了，让我们先来会回顾一下本次"爱心护蛋"活动吧！

第一步，巧饰蛋宝宝。活动开始前，润泽宝贝们挑选一只生鸡蛋作为自己的"蛋宝宝"进行抚养，"蛋爸爸""蛋妈妈"为蛋宝宝创造各式各样温馨的家。

第二步，我和蛋宝宝共生活。润泽宝贝们和"蛋宝宝"形影不离，小心地呵护着"蛋宝宝"。

第三步，记录心得。在长达一周的护蛋过程中，润泽宝贝们记录下与"蛋宝宝"相伴的心路历程和成长痕迹。

为了表彰那些护蛋成功的优秀"爸爸""妈妈"，一年级举行"爱心护蛋行动表彰大会"以示祝贺。

千里之行，始于足下。"百日礼"是润泽宝贝成长过程中的一个里程碑，见证着他们丰富多彩的点滴瞬间，更是象征着润泽宝贝远洋航行的一个新起点。祝愿新城一小的润泽宝贝们能在接下来的无数个百日，朝着"博学之雅君子"的目标奋勇前行，茁壮成长！

（撰稿：何旭雁。转自西江新城第一小学微信公众号，发布时间：2021－12－19，网址：https：//mp.weixin.qq.com/s/BhCF3cksxSPD3tpJk1VjFg）

92. 心理健康教育，学校重视并为润泽宝贝做了些什么？

不少校长吐槽，疫情结束学生返校复课后，平时的课堂学生请假的、不知道什么原因不回来学校上课的、考试前请假的，甚至一个月、一个学期不回来上课需要请假的学生越来越多……毋庸置疑，疫情过后，学生的心理健康问题愈发严峻。

新城一小自 2018 年 9 月创校以来，承蒙区委区政府和区教育局高度重视，创校第一年就给学校配备了专职的心理教师，随着学生的增加还不断完善。因此在开办第一年，学校就非常重视和关注学生的心理健康问题，并为润泽宝贝的心理健康成长付出了多方面的努力，成效较为显著。具体做法包括举办家长讲座、开展心理健康教育班会、制作主题手抄报等。

一、定期举办家长心理健康讲座

家庭与心理健康。认为家庭是孩子成长的第一课堂，通过家长会和家长心理讲座传授心理健康知识，帮助家长正确理解并参与孩子的心理健康教育。

家校合作。鼓励家长积极参与学校的活动，了解学校的教育理念和方法，与学校共同营造健康、和谐的成长环境。

二、开展心理健康教育班会

情绪管理教育。开展以"认识情绪，做情绪的小主人"为主题的心理健康教育，帮助学生提高自我认知与情绪管理能力。孩子们可以学习如何识别和表达情感，如何与他人建立积极的关系，以及如何应对压力和挑战。

营造积极氛围。班会在轻松愉快的氛围中进行，让学生们在快乐中学习心理健康知识。

三、制作主题手抄报

结合活动主题及内容，通过图文结合的方式生动形象地展示心理健康知识，使学生更好地理解和接受这些知识。手抄报涵盖情绪管理、压力应对、人际交往等多种心理健康主题，促进学生心理健康全面发展。进行心理健康教育月主题手抄报展示等。

四、建立心理疏导机制

一是心理健康水平评估。通过"小学生心理健康水平调查量表"对孩子的心理健康水平进行评估。二是个别心理疏导。对于有心理困惑的学生进行个别心理疏导，确保每个学生的心理健康得到关注和照顾。

五、进行心理健康筛查

学校对全校学生进行心理健康筛查，发现二级预警、三级预警的学生就立刻建档，进行单对单的个案辅导，密切联系家长，持续关注孩子的进步。

六、加强心理健康教育力度

（1）每年5月举办"润泽心育节"，营造健康成长环境。通过"润泽心育节"举办多样的活动，致力于为学生营造一个更加舒适、健康的成长环境，让校园变得更加美好、和谐。

（2）心理疾病预防教育。早期教育可以帮助孩子们识别潜在的心理健康问题，如焦虑、抑郁和其他情绪障碍，从而减少这些问题对他们生活的影响。

（3）增强韧性。通过"考试成绩下降了，我该怎么办？""如何面对失败"等心理健康教育，孩子们可以学习如何面对困难和挫折，培养解决问题的能力和韧性。这对于他们未来的个人发展和适应不断变化的世界至关重要。

（4）邀请国家一级心理咨询师，有主题、有针对性进行班级、年级的团辅等，帮助家庭和学校创造一个支持性的环境，促进孩子的整体福祉。

新城一小通过一系列丰富多彩的活动和措施，全面提升了学生的心理健康水平。这些努力不仅有助于学生个人的心理健康成长，为健康而幸福的人生奠基，也为构建和谐校园、培养全面发展的人才奠定了坚实的基础。

（撰稿：冯结莲）

案例78

阳光心理，快乐成长
——西江新城第一小学心理健康教育活动月总结

扫码阅读：

（撰稿：刘颖。转自西江新城第一小学微信公众号，发布时间：2022-6-19，网址：https://mp.weixin.qq.com/s/Xb8r6viixbCJBR5kE592dg）

93. 道歉与成长:"道歉日"如何通过谦逊与勇气塑造更好的自我?

新城一小每学年的"道歉日"是"润泽教育"之"培养五育并举、人格健全、具有家国情怀和世界眼光的博雅君子"的重要德育课程。"道歉日"的对象是面向所有人,包括教师、学生、后勤员工甚至家长。

学会道歉对人的成长非常重要。金惟纯先生说,人生有一个捷径,这个捷径就是认错。你要能首先学会承认自己不行,承认自己的错误。因为一个人如果从小就知道自己的不足,并且愿意真心向别人认错,那么他将因为得到别人的原谅而知道得更多,懂得更多;同时一个人肯低头向别人认错,说明他的内心是强大而且宽广的。从小学阶段就学会道歉,对孩子的成长有以下几个好处:

(1)责任感的培养。道歉意味着承认自己的错误和不当行为,这是承担责任的体现。通过道歉让孩子懂得,一个人要对自己的行为负责任。所以我们要从小就讲文明、懂礼貌,要谨言慎行。

(2)人际关系的维护。道歉有助于修复因误解、冲突或错误行为而受损的人际关系。它显示了对他人感受的尊重和理解,有助于建立和维护健康的社交网络。

新城一小的"道歉日"是面向所有人的,通常安排在每个学年放假前两周的星期五。原因有两个:学生与学生之间、学生与教工之间、学生与家长之间、教师与教师之间、甚至教师与家长之间有什么误会、隔阂,通过"道歉"都会在那天冰消雪融;于是所有人的关系都和谐了,就可以开开心心进行期末闯关或者检测;所有人都可以安心、放心、开心过暑假。这是多么幸福的事情啊!

(3)信任的建立。在工作和个人关系中,能够承认错误并道歉的人更容易获得他人的信任。信任是任何关系中的基石,对于个人的职业发展和社交活动都至关重要。

(4)情绪智力的提升。道歉需要同理心和自我反省的能力,这些都是情绪智力的重要组成部分。学会道歉的人通常能更好地理解和管理自己的情绪,以及识别和影响他人的情绪。

(5)解决冲突能力的增强。道歉是解决冲突的一种方式。它可以帮助减少紧张,开启对话,寻找问题的解决办法。这种能力对于个人和职业生活中的成功都是必要的。

(6)社会适应性的提高。社会规范通常鼓励公正和宽恕。学会道歉的人更能理解这些规范，并更好地适应和融入社会。

（7）个人品德的塑造。道歉体现了诚实、谦逊和勇气等品质。这些品质对于个人的全面发展和社会的整体健康都是有益的。

（8）避免重复错误。通过道歉，个体可能会更加深入地反思自己的行为，从而在未来避免重复同样的错误，促进个人的成长和进步。

学会道歉不仅是社交礼仪的一部分，也是个人成长和发展的关键因素。它有助于培养责任感、改善人际关系、提升情绪智力、解决冲突，并且是个人品德发展的重要组成。哈佛大学一项名为"The Grant & Glueck Study"的研究对来自各行各业的 724 名参与者进行了为期 75 年的研究，解开了长久幸福与满足感的秘诀，答案就是："良好的人际关系能够让我们更加快乐、更加健康。"因此，学会道歉，让孩子从小就学会通过谦逊与勇气塑造更好的自我，为其健康与幸福的人生奠基！

（撰稿：冯结莲）

案例 79

今天，我跟你说一声"对不起"
——记 2021 西江新城第一小学首个"道歉日"活动

你心中有感到抱歉的对象吗？你曾因为某件事耿耿于怀，不能忘却吗？你有曾因为犯下过错而不敢承认的时候吗？为让学生通过反省以往过失，拾起表达歉意的勇气，2021 年 6 月 23 日，西江新城第一小学第一届"道歉日"正式拉开帷幕。在这一天，学生可以对自己心怀愧疚的那个人以自己独特的方式表达真诚的歉意，可以是向家长致歉、向老师致歉、向小草致歉、向动物致歉、向朋友致歉、向自己致歉等。

新城一小的同学们在老师的指导下，用积极正面的态度，通过多种活动直面过错，表达歉意。

活动一：道歉经典故事

6 月 21 日，新城一小利用小公民修身课的时间向同学们普及"道歉日"的相关知识。各班班主任通过讲述"华沙之跪"的经典故事，循循善诱，让他们明白一个人应该为自己所犯的错向对方道歉。让他们自小就懂得：每一个人，都应该为自己的言行负责任。

活动二：自制道歉卡

同学们在老师的指导下，自行设计、制作饱含真诚歉意的道歉卡，将平时不好意思对某人说的话写出来。

活动三：歉意留声

在星期一的"朗诵与演讲"时间，同学们纷纷上台把对道歉对象的歉意大声说出来。孩子们用稚嫩清脆的声音传达了对花草、同学、朋友及家人等的真挚歉意。台下的老师同学们都为他们的勇气鼓掌。

活动四：照片传歉意

有时候，有些话无法轻易说出口，则可以用文字或图片传达。把歉意在纸上表达出来，面带微笑地手持道歉卡拍一张照，不失为一种传达歉意的好方式。

润泽教育，泽被全体。新城一小对道歉文化的重视，乃是其重视师生道德品质和人格发展的重要体现。通过"道歉日"的系列活动，新城一小学子切身体会"直面过错，坦诚以待"的力量。它能让自身懂得设身处地地思考问题，改进不足，更能促进人与人之间、人与物之间

的和谐相处。"有错会认,知错能改"是一个人美好道德品质的体现,也是一个人成长中必不可少的体验。"人谁无过?过而能改,善莫大焉。"让我们从今日起,直面错误,敢于道歉并改正,成为一个人格健全的润泽宝贝!

(撰稿:吴翠雯。转自西江新城第一小学微信公众号,发布时间:2021-6-23,网址:https://mp.weixin.qq.com/s/n4255yQW3r5IFIOl6qKg-g)

94. 如何给孩子留下一个难忘的毕业典礼?

小学生的毕业典礼,除了具有一般仪式性的意义,代表着学生完成某个阶段的学习,还代表着学校通过毕业典礼为学生的进一步发展注入源源不断的新动能。

一、仪式感见证成长关键节点

对于小学生来说,他们正处于人生发展的关键阶段,他们充满了理想主义和对美好生活的向往,他们具有旺盛成长的生命力。相较于大学或其他学段的学生,小学生需要从毕业典礼中感受到教育的美好和温暖,感受到教育促进心智成熟的力量,感受到教育为他们开启未来之门的希望。与此同时,小学生还需要在毕业典礼中感受到学校和教师对他们无微不至的关怀,父母对他们成长的肯定和喜悦。因此,小学生所希望的毕业典礼不是充满官样文字的严肃场面,而是一个有轻松、喜悦、感动氛围的成长仪式。

二、毕业典礼为孩子成长赋能

作为小学教师,我们应站在促进学生发展的高度来思考给他们提供一个什么样的毕业典礼。毕业典礼不应是学校单方面展示办学成就,也不应是让社会和家长检阅学校的办学成绩。我们应该为学生提供这样的毕业典礼:一是让学生意识到自身的成长与责任。毕业意味着学子们完成了某个阶段的学业,取得了学业的成功,在身心和认知水平上进阶到更高学段学习的标准。二是让学生感恩过去。我们每个人的成长和发展都离不开父母、社会和学校无微不至的关心和帮助,尤其是对于中小学生来说,教师为他们的成长发展倾注了大量心血,需要通过毕业典礼让学生学会感恩。三是让学生积蓄进一步发展的力量。如果说人生就是一趟长途旅行,那么毕业典礼就是路途中的加油站。学校通过毕业典礼让学子们加满油,向未来,再出发。

三、毕业典礼为孩子未来助力

毕业典礼不能仅仅作为一个象征性、仪式性的活动，而是要充分发挥其育人功能，为学子们的再起航注入新动能。一是要充分挖掘和丰富毕业典礼的育人要素，要借此机会让学生意识到自身的成长，感恩学校和教师的关爱，以勇敢的心态面向未来。二是创新性地开展丰富多彩和富有教育意义的活动。比如，在毕业典礼上让学生讲述在学校所取得的成绩和对未来的畅想，让更高学段的教师和学生讲述未来学习生活的美好体验和更高要求。

在新城一小的小学毕业典礼上，校长会亲自给每位毕业生颁发毕业证，与家长们一起，见证和珍惜润泽宝贝的每一个成长时刻。

（撰稿：严志荣）

案例 80

童心向党 情系母校
——记 2021 年西江新城第一小学首届毕业生毕业典礼

2021 年 7 月 9 日下午，"童心向党·情系母校"——西江新城第一小学 2021 届六年级毕业典礼在润华堂隆重举行。这既是一场充满仪式感的送别，也是六年级学生共同体验的小学阶段最后一堂课。在中国共产党成立 100 周年之际，让孩子们深刻体会个人与祖国、与民族的关联，让"润德泽智，明志致善"的学校文化理念带给孩子们持续积极深远的影响，展望更加辉煌的未来。

在欢快优美的音乐伴奏下，在老师充满爱的目光和掌声中，所有六年级毕业生与家长整齐列队，一同踏上代表着美好幸运的红毯，穿过寄托深情祝福的远航门，神采飞扬地步入毕业典礼的会场。

伴随着全场倒计时的欢呼声中拉开本次毕业典礼的序幕。孩子们用自编操、粤剧、唱歌、舞蹈、朗诵等形式展现了在西江新城第一小学两年学习生活带来的思考与感悟。在老师们的谆谆教导下，在父母的期待目光下，感谢师恩，表达对母校、老师和同学的不舍与眷恋，对美好未来的无限憧憬。

出席本次毕业典礼的领导和嘉宾有高明区教育局叶有雄副局长、区教育局办公室陈观明主任、西江新城第一小学冯结莲校长、严志荣副校长以及严燕梅副主任、吴允霞副主任、六年级全体教师、曾经任教过六年级毕业生的所有教师以及毕业班的同学们和家长们，共同见证了人生当中一段美好而难忘的时刻。

第一篇章：最美遇见

屏幕上缓缓出现的一张张照片带着我们回顾了新城一小毕业学子的点滴成长，一张张阳光灿烂的笑容，一群群团结向善的集体，在丰富多样的活动比赛中收获快乐，在多彩的校园里留下了自信、友善、向上的成长足迹。

润泽教育如同春风化雨般滋润着新城一小学子的心灵。毕业生代表上台发表毕业感言，浓浓的感恩之情流露在字里行间，句句真挚的感谢和美好的祝愿在师生和家长的心中荡漾。

在积极向上的音乐旋律中，六（1）班全体学生带来的自编操《请听我说》，倡导勤俭节约不浪费，歌颂中华传统美德。钢琴独奏《水边的阿狄丽娜》令大家沉浸在温柔缓和的旋律氛围中。舞蹈《再回眸》用灵动自然的表演，以舞回眸，乐韵飞扬。

第二篇章：润泽成长

西江新城第一小学打造润泽"六能工程"，为每一位学生健康与幸福的人生奠基。校运会上、劳动实践中、研学里，孩子们成长的一幕幕又重新回到了大家的脑海中……

毕业生代表回顾在新城一小的两年学习时光中，感谢老师们用关爱陪伴自己跨过每一次成长的坎坷，两年的成长与蜕变，自己正以自信阳光的风貌不惧未来，努力前行！

在粤剧《穆桂英挂帅》中，演绎粤剧经典，传承红色文化。在动感的音乐中，孩子们自编操花样跳绳，飞舞着动人的体育之歌。

第三篇章：隽永感恩

感恩是孩子最好的教育。毕业生家长代表深情地叙述对新城一小、对老师的感激与信任，对孩子的无限期许，并将绣有"润德泽智，景行维贤"和"桃李满天下，雨露润春华"的锦旗赠予新城一小，表达对学校领导、老师的衷心感谢和美好祝愿。

感恩父母，孩子们向父母行队礼，给父母一个拥抱。父母为孩子送上成长的寄语和礼物。感恩老师，用《感恩的心》手语操诠释感恩情怀，学生代表向辛勤耕耘的老师们献花，表达自己对老师最崇高的敬意和由衷的感谢。

第四篇章：毕业荣光

毕业是梦想重新出发的地方，更是风鹏正举的起点。区教育局叶有雄副局长和冯结莲校长为每一位六年级毕业生颁发毕业证书和毕业纪念礼，并合影留念。

满载着母校新城一小的关怀与期待，冯结莲校长以"金色童年 润泽成长"为主题，为在场的家长和六年级毕业生送上了期望与祝福。

冯结莲校长认为，六年影响一生！从一年级到高三，12年的学制小学就占了半壁江山！这六年，是为孩子一生打基础的六年，是为孩子健康与幸福的人生奠基的六年！金色的毕业证书意味着：高尚的品行如金子般珍贵；知识如金子般珍贵；金色童年弥足珍贵。翻开毕业证书里的校长寄语：**"以书为挚友，与善结良伴，永葆你的好奇心与悲悯心！"**

冯校长讲，以书为挚友，让阅读成为我们的终身习惯，学无止境，学习是一辈子的事情；与善结良伴，一定要有一颗善良的心，行善致远；永葆你的好奇心，做人不能懈怠，永葆一颗积极向上的心；永葆你的悲悯心，做人要懂得悲天悯人，仁爱爱人，拥有悲悯心的人一定是好人。

冯结莲校长对学生的培养目标是：

第一，品行"三好"。品行"三好"是：礼貌礼仪好、行为习惯好和品德习惯好。校长说，希望新城一小的毕业学子将品行"三好"的习惯陪伴自己的一生。无论是升入中学还是步入社会，当你行"眉开眼笑鞠躬礼"时，那便是我们西江新城第一小学的学生。

第二，学养"三好"。学养"三好"指读好书、写好字、说好话。校长叮嘱孩子们，小学六年里，我们看过的所有书籍、听过老师讲过的所有课程、摘抄的每一句金句都会镌刻在我们的脑海里，成为我们走向重点大学的敲门砖和人生进步的阶梯，让我们的人生可以登高望远。

西江新城第一小学的校训是：润德泽智，明志致善。我们从小立大志"为天地立心，为生民立命，为往圣继绝学，为万世开太平"。以高瞻远瞩的视野来制定自己的人生目标。祝愿每一位新城一小的毕业学子能够成为五育并举、人格健全、具有家国情怀和世界眼光的中国人。母校的大门永远为大家敞开，欢迎大家常回家看看！

最后冯校长与孩子们齐诵《西江新城第一小学赋》，朗朗童声，铿锵有力，响彻润华堂。

第五篇章：梦想启航

新城一小的校园时光带给孩子们的不仅仅有丰富的知识，更有对家国的热爱，对未来的担当……带着西江新城第一小学的精神，每一位润泽宝贝都将扬帆起航，向着美好的明天出发！

学生代表在舞台上诉说着对未来的无限畅想与憧憬。古筝合奏《我爱你，中国》谱写出对伟大祖国的深情祝福。大合唱《少年》唱出了每一位少年向上向善的初心。少年强则国强！

毕业典礼在孩子们齐诵《请党放心，强国有我》中落下帷幕，童心向党。孩子们和家长沉浸在浓烈的仪式感中，享受其中、感动其中、思考其中、成长其中。

第六篇章：美好时光

毕业典礼结尾，家长带领学生走远航门。穿过远航门，这一刻，新城一小的全体六年级学生正式毕业了。

即将离开母校，心中有许多的不舍。新城一小毕业学子穿行在熟悉的校园里，打卡留影每一个温馨的角落，留下最甜蜜的回忆。

峥嵘岁月礼赞百年，童心向党逐梦远航。新城一小毕业学子带着校长、老师的祝福和嘱托，带着爸爸妈妈的期望和关爱，带着对未来的信心和决心，勇敢地开启新征程。相信在未来的人生舞台上，润泽学子依旧会闪耀光芒、绽放光彩，勇于奋斗，敢于担当，做有根之中国人、博学之雅君子！做社会主义的合格建设者和可靠接班人！

（撰稿：何旭雁。转自西江新城第一小学微信公众号，发布时间：2021－7－10，网址：https://mp.weixin.qq.com/s/8ig1xNwlWfPJl7HWHALr0w）

95. 润泽教育的"十大礼节"具体有哪些？给润泽宝贝的终身成长带来了什么？

爱因斯坦说："我们把教育定义如下：人的智慧决不会偏离目标。所谓教育，是忘却了在校学的全部内容之后剩下的本领。"成年之后的我们同学聚会时，常常会想起自己小学时下课后爬竹竿无法下来，后来老师爬上来抱我们下去，后来就学会了爬竹竿；哪一次去秋游谁把饭给煮焦了，谁的腊味饭最好吃；哪一次去秋游，谁穿了大棉袄爬防空洞不过关，小队重爬……都历历在目，如数家珍。可是上课老师们讲了什么内容，估计很多人都已经忘记了。所以，我一直以为，人、学生是在活动中成长的！所以新城一小从开办第二年就完善了润泽教育的"十大礼节"。

润泽教育的"十大礼节"按照时间顺序分别是：①开学典礼；②入泮礼；③体育节；④百日礼；⑤润泽心育（悦）节；⑥读书节；⑦艺术节；⑧扎染节；⑨道歉日；⑩毕业礼。如下表：

时间	顺序	礼节名称	目标	活动内容	参与者
9月		开学典礼	增强学生上学的仪式感，提高学生认知，以仪式感提醒学生从暑假回归校园，回归正常的学习生活	全校师生开学典礼。每年举办，每年创意都不同	全校师生
9月	二	入泮礼	传承传统文化，让新生接触校园融入新集体	入泮仪式	一年级新生
			全校师生进行为期一周的习惯养成教育训练，以适应未来20周的在校学习与生活	（1）习惯养成教育周；（2）校本教学用书《好习惯，好未来》	

续上表

时间	顺序	礼节名称	目标	活动内容	参与者
11月	三	体育（科技）节	唤醒学生锻炼的习惯，增强师生身体素质和团队凝聚力	（1）全校各班主题开幕式； （2）科技电竞表演； （3）科技运动会、趣味运动会	全校师生
12月	四	百日礼	感恩父母养育之恩，汇报100天在校成长收获	（1）护蛋行动； （2）百日成长礼； （3）家校开放课堂	一年级新生
3月	五	润泽心育（悦）节	提升学生沟通能力，培养学生阳光、愉悦心态，构建和谐校园	（1）"润泽心悦节"开幕式； （2）各年级心育拓展活动； （3）心育作品展示； （4）教师和学生心理团建活动	全校师生
4月	六	读书节	书是甜的，为润泽宝贝营造良好的读书氛围，激发学生保持读书的兴趣	（1）读书节开幕式； （2）分年级组织有益的读书节分享活动； （3）跳蚤书市； （4）开展各类朗诵比赛	全校师生
5-6月	七	艺术节	扶扬学生个性特长发展、全面发展，促进审美能力	（1）年级才艺大赛初赛和复赛； （2）社团展演； （3）学生美术佳作展示； （4）文艺汇演	全校师生
	八	扎染节	传承扎染非遗手艺，展示师生才艺。劳动创造生活和美感，促进学生全面发展	（1）全校学生扎染节； （2）阳光秀场； （3）学生扎染艺术作品展示	全校学生

续上表

时间	顺序	礼节名称	目标	活动内容	参与者
6月	九	道歉日	让小学生从小懂得知错就改，向别人赔礼道歉，从小培养正确的是非观	（1）道歉日的来历和意义；（2）我的道歉纸；（3）向您说声对不起	全校师生及家长
7月	十	毕业礼	让即将离校的学生三感恩师长、母校，树立远大志向，以积极的态度走向未来	（1）研学旅行；（2）毕业典礼仪式	六年级毕业生

润泽教育的"十大礼节"给润泽宝贝的终身成长带来以下的好处：

（1）培养良好的行为习惯和道德品质。入泮礼、道歉日等活动有助于孩子们养成尊重他人、诚实守信、勇于承担责任的良好品质。

（2）增强团队协作能力。通过参加体育节团体操比赛、艺术节的班级合唱比赛、读书节的班级朗诵等活动，孩子们学会了与同伴合作，共同完成任务，培养了团队精神和协作能力。

（3）提高综合素质。读书节、科技节等活动激发了孩子们的学习兴趣，拓宽了知识面，提高了综合素质。

（4）培养自信心。通过参加各类活动，孩子们在不断尝试和挑战中，逐渐建立起自信心，敢于面对困难和挑战。

（5）增进师生、同学间的感情。入泮礼、升学典礼、毕业礼等活动让师生、同学之间增进了解，加深了感情，形成良好的校园氛围。

（6）培养良好的心理素质。心育节等活动帮助孩子们学会调节情绪，面对压力，培养了良好的心理素质。

（7）培养创新精神和实践能力。科技节等活动鼓励孩子们动手实践，发挥想象力，培养了创新精神和实践能力。

（8）传承民族文化。扎染节等活动让孩子们了解和传承民族文化，增强了民族自豪感和文化认同感。

（9）塑造健全人格。通过参加各类活动，孩子们在德、智、体、美、劳等方面得到全面发展，形成了健全的人格。

"每位孩子都成长，每位老师都重要"，是润泽教育的管理理念。六年影响一生，让润泽宝贝参加润泽教育的"十大礼节"，让孩子在活动中成长，目的就是达成润泽教育的两个育人目标和一个培养目标。即品行三好：礼貌礼仪好、行为习惯好、品德修养好；学养三好：读好书、写好字、说好话。育人目标：培养五育并举、人格健全、具有家国情怀和世界眼光的博雅君子。

（撰稿：冯结莲）

案例81

润泽身心，健体报国
——西江新城第一小学举行第三届体育节开幕式

扫码阅读：润泽身心，健体报国 ——西江新城第一小学举行第三届体育节开幕式

（撰稿：林泽亮。转自西江新城第一小学微信公众号，发布时间：2020－11－12，网址：https：//mp.weixin.qq.com/s/fBxFy4WKoSsPaMhPvWZi9Q）

第六章　多方共育　同频共进

> **导　语**
>
> 独木不成林，单弦难成曲。多方共育，资源共享，优势互补，共筑良好教育生态，让成长的每一步都坚实有力。

96. 家校社共育协同之一：新学年，校级家长会该怎样开？

党的二十大报告指出，健全学校家庭社会育人机制和加强家庭家教家风建设。当今中国的教育可以说已经进入了家校社协同育人的时代。苏霍姆林斯基说，若只有学校而没有家庭教育，或者只有家庭教育而无学校教育，都不能完成培养人这个极其艰巨而复杂的任务。西江新城第一小学从 2018 年 9 月 1 日开办那天起，就深深地意识到家校共育协同的重要性。每学年，学校都会结合时事，安排好时间节点，多形式多渠道争取家庭在教育目标上与学校一致，在时空上密切衔接，积极互补，形成以学校教育为主体、家庭教育为根基的共同教育格局，发挥好共同教育的效应。其中开好校级家长会便是其重要抓手之一。

（1）积极传递正确的育人理念，家校形成教育观念共识。当今仍有家长的教育观念还停留在唯分数或者唯应试教育，总觉得只要分考高了，一切都无所谓，把孩子的综合素质忽视了，特别是孩子的心理健康。有的家长为了让孩子好好学习，采取简单粗暴的方式。这就要学校领导或教师代表向家长介绍学校的教育理念、教学计划、学生的学业进展等重要信息。西江新城第一小学每一个新学年，都会以"润泽教育"为主线，引导家庭与学校在教育理念上达成共识。这包括对学生的期望、教育目标以及如何实现这些目标的策略，让家庭和学校在教育理念上保持一致，使学生可以接收到一致的信息和指导。

（2）提供专业的教育指导和建议，帮助家长更好地理解和支持孩子的学习。当我们的教育理念达成一致，明确我们要培养一个完整的人这一本质后，专业的教育指导和建议让家长更好地理解和支持孩子的学习显得尤为重要。西江新城第一小学每次的校级家长会都引导家长先培养孩子健全的人格,进而再培养孩子的关键能力、必备的品格。指引家长从尊重孩子的身心健康规律开始,逐步达到因材施教。聚焦发展个体的主体性,塑造全面发展的人,去培育个体终身学习的热情。如"在'双减'政策下家长该如何作为?"这些专业教育话题的指导和建议,都会有效帮助家长积极面对当下教育的发展。

(3)注重搭建家校沟通平台,合作共进。通过校级家长会,让家庭和学校之间建立起有效的沟通机制。在校级家长会的基础上,学校可以建立多个平台,如家长开放日、新生入泮礼、毕业礼等,家长通过这些沟通平台不仅可以获得关于孩子在学校表现的第一手信息,而家长也可以向学校反馈学生在家里的表现、需求和建议。学校可以解决家长的急难愁盼问题,把家长当做学校发展最可信赖的合作伙伴,同时学校把育人阵地向家庭延伸。

(4)共享教育资源,增强教育效果。这包括学校向家庭推荐合适的教育材料、提供学习资源包、组织亲子活动等;以及家庭向学校提供有关学生兴趣和爱好的信息、参与学校活动的策划和组织等。通过共享教育资源,加强家校之间的合作,确保教育的一致性和连续性,从而更好地促进学生的全面发展。

总之,以开好家长会为抓手,促进家庭和学校有效的合作和沟通,达成彼此理解和信任,形成合力,为共同促进学生的全面发展和健康成长保驾护航。

(撰稿:邓少能)

案例82

落实"双减"政策,"五育并举"提升育人质量

"双减"政策下,为进一步构建"家校合一,家校协同"的新型家校关系,让家长们深入了解学校的办学理念和教育动态,更真切地了解孩子在校的表现,加强家校沟通,充分发挥家校育人合力,提高教育效益,让孩子在润泽教育中成长为博雅学子,西江新城第一小学分别于2021年10月21日晚上和10月26日晚上召开主题为"家校协同,赋能成长"的家长学校培训活动。

书香满溢的教室、干净整齐的桌椅、画面精美的PPT、温馨美好的欢迎语、润泽宝贝们开学以来的成长影像、孩子们在"五微"课堂中的精彩瞬间……老师们怀着满满的诚意,以极其认真负责的态度,做好了迎接各位家长的准备。

会议开始,冯结莲校长进行主题为《落实"双减"政策,"五育并举"提升育人质量》的家庭教育讲座。

首先,冯校长对《中华人民共和国教育法》节选、"双减"政策的颁布实施

以及"五项管理"工作建议的政策进行了解读。

接着,冯校长分享了在"双减"背景下,学校该何为?在家长方面,新城一小召开了多次家委会,共同解读"双减"政策,商议优化午休问题;在学校方面,新城一小办有温度的教育,在"双减"政策中提升教学质量。学校通过"三个聚焦"提质减负:聚焦集体备课、聚焦课堂教学、聚焦作业设计。新城一小倡导不增加学习负担,不落下一个孩子,学校教师竭尽所能地为每一位孩子提供全方位的关爱和支持。

之后,冯校长结合"双减"政策,向各位家长提出以下倡议:

(1) 明确"五育并举"很重要。西江新城第一小学的育人目标是:培养五育并举、人格健全、具有家国情怀和世界眼光的博雅君子。

(2) 做有责任感的家长,做好"五项管理"。

(3) 做有智慧的家长,实现高质陪伴。家长须有"五心":敬畏心、好奇心、包容心、悲悯心、智慧心。

(4) 培养自己和孩子成长为成长型思维的人,树立终身成长的理念。

最后,冯校长寄语:"作为一名校长,当有一天我们卸任或退休时,最令我们无憾的不仅仅是那些上了名校的成就非凡的学生群体,而是想起每一个与我们有缘的孩子,我们都不曾辜负过他们的潜能和可能,都曾经竭尽所能地为其提供全方位的关爱和支持。"

"家庭教育是学校教育永远的背景和底色,没有家长参与的教育一定是苍白无力的。"——著名教育家雅斯贝尔斯。

本次家庭教育讲座上,家长们静静聆听,时而发出会心的笑声,时而颔首沉思。相信家长们对教育孩子有了更多的启发。

"双减"之下,学校和家庭共同支撑孩子成长。家校同心,其利断金;家校共育，润泽未来！西江新城第一小学，以"为每个孩子健康和幸福的人生奠基"为使命，做有初心、有温度、有品位的教育。

（撰稿：何旭雁。转自西江新城第一小学微信公众号，发布时间：2021-10-27，网址：https://mp.weixin.qq.com/s/3WgtViDoBFNf6t_XBEu_QA）

97. 家校社共育协同之二：如何做好家长学校培训？

众所周知，学生的茁壮成长离不开遗传、教育、环境这三大要素，其中家庭教育、学校教育以及社会环境三者间的协同作用尤为重要。因此，学校教育必须将与家庭教育的深度融合视为其工作的重中之重。因此，家长学校培训是学校家庭教育中一个重要的举措。做好家长学校的培训工作，可以提升家长的教育意识与方法，形成家校合作的良好氛围，对学生的成长起到积极的推动作用。新城一小协同共育，通过多种策略做好家长学校培训。以下是一些做好家长学校培训工作的策略：

一、明确培训目标与定位

首先，学校需要明确家长学校培训的目标。这些目标通常包括：提升家长的教育理念，使其与学校教育理念相契合；增强家长的教育技能，包括沟通、情感管理、学习支持等方面的能力；加强家校之间的沟通与合作，共同关注和支持学生的成长。

二、制定科学合理的培训计划

注重对家庭教育工作的统筹规划，加强顶层设计，以学校章程为引领，以年度工作计划为统整，多方位多途径地规划学校家庭教育工作，包括培训内容、培训方式、培训时间和师资力量等都要规划好。

三、开展多样化的培训活动

在培训计划的指导下，学校应有序开展各项培训活动。比如：

（1）每学期召开家长会。这是学校与家长沟通交流的重要平台，更是家长们深入了解学生学习与成长的宝贵机会，形成了学校与家庭的教育合力。

（2）开展分年级分主题"家校共育"家庭教育指导讲座，帮助家长了解这个阶段孩子的共性问题，指导家长走近孩子，开展智慧教育。

（3）每学期开展一次"案例教学"活动。各年级会在"父母课堂"选取一些典型的家庭教育案例与家长们一起探讨学习。

（4）定期开展家教沙龙活动，家长们以讨论互动、互相学习和交流经验的方式分享家庭教育的心得体会。

四、评估与反馈

通过问卷调查等方式了解家长对培训内容的满意度、参与度以及实际效果。再根据评估结果，及时调整培训内容和方式，确保培训效果持续提升。另外，可以设立校长信箱、家校沟通电话等反馈渠道，鼓励家长提出意见和建议，对培训工作进行调整和优化。

五、家校合作与沟通

首先要制定家校联系制度，每班开展全员家访，再利用家长学校平台分享教育资源和信息，促进家校资源共享。最后可以组织亲子活动，增进家庭团结，提升家长和孩子之间的亲密度，同时让孩子在实践中学习。

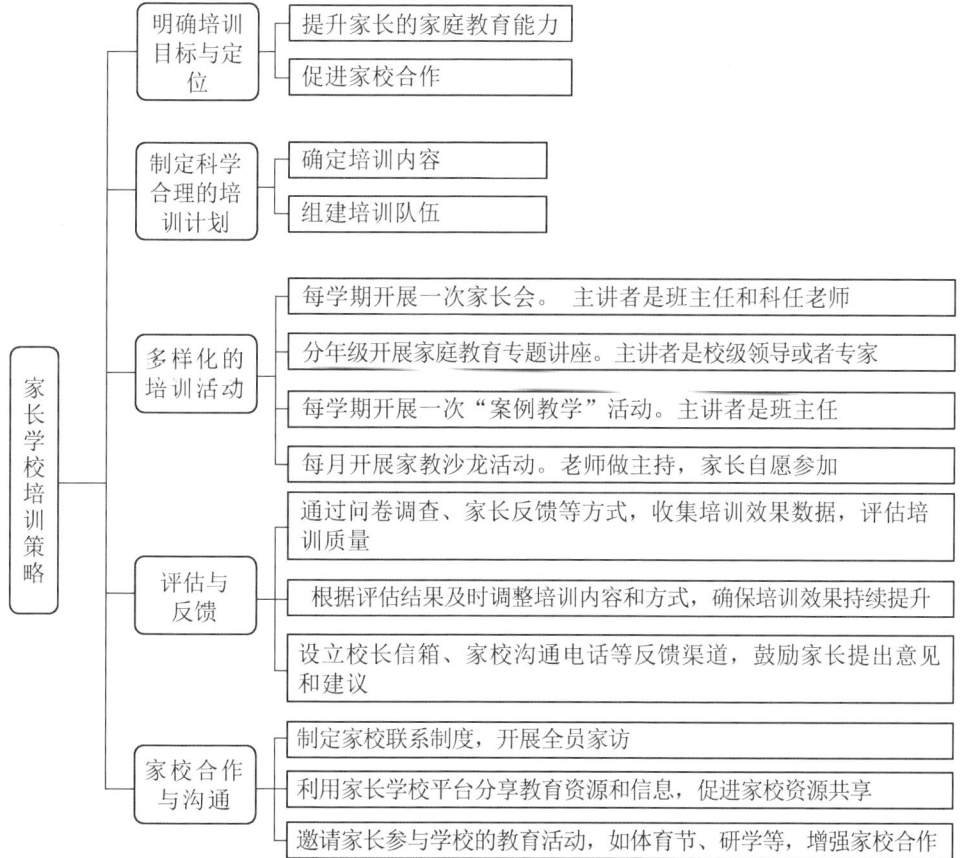

通过这些策略的实施，学校能够有效地组织和管理家长学校培训工作，促进家庭教育与学校教育的有效衔接，为学生的全面发展创造良好的环境。

（撰稿：朱秀丽）

案例 83

家长学校案例教学：非暴力沟通，让爱融入生活

背景：六年级的孩子，正处于青春期的门槛，这一阶段标志着他们自我意识的显著增强以及成人感的初步形成。在这一时期，孩子们不再满足于简单的服从与接受，而是更加迫切地希望父母能够以尊重和平等的姿态与他们进行对话。他们渴望表达自己的观点和感受，寻求在家庭中的话语权与理解。然而，当父母沿用传统的"暴力沟通"方式——即通过责骂、批评甚至贬低来教育孩子时，往往会适得其反。这种沟通模式不仅无法有效传达爱与关怀，反而容易激发孩子的逆反心理，导致他们与父母之间产生隔阂，甚至频繁发生争执。长久下去，家庭氛围紧张，亲子关系受损，不利于对孩子的心理健康和成长发展。

因此，我们有必要深入探索并实践"非暴力沟通"这一理念，以更加温柔、理解和富有爱意的语言来与孩子交流。

环节一：案例展示

周周的父母对他十分严格，经常对孩子施以"责骂式"教育——
习题写错了，骂；
钢琴没弹好，骂；
学习退步了，骂！

他们认为这样能激励周周奋发图强，却没想到孩子表现得越来越胆怯和退缩。周周班上要进行班干部选拔，周周没有参加。她的妈妈质问周周："你怎么不参选呢？"周周回答："对着一堆人演讲，我不敢。"母亲轻蔑地说："你这都不敢，真窝囊！你真是太没用了，什么事都做不成。"（案例选取《父母课堂》2023 年 1－2 月合刊《你太没用了，什么事都做不成》）

环节二：案例分析

问题：案例中，周周的父母以怎样的方式与周周沟通？这种方式恰当吗？

为了提高教学的实效性，在此环节，家长分小组讨论。家长围绕话题畅所欲

言，纷纷发表自己的见解。

环节三：组织反思

家长通过填写调查问卷，反馈出大部分家长曾经对孩子使用过暴力语言。接着请家长回顾和小组讨论以下问题：

（1）在使用语言暴力时，孩子有哪些情绪和行为反应？你有什么感受？

（2）要做到"非暴力沟通"，你觉得应该怎么做？

环节四：引导践行

（1）展示非暴力沟通案例。小明在家超时玩电游，未完成作业。妈妈可以说：小宝，我看到你在超时间玩电游，还没有做作业，妈妈很担忧，也有些失望，因为我担心你的休息时间不够，对身体不好，也对你没有管理好自己的时间感到失望。你是不是愿意现在不玩电游开始做作业了呢？

（2）小组讨论。

①案例中，妈妈的语言有什么特点？哪些要素值得我们学习？

②请问这位妈妈的语言体现了非暴力沟通的哪些要素？

（3）角色扮演。小明期中考试成绩退步了不少，回到家中，沉默不语。如果你是小明的家长，你会如何非暴力沟通？请小组讨论并角色扮演。

（4）总结。非暴力沟通强调的是观察、感受、需要和请求四个核心要素，通过下面这四个步骤，我们可以构建一个更加和谐、有效的沟通桥梁。

首先，观察是沟通的基础。父母需要客观、清晰地描述孩子的行为或情况，避免加入主观评价或判断。

接着，表达感受。父母可以诚实地分享自己对孩子行为的感受，比如担忧、失望或焦虑等。但重要的是，这些感受要基于自己的观察和需要，而不是对孩子行为的评判。

然后，明确需求。在表达完感受后，父母可以提出自己的具体需求或期望。这些需求应当是合理且可实现的，同时也要考虑到孩子的感受和需要。

最后，提出请求。在明确需求后，父母可以以一种鼓励和支持的方式向孩子提出具体的请求。这个请求应当是具体的、可操作的，并且尊重孩子的选择和意愿。

通过非暴力沟通的方式，父母不仅能够更好地理解和支持孩子，还能够促进亲子之间的情感交流和信任建立。孩子在这样的环境中成长，将更加自信、独立和富有同理心，能为未来发展奠定坚实的基础（详细可参考本书第42问）。

环节五：课后拓展

阅读推荐：马歇尔·卢森堡博的《非暴力沟通》《为何家会伤人》《你太没用了，什么事都做不成》(《父母课堂》2023年1-2月刊)

（撰稿：朱秀丽）

98. 家校社共育协同之三：如何让孩子融入社区？

2021年10月，《中华人民共和国家庭教育促进法》明文要求：家庭教育、学校教育、社会教育紧密结合、协调一致，建立健全家庭学校社会协同育人机制。2023年1月，教育部等十三部门联合印发《关于健全学校家庭社会协同育人机制的意见》，提出到2035年，形成定位清晰、机制健全、联动紧密、科学高效的学校家庭社会协同育人机制。由此可见，孩子的成长不仅受到家庭和学校的影响，还受到社区环境的深刻影响。因此，家校社协同育人成为培养孩子全面发展的重要途径。

家校社协同育人是指家庭、学校、社会三方在共同育人理念下，通过有效沟通、资源共享、互相支持等方式，共同促进孩子的全面发展。这种育人模式能够形成教育合力，为孩子提供全方位、多角度的教育支持。

权威教育学家陶行知曾指出："生活即教育，社会即学校。"这句话深刻揭示了教育与生活、社会的紧密联系。家校社协同育人正是将教育延伸到社区，让孩子在社区中接受教育、体验生活、锻炼能力。

在新城一小开办的5年间，德育处也探索了一套关于家校社协同育人的策略，与大家共享。

一、建立家校社沟通机制

家校社协同育人的前提是建立有效的沟通机制。学校应定期与家长、社区沟通，了解孩子在家庭、社区中的表现和需求，共同制定教育方案。例如，学校可以定期举办家长会、社区座谈会等活动，让家长和社区代表参与学校的教育决策过程。

二、发挥社区资源的优势

（1）利用社区教育资源。学校可以与社区合作，利用社区的教育资源来丰富学校的课程内容和教学活动。例如，邀请社区的艺术家来学校开设艺术课程，利用社区的体育设施来开展体育活动，等等。

（2）参与社区志愿服务。志愿服务是社会文明进步的标志，同时志愿服务又是劳动教育的重要组成部分。积极开展学生对社区的志愿服务，可以提升学生的劳动素养。因此我校会组织学生参与社区的志愿服务活动，如环保活动（参与社区清洁）、关爱老人（中秋节、春节给老人送温暖，帮老人家里搞清洁）等。通过参与志愿服务活动，孩子可以培养社会责任感和公民意识，提升劳动素养，同时也有助于他们更好地融入社区。

三、开展社区活动

开展社区活动是家校社协同育人的重要途径。学校可以组织各种社区活动，如环保行动、公益活动、文化节等，让孩子在参与中体验社区生活，增强社会责任感。同时，家长和社区也应积极参与这些活动，为孩子提供支持和帮助。

（1）开展亲子活动。学校和社区可以组织各种亲子活动，如亲子阅读、亲子运动、周末家庭教育讲座等，增强家长与孩子之间的互动，提高家庭教育的质量。这类活动有助于加强家长与孩子的关系，同时也让孩子在社区中感受到更多的关爱和支持。

（2）社区参与教育。社区可以积极参与学校的教育活动，如提供志愿者服务、举办职业讲座等，丰富学生的学习经历。通过社区参与，让孩子在社区中接触更多的人和事，拓宽视野，增强社会责任感。

四、家庭教育指导

学校可以为家长提供家庭教育指导，帮助他们更好地了解学生的成长特点和教育需求，提高家庭教育的水平。通过家庭教育指导，家长可以更加有针对性地引导孩子融入社区，培养孩子的社会适应能力。

五、建立评估机制

建立家校社协同育人的评估机制，定期评估协同育人的效果，总结经验教训，不断改进完善。通过评估机制，可以确保家校社协同育人的工作能够持续有效地进行，为孩子的全面发展提供有力支持。

家校社协同育人让孩子融入社区是一项长期而复杂的工作。通过建立有效的沟通机制、共享教育资源、开展社区活动等策略的实施，可以让孩子在社区中接受全面、多元的教育支持，形成健康的社区融入观。作为教育工作者，我们应不断探索和实践家校社协同育人的新模式、新方法，为孩子的全面发展贡献自己的力量。

（撰稿：潘李露）

案例84

春风十里，正"植"有你
——西江新城第一小学植树节活动

扫码阅读：【润泽教育·春风化雨】春风十里，正"植"有你——西江新城第一小学植树节活动

（撰稿：潘李露。转自西江新城第一小学微信公众号，发布时间：2022-3-11，网址：https://mp.weixin.qq.com/s/oofU8jInNFpNgEL0FNU5xg）

99. 不同类型的家长如何沟通？

苏联教育学家苏霍姆林斯基曾说"教育的效果取决于学校和家庭教育的一致性。如果没有这种一致性，学校的教学、教育就会像纸做的房子一样倒塌下来。"家校共育是现代教育的重要组成部分，家校沟通是其中必不可少的一个环节。然而，由于家长的文化背景、教育理念、性格特征等方面的差异，使得与家长沟通成为一项复杂而富有挑战性的工作。在新城一小开办的过程中，我们也和班主任们见了形形色色的家长，与不同类型的家长进行沟通打交道。家校沟通处理得当可以促进家校合作的深入发展，家校沟通存在障碍势必影响学生以及学校的可持续发展。

在与家长沟通之前，我们首先需要了解不同类型的家长和沟通的策略，大致有以下类型：

支持型家长。这类家长对教育充满热情，对教师工作极为支持，愿意与学校紧密合作，共同关注孩子的成长。对于支持型家长，我们应该保持积极的沟通态度，及时向他们反馈孩子在校的表现，共同探讨教育方法和策略。同时，也要感谢他们对学校工作的支持和信任，鼓励他们继续参与家校合作。

焦虑型家长。这类家长对孩子的教育问题过分担忧，常常对老师或学校提出各种要求和建议。对于焦虑型家长，我们需要耐心倾听他们的担忧和诉求，理解他们的情绪反应，同时也要向他们解释学校的教育理念和教学方法，帮助他们树立正确的教育观念。在沟通过程中，我们要注重事实和数据的支持，以消除他们的疑虑和担忧。

冷漠型家长。这类家长对孩子的教育问题漠不关心，很少跟老师沟通，很少过问孩子在校发生的事情。对于冷漠型家长，我们需要主动与他们建立联系，了解他们的想法和需求。在沟通过程中，我们要注重情感交流，让他们感受到学校和教师对孩子成长的关心和关注。

挑剔型家长。这类家长对学校和教师的工作持批评态度，常常提出一些不合理的要求，以自己的孩子为中心。对于挑剔型家长，我们需要保持冷静和理智的态度，不要被他们的情绪所影响。在沟通过程中，我们要注重事实和证据的支持，以事实为依据进行沟通和交流。同时，也要尊重他们的意见和建议，但也要坚持自己的教育原则和立场。

在面对众多家长，无论家长是哪种类型，采取哪种策略，最重要的是把握好相处之道，遵循该有的原则确保有效和积极的交流。

（1）尊重原则。尊重家长的人格和观点，将家长视为合作伙伴而非下属。尊重事实发生的真相，确保在沟通中提供的信息准确无误。尊重孩子的个体差异，公正评价孩子，避免偏见或歧视。

（2）平等友好原则。保持平等和友好的态度，避免居高临下或发号施令。平等对待所有家长，不因孩子的表现而对家长有所区别。

（3）倾听原则。耐心倾听家长的意见和诉求，不打断他们的发言。倾听完家长的意见后，帮助他们分析存在的问题，并给出中肯的建议。

（4）换位思考原则。站在家长的角度思考问题，理解他们的需求和期望。尊重不同家庭的情况和家长的个性特点，进行有针对性的沟通。

（5）自信原则。在与家长沟通时保持自信，展现出专业能力和自信态度。即使在面对态度恶劣的家长时，也要以平和的心态和自信的态度进行沟通。

（6）家校合作原则。强调家校合作的重要性，让家长知道双方共同努力才能促进孩子的成长。鼓励家长积极参与学校活动，增进家校之间的了解与合作。

（7）解决问题原则。着重于解决问题，而不是逃避或推诿责任。当孩子在学校遇到问题时，积极与家长沟通并共同寻找解决方案。

（8）保护隐私原则。在沟通过程中注意保护学生和家长的隐私信息，避免在公共场合或社交媒体上泄露学生和家庭的敏感信息。

遵循以上原则，可以确保与家长之间的沟通更加顺畅、有效和积极。同时，这些原则也体现了对家长和孩子的尊重与关爱，有助于建立良好的家校关系。

家校矛盾有时候可能由一件微不足道的小事，有时可能是双方教育理念不一致导致，有时上述沟通策略和原则不一定凑效，但是最重要的一点是让家长成为我们的盟友，我们坐在教育孩子的同一条船上。和家长成为盟友的秘诀在于我们作为教育者的初心。作为教师，要尽心尽责做好本职工作；真心实意对待每一位

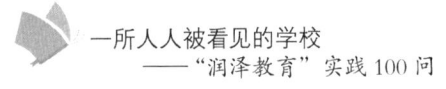

学生,发自内心喜爱和爱护你的学生;真心为班级以及学生的发展而开展工作。久而久之,你的付出会得到所有家长的支持和认可。家长会理解你的教育理念,感受到你的教育初心,从而站到你的一边和你同频共进,成为你优秀的盟友,为孩子成长共同努力。这也是新城一小老师们一直努力的方向,所以新城一小开办5年间,由于家校沟通有原则,家长对老师的信誉度和美誉度极高,创造了极好的社会口碑。

(撰稿:潘李露)

 心得 16

家校沟通的"隐形"细节

在家校共育的舞台上,沟通是连接家长与学校、教师与家庭的桥梁。然而,除了常见的家长会、电话沟通等显性方式外,还有许多"隐形"的细节,它们虽不张扬,却同样承载着家校之间深厚的信任与理解。

首先,我们来谈谈"微笑的力量"。在校园中,当教师面带微笑地与孩子交流时,这不仅是对孩子的一种肯定和鼓励,也向家长传递了一种信息:您的孩子在这里是受欢迎的,是被关注的。这种无声的沟通方式,虽然简单,但却能深深打动家长的心,让他们感受到学校对孩子的关爱。

再来说说"眼神的交流"。在课堂上,教师的一个鼓励的眼神,能够让孩子瞬间充满自信。在走廊上,教师与孩子的眼神交汇,能够传递出对孩子的关心与期望。同样,当家长来到学校与教师进行短暂的交流时,教师一个真诚的眼神交流能让家长感受到教师的真诚与热情,就能够拉近彼此的距离。

除了微笑和眼神交流外,"倾听"也是家校沟通中不可忽视的"隐形"细节。当家长向教师反映孩子在家中的情况时,教师如果能够耐心倾听,不仅能让家长感受到被尊重和理解,还能让教师更加全面地了解孩子的成长环境,从而更好地指导孩子的成长。

此外,"细节的关注"也是家校沟通中的重要一环。比如,教师在批改作业时,能够注意到孩子的字迹变化,或者发现孩子最近对某些话题特别感兴趣,这些都可以成为与家长沟通的话题。同样,家长在接送孩子时,如果能够注意到学校的环境变化或者教师的变化,也能够及时与教师进行交流,共同为孩子的成长营造更好的环境。

最后,我们不得不提的是"信任的建立"。家校之间的信任是沟通的基础。

当家长信任学校、信任教师时,他们会更加愿意与学校合作,共同为孩子的成长付出努力。同样,当学校、教师信任家长时,他们会更加尊重家长的意见和建议,共同为孩子的成长创造更好的条件。

总之,家校沟通的"隐形"细节虽然不起眼,但却同样重要。它们不仅能够传递出家校之间的关爱与理解,还能够为孩子的成长营造更好的环境。因此,我们应该重视这些"隐形"的细节,让它们在家校共育的舞台上发挥更大的作用。

(撰稿:潘李露)

100. 教师、家长如何做学生的榜样?

不少家长见了我或者我们的老师都会吐槽,叫孩子不要一边吃饭一边看手机他偏不,叫孩子看电视不要看那么久他偏不!很恼火。孩子不听话,怎么办?有时候我会戏谑地回一问:"你呢?你自己做得怎么样?"往往此时,很多家长会歉意一笑,然后不知道如何回答。

的确,孩子就是父母的镜子!父母怎么样,孩子就怎么样!孩子天生具有模仿能力,他们往往通过观察并模仿身边人的行为来学习新技能和价值观。老师和家长作为孩子日常生活中接触最多的人,他们的言行举止会对孩子产生深远的影响,对孩子形成健全的人格有巨大影响。

教师和家长为什么要做孩子的榜样?相信这就是"言传身教"的力量。它要求老师与家长在日常生活中展现出高尚的道德品质、积极的生活态度和不断进取的精神风貌。只有这样,才能真正成为学生心中值得敬仰和学习的榜样,为其健康成长提供坚实的支撑和引领。

那教师、家长如何做学生的榜样?答案关键词四个字:身教、言传!父母是孩子的第一任老师!家长如何孩子就将如何。

一、身教

其实就是以身作则。家长和老师应该通过自己的行为来展示期望孩子学习的行为准则。就是说,教师、家长首先要当孩子的榜样。

(1) 老师如何身教?启功先生刻在北京师范大学的校训:"学为人师,行为世范",这句话蕴含着丰富的教育理念和价值追求,其核心含义可以理解为:作为教师,不仅要有广博的学识和高尚的品德,以自身的知识、品格和能力去教育和引导学生,更要以身作则,以自己的言行举止在社会上树立良好的榜样,成为学生学习和效仿的模范。

①礼貌礼仪。新城一小对老师的师德师风、仪态、仪表、仪容都有着极高的要求，时时处处都要能给孩子们树立榜样传递正能量。

西江新城第一小学三张名片很好地展示了老师的榜样作用。

一眉开眼笑鞠躬礼。我们的领导、老师每天坚持站在门口迎接学生，给学生微笑问好，"同学们早上好！""老师，您早！"慢慢我们发现新城一小的学生特别有礼貌，无论对待门卫叔叔、饭堂阿姨、清洁工都能主动鞠躬问好。二夸夸你，竖起大拇指。新城一小的老师从不吝啬对学生的鼓励，总是用放大镜来看待学生的优点，因此学生身上便多了几分自信与底气。三放学感恩礼。新城一小的老师带队放学，总要在出校门之前给孩子进行仪式感满满的放学礼。学生在感恩老师的同时也感受到了家长的不易，因此新城一小的孩子每天都能主动对送她上学的长辈真诚地说一声"再见"或"辛苦了"。学生的礼貌礼仪，就在耳濡目染中习得。

②良好习惯。读好书，写好字。教师想学生朗诵有感情，自己首先要练好朗诵的真本领。教师字正腔圆的发音、抑扬顿挫的感情朗诵会让孩子耳濡目染，慢慢习得。教师想让学生爱上阅读，下课呆在教室的时间，就和他们一起看书；如果教师想学生写得一手好字，在课堂上就一笔一划示范，写漂亮的字给学生看，让他们看着漂亮的范写字体做笔记；教师想学生准时交作业，批改学生的试卷和作业就一定不能拖拉……

③良好品德。教师想学生上学守时，不迟到，教师早读、上课必须至少提前5分钟到位；教师答应给学生的奖励一定要兑现；班上有同学诚实守信、拾金不昧、乐于助人、团结友爱，要大力表扬……记住，教师往那个方向大力表扬，学生就往那个方向走。

（2）家长如何身教？

①礼貌礼仪。建议家庭的礼貌礼仪教化，从家长对待自己的父母开始，从家长如何接待客人，如何对待邻里关系开始。

②品德培养。家长想孩子将来孝顺你，家长就必须好好在当下孝顺你的父母。你可以当着孩子的面，把每月给父母的零花钱1000元（或者更多）拿给父母；也可以把钱拿给孩子，让孩子送给长辈："爷爷奶奶，这是爸爸（或者妈妈）这个月给你们的零花钱。"如果家长想孩子守信，那答应他的每一件事情必须做到（记住：许诺容易成事难）。

③时间管理。如果想孩子守时，和他约定的每一件事，就一定至少提前十分钟到达；如果想孩子早睡早起，自己首先就要早睡早起，并且在临睡前跟他说一声"晚安"。

④行为习惯养成。如果想孩子爱上阅读，你就在客厅当眼位置摆上书架和书，在空闲的时间你拿起书来阅读，或者在临睡前和他一起坐在床头认真看书。你认真看书的样子，你们一起在床头认真阅读的画面，会永远定格在他的脑海里，记住一辈子。如果想让孩子不玩、不看手机，你自己就要学会吃饭时不把手机放饭桌上。在家里，除了公务，除了重要事情，家长不要拿手机，不要当着孩子的面玩游戏。想孩子不随意发火，家长首先要学会克制……

⑤情绪管理。通过控制自己的情绪反应，家长和老师可以教会孩子如何以成熟和理智的方式处理情绪。

⑥道德勇气。在面对道德挑战时，家长和老师应该坚持正确的做法，即使这样可能会带来不便或不利后果，也要勇于展现道德勇气。譬如暑假外出旅游，在酒店吃自助餐，自己碟子里面吃剩的鸡蛋、没有喝过的酸奶，能拿吗？答案是不能！这些都首先要从家长做起！

⑦健康的生活方式。同时，家长和老师应该通过保持健康的饮食、适量的运动和良好的生活习惯来示范健康的生活方式。如，吃饭时绝不看手机。

二、言传

我一直强调"身教"在前。教师和家长做到了，孩子们都看见了有些甚至学会了，你就"言传"。如何言传？

（1）学会讲故事。你想让孩子明白什么道理，你就跟他讲对应的中国古代的名人同龄的励志故事。尽量做到引人入胜，让孩子有身临其境的感觉。也可分享个人成长经历，通过分享自己的成长经历和教训，帮助孩子理解生活中的挑战和困难，以及如何克服它们。

（2）听完故事，再讲道理。听完故事，水到渠成后你就告诉他为什么要这样做，这样做的目的和意义是什么，对他们将来的成长有什么好处。

（3）积极沟通，讨论、解释。听完故事后与孩子进行开放和诚实的沟通，鼓励他们表达自己的想法和感受。同时，家长和老师也应该倾听孩子的意见，并给予适当的反馈，更重要的是解释为什么这么做是正确的。通过讨论和解释，帮助孩子理解行为背后的原则和价值观。

（4）及时纠错。当孩子犯错时，家长和老师应该把孩子拉到一处，以建设性的方式指出孩子的错误，并提供改正的方法。避免严厉批评或惩罚，而是鼓励孩子从错误中学习和成长。切忌当着外人面批评孩子或大声说孩子的缺点。

（5）表扬和鼓励。当孩子表现出良好行为时，给予及时的表扬和鼓励，这可以增强他们的自信心和积极性。

三、品格塑造

推荐做法。推荐各位老师或家长和孩子一起阅读雨果的《悲惨世界》。通过亲子共读雨果的这本《悲惨世界》，教育孩子要做一个勇敢、诚实、正直、善良的人，塑造孩子良好的品德。推荐家长和老师阅读丁辉著的《逆转开局》。

结语：家长和老师通过身教言传为孩子树立榜样，是培养孩子品德、习惯和价值观的重要方式。身教比言传更重要，因为家长做到了，你才能要求自己的孩子做到。

（撰稿：冯结莲　梁锦开）

案例85

我们身边的榜样

在我们平凡的日常生活中，不乏伟大的种子和光芒。而伟大来自于那些既平凡又不平凡的人，他们或许就在我们身边默默地付出，无声地奉献，成为我们学习的榜样。他们用实际行动诠释着责任与担当。

一、教师榜样：西江新城第一小学首届致善教师评选

西江新城第一小学致力于打造高素质的教师队伍，为培养和打造一批师德高尚、业务精湛、综合素质一流的首席教师，充分发挥首席教师在教育教学诸方面的示范和辐射作用，树立榜样，鼓励教师不断创新进取，提升教师专业素养，因此举行"首席致善教师"评选活动。学校对参加申报的教师，组织评审团进行评选及公示，最终确定廖金文、严燕梅、罗允仪三名教师为"首席致善教师"。

教师是立校之本，师德是教育之魂。学校始终坚持把师德师风建设摆在首位，秉承"春风化雨，布德仁教"的教风，以习近平总书记的四有好教师为目标，引领教师以德立身、以德立学、以德施教，以中小学教师职业行为"十项准则"为基准，规范教师的师德师风，培养

一支有理想信念、有道德情操、有扎实学识、有仁爱之心的优秀教师队伍。矢志教育润童心,三尺讲台写精彩。此次新城一小"首席致善教师"评选活动,旨在选树优秀教师代表,为师者明道信道、立德垂范,引领全校教师队伍提振精气神,做一个有温度、有理想、有情怀的学生引路人。

二、家长榜样:学校"警家校"护畅队的守护神

每天一大早,在车流最集中的上学上班高峰期,与别处的喧嚣不同,西江新城第一小学校门前的车辆却井然有序地慢慢流动,一切都是那么安然。而这一切,无不归功于一群身披黄马甲的最美身影。看到他们的身影,上学的孩子就无比安心。我们不一定能把他们的名字一一都说出来,但肯定知道,他们就是每天辛劳在校门值日的老师与参加护畅的家长义工们。不论烈日炎炎,或是刮风下雨,都有他们默默付出的最美身影。他们用真诚的笑容与亲切的问候从车里迎下一个又一个别人家的孩子,"幼吾幼以及人之幼"的大爱精神在他们身上展现得淋漓尽致。

西江新城第一小学在2018年9月学校创办之初就把规范开展"警家校"护畅工作列为学校家校社共育工作的首项工作。"警家校"护畅行动经历了规范成立、实践积累、优化提升、形成自然等几个阶段。

随着时间的推移,西江新城第一小学的"警家校"护畅工作已形成了一道亮丽的风景线。在整个护畅过程中值日教师和护畅的家长义工动作迅速,反应很快,适时指挥车辆往前靠,接送小孩的车辆开门时会伸手给小孩遮挡头顶防撞,下雨天会主动撑伞把孩子送到风雨棚下。得到照顾的润泽宝贝总不忘甜甜的一声"叔叔阿姨早上好,辛苦您了,谢谢您!""不用客气,小朋友注意安全哦"……

身教,言传。一切都是那么的温馨、自然!

(撰稿:邓少能、谭诗韵)

扫码阅读:星霜荏苒,有您相伴——记西江新城第一小学2021年感恩父爱主题系列活动;我妈"20优",我当她的小粉丝——记西江新城第一小学2020年母亲节感恩孝亲活动

《我爸20优》　　《我妈20优》

101. 家长自愿报名到班上健康幸福课，对学生和学校有什么好处？

新城一小自开办第一年开始，就邀请家长自愿报名到班上健康幸福课。这对学生、家长以及学校整体都会带来一系列积极的影响：

（1）增进家校合作。通过家长到班上健康幸福课，可以加强家长与学校之间的沟通和理解，促进双方在教育孩子方面的合作。

（2）提升学生的健康意识。家长参与健康教育课程能够增强学生对健康问题的认识，帮助他们从小培养良好的生活习惯和自我保健能力。

（3）改善家庭教育环境。家长通过学习可以获得更多关于如何营造积极家庭氛围的知识，有利于孩子的全面发展。

（4）强化心理健康教育。健康幸福课程通常会包含心理健康的内容，有助于家长和学生了解如何处理情绪和压力，促进心理健康。

（5）提升家长的教育能力。家长可以通过课程学习到更多科学的育儿知识和技巧，提高他们在家庭教育中的有效性。

（6）丰富学校课程资源。我们的家长来自各项各业，不少是行业精英、行家里手、业务骨干。他们有的来给孩子们讲"生活用水如何来？如何节约用水"，讲"如何保护牙齿"，讲"电的作用与如何安全用电"……大大弥补了学校某些课如通识类课程缺口，丰富了课程资源。

家长的参与和支持能够为学校创造一个更加包容、支持和积极的教育环境。

（7）促进社区参与。家长的参与不仅限于单个家庭，还能够激发更广泛的社区参与和支持学校教育。

（8）感同身受，提升家长满意度。家长因为有机会成为学校"特聘教师"给孩子们上课，"零距离"了解学校的教育理念和教学活动，他们会亲身感受到当老师、当班主任的不容易。这可能增加他们对学校工作的满意度和信任度。

（9）预防不良行为。通过健康幸福教育，可以及早识别和预防可能导致不良行为的心理健康问题，如抑郁、焦虑等。我们发现，家长上这类课程时，学生能更大胆主动交流。

经过四年时间实践，我们发现，原本对学校、对老师很挑剔的家长，变得支持与配合班级工作了；原来不积极参加护畅队的学生家长，现在护畅更加积极了；原来不怎么关心孩子学习成绩和心理健康的家长，现在更加主动问好班主任和老师，对学校和班级活动及工作更加理解、支持与配合了。于是，家校关系越来越融洽、和谐，家长对老师学校的教育越来越满意；学校的社会声誉和美誉度，越来越高……

（撰稿：冯结莲）

案例86

"家校共育"从"一"开始，就要健康幸福哦！
——西江新城第一小学试点推行"健康幸福课"

秋风飒爽，隐约透着一丝书香，像一首轻缓的歌谣，轻轻唱进我们的心田。在这静谧的读书环境中，西江新城第一小学让学生家长走进校园，近距离地感受一下学校课堂教学。

为丰富学校课程资源，让每一个孩子都有个性发展和健康成长的机会，帮助家长树立正确的育人观念，更好地增进学校与家庭的沟通与交流，2018年10月30日下午，西江新城第一小学开启了家校共教新模式，试点推行"健康幸福课"活动。

由各班家委主任发挥主人翁精神，为了发扬家长们的专业特长，邀请各行各业的"家长老师"走上讲台，给学生带来丰富多彩的"别样体验"。我校将"健康幸福课"与"中队活动课"内容关联点进行整合融通，优化了教学时空。

我校的润泽"健康幸福课"，课程内容融合了生理学、医学、心理学、社会学、教育学、伦理学和环境科学等多学科知识，囊括了身体健康、心理健康、社区和环境健康、疾病预防、预防暴力伤害等不同主题。

家长们在课堂上详细介绍了青少年在成长过程中可能会遇到的各种问题及应对策略，弥补了我们现有课程在生活技能培育方面的不足够、不系统、不完整——关注学生的健康、情绪、心智、思维应远远胜过关注学科知识本身。

一（4）班张峻宁妈妈说："陈老师，今天我讲了《我的情绪我做主》，就是引导孩子从小就学会管理自己的情绪。还发起了'21天不抱怨'活动，让每个参与者都佩戴一个紫色手环，抱怨一次就把手环换一次手。如果能够做到连续21天不抱怨，那说明孩子已经学会了情绪管理。另外 我也给每个孩子发了'21天情绪管理表'，让孩子记录自己每天的心情。"

——这位家长好贴心哦！想得真周到！

一（8）班欧善悦妈妈："我现在终于知道，当老师是多么的辛苦。要上好一节课，让孩子们都认真的、乖乖的听你说，是多么的不容易啊！老师们辛苦了！"

——这位家长做到了以心换心。感谢，感谢！老师为您点赞！

通过这次家校交流会，家长们不仅了解到新生在校的学习状态，同时也获得了许多具有参照性、可操作性的家庭教育方法。对如何教育、管理和关爱孩子，培养孩子的好习惯等方面与老师们达成了共识。

家长们也纷纷表示以后将与学校、老师加强沟通合作，让孩子健康快乐地成长，成就孩子健康幸福的美好未来！

健康幸福课

开展健康幸福课，既促进了家校合作，使家长了解了小学的教学内容和教育特点，又使老师和学生领略到了家长们不同的教育风格，更好地利用了家长的各种教育资源。还在教师与家长之间建立起一种新型的相互欣赏、尊重、信任、平等的关系，充分发挥合作优势，并提高家校共育水平。

未来，我们将有更多来自各个领域的家长走进我们的课堂。让我们一起期待吧。

（撰稿：谭敏华。转自西江新城第一小学微信公众号，发布时间：2018-10-31，网址：https://mp.weixin.qq.com/s/Alc2l3DVCemB-USltU7Pg）

参考文献

[1] 赵中建. 学校文化[M]. 上海：华东师范大学出版社，2004：99.

[2] 陶继新. "真"教育，照亮学生的生命前程[J]. 人民教育，2017：10.

[3] 高益民. 学校文化凝练[M]. 北京：教育科学出版社，2013：4.

[4] 郑杰. 为了合作的学习[M]. 武汉：长江文艺出版社，2018：10.

[5] 杜威. 民主主义与教育[M]. 武汉：长江文艺出版社，2018.

[6] 中共中央. 关于全面加强新时代少先队工作的意见[Z]. 北京：中共中央，2021.

[7] 中国少年先锋队第八次全国代表大会. 关于《中国少年先锋队章程（修正案）》的决议[J]. 中国少年先锋队网，2020，(15)：19.

[8] 习近平. 思政课是落实立德树人根本任务的关键课程[J]. 求是，2020，17.

[9] 共青团中央，教育部，全国少工委. 关于构建阶梯式成长激励体系增强少先队员光荣感的指导意见[Z]. 中国少年先锋队网，2019.

[10] 习近平. 论党的宣传思想工作[M]. 北京：中央文献出版社，2020：56.

[11] 共青团中央，教育部，全国少工委. 关于构建阶梯式成长激励体系增强少先队员光荣感的指导意见[Z]. 中国少年先锋队网，2019.

[12] 共青团中央办公厅、全国少工委办公室. 中国少年先锋队入队仪式仪程规范（试行）[Z]. 2024.

[13] 习近平. 论"三农"工作[M]. 北京：中央文献出版社，2022：253-254.

[14] 共青团中央教育部全国少工委. 关于印发《全面构建新时代少先队社会化工作体系实施方案（2022—2025年）》的通知[J]. 中华人民共和国教育部公报，2022，(12)：26-29.

[15] 习近平. 在文化传承发展座谈会上的讲话[J]. 求是，2023，17.

[16] 熊德雅，龚春燕，胡方. 特色课程开发的逻辑起点与关键要素[J]. 中小学管理，2015 11.

[17] 习近平. 让每个人都有人生出彩的机会——习近平和人民教育的故事[N]. 新华社，2020.10.26.

[18] 李希贵. 面向个体的教育[M]. 北京：教育科学出版社，2013.10.

[19] 沈晓静. "H-SEST"人文特色课程体系的构建与实施[J]. 广西教育，2023，4(11).

[20] 熊德雅，向帮华，贾毅. 特色学校发展的要素关系及策略思维[J]. 教育科学研究，2012（11）.

[21] （美）霍华德·加德纳. 从多元智能到综合思维[M]. 沈致隆，译. 杭州：浙江教育出版社，2022：3.

[22] 优秀的学校行政班子具有8大特征，值得校长主任收藏学习借鉴[J]. 教育好文，2020，11.

[23] 习近平. 习近平向全国广大教师致慰问信[J]. 人民教育，2013（18）.

[24] 教育部．中小学班主任工作规定［EB/OL］．（2009－8－12）．https：∥www.gov.cn/gongbao/content/2009/content_1439280.htm.

[25] 周彩丽．魏书生：为"教书"而生［N］．光明日报．教育家，2019－07－04.

[26] 马歇尔·卢森．非暴力沟通［M］．北京：华夏出版社，2009.

[27] 教育部等十三部门．关于健全学校家庭社会协同育人机制的意见［EB/OL］．（2023－1－13）．https：∥www.gov.cn/zhengce/zhengceku/2023－01/19/content_5737973.htm.

[28] 饶思锐．校服变美为何难［N］．人民日报，2016－09－08.

[29] 教育思考：我们的校服为何"美"不起来［N］．人民网，2015－09－08.

[30] 鲁芳．无师自通心理学效应［M］．北京中国法制出版社，2017：28.

[31] 于漪．"只愿来生还做教师"：她用一辈子诠释"老师"两个字［N］．上观新闻2020－09－10.

[32] 曾国藩．曾国藩家训［M］．成晓军，唐兆梅整理．重庆：重庆出版社，2006.

[33] ［美］彼得·德鲁克．卓有成效的管理者［M］．北京：机械工业出版社，2015.

[34] 雨令．自洽力［M］．北京：中信出版社．2023：125－139.

[35] 李希贵．学校如何运转［M］．北京：教育科学出版社，2018.

[36] 萧子显．祖冲之传［M］∥萧子显．南齐书：卷52．北京：中华书局．

[37] 李更生．名师名校长工作室研修的价值、理念与机制［J］．中小学管理杂志社，2023，(8).

[38] 度阴山．知行合一王阳明［M］．南京：江苏凤凰文艺出版社，2021.

[39] 李书玲．向内求：认识自己的成长法则［M］．北京：机械工业出版社，2023.

[40] 德鲁克．卓有成效的管理者［M］．北京：机械工业出版社，2019.

[41] 胡志峰．好的制度应激发向上的力量［J］．中国教育报，2022，(03).

[42] 李希贵．学校制度改进［M］．北京：教育科学出版社，2022.

[43] 于漪．做"目中有人"的老师［N］．中国教育报，2015－2－10.

[44] 杜威．民主主义与教育［M］．武汉：长江文艺出版社，2018.

[45] 王崧舟．教师如何通过语言来处理课堂节奏［N］．中国教师报，2024－7－4.

[46] 王荣生．听王荣生教授评课［M］．上海：华东师范大学出版社，2007：8.

[47] ［美］罗森塔尔，雅各布森．课堂中的皮格马利翁：教师期望与学生智力发展［M］．唐晓杰，崔允漷，译，吴棠，校．北京：人民教育出版社，2020.

[48] 金惟纯．人生只有一件事［M］．北京：中信出版社，2021.

[49] 苏霍姆林斯基．给教师的建议［M］．杨衍春，译．北京：北京师范大学出版社，2023.